后金融危机时代中国参与全球经济再平衡的战略与路径研究

陈继勇 等 著

基金项目：

国家社会科学基金重大项目“后金融危机时代中国参与全球经济再平衡的战略与路径研究”（项目批准号：11&ZD008）

国家社会科学基金重大项目“‘一带一路’相关国家的贸易竞争与互补关系研究”（项目批准号：16ZDA039）

科学出版社

北京

内 容 简 介

本书从不同角度分析了后金融危机时代中国参与全球经济再平衡的战略与路径，涉及全球经济失衡的形成、发展、新趋势与测度，全球经济失衡背景下全球流动性过剩的宏观经济影响和中国的内外经济失衡，中美金融发展差异、资本错配与经济失衡，全球经济失衡的调整路径，全球经济失衡调整模式、影响因素及其成本比较，G20 与全球经济再平衡，中国在全球经济再平衡进程中的地位与作用，中国参与全球经济再平衡的战略与路径。

本书可供政府各级部门、自然科学和社会科学的研究者，以及高等院校的研究生和本科生等阅读使用，也可供广大的企业从业人员阅读使用。

图书在版编目（CIP）数据

后金融危机时代中国参与全球经济再平衡的战略与路径研究 / 陈继勇等著. —北京：科学出版社，2019.11

ISBN 978-7-03-059660-4

Ⅰ. ①后… Ⅱ. ①陈… Ⅲ. ①中国经济－经济发展战略－研究 Ⅳ. ①F120.4

中国版本图书馆 CIP 数据核字（2018）第 273252 号

责任编辑：陈会迎 / 责任校对：贾娜娜
责任印制：吴兆东 / 封面设计：无极书装

科学出版社出版
北京东黄城根北街 16 号
邮政编码：100717
http://www.sciencep.com

北京虎彩文化传播有限公司印刷

科学出版社发行 各地新华书店经销

*

2019 年 11 月第 一 版 开本：720 × 1000 1/16
2020 年 3 月第二次印刷 印张：16 3/4
字数：332 000

定价：116.00 元

（如有印装质量问题，我社负责调换）

序

21 世纪初以来，随着经济全球化不断深化和贸易、投资自由化程度的提高，世界经济呈现出良好增长态势；与此同时，以美国经常项目赤字庞大、财政赤字增长迅速，日本、中国和亚洲其他主要新兴经济体对美国持有大量贸易盈余为主要表现的全球经济失衡（global economic imbalances），给世界各国经济的持续发展带来了潜在的风险和新的挑战。“全球经济失衡”已成为当前经济学家和政策制定者面临的最复杂的宏观经济问题。在全球经济失衡不断加剧的背景下，从 2007 年开始，爆发了以美国次贷危机为核心的席卷全球的国际金融危机，随后又进一步引发了欧洲债务危机及美国债务危机（美国国会两党围绕提高债务上限和削减财政赤字问题出现争议，导致美国可能发生债务危机），给世界经济正常运行造成了不利影响。

各国间的经济失衡从传统的经常项目失衡，逐步扩展到各国之间经济发展的不平衡、南北差距的扩大、贸易和资本流动的不平衡。尤为突出地表现在下述几方面：一是全球性贸易收支失衡，如美国的巨额贸易逆差与东亚的巨额贸易顺差形成鲜明的对比；二是美国日益增长的财政赤字；三是包括希腊在内的欧盟部分国家的主权债务危机日益严重；四是国际能源、原材料价格持续攀升，使各主要经济体经济发展不平衡日益明显，对世界经济的稳定增长构成负面影响；五是中国与世界各国，特别是与主要发达国家之间的经贸摩擦与争端日益增多，体现在人民币汇率升值压力增大、资源与环境约束问题日益严峻、中国与其他国家之间的贸易及知识产权摩擦不断增多等。

2009 年以来，在以中国等新兴经济体推出大规模经济刺激计划为代表的全球性救市行动的影响下，中国等东亚新兴资本市场开始复苏，全球经济开始进入“后金融危机时代”。这一时期，在全球经济失衡和国际金融危机持续存在的双重影响下，发达国家对世界经济运行的影响力有所下降，而以“金砖五国”为代表的发展中国家或经济体，由于经济持续快速增长，在世界经济格局中的地位和影响力不断上升。这些直接导致了以美国为首的发达国家对发展中国家实施的贸易保护主义、汇率争端等经贸摩擦不断增多。随着美国等发达国家提出要平衡世界各经济体的增长，国际经济组织和世界各主要经济体开始在国际货币基金组织（International Monetary Fund，IMF）和 G20 等国际协调平台的框架下，实施全球经济治理与协调，以实现全球经济再平衡。

为了维护全球经济的稳定和开放，发挥中国在全球经济再平衡中的作用，中国需要对全球经济再平衡的机制、组织、制度和过程进行预测，并进一步对全球经济再平衡及中国参与全球经济协调和治理的具体战略、目标和路径，进行深入的理论和实证研究。具体来说：一方面，需要深入研究全球经济失衡和再平衡的实质、原因及影响，评估全球经济失衡和再平衡的重点领域及程度；另一方面，明确全球经济再平衡的内涵和界定标准，找到全球经济再平衡的可行路径。尤其对中国而言，需要明晰当前发达国家和发展中国家参与全球经济再平衡的具体方式、政策差异及实际影响，确定中国积极参与全球经济再平衡的总体战略和基本原则，为中国积极参与全球经济治理，实现全球经济再平衡，提供可行的理论指导和对策建议。

本人长期从事世界经济研究，并以武汉大学美国加拿大经济研究所、武汉大学世界经济研究所为载体，逐步建立起了一支科研实力雄厚、研究领域聚焦、科研成果卓著的研究团队。本人相继主持了国家社会科学基金重大项目“后金融危机时代中国参与全球经济再平衡的战略与路径研究”（项目批准号：11&ZD008）和国家社会科学基金重大项目“‘一带一路’相关国家的贸易竞争与互补关系研究”（项目批准号：16ZDA039）。围绕该课题，领导的研究团队已出版多部专著，在《经济研究》《管理世界》《世界经济》《国际贸易问题》《财贸经济》《数量经济技术经济研究》《世界经济研究》等重要学术期刊上发表论文百余篇，多次获得省部级科研奖励。

本书从不同的角度分析了后金融危机时代中国参与全球经济再平衡的战略与路径，涉及全球经济失衡的形成、发展、新趋势与测度，全球经济失衡背景下全球流动性过剩的宏观经济影响和中国的内外经济失衡，中美金融发展差异、资本错配与经济失衡，全球经济失衡的调整路径，全球经济失衡调整模式、影响因素及其成本比较，G20与全球经济再平衡，中国在全球经济再平衡进程中的地位与作用，中国参与全球经济再平衡的战略与路径。

全书由陈继勇教授拟定写作提纲和写作计划，并负责组织协调分工。各章书稿完成后，由王保双、刘威等协助陈继勇教授多次通读、修改，并最终得以定稿。具体各章写作安排如下：第一章，陈继勇、胡渊、王保双；第二章，陈继勇、袁威、胡渊；第三章，陈继勇、胡渊、刘威；第四章，袁威、陈继勇；第五章，陈继勇、余罡；第六章，袁威、陈继勇；第七章，胡渊、陈继勇；第八章，胡渊、陈继勇；第九章，刘威；第十章，陈继勇、余罡；第十一章，陈继勇、余罡、胡艺、刘威。

在本书写作过程中，作者参考了大量中外文文献资料，在此对所有作者表示衷心的感谢。本书的出版离不开武汉大学人文社会科学研究院、经济与管理学院的全力支持，离不开科学出版社对本书出版付出辛勤劳动的同志们的大力支持。

在此，特表示衷心感谢并致以崇高敬意！

本书的出版对研究全球经济失衡及后金融危机时代中国参与全球经济再平衡的战略与路径具有一定的推动作用。相信有兴趣的学者、企业家、政策制定者和其他社会实践者定能从中得到有益的启示。

中国美国经济学会会长
武汉大学美国加拿大经济研究所所长
武汉大学经济与管理学院教授、博士生导师
陈继勇

2017年8月于武昌珞珈山

目　录

第一章　绪　　论

当前的全球经济失衡始于20世纪90年代末，具体表现为：一方面，美国经常账户赤字庞大、债务增长迅速；另一方面，日本、中国和亚洲其他主要新兴市场国家对美国持有大量贸易盈余。全球经济失衡已成为当前世界经济运行的主要特征和面临的重要风险，也因此成为学术界、政策制定者、国际机构竞相研究的热点问题。在21世纪初期以前，学者们对全球经济失衡原因及其可持续性尚存在较大的争议。随着研究的深入，理论界对全球经济失衡成因、可持续性基本达成共识，大多数经济学家认为当前全球经济失衡是不可持续的，必然进行调整，继而将研究重点转向全球经济失衡的调整。全球经济失衡调整采取何种模式、选择哪种路径，不仅事关失衡经济体，而且对世界经济必将产生影响。中国是全球经济中经常账户盈余方，更是不可避免受到制约。

第一节　问题提出与研究意义

一、问题提出

随着经济全球化迅猛发展和全球产业结构加快调整，资本、技术、产品、市场、资源和劳动力等要素在国家之间、地区之间持久而广泛地非均衡流动，促进了全球贸易空前发展。全球商品贸易出口规模从1980年的2.03万亿美元飙升至2011年的18.26万亿美元，同期服务贸易出口规模从0.37万亿美元增至4.19万亿美元。截至2015年，全球商品贸易出口规模虽较2011年有所下降，但仍高达16.58万亿美元。贸易增速已超过全球生产增长率，世界贸易组织（World Trade Organization，WTO）的统计数据显示，1991～2011年全球出口贸易年均增速达5.1%，而同期全球生产总值年均增长率不到3%[①]。到了2015年，虽然全球出口贸易年均增速相比这一时期下降到3.25%，但仍高于同期全球生产总值的年均增长率2.72%。与此同时，全球贸易也日益呈现不均衡发展态势，进出口不平衡、收支不平衡与地区发展不平衡日趋严重。尤其是21世纪初以来，以全球经常账户不平衡（global current account imbalances）为突出表现的全球经济失衡成为国际宏观经济环境运

① 资料来源：WTO，*World Trade Report* 2012。

行的典型特征，引起人们持久而广泛的关注，并成为当前经济学家和政策制定者面临的最复杂的宏观经济问题之一。

不同于金本位制时期、布雷顿森林体系时期和20世纪七八十年代的全球国际收支不平衡，以及自东南亚金融危机以来形成的新一轮全球经常账户失衡，具有规模庞大、持续深化和多边失衡的特点。一方面，当前的全球经常账户失衡除在2001～2002年和全球金融危机期间（2008～2009年）有过短暂缓和外，失衡规模持续扩大。1997年全球经常账户余额绝对值为0.36万亿美元，到2008年达到1.66万亿美元的峰值（占全球名义生产总值的5.42%），2008年爆发的全球金融危机在一定程度上强制性地缩小了不平衡规模，但2010年随着全球经济的稳步复苏，全球经常账户失衡规模又开始呈现逐步扩大趋势（图1-1）。

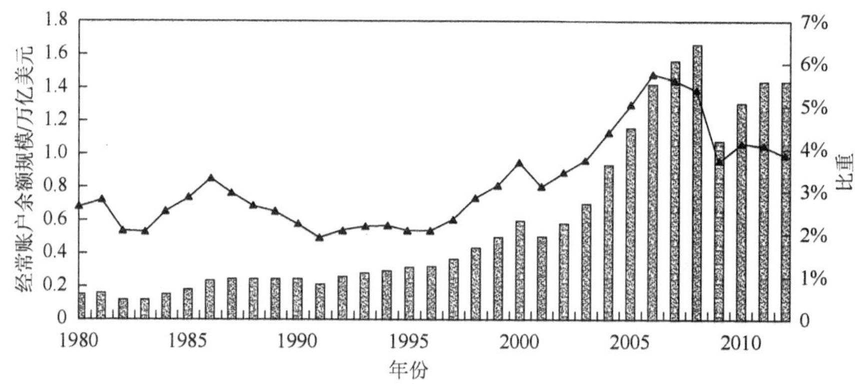

图1-1　1980～2012年全球经常账户余额及其占同期名义生产总值比重

资料来源：美国商务部经济分析局提供了186个国家（地区）的经常账户余额数据，但对于数据缺失的国家（地区），作者默认其经常账户处于平衡状态

另一方面，本次全球经济失衡中赤字方主要是美国，而盈余方除了包含日本、欧元区、石油输出国组织（Organization of Petroleum Exporting Countries，OPEC），还包含像中国这样的发展中东亚经济体。图1-2显示了1999～2009年全球主要失衡经济体的经常账户收支。2008年美国的经常账户赤字额较2007年出现小幅下降，2009年较2008年更是出现约40%的降幅；与此对应，2009年中国、日本等国的经常账户盈余也大幅减少。随着全球经济复苏，全球经济失衡是否会卷土重来甚至继续恶化？以金融危机为契机的全球经济失衡调整的持久性备受质疑。由此可见，即便是在经历了2008～2009年的全球金融动荡后，全球经济失衡仍旧是当今世界经济运行的最主要特征之一，也因此成为国际机构、各国政府及学术界关注的焦点。

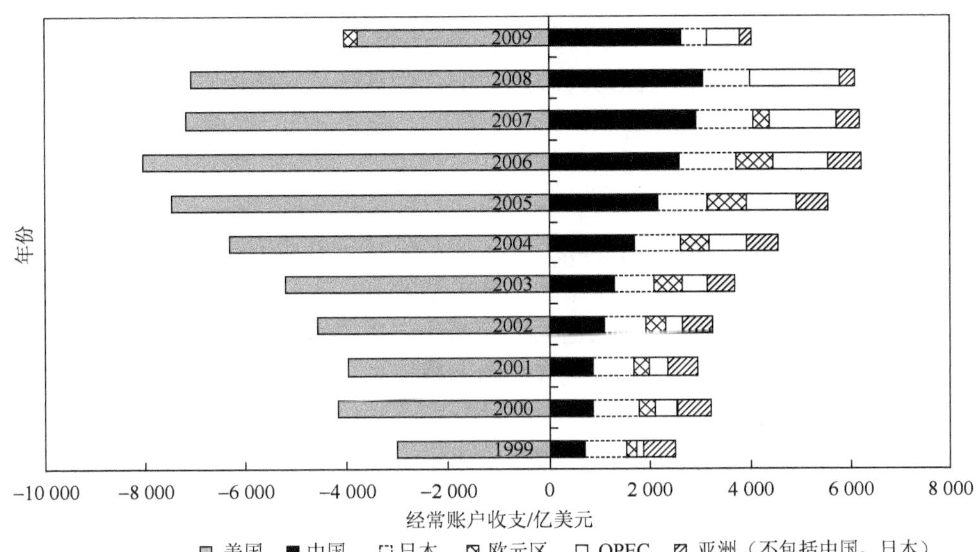

图 1-2　1999～2009 年全球主要失衡经济体的经常账户收支

资料来源：美国商务部经济分析局相关数据

随着全球经济失衡规模的不断扩大，全球经济失衡愈发显得不可持续，全球经济失衡调整模式及其带来的风险、成本，成为国际机构、各国政府及学术界关注的焦点。随着中国开放型经济的发展，中国经济与世界经济的联系日益紧密，外部均衡在宏观经济调控中的地位日益上升。作为当前全球经济失衡的盈余方，中国在国际上面临着人民币升值压力、贸易摩擦加剧的不利局面，在国内又备受贸易失衡带来的流动性过剩、货币政策独立性丧失的困扰。在此背景下，时任总书记胡锦涛同志在十七大报告中明确提出，“采取综合措施促进国际收支基本平衡”①，这也是促进中国国民经济又好又快发展的八项重点工作之一。

二、研究意义

全球经常账户失衡已成为当前世界经济运行的主要特征和面临的重要风险。全球经常账户失衡不断加深已给各国（地区）经济造成了持久而深刻的影响，并对世界经济持续发展带来了潜在风险和新的挑战，被称为“悬在全球经济上方的达摩克利斯之剑”（Obstfeld and Rogoff，2005）。系统研究全球经济失衡调整路径、模式及其成本风险，必将推动对该问题理论认识的深入和发展，为制定科学的应

① 引自 2007 年 10 月 25 日《人民日报》中的文章：《高举中国特色社会主义伟大旗帜　为夺取全面建设小康社会新胜利而奋斗——在中国共产党第十七次全国代表大会上的报告》。

对策略和措施提供研究资料，使全球经常账户失衡调整对中国的负面冲击最小化，这将有助于中国贯彻互利共赢对外开放战略，促进中国经济的持续发展与繁荣。

（一）研究的理论意义

一方面，全球化使当今的全球经济失衡呈现出与以往不同的特征，表现得更加错综复杂；另一方面，随着理论的不断向前发展，人们借助理论分析和实证检验，对当前全球经济失衡的认识也在不断深化。本书对全球经济失衡相关研究形成重要补充，并为中国应对全球经济失衡调整提供一定的理论支持。本书区别出全球经济失衡的渐进调整和激进调整模式，并分别给出具体识别标准，在此基础上比较不同的调整模式所对应的调整成本大小，深化对全球经济失衡调整的模式及其成本的认识。本书还将探讨中国在全球经济失衡调整中的作用，以及全球经济失衡调整对中国经济的影响，这为中国应对来自全球经济失衡调整的压力提供了理论上的支撑。

（二）研究的实践意义

造成当前全球经济失衡的原因是多方面的，不是一国或一个地区单方面的问题所致。同时，全球经济失衡调整带来的冲击和风险也是世界各国（地区）要共同面对的挑战。如果全球经济失衡问题不能得到妥善解决，各失衡经济体将无法就调整模式、机制达成一致，最终将导致全球经济失衡以贸易保护主义这种高成本的方式展开。研究全球经济失衡的调整问题，探索风险可控、成本最小的调整模式，有利于世界经济的稳定发展。

尽管当前学术界、各国政府对中国尤其是人民币升值在全球经济失衡调整中的作用尚存在争议，但是现实经济中，人民币却承受了巨大的升值压力。本书通过研究中国在全球经济失衡调整中的作用，中国参与全球经济再平衡的内外路径，从而为国务院、国家发展和改革委员会、商务部、中国人民银行和外交部等有关部门制定国内的相关政策，参与国际商务谈判提供具有可操作性的政策建议。

随着外向型经济的发展，经常项目失衡已经深深影响到了中国经济发展中的诸多方面，对中国现有的经济增长方式、外贸发展模式提出了一系列新的挑战。因此，必须贯彻落实科学发展观，加快国内经济结构的调整，促进经济增长方式和贸易增长方式的转变，合理统筹国内发展与对外开放，实施互利共赢、多元平衡、安全高效的对外开放战略。本书的研究为中国积极参与全球经济治理、促进国际收支基本平衡、促进经济的可持续发展提供了有力的理论支撑和实践指导。

三、相关概念界定

对全球经济失衡相关概念的理解，关系到本书的理论框架与内涵，因此有必要对相关概念进行界定。我们首先对全球经济失衡、全球经济失衡调整、全球经济失衡调整路径及全球经济失衡调整模式的概念进行说明。

（一）全球经济失衡

经常账户（current account，或称为经常项目），是经常发生的国家（地区）之间交易，反映一国（地区）与其他国家（地区）之间实际资源的转移，也是一国（地区）收支平衡表中最基本、最重要的项目。经常账户包括货物、服务、收入和经常转移四个项目。它完整地体现了商品服务和投资收益的流动情况，在一国（地区）收支中占有最重要地位。

从全球范围来看，经常账户赤字总额和经常账户盈余总额总是相等的。但从国别（地区）角度来看，如果某些国家（地区）处于经常账户赤字状态，而与此相对应，必然有国家（地区）处于经常账户盈余状态。全球经济失衡，也叫全球经济失衡、全球经常账户失衡（current account imbalance）。在收支平衡表中，经常账户收支由货物、服务、收入和经常转移四个项目组成。由于对于大部分国家（地区）而言，贸易收支是经常账户收支的重要组成部分，往往一国（地区）的贸易收支失衡意味着其经常账户收支失衡。在实证文献中，通常用一国（地区）经常账户收支占生产总值的比重来衡量经常账户失衡的规模和程度。

（二）全球经济失衡调整

全球经济失衡调整，又被称为经常账户失衡的纠正或经常账户反转。在早期研究文献中，经常账户反转通常被用来指经常账户赤字的显著下降。随着对经常账户调整问题研究的不断深入，也有研究认为经常账户反转是指经常账户盈余的显著下降。综合来看，全球经济失衡调整分为经常账户赤字调整和经常账户盈余调整，分别指在一段时间内失衡经济体的赤字规模或盈余规模削减一定的百分比，是一国（地区）经常账户收支从失衡向平衡方向的变动过程，而一旦调整到可持续性水平，我们称之为实现了全球经济再平衡，或经常账户反转。在现实经济生活中，人们往往担心赤字方的偿还能力，因而更关注赤字方赤字规模的削减。从全球范围来讲，经常账户赤字规模的削减同时也意味着经常账户盈余的减少。本书从经常账户赤字削减的角度来研究全球经济失衡的调整路径、调整模式及其成本比较，以下经常账户调整皆指经常账户赤字调整。

（三）全球经济失衡调整路径

全球经济失衡调整路径即通过何种机制实现经常账户收支再平衡。本书分别从国际收支的弹性论、吸收法和资产组合理论视角出发，将全球经济失衡调整路径归纳为三种：汇率调整路径、储蓄率调整路径、金融深化水平调整路径。理论上讲，赤字方要恢复经常项目收支平衡，可以采取本币贬值、提高储蓄率和降低金融深化水平这三条路径。然而，在当前金融一体化和不断深化的客观趋势下，通过降低金融深化水平来实现经常项目收支平衡，显然是不现实的。因此，金融深化水平调整主要发生在盈余方内部，具体表现为盈余方通过提高金融深化水平，减少对其他国家（地区）资产的需求，从而实现经常账户盈余削减。由于本书主要从经常账户赤字削减角度来探讨全球经济失衡调整，我们重点探讨汇率调整路径和储蓄率调整路径。汇率调整路径，即支出转换路径，通过本币实际汇率贬值，使进口商品和本地商品相对价格发生变化，支出从进口品转向本地产品从而实现经常账户反转；储蓄率调整路径，即支出削减路径，通过提高储蓄率，减少支出水平实现经常账户反转。

（四）全球经济失衡调整模式

按照全球经济失衡调整完成时间长短，将全球经济失衡调整分为两种模式：渐进调整和激进调整。经常账户赤字规模最高年份为第 t 年，则从第 $t+1$ 年开始调整。若在 1 年之内，即在第 $t+1$ 年完成调整，则称之为激进调整；若在 2～4 年之内完成调整，则称之为渐进调整。

第二节　文献综述

鉴于全球经济失衡已成为当前世界经济运行的主要特征和面临的重要风险，学术界、政策制定者、国际机构对这一热点问题展开了研究，并形成了一些有价值的研究成果。本书在对当前全球经济失衡的有关文献进行梳理的基础上，紧紧围绕当前全球经济失衡的主要成因、可持续性及其调整展开论述，最后指出目前研究的不足和有待进一步扩展之处。

一、当前全球经济失衡成因的理论解释和经验研究

对于当前全球经济失衡的成因，学者们见仁见智。有的从赤字方美国内部寻

找原因，有的从盈余方亚洲新兴经济体内部探索成因，还有的从全球角度归纳原因，并且在各自的分析视角下形成了对当前全球经济失衡可持续性及其调整的不同看法。现按照各自分析视角的差异，对其中的主要观点进行分类归纳。

（一）汇率弹性视角

汇率弹性视角从汇率影响一国（地区）进出口贸易流量的角度出发，认为以中国为代表的新兴亚洲经济体通过低估本币汇率获得巨额贸易盈余，从而导致全球经济失衡。该观点的代表人物有 Obstfeld 和 Rogoff（2005）、Ahearne 等（2007）等。然而在现实经济中当前全球经济失衡对汇率调整并不敏感。这说明，从汇率弹性视角无法解释或者无法完全解释当前全球经济失衡的原因。

（二）储蓄投资视角

储蓄投资视角以国民收支等式 CA = S–I（即经常项目等于储蓄减去投资）为分析基础，认为如果一国储蓄大于投资，则出现经常账户盈余；反之，则呈现经常账户赤字。按照分析对象不同，衍生出美国储蓄过低论和全球储蓄过剩论。

1. 美国储蓄过低论

根据美国储蓄过低论，美国公共部门和私人部门储蓄下降导致美国经常项目赤字。持该观点的学者还有 Roubini 和 Setser（2004）等。Summers（2004）则指出美国储蓄严重不足是推动经常账户不断走高的内在动力。Summers 明确提到“美国在过去 50 年里面临的最严重问题是低国民储蓄，从而长期依赖外国资本维持经常账户逆差”，并进一步指出如果经常账户逆差是为投资融资，情况可能并不复杂，但当经常账户持续扩大的逆差是为消费融资，问题则非常突出。

其中，对于财政赤字和经常项目赤字的关系，研究者还提出了“双赤字说”，认为任何减少公共储蓄的财政赤字扩张必然导致经常项目赤字。但是 Miranda 指出“双赤字说”不可信服，首先，它与美国低利率的现实不相符；其次，无法解释为何美国贸易赤字是自 1993 年以来不断增加，而美国的财政赤字到 2001 年才开始上升。至少，美国储蓄过低论无法完全解释当前的全球经济失衡。

2. 全球储蓄过剩论

Bernanke（2005）首先提出全球储蓄过剩论，认为过剩的全球储蓄流入美国，导致美国需求增加、储蓄下降，呈现经常账户赤字。该观点强调 1995～2005 年十年来诸多因素共同导致除美国之外的经济体储蓄率的上升，如工业化国家的人口老龄化问题、亚洲新兴经济体大量的外汇储备、石油输出国飙升的石油出口收入等。随着全球储蓄过剩论的兴起，东亚尤其是中国的高储蓄问题再次引起了学术界的关注。除了以往研究中强调的金融深化水平、人口、社会保障水平、文化等因素，不少学者从新的角度来探讨东亚的高储蓄率现象。Chamon 和 Prasad（2010）认为巨额教育、住房和医疗支出带来的压力是中国储蓄率持续上升的主要原因。Wei 和 Zhang（2011）发现中国家庭中人口结构，尤其是性别比率是造成家庭储蓄居高不下的重要原因。Du 和 Wei（2010）提出经常账户的性别失衡模型，认为在男女比例失调的国家，面对激烈竞争的婚姻市场，男性倾向提高储蓄率，从而导致整个社会储蓄率增加、经常账户出现盈余。Wen（2011）指出，近年来随着健康危害和生活成本的随机上涨，中国家庭消费支出需求的不确定性也日渐增高。朱超和张林杰（2012）则指出老年化经济体依赖于经常账户逆差，并期望通过经常账户实现储蓄在国家间缓存和中转，以应对人口结构变动。

Portes（2009）批判 Bernanke 的全球储蓄过剩论太过简单：从全球范围来讲，一个地区的储蓄过剩必定对应另一个地区的需求过度，但是如果不能明确两者之间的因果关系，前者就无法解释后者。同时，受历史文化等因素影响，东亚的储蓄率一直偏高，并不是近十年才出现的。在美国储蓄过低论盛极一时之际，时任美国联邦储备体系（以下简称美联储）主席的 Bernanke 抛出全球储蓄过剩论，不免有将矛头指向他国，避免美国独自承担调整责任之嫌。

与 Bernanke 一样，Dooley 等（2004）提出的“复活的布雷顿森林体系论”也将全球经济失衡归因于新兴经济体的高储蓄率。Dooley 等关于布雷顿森林体系的大胆构想引起了学术界的极大兴趣和争论，但是缺乏实证支持一直是该学说的最大软肋。

（三）全球资产组合视角

全球资产组合视角的主要观点是，在金融全球化的背景下，新兴经济体内部金融市场欠发达、金融资产短缺，导致其对美国资产需求上升，这构成了当前全球经济失衡的主要原因。Willen（2004）在一个两期模型中证明，一国金融市场的“不完全”程度越高，该国的储蓄率也就越高，从而导致全球经济失衡的产生。Blanchard 等（2005）的研究表明，美国对国外商品的需求和国外对美国资产的需求是美国经常账户赤字背后的原因。Mendoza 等（2009）建立了一个基于不完善资本市场的动态一般均衡模型，校准和模拟的结果表明，当各国的金融深化处于不同程度时，金融一体化会导致长期、大规模的全球经济失衡：具备发达金融市场的国家会减少储蓄，累积大量的净对外债务；金融深化水平的不同也会影响各国持有的国外资产组合，处于负净国际投资头寸（net international investment position）的国家会拥有净股权和外商直接投资净流入。Caballero 等（2008a）构造了一个资产需求和供给模型，说明了欧洲的低经济增长率、亚洲欠发达的金融市场分别对全球资本流动、利率走势和投资组合分配的影响，从而解释了全球经济失衡、利率持续走低和资本流入美国的原因。国内学者祝丹涛（2008）、李俊青（2008）、李俊青和韩其恒（2010）等也讨论了金融体系效率对全球经济失衡的影响。

（四）全球分工论

张幼文（2006）指出目前全球分工进入要素合作阶段，其主要特征是资金等高级要素流动。一方面，外商直接投资使中国及其他亚洲引资东道国集聚了大量生产要素，利用其低劳动力成本进行生产和出口，表现出贸易顺差；另一方面，跨国公司构造全球的低价供应平台，使美国等母国的需求增加而不带来通货膨胀的上升。美国从国际投资中更多获利，财富增长，从而导致更高的消费和贸易逆差。徐建炜和姚洋（2010）构造了一个金融市场-制造业显示比较优势指标。该指标反映了当前国际分工特点，即以美国、英国为首的部分发达国家逐渐形成以金融服务为比较优势的经济结构，以德国、日本和中国为首的后起之国则形成以制造业为比较优势的经济结构。他们将该指标纳入到经常账户收支的实证模型中，从国际分工的角度考察了全球经济失衡问题，回归结果表明，国际分工效应引起的一个主要变化是制造业的相对发达容易导致经常账户盈余，金融市场的相对发达容易导致经常账户赤字。全球分工论从供给的角度，在国际分工的背景下，深入到当前的贸易盈余国中国内部的经济发展结构，解释了当前全球经济失衡的原因。

（五）统计失效论

统计失效论认为传统的经济学分析方法和统计方法无法准确反映真实的经济运行状况；但如果选用适当的计量方法、考虑无形资产交易，当前的全球经济失衡并非像官方数据显示得那么严重。Cooper 指出，如果选用适当的方法计量一些耐用消费品、教育和研发等具有储蓄含义的支出，美国的储蓄率其实并不低，足以支持未来经济的健康增长，吸引其他国家和地区继续投资于美国，为美国的经常项目融资。Hausmann 和 Sturzenegger（2006）认为，现行的经常项目统计没有完整地计量美国净美籍资产的变化，如果将外商直接投资中的无形资产流出、保险交易和跨国流动性服务的收益计算在内，美国并不存在经常项目的失衡。陈继勇和胡艺（2007）将无形投入和无形资产的跨国流动纳入传统的统计体系，其结果表明全球经济失衡并非像官方数据显示得那么严重，失衡在一段时间内是可持续的。

综上所述，在不同的分析视角下，对当前全球经济失衡主要成因的认识可谓是众说纷纭。因此，不少研究针对当前全球经济失衡主要成因的各种观点进行了实证检验，其思路基本一致：将经常账户赤字占生产总值比重作为被解释变量、将可能的成因所代表的经济指标作为解释变量纳入实证模型，考察各系数的显著性，以验证有关当前全球经济失衡主要成因的各观点是否成立。Chinn和Prasad（2003）考察了1971～1995年政府财政赤字、对外资产净额、人均国内生产总值（gross domestic product，GDP)、经济增长率及开放度等因素对被解释变量的影响。Gruber和Kamin（2007）在Chinn和Prasad（2003）的研究基础上纳入一些新的解释变量，如金融危机、政府制度的质量等。Chinn和Ito（2005）扩展了Chinn和Prasad（2003）的研究，重点考察了经常项目与金融发展和制度的关系。国内学者张建清等（2007）结合有关当时全球经济失衡主要成因的探讨，考察了资本形成率、金融深化指标等多种经济因素对经常项目失衡的影响。以上实证检验结果表明，诸多因素都不同程度地、或多或少地对当前全球经济失衡起作用。随着有关全球经济失衡成因的理论研究和实证研究不断深入，越来越多的学者认为当前的全球经济失衡是由多方面的因素造成的，如Faruqee（2005)、李俊青和韩其恒（2010)。Faruqee（2005）将当前全球经济失衡归因于各主要失衡经济体的不同特征：美国的财政赤字、私人储蓄率的下降；新兴经济体出口竞争力的提高、对美国资产需求的增加、强有力的生产率增长；资本和欧元区缓慢的生产率增长。李俊青和韩其恒（2010）认为全球经济失衡的成因从最强到最弱的排序依次是：资本市场的完全性减少、两国贫富差距的增大和单边钉住的汇率政策。这充分说明，必须从一个更广阔的视角来认识当前全球经济失衡的成因。

正如Eichengreen和Adalet（2005)、Engel和Rogers（2006）所评述的，人们对当前全球经济失衡的认识还未形成一致认识：虽然每一种观点都有一定的理论依据和现实价值，但仅以其中的某一个观点单独去解释全球经济失衡，又不够充分，只有将其综合起来才能全面地解释当前的全球经济失衡。

二、有关当前全球经济失衡可持续性的争论

（一）可持续性的定义及其衡量方法

1. 可持续性的定义

目前，虽然有很多研究涉及经常账户赤字的可持续性，但是却没有明确定义

“可持续性”（sustainability）。经常账户不仅受本地公共部门和私人部门的储蓄、投资行为影响，还受其他国家（地区）投资者借贷政策的影响，所以除了纯粹的跨期偿付能力之外，外资的可获得性及市场的完善程度也会影响经常账户失衡的可持续性。Razin（1996）还指出，在评价一国外部失衡是否可持续时，不应该仅仅只评价其偿付能力，还应该考虑偿还意愿与借贷意愿。经常账户的可持续性指的是，在当前政策取向、消费者行为不发生剧烈转变的前提条件下，一经济体的经常账户赤字在长期内仍能满足其跨期预算约束的一种状态。

2. 可持续性的衡量方法

根据已有的研究成果，本书归纳出三种衡量经常账户赤字可持续性的方法，即临界值法、将可持续性与一系列经济指标相联系的方法和新开放宏观经济学中的跨期方法。

经验研究表明，当工业化国家的经常账户赤字占该国国内生产总值的百分比超过 5%，尤其是当赤字的融资途径有可能迅速逆转时，通常就会发生经常账户反转，如 Razin 和 Milesi-Ferretti（1996）、Freund（2000）等。据此，传统理论将经常账户赤字占生产总值比重是否超过 5%作为可持续性的临界点，认为一旦经常账户赤字占生产总值比重超过 5%，就应该引起警惕。

Razin 和 Milesi-Ferretti（1996）指出“经常账户赤字占国内生产总值比重是否超过 5%”并不足以判断经常账户的可持续性，经常账户赤字是否可持续与该国各方面的经济状况、制度乃至政治局势等相关。据此，第二种衡量经常账户赤字可持续性的方法是借助一些相关指标，如外债规模及组成、财政收支、储蓄投资水平、经济增长率、贸易开放度、资本市场开放度、汇率制度、政治稳定性、市场预期等来判断。

第三种衡量经常账户赤字可持续性的方法是跨期方法。新开放宏观经济学强调经常账户的跨期特性：由于经常账户收支等于储蓄减去投资，而储蓄、投资分别是基于生命周期假说、投资预期回报率的跨期行为，经常账户也具有跨期性。跨期分析方法的一个重要结论是，如果经常账户赤字是由投资增长引起的，则不必为其可持续性担心。跨期分析法又分为两种方法：结构模型和向量自回归模型。

但是一些学者如 Ghosh 等（1997）发现，跨期模型所推出的外债比和赤字比是不现实的，即经常账户跨期模型经不起现实经济数据的检验，这引起了国际经济学界更为深入的探讨。有学者指出，跨期模型假定国民储蓄的变化完全反映在经常账户收支的变动中，但是当投资者关心收益和风险时，储蓄的增减就不会完全地转化为经常账户的变动。据此，后续不少研究通过引入更加严格的假设条件，如调整成本、借贷约束等，使模拟出的经常账户路径更接近现实。还有一些学者如 Kraay 和 Ventura（2000，2002）、Ventura（2003）、Lane 和 Milesi-Ferretti（2002，2003）也对传统的跨期模型做了一些修改，强调一国的净国外资产及资产组合决策在决定经常账户状况中起重要作用，而且由汇率变动导致的“估值效应”（value effect）[①]也会影响经常账户调整。

（二）有关当前全球经济失衡可持续性的两种不同观点

目前对全球经济失衡的可持续性及其所带来的风险持乐观态度和悲观态度的人都不占少数。乐观者认为失衡能无限制地持续下去。但是也有许多学者持悲观和警示的态度，他们担心美国日益增加的经常账户赤字会引发资本流入“突然停止”。另外，还有部分学者认为，当前的全球经济失衡是不可持续的，但是资本流入“突然停止”不会发生在美国。

1. 可持续论

不难看出，按照“复活的布雷顿森林体系论”和全球资产组合说，在当前全球经济失衡中无论是赤字方还是盈余方都各取所需，因而当前的全球经济失衡是某种可持续的均衡。持可持续论观点的人还有美国财政部前部长保罗·奥尼尔和Cooper等。Cooper（2001）指出，美国拥有全球最发达的资本市场，美国经常账户赤字是全球投资组合多样化的结果。Ventura（2001）提出，通过最优投资组合分配，利用理想的杠杆比率，美国可以永久地维持经常账户赤字。还有部分学者基于当前各国资产组合状况，即外国持有的美国资产主要以美元标价，而美国持有的国外资产主要以外汇标价，并考虑到美元贬值的估值效应，美元贬值会改善美国的净国际投资头寸地位，判断市场参与者不可能迅速、大幅打压美元汇率。

2. 不可持续论

Roubini和Setser（2004）、Obstfeld和Rogoff（2000，2004）指出当前全球经济失衡已严重威胁全球经济和金融稳定，将导致破坏性调整，即美元汇率无序贬值、美元资产价格大幅下跌、流入美国的资本骤然下降，引起利率上升和美国需求下降，最终导致美国乃至世界经济增长减缓或衰退。Edwards（2005a）认为，虽然美国拥有储备货币地位和发达的资本市场，但利用Probit模型的研究结果表明：因为美国经常账户调整的几个重要决定因素，如总外债、财政赤字和经常账户赤字规模不断恶化，所以美国经常账户反转的概率在逐渐增加。即使假定未来五年外国投资者对美国资产的净需求翻倍，在不远的将来，美国经常账户仍会经历显著调整。Engel和Rogers（2006）建立了一个长期世界均衡模型，其中一国

① 估值效应即由汇率和资产价格等因素的变化所导致的一国净国际投资头寸的市场价值变化，如美元贬值对美国的净国际投资头寸产生有利影响，因为它提高了主要是以外币标价的资产的美元价值，而以美元标价的负债却未受影响。

未来国内生产总值占全球份额的折现值与当前国内生产总值占全球的份额决定了该国的经常账户状况。其研究结果表明，美国的经常账户赤字处于不可持续的路径上。姚枝仲和齐俊妍（2006）认为，美国 2004 年 7.5%的对外净债务增长率高于 6.5%的名义国内生产总值增长率，这说明美国的对外净债务与国内生产总值的比率仍将继续扩大。在对外净债务增长率高于国内生产总值增长率的情况下，对外净债务与国内生产总值的比率将会无限扩大。如此一来，美国的对外净债务是不能持续的。Eichengreen（2006）假定美国国内生产总值年均增长 5%，经常账户赤字占国内生产总值比重维持在 6%～7.5%，则美国净外债占国内生产总值比重将达到 100%～150%，这意味着美国陷入“资不抵债”的境地，故美国目前的失衡状态是不可持续的。Cline 指出，将美国大额外部赤字视作良性的、允许其无限扩大（或者长期处于目前状态）是错误的，并给出了三个理由：第一，如果市场对美元失去信心，将存在“激进调整”的风险；第二，即使“激进调整”没有发生，若经常账户的调整延迟至十年甚至更久后，这将导致未来经常账户的调整幅度更大，将给消费者带来更为沉重的负担；第三，贸易赤字可能导致贸易保护主义，而贸易保护主义是效率最低、成本最高的削减贸易赤字的方式。张明（2007）也认为，无论是从资源配置的角度来看，还是从当前全球经济失衡背景下东亚国家积累外汇储备带来的风险成本角度来看，当前的全球经济失衡都是不可持续的。

（三）对两种观点的评述

白晓燕（2008）分析认为，中国等新兴经济体的汇率体制变化、美元的持续贬值、2007 年部分国家初现端倪的储备多元化趋势等增强了复活的布雷顿森林体系的不稳定性，单一货币主导的国际货币体系格局很难持续。Portes（2009）也指出这两类观点忽略了一个现实：全球经济失衡给美国带来了流动性过剩，在低利率、寻求收益的刺激下，金融衍生产品泛滥，一些不完善的金融工具涌现，最终酿成美国次贷危机。Caballero 等（2008b）、中国经济增长与宏观稳定课题组等（2009）分别建立起当前全球经济失衡与全球金融危机的数理模型，将全球经济失衡导致的流动性过剩与全球金融危机联系起来。

美国财政部前部长保罗·奥尼尔认为美国拥有全球最好的投资机会，资本会源源不断流入美国为其经常账户赤字融资。该观点在保罗·奥尼尔任职之前的 20 世纪 90 年代还有些说服力，但在 2001 年新技术泡沫破灭后，美国的投资急剧下滑，该观点则无法让人信服。2015 年以来，美国日益增长的经常账户赤字是由公共部门和私人部门消费的增长引起的，而非源于投资的增长。

Ventura 认为通过最优投资组合分配，美国可以永久地维持经常账户赤字。但是，国外投资者追求高回报率的理论却与事实不符，因为外国投资者倾向于投资低收益的美国国债。这个观点虽然在理论上可行，但是不适用于一个由净债权国转化为净债务国的国家，同时也不符合美国经常账户赤字增加而国内投资没有上升的现实。

可持续论或者忽略了 2008 年以来流入美国的资本并没有进入生产部门，而是为消费和财政赤字融资的事实；或者是夸大了美国资本市场的发达和完善程度。次贷危机的爆发充分说明了美国资本市场远没有想象中那么健全，并将人们对资本能否持续不断流入美国为其经常项目赤字融资的担忧变成事实。

综合来看，当前全球经济失衡是不可持续的，必然会经历调整。根据 IMF 的 2015 年《世界经济展望》，“问题不是全球经济失衡是否需要调整，而是如何调整”，目前最重要的是，采取有效调整方式使调整成本最小化。

三、有关全球经济失衡调整的研究综述

有关全球经济失衡调整的研究内容主要围绕以下几方面展开：全球经济失衡调整的影响因素、全球经济失衡调整的路径、全球经济失衡调整的成本。其研究方法主要是动态随机一般均衡模型和事件分析法。以 IMF 的全球经济模型（global economy model，GEM）为代表的动态随机一般均衡模型，为人们在新的宏观经济学模型框架内进行分析，提供了一个严谨的、理论层面的探讨，但人们就有关财政赤字对外债累积、经常账户收支的影响常常得出不同的结论。之所以得出不同结论，部分是因为模型行为方面的差异，部分是由于模拟的假设条件不一样。事件分析法是另外一种研究经常账户变动的方法。事件分析法又主要分为两种：描述性统计法和跨国面板回归法。Croke 等（2005）、Freund 和 Warnock（2005）、Debelle 和 Galati（2007）等利用事件分析法，考察了发达国家经常账户赤字调整经验。

（一）影响经常账户反转的因素研究

一些学者采用经验研究法，以过去发生的经常账户反转为样本，探讨影响经常账户反转的主要因素。Milesi-Ferretti 和 Razin（1998）是第一个系统研究经常账户调整的决定因素的学者，他们采用了 Eichengreen（1995）的方法，将其研究货币危机的方法运用到研究经常账户调整。受 1997～1998 年亚洲金融危机启发，Milesi-Ferretti 和 Razin（1998）考查了发展中国家经常项目赤字的调整问题，研究结果表明国内经济变量和外部经济变量在解释经常项目赤字反转时发挥了重要作用，而且经常项目赤字反转更容易发生在那些外贸长期处于赤字、国际储备较低、贸易条件恶化的国家。Freund 和 Warnock（2005）将该方

法运用到对工业化国家的研究，采用 1980～1997 年 25 个调整时间的数据集，发现当经常账户赤字占国内生产总值比重达到 5%时，就会发生经常账户调整。放缓的经济增长、实际汇率贬值 10%～20%是调整的最主要驱动力。加强实际出口增长、减少投资增长和平衡预算也是调整的一部分。这些发现表明，工业化国家的经常账户调整很大程度是经济周期的表现。Freund 的 Probit 分析并不能很好地识别出经常账户反转的指标，导致作者认为经常账户反转的时刻是很难预测的。Edwards（2004）采用处理效应模型（treatment effects model）和 Probit 模型进行研究，结果表明经常账户反转受多种因素影响，包括滞后一期的经常账户收支占国内生产总值比重、外债占国内生产总值比重、国际储备数量、国内信贷水平、对外债务。张建清和张天顶（2008）在确定经常项目调整的事后标准基础上，采用离散选择 Probit 模型，实证研究表明固定资本形成对经常项目调整具有显著的负效应；政府财政收支、贸易条件变化、开放度及官方储备对经常项目调整具有显著的正向作用。以上的实证研究再次证实了 Razin 和 Milesi-Ferretti（1996）的研究结论，即一国经常账户赤字是否可持续取决于一系列的经济指标。

金融变量和突然停止的作用如下。有几个作者试图将经常账户调整和突然停止联系起来。突然停止指资本流入突然大幅度减少，Calvo 等（2004）、Calvo 和 Talvi（2006）对此做了研究。Edwards（2005b）也发现，在存在大额经常账户赤字的前提下，突然停止增加了经常账户调整的可能性。Freund 和 Warnock（2005）研究了金融流动的组成，但是并没有发现它和经常账户调整之间存在系统相关关系。Debelle 和 Galati（2007）研究了金融流动的作用，强调金融账户变量有助于解释一国拥有大量经常账户赤字而不发生经常账户调整的原因。

Kimberley 的研究结论表明，以下五个因素能极大地解释经常项目收支的变动：美国消费和储蓄率的调整、全球金融形势的缩紧、发达国家预期生产率水平下降、全球范围内财政刺激政策的实施及消费者和企业信心的下降。

（二）全球经济失衡调整的路径

从汇率弹性视角出发，不少学者探讨如果要实现某种程度的经常账户收支平衡，美元实际汇率所需的贬值幅度。然而，从现有研究来看，汇率在全球经济失衡调整中的作用一直存在着争议。Obstfeld 和 Rogoff（2000）假定贸易品产出占国内生产总值的份额是 25%，建立小国开放经济模型，得出结论：若消除经常账户赤字，则美元实际汇率需要贬值 16%，名义汇率需要贬值 12%；而且贸易品的份额越低、经常账户赤字削减的速度越快，美元所需的贬值幅度越大。Mussa（2005）假定美国经常账户赤字占国内生产总值比重若降低到 2%，则美元实际汇率所需的贬值幅度为 20%。Obstfeld 和 Rogoff（2004）将其 2000 年建立的模型扩展到两个国家，研究表明，若消除美国的经常账户赤字，美元实际贬值幅度要达到 16%～36%。Edwards（2005b）假定未来五年外国投资者对美国资产的净需求翻倍，在调整的头三年，贸易加权的美元汇率将贬值 21%～28%。Blanchard 等（2005）用资产组合模型来分析美国的经常账户赤字，若完全消除赤字，则以贸易权重计算的美元汇率要贬值 40%～90%。这些研究采用了不同的理论模型和实证方法，对于纠正全球经济失衡所需的美元贬值幅度得出了不同的结论，但都认为美元需要相当大的贬值幅度。

从储蓄投资视角出发，IMF 对失衡经济体的建议是：美国应提高国内储蓄率、亚洲依靠内需而非出口促进经济增长、欧元区需进行结构改革来促进经济增长。Portes（2009）认为，要使亚洲新兴经济体放弃进一步扩大预防性储蓄，接受经常账户从盈余向赤字的转换，必须确保“突然停止”不会发生在亚洲新兴经济体。其具体措施建议是，扩大 IMF 的可使用资源和改革其使用方式、设立央行互换额度和建立储备池等。

从全球资产组合视角出发，Caballero 等（2008a）、Portes（2009）等强调发展中国家要优先发展国内资本市场，促进金融深化，解决金融抑制问题，以拓宽国内投资渠道，使国内储蓄能顺利转化为投资。其中，Portes（2009）还建议发展中国家推进本币国际化进程，他认为如果可以用本币进行国际借贷，则发展中国家会放弃不断累积外汇储备，接受经常账户赤字。

另外，IMF（2005）、Edwards（2005b）、de Rato（2006）、Ahearne 等（2007）、Portes（2009）等纷纷表示，当前全球经济失衡的纠正需要“集体行动”和“一揽子”政策，无论是盈余国还是赤字国都应该承担全球经济失衡调整的责任。Eichengreen 和 Adalet（2005）论述了在纠正当前全球经济失衡的过程中，国际政策协调的必要性及其实施难度。Pesenti 建立了一个动态多区域模型，全球经济失衡调整要在一个多边框架内实施，要依靠失衡经济体的宏观经济和结构调整，调整的负担主要落在美国和亚洲新兴经济体身上，要扭转过去的储蓄趋势（相反方向）；如果缺乏宏观经济和结构调整，仅依靠金融市场，将对全球经济产生不利影响。Kinberly 构建多国多部门随机动态一般均衡模型，发现美国私人储蓄率上升、发达国家的紧缩财政、汇率的有序调整、亚洲新兴经济体增加内需对于金融危机后全球经常项目收支有序调整至关重要。

施建淮（2006）、张明（2007，2010）描绘了全球经济再平衡的不同情景，并分析了不同的再平衡情景对中国经济的影响。夏先良（2010）指出，全球经济再平衡需要各主要经贸大国调整产业、储蓄、消费等经济结构，汇率调整无法实现全球经济再平衡。王国刚（2010）指出，通过发达国家对发展中国家的贸易强制，尤其是汇率，无法实现国际贸易平衡，而且将引致各方均输的结果。

（三）全球经济失衡的调整成本

全球经济失衡的调整成本是指经常账户反转对经济增长、就业率等的负面影响。经常账户反转是否会导致经济增长下降，相关的实证文献得出了不同的结论。以 Milesi-Ferretti 和 Razin（2000）为代表，利用跨国回归、事前和事后分析方法等可得出结论：反转确实可使宏观经济产生实质性变化，但是并不一定导致经济增长下降。而 Edwards（2002）利用动态面板回归方法分析得出结论：经常账户反转对投资会产生负面影响，进而影响经济增长，即使是在控制投资变量后，经常账户反转对经济增长也有负面影响。

另外，不少学者探讨影响调整成本高低的因素。Edwards（2004）分析了汇率机制、美元化与反转成本之间的关系，其研究表明：实行固定汇率制度的国家较实行浮动汇率制度的国家面临的调整成本要高；背负巨额美元债务的国家，反转对其负面影响更大。Calvo 等（2004）、Frankel 和 Cavallo（2004）发现，较开放的国家会面临较小的调整成本。但是这些研究没有区分调整国是大国还是小国，也没有区分一国的开放度是贸易开放度还是金融开放度。Edwards（2005a）为了弥补该缺陷，在研究中纳入两个交互项：反转和贸易开放度、反转和国际资本流动指标。其实证结果表明：于大国而言，贸易开放度越高，经常账户反转对经济增长的负面影响越大；而金融开放度越高，经常账户反转对经济增长的负面影响越小。

不少文献都意识到调整事件的多样性，但几乎没有学者明确将调整分组。目前，在分组情况下研究失衡调整主要从四个方面进行：第一，区分高增长调整和低增长调整。Croke 等（2005）、IMF 选择工业化国家中实际国内生产总值增长排名靠前和靠后的国家。他们发现，低增长并不以汇率、利率和资产价格的大幅波动为特征。IMF 发现低增长的情形下，实际汇率贬值幅度相对温和；而高增长情形下有较高的实际贬值幅度。第二，区分出口导向和进口驱动调整。Guidotti 等探讨在调整期间新兴市场和发展中国家的进口、出口表现。他们认为，较强的出口增长是新兴亚洲经济体调整的主要驱动力，而放缓的进口增长是拉丁美洲调整的主要驱动。作者把这种区别归因于结构因素，表明越封闭的经济体，美元债务越高，越倾向于通过削减进口来实现经常账户调整。第三，区分大国和小国。Edwards（2005b）发现经常账户调整对大国经济增长的影响更不利。第四，区分调整门槛。Clarida（2006）识别出不同国家经常账户调整的门槛值，即一旦经常账户占国内生产总值的比重超过该值则向均衡方向回归。将该方法运用到 G7 国家，他们发现国家间的门槛值是不同的，波动范围从美国的 0.18%到加拿大的 4.05%。

然而，上述研究存在以下不足：第一，在给出全球经济再平衡具体度量标准时，大多没有具体定义初始经常账户赤字的规模；第二，在完成全球经济再平衡所需时间方面，没有区分渐进模式和激进模式。本书意在弥补以上不足：在识别全球经济再平衡时，为了凸显再平衡的必要性，规定初始经常账户赤字规模应大于该国（地区）在样本期间经常账户收支的中位值，大于该年份全球经常账户收支中位值；根据再平衡完成时间的长短，区分出激进再平衡模式和渐进再平衡模式，并比较两种调整模式的成本差异。

此外，本书在前人研究的启发下，强调经常账户调整的多样性，将经常账户调整按调整路径、调整模式分类，运用统计方法检验分类的稳健性，相关的实证研究也表明分类是富有经济意义的。全球经济失衡调整路径、模式不仅是内生的，也是相关经济体自我选择的结果。不同的调整路径、调整模式会对各失衡经济体乃至世界经济产生不同的影响。通过对历史上全球经济失衡调整路径、调整模式的探索，以期对当前全球经济失衡调整提供借鉴与启示。探索风险可控、成本最小化的调整路径、调整模式是本书研究的初衷。

四、G20与全球经济失衡的调整

自2009年以来，在国际金融危机的推动下，美国等发达国家开始与发展中国家联合治理全球经济失衡，使得在G20框架下对如何进行全球经济失衡调整的研究日益增多，G20与全球经济失衡调整的内在关系开始受到国内外学术界的关注。更多学者开始关注为了实现全球经济再平衡，将G8扩展为G20这一国际经济协调领域的新变化。有关G20机制化与全球经济失衡治理内在关系的研究日益增多。孙丽丽（2010）就明确指出由发达国家和发展中国家共同组成的G20，已经开始从最初的国际金融危机日益严峻背景下的应急机制，转化成实现全球经济再平衡的首要协调机制和平台。而Ozkan（2011）也认为金融危机加强了G20在全球治理中的作用，能够减少全球经济治理中典型的、长期存在的赤字。尤其是随着国内外学术界对IMF这样的全球治理结构在全球金融自由化改革和国际金融危机中暴露出的治理缺陷的认识的深入，越来越多的学者开始倡议改变当前全球治理结构，尤其是新兴经济体（特别是亚洲）的快速崛起也要求增强其对全球经济治理的影响力。

在这一背景下，有关G20的机制特点和中国如何参与G20机制下的全球经济治理，开始成为全球经济失衡调整研究中的重要内容之一。庞中英（2011）在回顾第二次世界大战结束到金融危机时期全球经济治理的若干经验教训的基础上，对全球经济治理的历史进行了全面总结，并对全球经济治理中的分担治理成本和责任问题进行了重点研究。而赵瑾（2010）则直接提出“后危机时代”G20的首要任务和核心议题是发展，G20在发展议题下应注重自身机制化建设、平衡发展和绿色发展；同时G20是美国重振全球领导力的新平台，为防止G20成为发达国家重新瓜分世界市场、剥夺发展中国家经济增长成果的舞台，中国应积极推动G20机制化建设、积极参与议题设定、推动国际货币体系改革、维护发展中国家利益和中国利益。王国兴和成靖（2010）则提出虽然机制化后的G20仅仅是对现行全球经济治理框架的一种修正，但增加发展中国家特别是新兴大国的权重仍是我们应当坚持的，在通过G20参与全球经济治理改革过程中，中国既要态度积极，又要坚持改革的渐进性和在原有框架内进行的原则。针对G20机制相对原有的G8机制的新特点，国内外学者提出了中国应通过强化全球经济治理制度、加强与非国家行为体的机制化建设、追求更加公平的治理等措施，完善G20框架下的全球经济治理（李杰豪和张心雨，2011；曲博，2010；孙伊然，2011；伍茨，2008）。虽然G20应当成为当前全球经济再平衡和失衡治理的核心机制，但中国仍应该审慎参与G20框架下的全球经济治理，需要多种路径，推动世界各主要经济体共同进行协调治理，只有这样才能真正在互利共赢开放战略指导下实现全球经济再平衡。

虽然，目前国内外学术界对全球经济失衡的原因、影响、可持续性及其调整进行了初步研究，但随着全球经济失衡进入后金融危机时期，在失衡原因和调整问题上呈现出一些新的特征，需要进一步深入研究。具体表现在以下三个方面：第一，从金融视角对全球经济失衡的原因解释和路径选择需要进一步深入研究；第二，对G20视角下如何推动中国参与全球经济失衡的调整需要进一步研究；第三，目前学术界对全球经济失衡调整的重点领域和可选路径缺乏比较研究，需要进一步深入。

第三节　研究思路、理论框架、结构安排与研究方法

一、研究思路

在前人研究的基础上，本书将以经常项目收支理论为基础，按照全球经济失衡调整机制和调整完成时间长度，将全球经济失衡调整划分为三种路径、两种模式。继而，以全球经济失衡的三种调整路径和两种调整模式为出发点，比较不同的调整路径、调整模式所对应的成本大小，在此基础上进一步考察全球经济失衡调整对中国经济影响，并对中国参与全球经济再平衡的战略与路径进行探讨。

二、理论框架

潘国陵（2000）通过严密的数学推导得出了经常项目收支动态方程和国外净

资产动态方程，由此提出了一种新的经常项目收支方法。焦武（2009）在潘国陵（2000）纯粹理论推导模型研究的基础上，通过放松模型原假设条件和对模型进行重大修正，使其更符合中国经济现实，从而拓展了该模型。焦武（2009）从两个方面对模型进行了修正和改进：第一，原模型暗含一国国外净资产可全部化为直接投资，焦武（2009）对其做了拓展，将一国国外净资产分为直接投资和间接投资；第二，允许汇率浮动。但是，焦武（2009）在模型求解过程中存在明显的错误，用常数系数和常数项的一阶线性微分方程的特殊情况替代已经设定浮动汇率的可变系数和可变项微分方程。在潘国陵（2000）开创的经常项目收支动态方程中，揭示了经常项目与储蓄率、汇率等经济要素之间的关系，同时还给出了经常项目调整和经济增长之间的关系。考虑到本书研究的需要，我们对潘国陵（2000）原模型做了如下扩展：第一，放松固定汇率假设，研究浮动汇率制下的经常项目收支动态方程，同时纠正了焦武（2009）错误的一阶微分方程解法；第二，拓展了汇率调整时间与调整成本之间关系的研究。

国际收支平衡表主要由经常项目、资本和金融项目、储备资产组成。各国之间在交换物品的同时，也是在交换资产。由于国际收支平衡表永远是平衡的，即贷方必等于借方，那么，经常项目差额必等于国外净投资（$\mathrm{CA}=I_{\mathrm{f}}$）。国外净投资是本国持有外国资产的增量与外国持有本国资产的增量之差。从收入和支出的角度，考虑开放经济条件下的国民收入恒等式：

$$Y^{*}=C+I_{\mathrm{d}}+G+(X-M)+\mathrm{NFP}=C+T+S_{\mathrm{p}} \tag{1-1}$$

其中，Y^{*}为国民收入［国民生产总值（gross national product，GNP）］；C为私人消费；I_{d}为国内私人投资；G为政府支出；（X–M）为贸易收支；NFP为来自海外的净要素收入；T为政府税收；S_{p}为私人（居民和企业）储蓄。由于经常账户余额（CA）等于贸易收支加上来自海外的净要素收入，即

$$\mathrm{CA}=\mathrm{TB}+\mathrm{NFP} \tag{1-2}$$

将式（1-2）代入式（1-1），可得

$$\mathrm{CA}=(T-G)+S_{\mathrm{p}}-I_{\mathrm{d}}=(S_{\mathrm{g}}+S_{\mathrm{p}})-I_{\mathrm{d}}=S-I_{\mathrm{d}} \tag{1-3}$$

其中，S_{g}为政府储蓄；S为一国总储蓄，它等于私人储蓄（S_{p}）和政府储蓄（S_{g}）之和。将式（1-3）移项得

$$S=I_{\mathrm{d}}+\mathrm{CA}=I_{\mathrm{d}}+I_{\mathrm{f}}=I \tag{1-4}$$

用s代表一国国民储蓄率（$0<s<1$），Y代表一国国内总产出，R代表汇率（直接标价法），F表示一国的国外净资产（以外币表示），ρ表示国外净资产产出率，则式（1-5）可表示一国国民储蓄。

$$S=sY^{*}=s(Y+\rho RF) \tag{1-5}$$

用K代表国内资产存量净值，然后设定：

$$\sigma=\frac{Y}{K} \tag{1-6}$$

$$g=\frac{1}{Y}\cdot\frac{\mathrm{d}Y}{\mathrm{d}t} \tag{1-7}$$

式（1-6）中，σ 为国内净资产产出率，式（1-7）中 g 为国内总产出增长率，同时设定 σ、g 为不随时间变化的常数。将式（1-6）变形得

$$K=\frac{Y}{\sigma} \tag{1-8}$$

对式（1-8）两边求导，得

$$\frac{\mathrm{d}K}{\mathrm{d}t}=\frac{1}{\sigma}\cdot\frac{\mathrm{d}Y}{\mathrm{d}t} \tag{1-9}$$

将式（1-7）代入式（1-9）后得

$$\frac{\mathrm{d}K}{\mathrm{d}t}=\frac{1}{\sigma}\cdot gY \tag{1-10}$$

求解式（1-7），该一阶齐次微分方程的解是

$$Y=Y_0\mathrm{e}^{gt} \tag{1-11}$$

其中，Y_0 为 $t=0$ 时，Y 的初值。将式（1-11）代入式（1-10），得

$$\frac{\mathrm{d}K}{\mathrm{d}t}=\frac{1}{\sigma}\cdot gY_0\mathrm{e}^{gt} \tag{1-12}$$

对于国内资本存量 K，有等式：

$$I_{\mathrm{d}}=\frac{\mathrm{d}K}{\mathrm{d}t}+\theta K \tag{1-13}$$

其中，θ 为国内固定资产折旧率，即国内总投资等于净投资加上折旧。

同理，国外投资 I_{f} 可表示如下：

$$I_{\mathrm{f}}=\frac{\mathrm{d}(FR)}{\mathrm{d}t} \tag{1-14}$$

在潘国陵（2000）的基础上，我们做了如下拓展，允许汇率浮动，则

$$I_{\mathrm{f}}=R\cdot\frac{\mathrm{d}F}{\mathrm{d}t}+F\cdot\frac{\mathrm{d}R}{\mathrm{d}t} \tag{1-15}$$

将式（1-4）、式（1-13）、式（1-15）代入式（1-5），得

$$R\cdot\frac{\mathrm{d}F}{\mathrm{d}t}+F\cdot\frac{\mathrm{d}R}{\mathrm{d}t}+\frac{\mathrm{d}K}{\mathrm{d}t}+\theta K=s(Y+\rho RF) \tag{1-16}$$

再将式（1-8）、式（1-11）、式（1-12）代入式（1-16），得

$$\frac{\mathrm{d}F}{\mathrm{d}t}+(R^*-s\rho)F=\frac{\sigma s-g-\theta}{R\sigma}Y_0\mathrm{e}^{gt} \tag{1-17}$$

其中，R^* 为汇率的变化幅度。

$$R^* = \frac{\mathrm{d}R}{R\mathrm{d}t} \tag{1-18}$$

式（1-17）是一个一阶非齐次微分方程，我们令

$$u(t) = R^* - s\rho \tag{1-19}$$

$$w(t) = \frac{\sigma s - g - \theta}{R\sigma} Y_0 \mathrm{e}^{gt} \tag{1-20}$$

很显然，$u(t)$、$w(t)$ 并不是常数，而是可变系数和可变项。而焦武（2009）在对式（1-17）求解时，却将 $u(t)$、$w(t)$ 视为常数来求解。很显然，由于假定汇率浮动，Y 是时间 t 的函数，式（1-17）是具有可变系数 $u(t)$ 和可变项 $w(t)$ 的一阶非齐次微分方程。其通解为

$$F(t) = \mathrm{e}^{-\int u\mathrm{d}t}\left(A + \int w\mathrm{e}^{-\int u\mathrm{d}t}\mathrm{d}t\right) \tag{1-21}$$

其中，A 为如果具有适当的初始条件，便可以确定的任意常数，求解式（1-21）得

$$F(t) = \frac{\mathrm{e}^{s\rho t}}{R}\left(A + \frac{Y_0(\sigma s - g - \theta)\mathrm{e}^{(g - s\rho)t}}{\sigma(g - s\rho)}\right) \tag{1-22}$$

令 $t = 0$ 时，$F = F_0$，因此

$$A = Y_0\left(\frac{RF_0}{Y_0} - \frac{\sigma s - g - \theta}{\sigma(g - s\rho)}\right) \tag{1-23}$$

将常数 A 和式（1-11）代入式（1-22）后得

$$F = \frac{Y_0\mathrm{e}^{s\rho t}}{R}\left(\frac{RF_0}{Y_0} - \frac{\sigma s - g - \theta}{\sigma(g - s\rho)}\right) + \frac{Y(\sigma s - g - \theta)}{R\sigma(g - s\rho)} \tag{1-24}$$

根据国际收支平衡表，一国国外净资产的增量即为经常项目收支差额，用式子表示为

$$\mathrm{CA} = \frac{\mathrm{d}F}{\mathrm{d}t} \tag{1-25}$$

将式（1-17）代入式（1-25），则

$$\mathrm{CA} = \frac{\sigma s - g - \theta}{R\sigma} Y_0 \mathrm{e}^{gt} - (R^* - s\rho)F \tag{1-26}$$

将式（1-24）代入式（1-25），可得

$$\mathrm{CA} = \frac{\sigma s - g - \theta}{R\sigma} \cdot Y_0 \mathrm{e}^{gt} - (R^* - s\rho)\left[\frac{Y_0\mathrm{e}^{s\rho t}}{R}\left(\frac{RF_0}{Y_0} - \frac{\sigma s - g - \theta}{\sigma(g - s\rho)}\right) + \frac{Y(\sigma s - g - \theta)}{R\sigma(g - s\rho)}\right] \tag{1-27}$$

将式（1-27）两边都除以 Y 并将式（1-11）代入，令 $\mathrm{ca} = \frac{\mathrm{CA}}{Y}$，$\chi = \frac{\sigma s - g - \theta}{R\sigma(g - s\rho)}$，得

$$\mathrm{ca}=(g-s\rho)\chi-(R^{*}-s\rho)\left(\frac{F_0}{Y_0}+\chi\frac{\mathrm{e}^{gt}-\mathrm{e}^{s\rho t}}{\mathrm{e}^{gt}}\right) \tag{1-28}$$

其中，F_0/Y_0 为初始状态一国净对外资产占国民收入比例，式（1-28）揭示了一国经常账户收支水平和其汇率、储蓄率的关系，同时经常账户收支和经济增长率、时间 t 也存在关系。这为本书后续的实证研究提供了理论支持。通过不同路径、采取不同模式实现全球经济失衡再平衡，必定会带来不同的成本。

三、结构安排

本书共十一章。

第一章绪论，阐明了本书的研究意义，并界定了相关概念；分别从当前全球经济失衡原因、全球经济失衡的可持续性及全球经济失衡调整三个方面对相关研究做了综述；说明了本书的理论框架与一些创新之处；介绍了本书的研究思路、结构安排，并提出了相关研究方法。

第二章探讨了全球经济失衡的形成、发展与新趋势。具体而言，该章首先从美元本位制与储蓄投资不平衡的内生性和外围国对美国的货币—金融依附两个方面探讨了全球经济失衡的形成机制。其次，以国际货币体系的历史演进为线索，总结和梳理了古典金本位制时期、金汇兑本位制时期、布雷顿森林体系时期及布雷顿森林体系Ⅱ时期全球经济失衡的特征及其发展脉络。最后，对后金融危机时代全球经济失衡表现出来的一些新特征进行了概述。

第三章首先探讨了全球经济失衡指标体系的构建，包括失衡指标体系的设计标准和“参考性指南”中失衡指标体系的构架。其次，总结和梳理了失衡测度方法，包括结构法、时间序列法、截面法和四分位法。其中，重点分析了外部失衡测度标准化建模的 CGER（Consultative Group Exchange Rate Issues，汇率问题咨询小组）方法及其改良版外部均衡评估（external balance assessment，EBA）方法，包括两者方法在模型设定和计量方法应用等方面的差异、两种方法在实践应用中的不足等。最后，简要介绍了“参考性指南”给出的失衡判别标准，并尝试以中国为例，从增加值视角对中国对外贸易及其失衡的程度进行评估。

第四章对全球经济失衡背景下全球流动性过剩的宏观经济影响进行了深入研究。由于全球经济失衡与全球流动性过剩密切相关，这部分内容的研究重心放在全球流动性过剩对世界宏观经济的影响上。首先，该章对全球流动性、全球流动性过剩的界定及其测度指标做了总结和归纳。其次，探讨了全球流动性过剩的原因，包括不对称的国际货币体系、全球经济失衡、发达国家的宽松货币政策及金融创新等。最后，依次总结和梳理了全球流动性过剩对产出的影响、全球流动性过剩对通货膨胀的影响和全球流动性过剩对资产价格的影响，并指出既有研究已达成的共识和不足之处。

第五章研究了全球经济失衡背景下中国的内外经济失衡。首先，该章从全球价值链（global value chain，GVC）视角对中国对外贸易失衡进行了结构性研究。其次，从金融视角深入考察了货币信贷对中国宏观经济的影响。在实证检验货币信贷结构对中国产出与通货膨胀存在机理性影响的基础上，从货币信贷结构的角度对“中国货币迷失之谜”做了再解释。

第六章对中美金融发展差异、资本错配与经济失衡之间的关系进行了深入探讨。该章首先通过构建包括实体经济部门和金融服务部门的两国模型，论证了金融发展差异和资本错配对中美经济失衡的影响机理。其次，实证检验了中美金融发展差异、资本错配及其他决定因素对中美经济失衡的影响。最后，对实证结果进行了经济学解释并给出了相应的政策建议。

第七章从有关全球经济失衡调整的理论研究出发，指出全球经济失衡调整的三条路径，即汇率调整、储蓄率调整和金融深化水平调整；利用非参数检验对全球经济失衡调整的路径进行经验分析。

第八章界定了全球经济失衡的两种调整模式，即渐进调整和激进调整，并利用多元 Logit 模型研究影响全球经济失衡调整概率的因素，这些因素包括一国（地区）的经常账户赤字规模、汇率制度、贸易开放度、金融开放度等。在此基础上考虑全球经济失衡调整模式的内生性，建立处理效应模型，探讨并比较不同的调整模式对应的调整成本。

第九章论述了 G20 与全球经济再平衡，主要包括 G20 机制化的发展及特点回顾、G20 在全球经济失衡调整中遇到的难点与重点，以及 G20 参与全球经济再平衡的具体建议，并基于 G20 视角，探讨金融渠道对一国外部失衡的调整效用，以及金融发展差异对金融渠道调节失衡效用的门限影响。

第十章论述了后金融危机时代中国在全球经济再平衡进程中的地位与作用。

第十一章论述了后金融危机时代中国参与全球经济再平衡的背景、总体战略、路径选择及对策建议。

四、研究方法

（1）规范分析与实证分析相结合。在梳理经常项目收支理论的基础上，归纳出全球经济失衡调整的三条路径，即汇率调整、储蓄率调整、金融深化水平调整，并用非参数检验对 1980～2009 年 90 个经济体的经常账户反转进行经验分析。本书将 1980～2009 年 90 个经济体中发生的经常账户收支再平衡作为处理组（treatment group），并构造一组未经再平衡的控制组（control group），利用卡方检验分析处理组和控制组的汇率、储蓄率、金融深化变化程度是否一致来判断本币汇率贬值、储蓄率上升、金融深化是否是全球经济再平衡的路径。

同时本书还用数理方法建立实证模型，用多元 Logit 模型、异质性处理效应模型、不平衡的面板回归等计量方法研究全球经济失衡调整的概率及其成本。

我们用对经济增长率的影响来衡量全球经济再平衡的成本，每个事件 i 存在三种潜在的结果（Y_{2i}，Y_{1i}，Y_{0i}），Y_{2i} 表示发生渐进再平衡时的经济增长率，Y_{1i} 表示发生激进再平衡时的经济增长率，Y_{0i} 表示没有发生再平衡时的经济增长率。这样 $Y_{2i}-Y_{0i}$、$Y_{1i}-Y_{0i}$、$Y_{2i}-Y_{1i}$ 就是处理效应（treatment effect）。显然，这是一个数据缺失问题（missing data problem），因为任何事件只能处于一种状态。处理效应模型可以解决以上问题。本书采用处理效应模型研究不同再平衡模式的成本，并分别利用两阶段法和最大似然估计法给出稳健的实证结果。

（2）归纳与演绎相结合。要研究全球经济失衡调整的两种模式、三条路径，并提出中国应对全球经济失衡的政策建议，就离不开传统的归纳方法和演绎方法。我们始终坚持归纳与演绎相结合的原则来探索全球经济失衡的调整模式和中国的应对策略。

（3）理论分析与政策分析相结合。本书以经常项目收支理论为出发点，对全球经济失衡调整路径进行了理论分析，又结合前面的理论分析研究了中国应对全球经济失衡和参与全球经济再平衡的路径与对策，增添了本书理论研究的政策内涵和实际意义。

第四节 创新与不足

总的来看，本书的研究做到了以下几点创新。

（1）研究角度的创新。现有的有关全球经济失衡调整概率及其成本的研究，都没有区分出渐进调整和激进调整，本书明确界定了渐进调整和激进调整的识别标准，分别探讨影响这两种调整模式发生概率的经济因素、制度因素，并比较其调整成本的高低。这些都是对过去研究角度的创新，进一步深化了对全球经济失衡调整的认识。

（2）研究方法的创新。第一，本书对全球经济失衡调整路径的研究没有局限在理论层面上，而是采用卡方检验等非参数检验方法对其进行经验分析，深化了对全球经济失衡调整路径的认识。第二，现有对全球经济失衡调整成本的研究多采用多国面板的方法。针对回归中的异质性问题，本书采用处理效应模型和 Heckman 方法，有助于更为准确地判断全球经济失衡调整的成本。

本书的研究仍存在以下不足。

（1）在经常账户收支理论基础上，本书归纳出经常账户调整的三条路径，并利用非参数检验对其进行经验分析。然而，本书并没有对各调整路径所对应的调整成本进行比较研究，这是今后有待进一步研究的地方。

（2）选取不同的调整路径、调整模式研究全球经济失衡必将对各失衡经济体（包括中国），乃至世界经济产生不同的影响。由于理论建模和实证分析能力的不足，本书在这部分的实证研究还略显不足。

第二章　全球经济失衡的形成、发展与新趋势

目前，关于全球经济失衡起因的各种假说可以归结为美元本位制这一根本性制度因素，因为其他各种假说在解释全球经济失衡的形成机制时无法脱离美元霸权及不合理的国际货币体系环境。当一国货币作为本位货币时，该国与其他国家在国际货币体系中享有的权利和承担的义务严重不对称，从而容易导致全球经济失衡。第二次世界大战以后，世界经济进入美元本位时代，美国在全球经济失衡的形成过程中逐步占据了主导地位，正是美元本位制驱动着全球经济失衡的发展。美元的过度特权使美国可以肆无忌惮地发行美元，而由其他国家承担世界经济调整的成本。在全球经济金融一体化的背景下，世界经济通过国际收支联系起来，一国的顺差必然对应着他国的逆差。当其他国家被迫对外部失衡进行调整时，货币政策或财政政策将不可避免地丧失部分独立性。本章由三部分内容组成：一是在美元本位制大环境下探讨全球经济失衡的形成；二是梳理古典金本位制时期、金汇兑本位制时期、布雷顿森林体系时期及布雷顿森林体系Ⅱ时期全球经济失衡的特征和发展脉络；三是从实物流和资金流的角度总结危机后全球经济失衡的新特征，这与全球经济失衡研究的两种技术路线是一致的（一种技术路线是关注影响全球商品市场的周期性因素和宏观经济政策，另一种技术路线关注影响全球资产市场的结构性扭曲因素与一系列中长期因素）。

第一节　美元本位制与全球经济失衡的形成

在金本位制时期，各国货币与黄金保持固定比价，各国货币在国际货币体系中的地位是非常公平的。一国货币在国际贸易中的重要性决定了其在世界经济中的地位。然而，在布雷顿森林体系尤其是随后的美元本位制时期，美国处于中心国地位并享有货币霸权和各种经济特权。由于美元本位制缺乏黄金支撑和必要的财政纪律约束，世界各国的储蓄投资将出现内生性不平衡，即美国只需要印发美元就可以获得廉价的资源和消费品，而外围国必须出口资源和商品以换取美元。此外，美国精心经营美元业务以引导外围国形成对美国的货币—金融依附，即美国不断地完善金融市场和进行金融创新，以吸引外围国持有的美元回流至美国。因此，外围国获取美元的过程必然会导致美国对外围国贸易逆差的形成和累积，美国金融市场回收美元的过程必然会导致外围国对美国持

有大量的净金融资产头寸。因此，在一定程度上可以认为当时的全球经济失衡是内生于美元本位制的。

一、美元本位制的特征

美元本位制具有以下四个方面的特征。

第一，美国财政赤字内生化。Triffin（1968）指出，美元作为世界货币天然地存在美元币值稳定和满足世界流动性需要的内在矛盾。但是，他没有研究美国应以何种形式向世界提供美元流动性。实际上，如果考虑到美元资产保值增值的需要，美元流动性能够以股票、银行存款、货币基金、企业债券、市政债券、金融债券和美国国债等形式沉淀下来。然而，如果再考虑到对美元资产流动性和安全性方面的需要，美国国债无疑是外围国的最佳选择。从表 2-1 可以看出，外国居民持有的美元资产以债券为主，而债券中又以长期债券为主。美国金融危机爆发期间，外国居民对美国股权类证券的投资快速减少，而对美国国债的投资持续增加。此外，由于外国居民对美国政府机构债券和公司债券的投资在美国金融危机期间遭受了重大损失，外国居民对这两类债券的投资占比逐渐降低。截至 2016 年，美国长短期国债在外国居民持有的美国证券中占据主导地位。

表 2-1　外国居民持有美国证券的构成　　单位：10 亿美元

项目		2006 年	2007 年	2008 年	2009 年	2010 年	2011 年	2012 年	2013 年	2014 年	2015 年	2016 年
股权类		2 430	3 130	2 969	2 252	2 814	3 830	4 237	5 070	6 356	6 655	6 186
长期债券		4 732	6 007	6 495	6 240	6 922	7 731	8 213	8 462	9 183	9 547	10 044
	国债	1 727	1 965	2 211	2 604	3 343	4 049	4 673	4 916	5 382	5 450	5 585
	政府机构债券	984	1 304	1 464	1 196	1 086	1 031	991	874	827	880	954
	公司债券	2 021	2 738	2 820	2 440	2 493	2 651	2 549	2 672	2 974	3 217	3 505
短期债券		615	635	859	1 149	956	878	811	877	878	932	910
	国债	253	229	379	862	743	658	637	679	633	697	683
	政府机构债券	147	109	174	90	61	43	29	25	42	49	32
	公司债券	215	297	306	197	152	177	145	173	203	186	195
总计		7 777	9 772	10 323	9 641	10 692	12 439	13 261	14 409	16 417	17 134	17 140

资料来源：美国财政部，https://www.treasury.gov/press-center/press-releases/Documents/shl2016_final_20170421.pdf [2017-04-23]

由此可见，正是世界各国对美元外汇储备管理的需要催生了美国国债的大量发行，这必然在美国财政赤字的快速增长上得到反映。从这点来看，美元本位制实质上可理解为基于美国财政部借条的债务本位制（李俊久和姜墨竹，2011），换言之，美国财政赤字内生于美元本位制。

第二，美元本位制将美国财政部、IMF及美国金融市场捆绑在一起，形成美元—华尔街体系。外围国对美国金融资产的购买强化了美国金融中心的地位，反过来，美国金融市场的繁荣又强化了美元的世界货币地位。事实上，美联储和美国财政部的相当一部分官员都来自华尔街。在某种程度上，美国财政部与华尔街构成了一个利益共同体。另外，美国在IMF一直拥有绝对的话语权，IMF已成为美国维系美元—华尔街体系的工具。

第三，美元本位制、美国经济和美国金融市场构成了一个不断自我强化的系统。外围国贸易品对美国商品市场和外围国持有的外汇储备对美国金融市场的依赖程度越深，美元本位制越会不断地得到强化，最终促成美元在世界经济金融领域的垄断地位。Goldberg和Tille（2008）指出，即便是经济实力很强的日本和欧盟，大宗商品进口和贸易品出口仍然主要采用美元计价和结算。从2013年全球外汇市场的交易情况来看，尽管部分新兴市场国家的货币的重要性出现了显著上升（如人民币、卢布和比索），美元仍然是最主要的交易货币。此外，美元在最近二十多年作为外围国货币“名义锚”的状况并没有因为欧元的诞生而发生实质性改变。

第四，美国在安全、生产、金融及科技等方面的结构性权力是美元本位制的基本保障。在世界政治经济体系中，安全、生产、金融及科技是结构性权力的根本体现。在安全方面，大部分外围国对美国的安全保护存在强烈需求，外围国脱离美元本位的动力先天不足。在生产与科技方面，美国跨国公司掌控着全球供应链的上端和核心技术，外围国必须与美国开展服务贸易。此外，庞大的美国市场也决定着外围国企业的生产决策（即生产什么、生产多少和为谁生产），在金融方面，华尔街充当着世界银行的角色，时时刻刻影响着美元的供给与需求。这四个方面的结构性权力使美元本位制得以巩固。

二、美元本位制与储蓄投资不平衡的内生性

在美元本位制下，美国家庭长期保持着超过世界上其他任何国家的消费水平。2000～2018年，美国消费支出占生产总值的比重在70%以上，远高于同期欧盟和日本的58%和55%。从图2-1可以看出，20世纪50年代以来美国家庭储蓄占可支配收入比重的平均值仅7%左右，并且长期处于下降趋势。在此期间，美国家庭储蓄

率出现的短暂回升也是因为一些突发事件和特定政策的刺激，如 20 世纪 70 年代的中东石油危机、80 年代初里根政府的减税计划、21 世纪初网络科技泡沫的破灭及 2008 年的美国金融危机。此外，20 世纪 90 年代以来，美国公共部门的储蓄率基本为负。与之相对应，发展中国家尤其是亚洲新兴市场国家的总国民储蓄率远远高于发达国家和世界平均水平，如图 2-2 所示。

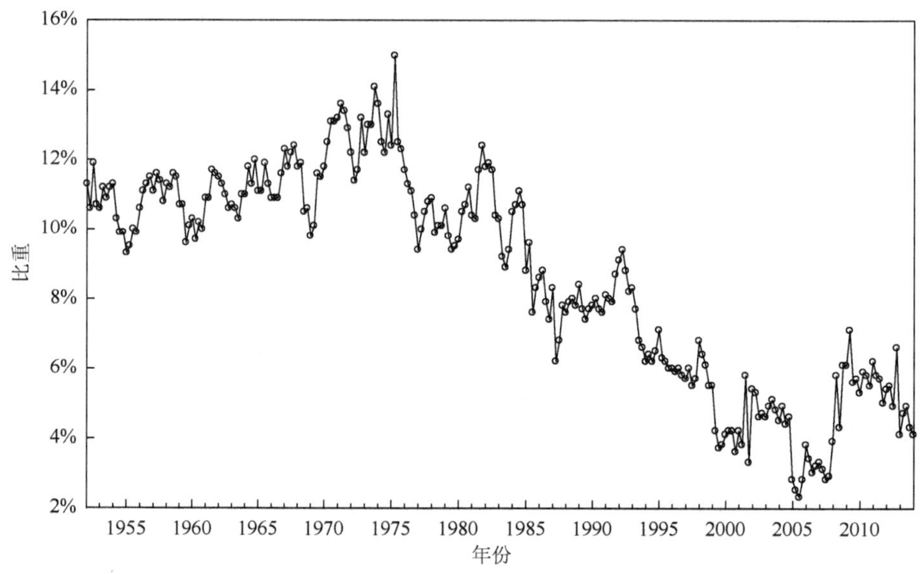

图 2-1 美国家庭储蓄占可支配收入的比重

资料来源：美国商务部经济分析局相关数据

Bernanke（2005）认为东亚国家和其他工业化国家过高的储蓄率导致了美国家庭的过度消费。其具体途径如下：首先，外围国大量的资本流入美国推动了美国资本市场的繁荣，由股票价格和房地产价格上涨引致的财富效应提升了美国居民的消费意愿；其次，外围国（尤其是东亚国家）普遍实行有管理的浮动汇率制度，即在一定程度上低估本币对美元汇率，这有利于增强本国出口产品在美国市场的国际竞争力；最后，美国流动性过剩使利率始终维持在很低的水平，宽松的货币和信贷条件增强了美国的支付能力。然而，McKinnon（2005）指出，在更深层次的意义上，主要是美元本位制导致美国家庭和政府较低的储蓄意愿。我们既不能说“全球过度储蓄”完全没有过错，也不能说美国过度消费是合理的，但能够肯定的是造成全球储蓄投资不平衡格局的根本原因在于美元本位制。换言之，全球储蓄投资的不平衡内生于美元本位制。

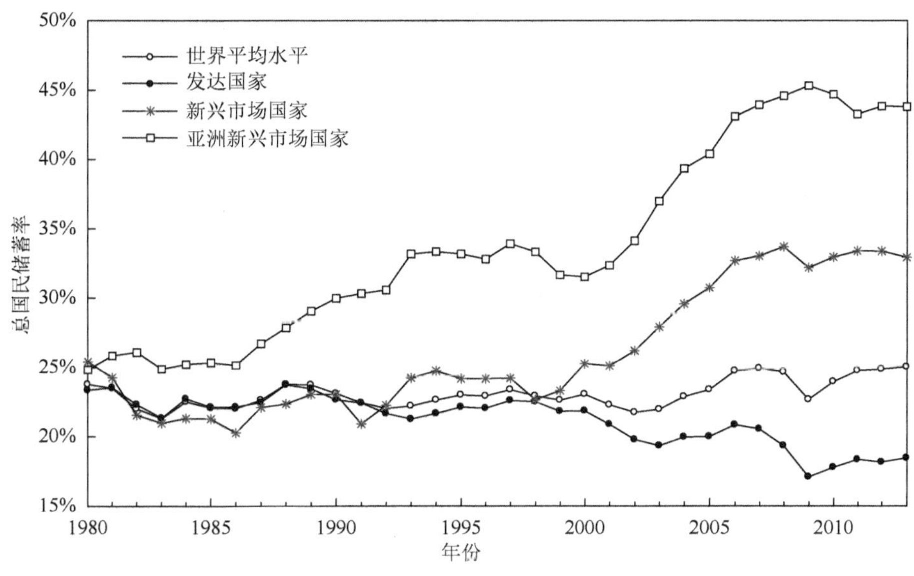

图 2-2　各经济体的总国民储蓄率

资料来源：IMF 相关数据

美元本位制驱动全球储蓄投资失衡主要体现在以下两个方面：一方面，外围国经济快速增长和金融发展滞后导致强劲的美元外汇储备需求。1971～2018 年，外围国与美国的经济总量大幅度收敛。美国和发达国家占全球生产总值总量的比重大幅度减少，金砖四国占全球生产总值的比重大幅上升。外围国与美国经济总量差距的大幅缩短和美元主导的国际货币体系形成了尖锐的矛盾。由于新兴市场经济体普遍金融发展滞后，国内储蓄不能顺畅地转化为投资，家庭也无法有效地实现跨期消费，新兴市场经济体大幅增长的收入在国内难以找到合适的储蓄工具。最优的选择似乎只能是通过积累美元外汇储备来平滑生命周期内的跨期消费。另一方面，亚洲金融危机后外围国为了防范外部系统性风险，存在超额外汇储备需求。Obstfeld 和 Rogoff（2009）的研究表明，国际储备越多，应对外部冲击的能力越强。王道平（2012）的理论模型表明：在利率和价格水平基本稳定的情形下，一国经济的持续快速增长可以通过国内信贷扩张和积累国际储备两条途径来实现。然而，墨西哥货币危机和亚洲金融危机的爆发让新兴市场国家意识到国内信贷扩张容易导致货币危机。因此，新兴市场国家通常采用出口导向型增长战略以积累国际储备和维持经济持续较快速度的增长。

在美元本位制下，美国并不能长期通过美元资本的净流出来满足外围国持续增长的美元外汇储备需求，即使在短期，外围国也需要对美元资本偿本付息进而影响到外汇储备的积累。从实际运行状况来看，布雷顿森林体系崩溃后，美国是净资本流入的，这意味着美元本位制下美国只能通过贸易赤字的形式向全世界提供美元流动性。那么美国能否通过汇率变动来调节贸易赤字呢？日本的经验告诉我们，答案是否定的。广场协议签订后，日元对美元大幅度升值，但这并没有从根本上解决美国对日本的巨额贸易赤字。这表明，只要外围国对美元外汇储备的需求持续增长，汇率、利率及贸易条件的变动无法有效解决美国巨额的贸易赤字和全球经济失衡问题。

具体而言，美元本位制下储蓄投资不平衡的内生性与全球经济失衡的形成机制如下（结合传统的国际分工形态，可用图 2-3 来表示）：美国对外围国的贸易赤字低成本地向美国政府和居民提供了所需的商品与服务，这对美国扩大政府财政赤字和鼓励家庭超前消费起到了正向激励作用。伴随贸易赤字流出的美元通过外围国官方机构（如中央银行和主权财富基金）和私人投资者购买美国金融资产回流至美国金融市场，回流至美国的美元又通过购买国债、政府机构债券和企业债券的形式流到美国政府和企业手中。更重要的是，巨额的美元回流压低了美国长期利率水平，催生了美国信贷泡沫和资产价格泡沫。站在政治经济学的角度，一些研究认为信贷泡沫或者家庭很容易进入信贷市场，可以解决美国贫富差距扩大的问题，信贷泡沫为实际收入下降的家庭维持较高的消费水平提供了一条途径。这些都进一步地推动了美国财政赤字和家庭负债消费的扩张。只要美元本位制继续存在，美国财政赤字、家庭负债消费和负的净国际投资头寸就会持续下去。尽管美国金融危机后公共部门储蓄率和私人部门储蓄率均出现了较大程度的提升，但这并不会从根本上改变美国储蓄投资的不平衡。

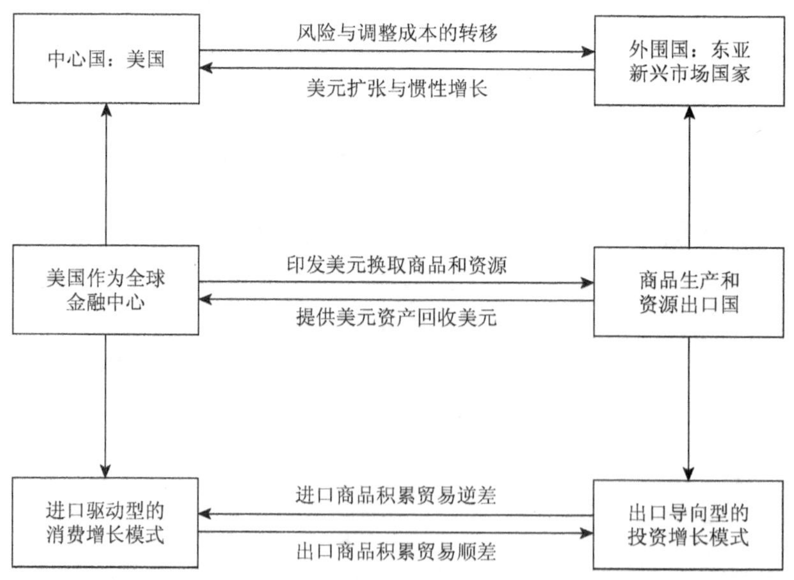

图 2-3 美元本位制下储蓄投资不平衡的内生性与全球经济失衡的形成机制

三、美元本位制下外围国对美国的货币—金融依附

在美元本位制下，美元环流存在两种模式（图 2-4）：一是美国通过金融渠道（包括国际信贷、外商直接投资和证券投资等）向外围国投放美元，再通过贸易渠道以贸易顺差的方式回收美元；二是美国通过贸易渠道以贸易逆差的形式向外围国投放美元，再通过金融渠道以资本净流入的方式回收美元。无论使用哪一种模式，美国都拥有一定程度的主动权。在布雷顿森林体系中，由于美元发行受到美国黄金储备、商品和资本供给的约束，美国采用的是第一种美元环流模式。布雷顿森林体系崩溃后，美元发行取决于全球投资者和贸易商对美元的信心，只要美元继续保持强势（至少不贬值），美元的第二种环流模式就可以展开。美国财政部和美联储对美元的态度在很大程度上决定了美元环流的模式，弱势美元政策对应第一种美元环流模式，强势美元政策对应第二种美元环流模式，弱势美元政策和强势美元政策的交替使用使美元本位制得以维系。图 2-5 和图 2-6 分别给出了1971～2013 年美国经常账户逆差占国内生产总值的比重、美国净国际投资头寸与美元实际汇率的变动趋势，可以看出：布雷顿森林体系崩溃以后，美元实际汇率与美国经常账户逆差占国内生产总值的比重基本呈现出反向变动关系；美元实际汇率与美国净国际投资头寸基本呈现出负相关关系，但是 1998 年亚洲金融危机爆发后，美国净国际投资头寸开始急剧增长。

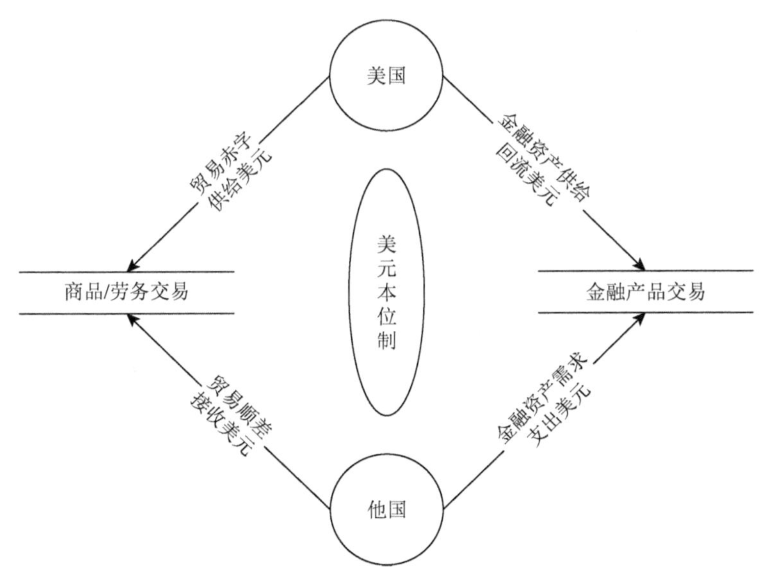

图 2-4　美元本位制下美元环流的两种模式

资料来源：朱太辉. 2010. 美元环流、全球经济结构失衡和金融危机[J]. 国际金融研究，（10）：37-45

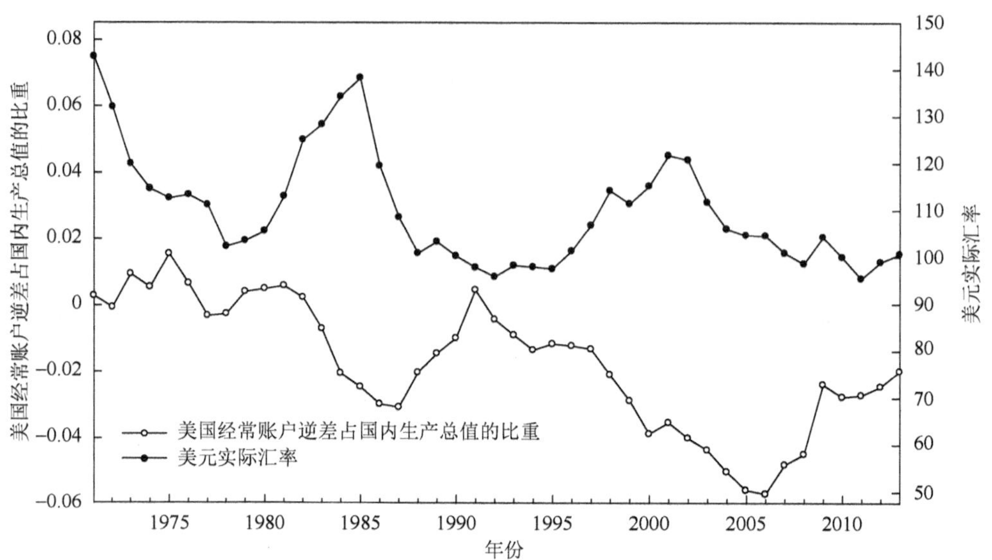

图 2-5　美国经常账户逆差占国内生产总值的比重与美元实际汇率

资料来源：美国商务部经济分析局和国际清算银行相关数据

图 2-6　美国净国际投资头寸与美元实际汇率

资料来源：美国商务部经济分析局和国际清算银行相关数据

这种由国际贸易流通和跨境资本流动构成的巨额美元资本环流，直接形成了外围国对美国的货币—金融依附形态。在货币—金融依附形态下，外围国的经济增长结构、金融市场发育程度及宏观经济政策导向都依附于美国。反过来，美国经济金融的发展在特定时期会促成外围国的快速发展，甚至创造一系列的“经济奇迹”，可是在某些时候又会加剧外围国金融体系的脆弱性和一系列宏观经济问题（如资产价格过于频繁地波动、长期通货膨胀预期、经济增长结构失衡等）。

那么这种货币—金融依附形态如何导致全球经济失衡呢？以往的研究倾向于将“美国愿意向世界提供美元，而世界各国也愿意持有美元”归因于债务国原罪（original sin）问题，即当一国剩余储蓄无法以本币形式向国际资本市场提供融资时，该国就会遭受货币错配和期限错配风险。亚洲金融危机后，东亚经济体普遍持有大量的美元外汇储备作为风险缓冲。麦金农（2005）称之为东亚经济体的“两难美德”（conflicted virtue），即视储蓄为优良传统的东亚国家经常出现经常账户顺差，但贸易盈余只能以美元或其他国际货币的形式存在，最终的结果是积累的经常账户顺差越大，拥有的美元资产越多。对中国来说，还存在巨额的外商直接投资净流入，这进一步加剧了人民币的升值压力，从而使中国政府陷入两难境地：允许人民币升值将会强化人民币升值预期，进而导致短期国际资本进一步流入和国内利率进一步下降；维持人民币汇率稳定又会引发美国和其他逆差国的贸易制裁。另有一些研究重点关注美元路径依赖，即一旦外围国将美元视为国际贸易与投融资活动的计价与结算货币而积累大量美元外汇储备后，改变现状意味着巨大的沉没成本。美国金融危机后，欧洲国家的主权债务危机使改变美元路径依赖的唯一机会也丧失了。美元路径依赖的直接后果是外围国普遍落入“美元陷阱”：一方面，由于已经拥有大量的美元外汇储备，抛售行为将会导致外汇储备的估值缩水；另一方面，抛售美元会导致本币对美元的汇率升值，从而影响到本国出口商品的国际竞争力。因此，除了继续增持美元，外围国似乎没有更好的选择。由此可见，既有研究已将货币—金融依附形态与全球经济失衡联系起来，但对这种依附形态如何导致全球经济失衡仍然缺乏细致的描述。

这种依附形态导致全球经济失衡的机制大体可描述为：由于美元本位制下美国可以根据自身经济形势而不受约束地发行美元，美国可以不断地通过提高居民消费支出和政府财政支出来刺激经济增长，美国经济的持续增长增强了美国金融资产对外围国的吸引力，巨额美元资本的回流加速了美国“利率密集型产业”的发展和“去工业化”进程，美国获取很高投资收益率的能力可让全球经济失衡得以维持一定规模。在美国金融危机爆发以前，一些学者认为，尽管美国的净国际投资头寸为负且持续增长，但由于美国海外资产的投资收益高于外国资产在美国的投资收益，美国巨额经常账户赤字是可以持续的。Hausmann 和 Sturzenegger（2006）将美国海外资产能够获取很高投资收益率的能力归于一系列的“暗物质”（dark matters）。“暗物质”主要体现在以下三个方面：一是美国通过对外直接投资输出知识与技术，如果考虑到知识与技术方面的收益，美国海外资产投资收益的账面价值被明显低估了；二是美国通过向全世界提供美元流动性可以获取可观的“铸币税”收益；三是美国凭借强大的经济实力能够在国际投融资活动中获取信用溢价，投融资活动所获取的利差收益就是美国向全世界提供金融中介服务的报酬。此外，还有部分学者将美国获取超额投资收益的能力归结为美国完善的市场经济制度、较大的经济增长潜力及极高的金融资源配置效率（Caballero et al.，2008b）。

第二节 不同国际货币体系下全球经济失衡的历史发展脉络

梳理不同国际货币体系下全球经济失衡的历史发展脉络，有助于更加透彻地理解全球经济失衡。1870 年至今，国际货币体系依次经历了四种本位制，分别是古典金本位制、金汇兑本位制、美元—黄金双本位制和美元信用本位制。每一种本位制的存续期间，世界经济都至少经历了一次重大失衡（表 2-2）。每次重大失衡和再平衡的过程中，国际货币体系的重构均有相似的规律在起作用。由于国际货币体系的主导权在全球经济失衡过程中蕴藏着巨大的经济利益与战略意义，国际货币体系主导权的争夺通常经历了激烈的政治经济博弈甚至战争，如欧洲古典金本位制时期的普法战争、终结金本位制的第一次世界大战、起于第二次世界大战的布雷顿森林体系等（禹钟华和祁洞之，2012）。

表 2-2 不同国际货币体系下的全球经济失衡

时间段	国际货币体系	主要失衡国家或地区	国际收支调节机制
1870～1913 年	古典金本位制	英国、法国、荷兰等国殖民地之间的失衡	物价—黄金自动平衡机制
1914～1944 年	金汇兑本位制	英国、法国和美国之间的失衡	国际合作和汇率调节
1945～1973 年	布雷顿森林体系	欧洲、日本与美国之间的失衡	国际合作与汇率调节
1974 年至今	布雷顿森林体系Ⅱ	美国与石油出口国家、美国与德国和日本、美国与东亚新兴市场国家之间的失衡	国际资本流动和汇率调节

资料来源：张嫄. 2011. 论美元本位与全球经济失衡的形成、特征及可持续性. 吉林大学博士学位论文

一、古典金本位制时期的全球经济失衡

1870 年以后，西方主要国家进入古典金本位制时期。这一时期正好碰上第一次全球化浪潮，世界经济增长速度开始加快，国际贸易和国际资本流动得到了飞速发展。1870～1913 年，世界贸易总额占生产总值的比重由 4.6%上升至 7.9%。其中，英国、荷兰和德国在世界贸易中居于主要地位（1913 年英国、荷兰和德国出口占国内生产总值的比重分别达到了 17.5%、17.3%和 16.1%）。1914 年，英国

海外投资占全球的比重高达 42%，其次是法国（占比 20%）、德国（占比 13%）和荷兰（占比 8%）。这些海外投资主要以债券的形式投向了加拿大、阿根廷、印度、巴西和澳大利亚等殖民地的基础建设领域。

古典金本位制时期，西方国家普遍面临着持续的经常账户顺差，这主要源于当时的国际分工形态：西方国家从殖民地进口工业原材料并向殖民地出口工业制成品，而工业制成品与工业原材料之间存在巨大的“剪刀差”。殖民地的持续经常账户逆差主要由西方国家的资本输出来融资。这其中，英镑作为主导性货币是国际资本环流的媒介。1870～1913 年，英国经济实力居世界首位，并且一直信奉自由贸易理念。英国凭借海上运输、金融及技术领域的领先优势，赢得了大量的服务贸易盈余和投资收益，与此同时，英国还积极开展海外投资，海外资产总额在 1913 年达到了英国国内生产总值 1.5 倍的规模。

基于当时的世界经济格局，全球经济失衡早在古典金本位制时期就表现出鲜明的“中心—外围”特征：英国、德国和法国通过经常账户盈余积累了大量货币黄金，并将这些资金输出到保持经常账户逆差的加拿大、阿根廷、印度、巴西和澳大利亚等殖民地国家。图 2-7 和图 2-8 显示：西方国家的经常账户顺差对应着殖民地国家的经常账户逆差。其中，英国的经常账户顺差基本上高于同期的法国和德国，澳大利亚的经常账户逆差基本上高于同期的加拿大和美国。

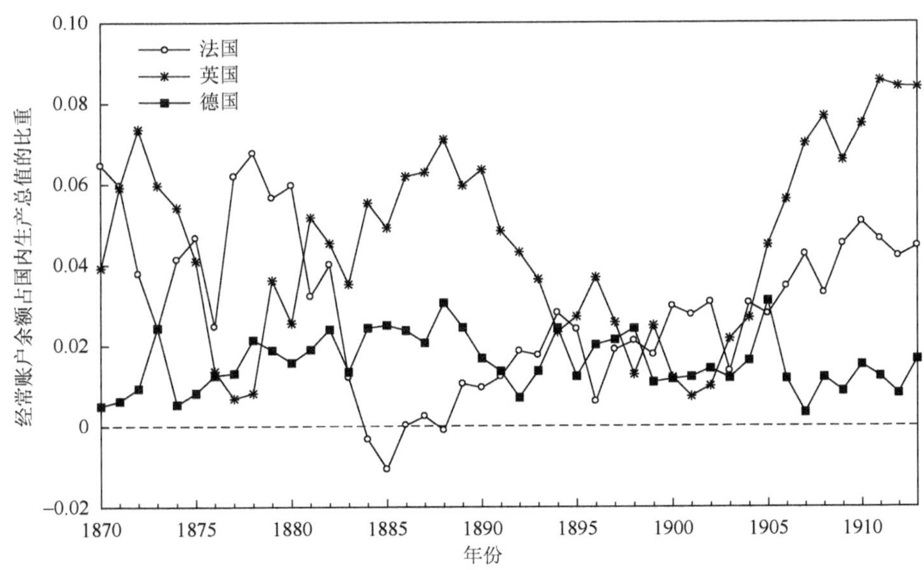

图 2-7　古典金本位制时期英国、法国和德国的经常账户状况

资料来源：NBER 数据库

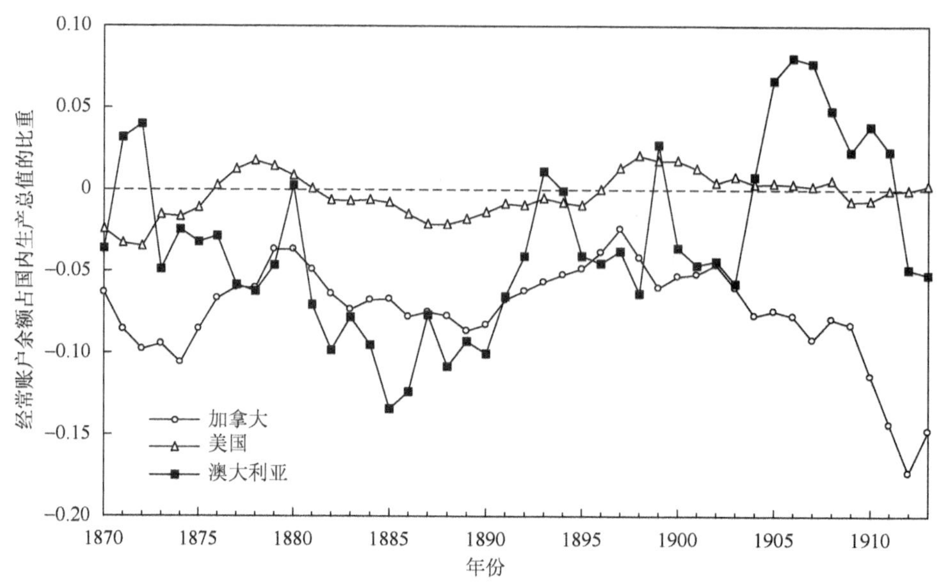

图 2-8　古典金本位制时期加拿大、美国和澳大利亚的经常账户状况

资料来源：NBER 数据库

古典金本位制时期的国际收支调节机制在很大程度上依靠物价—黄金的自动平衡机制，即一国贸易顺差意味着货币黄金的流入和国内物价水平的上升，从而抑制出口；反之，一国贸易逆差意味着货币黄金的流出和国内物价水平的下降，从而刺激出口。这种自动平衡机制意味着一国货币政策无法影响国际收支，反而经济系统自身的调节能够实现该国内外均衡。古典金本位制的运行总体上较为平稳，为当时世界经济的繁荣发展营造了良好的货币环境。然而，Triffin（1968）对此提出了质疑，认为物价—黄金自动平衡机制调节国际收支的功能并不是非常强，当时快速发展的国际资本流动起到了很大作用。事实上，当时国际资本流动确实改善了很多国家的国际收支状况，并且当时各国中央银行也能够影响到国内货币黄金的供给（Bloomfield，1959）。

由于中心国出于自身政治经济利益的考虑对本国货币黄金的跨境流动实施人为干预，古典金本位制在调节国际资本流动方面的作用十分有限。对中心国而言，限制或者放缓国内货币黄金的流出就可以改善贸易赤字和防范本国货币大规模兑换黄金的危机，中央银行最常用的工具就是提高再贴现率。然而，对于政治经济实力很弱的外围国来说，西方列强的资本输入自然无法控制。当出现贸易赤字时，由于本币贬值在短期内难以迅速增加出口，殖民地国家容易陷入债务危机和恶性通货膨胀。

英国作为当时经济实力最强的国家在古典金本位制时期的国际货币体系中占主导地位，古典金本位制在某种程度上也等同于英镑本位制。除了享受英镑本位制的巨大收益，英国还将承担起维护国际货币体系稳定的职责，即英国对国际收支严重恶化的国家放开本国出口市场、为发生偿债危机的国家提供长期信贷及在金融危机期间充当最后贷款人角色。与美元本位制类似，英镑主导的金本位制也存在“特里芬难题”，即英镑供给的有限性与英镑的国际需求快速增长之间的矛盾难以调和①。在理论上，英镑主导的金本位制持续调节各国国际收支失衡必须满足以下两个条件：①英国在世界政治经济中仍然处于绝对领导地位；②外围国能够承担全球经济失衡的调整成本。显然，随着其他国家与英国经济实力差距的逐步缩小和殖民地国家经济的进一步恶化，这两个条件根本无法得到满足，这意味着古典金本位制时期的全球经济失衡难以持续。第一次世界大战结束后欧洲国家均禁止本国货币与黄金之间的自由兑换，古典金本位制宣告终结。

二、金汇兑本位制时期的全球经济失衡

第一次世界大战以后，随着欧洲国家货币的竞相贬值，国际贸易与国际投资发展陷入停滞。西方国家开始相互妥协，尝试建立像古典金本位制时期那样稳定的国际货币体系，这一时期的国际货币合作得到进一步加强。在1890～1913年，正是欧洲国家的货币合作维持了古典金本位制的稳定。存款准备金制度使中央银行在维持货币黄金固定比率时面临两难抉择，即仅提供与黄金储备严格一致的信贷，还是满足本币的国内外流动性需要，而克服这一难题依赖于国际货币合作。当某个国家降低再贴现率时，其他国家只有跟随降低利率，才能保证货币黄金兑换比率的稳定（殷德生，2011）。因此，古典金本位制时期西方国家再贴现率出现了罕见的协同变化。尽管这一时期的国际货币体系并不是非常稳定，但这已经满足了第一次世界大战后各国致力于快速恢复经济增长的共同利益诉求。

金汇兑本位制与古典金本位制最大的区别在于黄金和可以兑换黄金的纸币都可以作为国际储备。在金汇兑本位制时期，黄金储备占全球贸易的比重已大幅度减少。这一时期的全球经济失衡以美国、英国和法国最为典型。

第一次世界大战以后，美国通过道威斯计划和参与德国战后赔款问题大大增强了美国对欧洲经济的影响力。道威斯计划以美国向德国提供贷款援助的方式复兴德国经济，德国得以重新支付战争赔款，协约国由此能够偿还对美国的债务，而美国也能够继续向欧洲进行资本输出。这种“贷款援助—支付战争赔款—偿还对美国债务—资本输出”的资本环流实际上为美国开始在全球政治经济领域占据主导地位奠定了基础。此外，通过道威斯计划，美国开始重建符合美国利益的

① 古典金本位制时期，高达90%的国际贸易采用英镑计价，并且一些在政治经济领域与英国存在紧密联系的国家直接使用英镑作为储备货币，黄金储备、英镑与黄金的兑换比率及英国商业银行的存款准备金率共同决定着世界范围内的英镑供给。

国际货币体系，即恢复金本位制。1924 年，作为当时世界上唯一实行金本位制的国家，美国成功地使德国马克与美元挂钩。在热那亚会议，英国极力主张金汇兑本位制和消除欧洲各国的外汇管制，因为英镑作为国际储备有利于改善英国的贸易赤字和继续维持伦敦的国际金融中心地位。美国极力反对这一主张，并在战争债务偿还和贷款援助等方面胁迫英国放弃英镑主导的金汇兑本位制而接受美元主导的金本位制。为了顺利地让英国回归金本位制，美国将基准利率降低到伦敦市场利率以下，大量美国资本流入伦敦缓解了英国的国际收支失衡问题；同时，美国联邦储备银行向英格兰银行提供了 2 亿美元的贷款援助。最终，美国如愿以偿，英国在 1925 年宣布回归金本位制，英镑对美元的汇率恢复到第一次世界大战战前 1∶4.867 的水平。然而，此时英国在国际货币体系中的地位已大不如第一次世界大战前，英国回归金本位制对于国际货币体系重建的作用十分有限。

由于英镑汇率恢复到第一次世界大战战前水平，英国黄金储备的大幅下降和英国经济实力遭到战争严重削弱使英镑明显被高估（约 10%），英国出现了贸易赤字的持续扩大和国内经济的紧缩。与此相反，法国法郎被大幅度低估（约 25%），这使法国在 1925～1935 年产生了大量贸易盈余。美国的低利率政策（美联储将利率从 4.5%降低到 3%，这是当时世界上最低的利率水平）助长了国内投机活动，尤其是股票市场投机。股票市场的繁荣使美国对外资本输出大幅减少，反而欧洲资本大量流入美国股票市场。美国黄金储备的快速增长提高了国内价格水平，降低了经常账户顺差。1925～1935 年美国经常账户顺差占国内生产总值的比重一直处于较低的水平。

在金汇兑本位制时期，由于各国经济实力和黄金储备的此消彼长，国际货币体系出现了美元、法郎及英镑的角逐。英国和法国无力承担维护国际货币体系稳定的职责①，而最具实力的美国却不乐意进行国际货币合作。1925～1935 年，美国黄金储备增长了 11.49 亿美元，幅度超过 50%，但美元货币供给仅增长了 12%，国内通货膨胀率也没有出现明显的上升。这意味着全球经济失衡的调整成本在很大程度上由债务国承担。英国为了平衡英镑被高估带来的贸易赤字不得不将伦敦市场利率继续维持在较高的水平上，这大大地制约了英国国内投资和延缓了英国工业的现代化进程，进而导致英国经济陷入停滞。此外，国际贸易联盟的成立、社会福利立法的展开和工资价格开始具备黏性等，都使金汇兑本位制时期的全球经济失衡难以持续。“大萧条”时期至第二次世界大战结束的一段时间内，世界各国货币竞相贬值，贸易壁垒和外汇管制盛行，国际贸易和国际投资活动几乎陷入停滞，金汇兑本位制也随之宣告终结②。

① Chernow（1990）指出：第一次世界大战后英国所实行的金本位制就如同国王和国家的概念，是一种让英国银行家感到舒适的抽象概念。

② 1931 年，由于法国用英镑储备向英格兰银行挤兑黄金，英国停止了英镑与黄金的兑换。1933 年，美国也停止了美元与黄金的兑换。

三、布雷顿森林体系时期的全球经济失衡

第二次世界大战结束后，欧洲国家都背负着沉重债务和巨额贸易赤字，与之形成鲜明反差的是，美国成为世界上最主要的贸易顺差国，并且拥有超过全球60%的黄金储备（约220亿美元）。美国在第二次世界大战结束后全球政治经济中的绝对领导地位在战后国际货币体系的重建中得到了反映：1944年，在美国布雷顿森林召开的国际金融会议确立了美元—黄金双本位制的新国际货币体系，即布雷顿森林体系。

布雷顿森林体系的核心内容是实行以美元—黄金固定比价为基础的有限浮动汇率制。各国中央银行可以随时用美元向美国兑换黄金，兑换比率固定为35美元＝1盎司①黄金。各国货币与美元又保持固定比价。这种“双挂钩”制度安排使所有国家货币之间的比价保持固定，从而形成一个固定汇率的国际货币体系。同时，该体系还允许各国货币对美元的汇率上下浮动1%，但是各国中央银行有义务干预外汇市场以维持汇率稳定。只有当一国国际收支发生“根本性不平衡”时，才允许该国货币的汇率发生变动。如果汇率变动幅度超过10%，则必须得到IMF的许可。布雷顿森林体系还允许各国采用资本管制，并成立了世界银行和IMF来维系国际资金融通。

鉴于美国的中心国地位，美国成为这一时期全球经济失衡的主要对应国。布雷顿森林体系时期的全球经济失衡可分为两个阶段：美元短缺阶段和美元过剩阶段。1958年以前，欧洲国家的战后重建急需资金，而美国支持欧洲复兴的“马歇尔计划”也要求贷款援助必须用于购买美国商品，这使欧洲国家普遍出现“美元短缺”。美国“贷款援助—购买美国商品—海外投资”的资本环流模式大大增强了欧洲国家对美元的路径依赖。但是到了1958年以后，日本和德国的经济飞速发展，其对美国的贸易盈余也迅速扩大。美国国际收支状况的持续恶化加大了美元贬值压力（图2-9），最终导致美元兑黄金的挤兑潮和布雷顿森林体系的崩溃。这一时期，美国不断扩张美元流动性来为贸易赤字融资，全球美元流动性出现过剩的局面。

由于布雷顿森林体系对国际收支“根本性不平衡”没有明确量化，主要逆差国和顺差国都不愿意调整汇率来实现国际收支平衡，从而使调节机制越来越僵化。一方面，逆差国认为货币贬值意味着国家经济实力的衰弱；另一方面，顺差国希望汇率继续被低估以维持出口的增长。僵化的调节机制导致大规模套利资本跨境流动，套利资本跨境流动的短期性与经常账户调整的长期性之间产生了剧烈冲突，

① 1盎司≈0.0283千克。

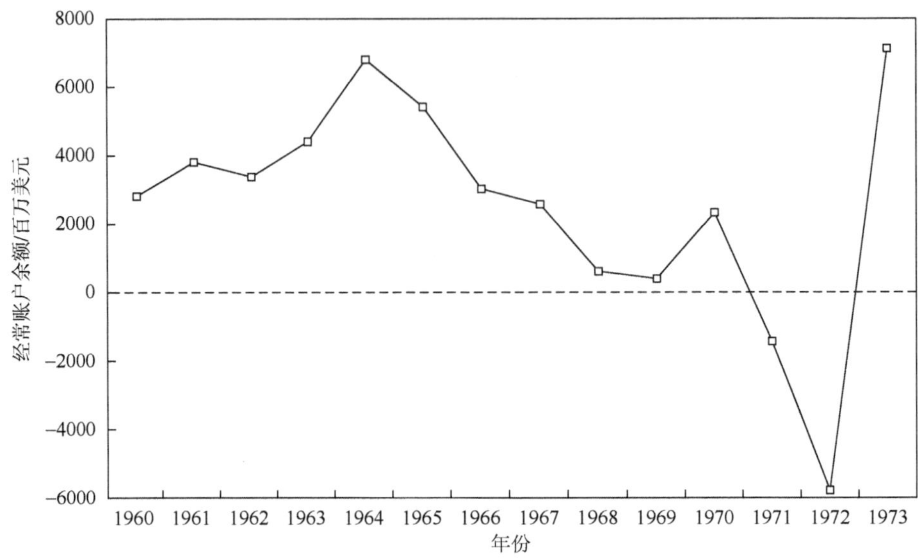

图 2-9　1960～1973 年美国经常账户余额

资料来源：中经网统计数据库

并且各国外汇储备余额根本无法做出适应性调整，这直接导致了布雷顿森林体系的解体。此外，在布雷顿森林体系后期，美国希望日本和欧洲国家通过通货膨胀率上升或者汇率升值来调节国际收支，而日本和欧洲国家出于国内经济增长的考虑拒绝汇率调整，最终的结果是各国国内通货膨胀率大幅上升和美国贸易赤字难以持续。美国拒绝承担维系国际货币体系稳定的责任正是“凯恩斯计划”所担心的。作为第二次世界大战结束后与“怀特计划”竞争国际货币体系重构的“凯恩斯计划”，其核心思想就是要求国际收支顺差国与逆差国共同承担恢复全球经济的责任（张振江，2006）。

四、布雷顿森林体系Ⅱ时期的全球经济失衡

布雷顿森林体系崩溃后，国际货币体系陷入了短暂的无序状态。经过激烈的斗争，世界各国相互妥协终于达成了一些基本共识。IMF 于 1976 年在牙买加召开理事会，并签署了“牙买加协议”。自此，以“牙买加协议”为蓝本的新国际货币体系成立。事实上，“牙买加协议”赋予了各国内外经济政策非常大的自主权。各国可以根据自身经济发展状况和在国际货币体系中所处的位置，自主选择储备货币、汇率政策和内部宏观经济政策，在某种程度上，新国际货币体系是一种无体系的体系（马先仙，2010）。

“牙买加协议”的核心内容主要包括：第一，黄金非货币化。IMF 将黄金全部按市场价格出售，超出官方价格的部分收益用来成立发展基金。黄金与货币脱钩意味着国际货币体系转向信用货币本位制，这强化了关键货币发行国将内部均衡目标置于外部均衡目标之上的倾向性。第二，汇率制度安排多样化。各国可以自主选择汇率制度，IMF 负责对汇率操纵等破坏国际货币体系稳定的行为进行监督。第三，扩大特别提款权的作用，即使用一种超主权货币充当储备货币。第四，IMF 份额的扩容与调整。第五，增大对发展中国家的贷款援助力度。鉴于“牙买加协议”的灵活性，国际货币体系充满了利益冲突。关键货币发行国对待外部均衡的态度和承担全球经济失衡调整责任的意愿决定了国际货币体系的稳定度。各国汇率制度的自主选择也决定国际货币体系的演化。随着亚洲新兴市场经济体的兴起和 1998 年亚洲金融危机后东亚国家普遍采用事实上钉住美元的固定汇率制度，东亚国家对美国的贸易盈余持续增加，从而成为“外围国家”。鉴于这种国际经济格局，Dooley 等将现行国际货币体系称为“布雷顿森林体系Ⅱ”。

1974～1990 年，全球经济失衡主要发生在日本与美国之间。这一阶段，美国经常账户赤字和日本的经常账户顺差快速扩大。相反，这一时期欧洲国家对美国经常账户顺差的变动非常平稳，主要是因为欧洲国家用欧洲经济一体化降低了对美国市场的依赖。20 世纪 80 年代中后期，美国与日本签订了“广场协议”，日元对美元大幅度升值，美国经常账户赤字得到了短暂的改善。

1990～2007 年，全球经济失衡主要表现在以下四个方面。

第一，美国仍然是最主要的失衡国家。1990 年至美国金融危机爆发，美国经常账户赤字持续扩大，于 2006 年达到了 7984 亿美元的历史峰值，占美国国内生产总值的比重高达 5.76%。同时，美国经常账户赤字占全球赤字总额的比重也持续增长，于 2002 年达到 71.1%的历史峰值，在大部分时间内，全球一半以上的经常账户赤字来自美国，从图 2-10 中可以清晰地看出全球经济失衡逐渐集中于美国这一趋势。

第二，对应失衡国家逐渐扩散至广大发展中国家。1990 年以前，与美国经常账户逆差相对应的顺差国主要是德国和日本等工业化国家。1990 年以后，拥有经常账户顺差的发展中国家明显增多，最典型的是以中国为代表的东亚新兴市场国家和中东石油输出国家。进入 21 世纪以后，东亚新兴市场国家和中东石油输出国家成为美国巨额贸易逆差最主要的对应方。图 2-11 给出了 1996～2007 年全球经济失衡的主要分布。从图 2-11 可以看出，这一时期的全球经济失衡分布与美元主导下的国际分工格局相吻合，即全球经济失衡是以美国和英国为代表的消费国，以德国、日本及中国为代表的生产国和以中东石油输出国家为代表的资源国之间的失衡。

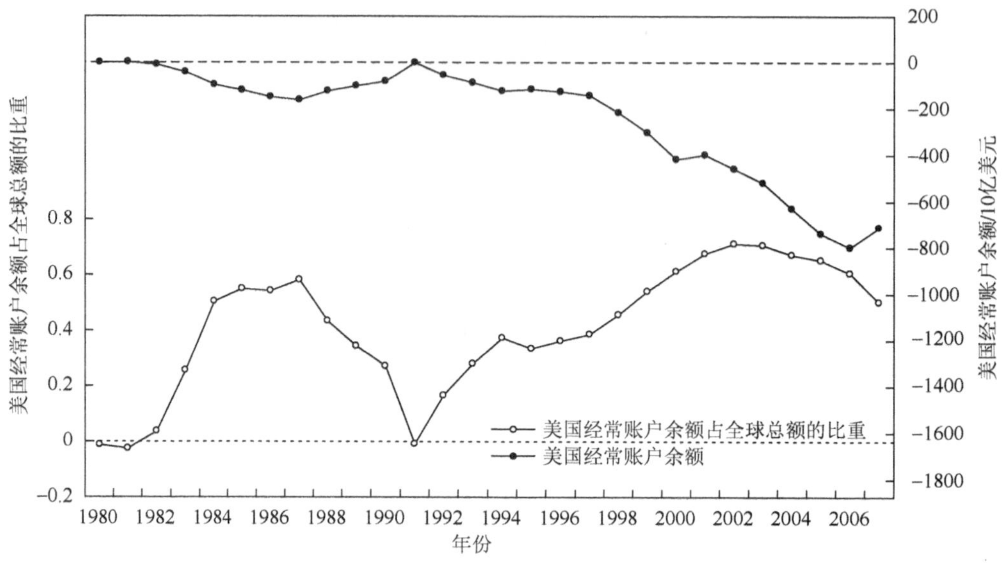

图 2-10　1980～2007 年美国经常账户余额及其占全球总额的比重

资料来源：2007 年《世界经济展望》

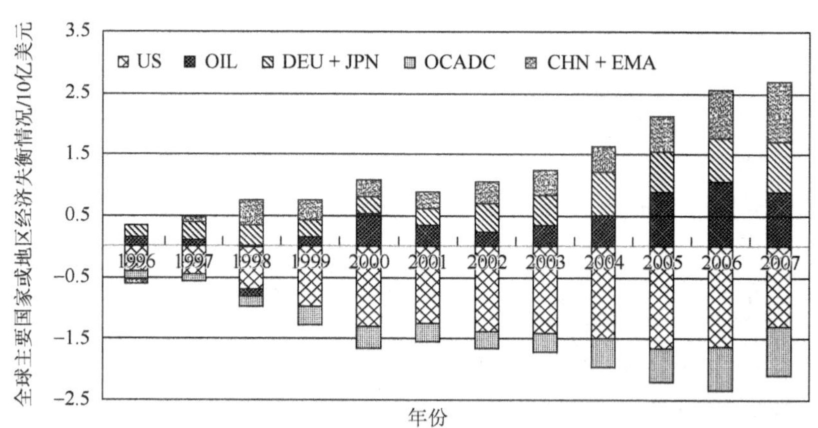

图 2-11　1996～2007 年全球经济失衡的主要分布

资料来源：2009 年《世界经济展望》

OIL 表示石油输出国家；DEU + JPN 表示德国加日本；OCADC 表示其他经常账户逆差国家；CHN + EMA 表示中国（不包括澳门地区）、印度尼西亚、韩国、马来西亚、菲律宾、新加坡、泰国

第三，失衡规模持续扩大。1980～2007 年，全球经常账户失衡总规模平均每年增长 83.2%，并且在 2002 年以后呈加速增长态势（图 2-12）。然而，这一期间，全球生产总值总额平均每年仅增长了 15%。这意味着这一阶段，全球经济失衡规模实现了超常规增长。

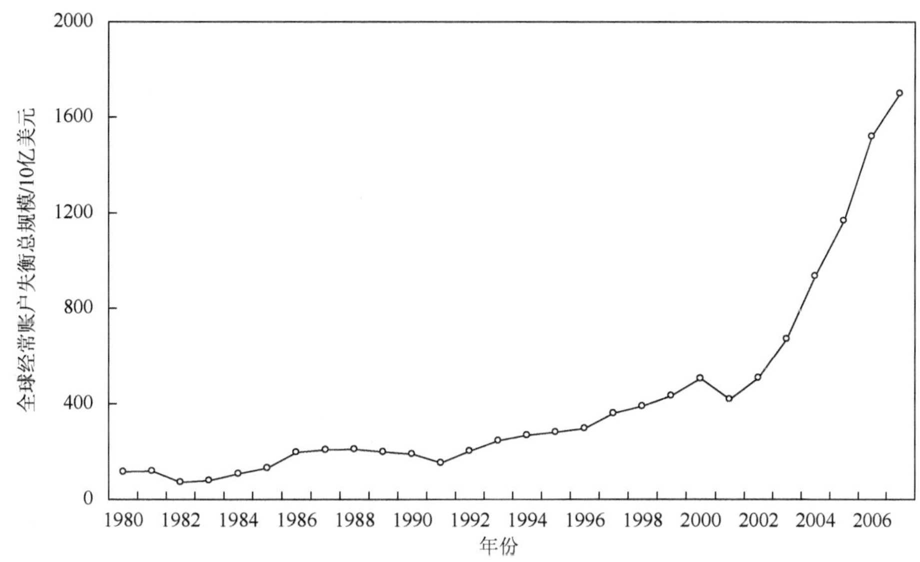

图 2-12　1980～2007 年全球经常账户失衡总规模

资料来源：2008 年《世界经济展望》

第四，全球外债急剧增长和全球经济虚拟化。2001～2007 年，G7 国家政府部门的公共债务几乎翻番，政府部门净债务占国内生产总值的比重上升到 96%的高位（图 2-13）。1998 年亚洲金融危机后，外国官方机构拥有的美国资产也在快速增长（图 2-14）。与此同时，美国金融创新的快速发展和大量资本流入美国导致美国资本市场规模呈爆发式增长。美联储长期实行的超低利率政策使全球普遍出现流动性过剩现象，这使全球虚拟经济的规模呈几何级数增长。2007 年，全球衍生金融工具的总市值约是全球生产总值的 10 倍。

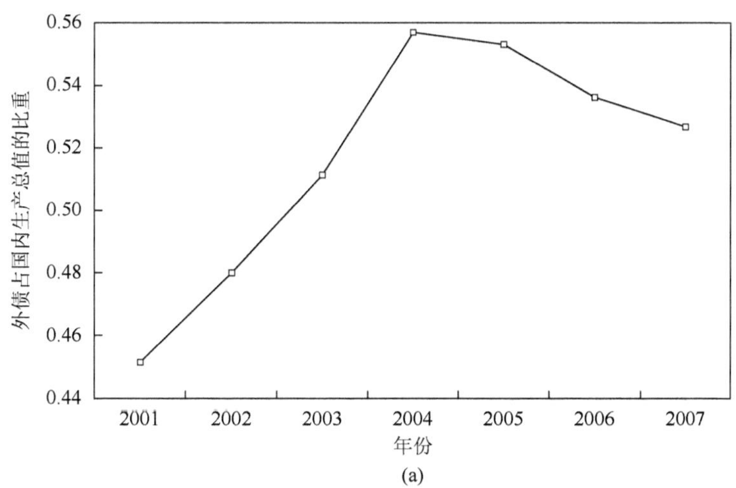

(a)

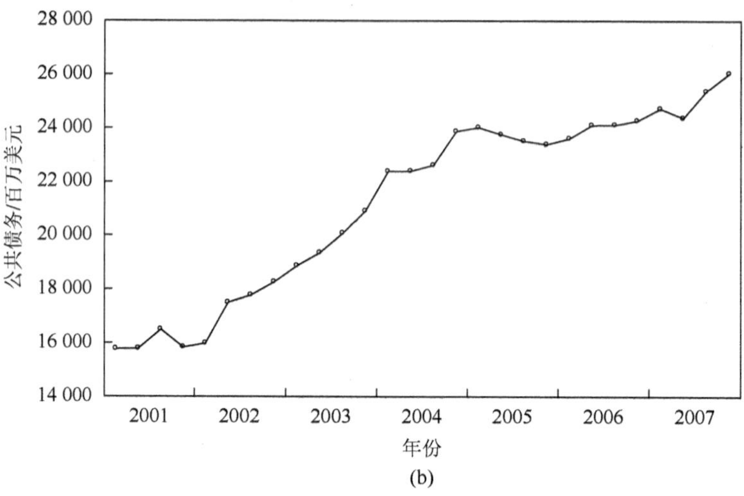

图 2-13　2001～2007 年 G7 国家政府部门公共债务的变动趋势

资料来源：2008 年《世界经济展望》

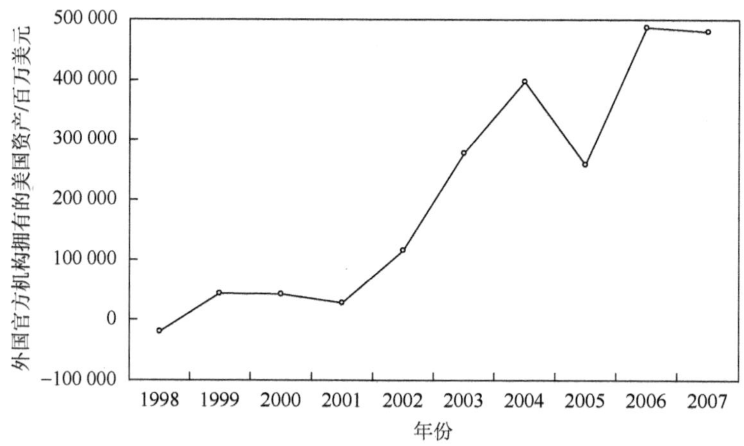

图 2-14　1998～2007 年外国官方机构拥有的美国资产

资料来源：美国商务部经济分析局相关数据

对于布雷顿森林体系Ⅱ时期的全球经济失衡能否持续，学术界大致持两种截然不同的看法。认为全球经济失衡可持续的逻辑主要是：东亚新兴市场国家从出口导向型增长战略和低估本币对美元汇率中得到的收益要远远超出美元外汇储备的损失，对美国而言，美国海外投资收益高于外国在美国的资产收益率弱化了经常账户失衡的约束。认为全球经济失衡不可持续的逻辑主要是：第一，从美国的角度出发，美国经常账户赤字的扩大和外债占国内生产总值的比重过高必然会耗尽美国在国际市场上的融资能力，当国际融资中断时，外债的偿还能力唯一地取决于美国经济增长。第二，从东亚新兴市场国家的角度出发，持有高额美元外汇储备的成本远高于乐观派的估计。一般而言，外汇储备的收益可表示为国际实际利率与国内实际利率的差额再减去本币升值收益，在本币对美元汇率基本稳定的情形下，只能通过压低名义利率或者提高通货膨胀率来提高外汇储备的收益，显然，这会损害国内储户利益和社会福利总水平（王宏淼，2012）。以中国为例，中国近年来一直为美元本位下的"桑顿效应"所困，这与20世纪60年代德国和法国所面临的问题如出一辙。中国美元外汇储备的大幅增长使中国人民银行被迫采取冲销干预措施，以缓解国内货币供应量被动大幅度增长的局面。随着冲销规模的持续扩大和国内流动性过剩的长期化，中国人民银行公开市场操作的可持续性受到商业银行购买意愿、流动性冻结深度等一系列因素的制约，有效性逐步丧失。更重要的是，国内流动性过剩和人民币升值预期导致中国资产价格泡沫化趋势加重，经济、金融体系的系统性风险也开始呈现出来。第三，从中东石油输出国家的角度出发，其经常账户盈余在很大程度上取决于国际石油价格的周期性波动。鉴于美元在国际货币体系中地位的逐年下降，中东石油输出国家的海外资产组合也开始朝多元化方向发展。

2007 年美国次贷危机的爆发宣告了这一时期以美国为主导的全球经济失衡在事实上不可持续，美元本位制也遭到了一定程度的削弱。

第三节　后金融危机时代全球经济失衡的新趋势

美国金融危机爆发后，美国经济经过实体经济部门的调整和金融部门的调整，失衡程度已大幅度减小。危机初期国际资本流动和大宗商品价格的急剧调整使石油输出国家的贸易盈余急剧减少。在"一揽子计划"的额外压力下，中国的贸易盈余也开始减少。这些现象是否意味着全球经济失衡的结束？显然，目前仍然难以做出准确判断。一方面，美国经常账户从 2010 年开始略微扩大；另一方面，G20 框架下主要失衡国家的一系列政策变化和结构性改革措施使全球经济失衡幅度持续变窄。传统观点认为，美国经济的外部失衡需要经过实体经济部门的调整才能实现再平衡；然而，一些研究指出（Obstfeld and Rogoff，2009），金融部门的调整在美国经济的再平衡过程中也能够起到非常重要的作用。实际上，一国对外净资产头寸由贸易余额和净外部资产的总收益两部分构成。后者不仅包括外国资产和对外国负债的收益，而且是经常账户的一个组成部分，因为传统的经常账户统计经常忽略由价格变化引起的资本损益（Serven and Nguyen，2013）。基于上述分析，下文将分别从"实物流"和"资金流"的角度归纳后金融危机时代全球经济失衡的新特征。

一、"实物流"视角下的全球经济失衡新特征

"实物流"视角下对全球经济失衡的解释主要集中在影响主要失衡国家总储蓄率（或投资率）的宏观经济因素上，如由信息技术革命带来的生产率冲击对美国低储蓄率的影响、信贷和资产价格泡沫对美国家庭过度消费的影响、人口结构对东亚高储蓄率的影响等。这种观点认为，由这些因素引起的总支出或外部失衡是暂时的、难以持续的。其理论依据是：一国外部经济失衡必须满足跨期预算约束条件，即不考虑违约的可能性和外部资产或负债的资本损益，一国对外净负债头寸在任何时候都不能超过未来贸易盈余的现值的总和。从"实物流"角度来看，危机后全球经济失衡的新特征主要如下。

第一，欧元区经常账户顺差的大幅超预期增长主要得益于欧元区边缘国家的相对价格调整。尽管危机后欧元区外部失衡已大幅降低，但欧元区的经济复苏仍然是世界各国持续关注的焦点，尤其是内部失衡并没有跟随外部失衡得到有效缓解。欧元区内部失衡的调整呈现出非对称特征，即拥有经常账户赤字的成员国在市场压力下已显著改善了经常账户状况，而其他拥有经常账户顺差的成员国由于国内需求的缓慢变化并没有显著降低顺差。这种非对称调整的结果是使欧元区经常账户头寸反转为顺差。值得注意的是，就欧元区内部失衡而言，负的产出缺口和较高的失业率意味着未来相当长的一段时间内其外部经济再平衡仍然需要经历重大调整。

理论上，拥有经常账户赤字的欧元区成员国可通过以下两种途径调整外部失衡[①]：一是不可贸易商品与可贸易商品的相对价格下降，从而将国内生产导向可贸易商品的生产；二是国内可贸易商品与国外可贸易商品的相对价格下降，从而增强出口商品的国际竞争力。赤字国可贸易商品价格与顺差国可贸易商品的相对价格的向下调整有利于赤字国实现外部均衡，并且赤字国国内资源由非贸易部门转向贸易部门的重新配置也能够刺激经济复苏和实现充分就业。从现实情况来看，欧元区赤字国的单位劳动成本已开始明显下降（如希腊和冰岛），而欧元区顺差国的单位劳动成本略微上升（如德国）。在资源重新配置方面，赤字国已发生显著调整。冰岛非贸易部门和贸易部门的单位劳动成本最早开始下降，这促进了可贸易部门生产的复苏。葡萄牙和西班牙的就业率持续下降，但单位劳动成本没有发生明显变化。希腊已经开始降低工资和消除冗员，但经济仍然没有出现复苏迹象。总体来说，除冰岛以外，其他欧元区国家均受益于这轮相对价格调整。

① 欧元区国家无法通过名义汇率调整来实现外部均衡。

欧元区经常账户顺差的大幅增长还得益于欧元区外部的强劲需求。对2008～2012年欧元区经常账户影响因素的经验研究表明，欧元区外部需求贡献了德国和西班牙出口增长的40%～50%、葡萄牙出口增长的140%（IMF，2013）。相反，欧元区各成员国的外部需求仍然较弱，尤其是意大利和葡萄牙。

从欧元区的储蓄率来看（图2-15）：欧元区国家私人储蓄率一直较为平稳，在42%～45%区间内窄幅波动。欧元区经济失衡及欧洲主权债务危机的爆发主要源于欧元区国家长期较高的财政赤字，这与美国金融危机主要源于私人部门资产负债表的急剧恶化大不相同。欧元区国家公共部门储蓄率在美国金融危机期间经历了急剧下降阶段，随着欧元区财政巩固计划的逐步推进，欧元区财政状况总体得到了明显改善。此外，在美国金融危机初期，欧元区企业资产负债表的调整及储蓄投资缺口的收缩使失业率上升和单位劳动成本下降（Bakker and Zeng，2013）。对于那些提升企业利润压力很大和劳动力市场缺乏弹性的国家而言，企业储蓄投资缺口得以收缩在很大程度上是以就业损失和削减工资为代价的。2008～2012年，中欧、东欧和南欧国家私人部门的储蓄投资缺口大幅变窄，其中，土耳其最具代表性。显然，金融危机后欧元区私人部门储蓄率与公共部门储蓄率的逐步回升促进了欧元区外部经济失衡的改善。

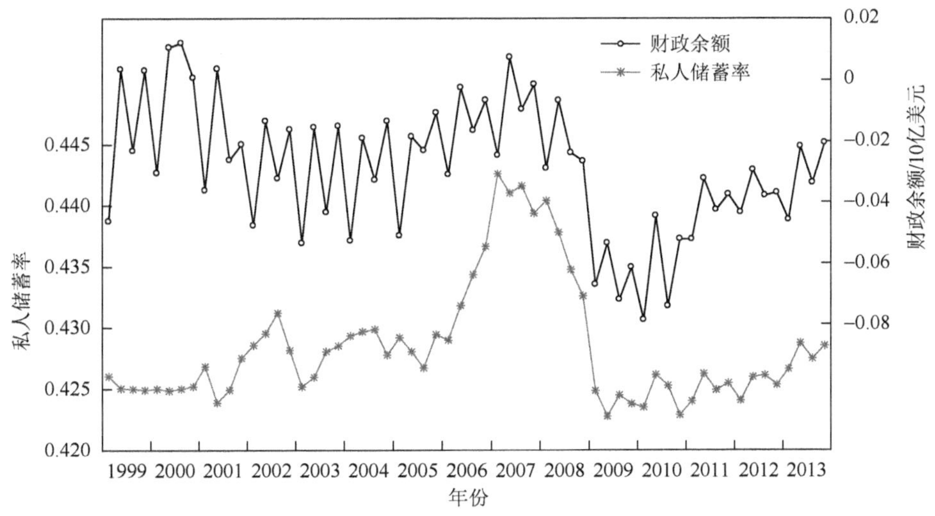

图2-15　欧元区财政余额与私人储蓄率

资料来源：欧洲中央银行统计数据库相关数据

第二，全球经济失衡主要集中于美国的趋势得到了有效缓解。从图2-16可以看出，美国经常账户余额占国内生产总值的比重不断缩小，美国经常账户余额占全球的比重也回到了 20 世纪 90 年代的水平（30%～40%）。另外，美国经常账户赤字的绝对规模也持续缩小，从 2008 年的 6813.43 亿美元降至 2013 年的 3792.78 亿美元，而到 2015 年，美国经常账户赤字为 4629.61 亿美元，虽然数额有所增长，但增速缓慢。这主要得益于美国超预期收紧的信贷条件、综合财政巩固计划的实施及私人部门储蓄率的持续提升。自美国实施三轮量化宽松货币政策以来，主要顺差国货币对美元大幅升值极大地改善了美国经常账户赤字，全球经常账户赤字总额也出现了一定程度的下降。美国实施的综合财政巩固计划将公共债务维持在中长期可持续水平上，财政赤字出现了快速下降并且政府债务上限在 2014 财年对政府支出的增长仍然起着约束作用。随着量化宽松货币政策的逐步退出，美国信贷条件收紧的力度超预期，美国家庭消费和企业投资受到了不同程度的抑制。需要注意的是：2008～2013 年，美国股票市场表现卓越，道琼斯指数和标准普尔指数重新回到危机前的水平，这极大地改善了美国家庭部门的资产负债表；然而，美国企业债券市场的表现仍然很糟糕。因此，在信贷条件超预期收紧的情形下，美国家庭的消费能力仍在逐渐恢复，但是私人部门投资继续处于下降通道。此外，金融危机后美国经济结构的调整和制造业的复苏促进了美国出口贸易的快速增长，从而改善了美国经济的外部失衡状况。

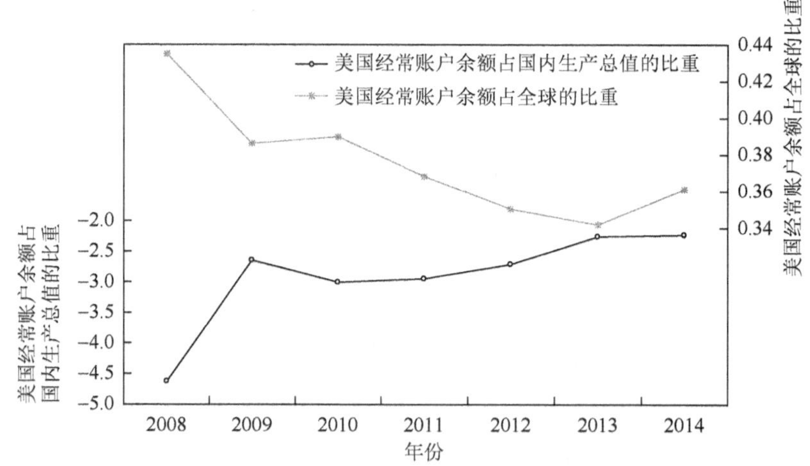

图 2-16　2008～2014 年美国经常账户余额占国内生产总值及全球的比重

资料来源：2015 年《世界经济展望》

第三，中东石油输出国家经常账户的顺差增长速度放缓，如表 2-3 所示。受益于金融危机后世界各国的经济刺激政策，石油价格和石油产量在 2009～2011 年均大幅上升。中东石油输出国家的石油出口收入基本上被财政支出抵消。连续的财政支出增长使大多数国家的非石油财政赤字大幅超出危机前水平，2011 年非石油财政赤字占国内生产总值的比重高达 24%，这比 2008 年高出 10%[①]。2012 年以后，受制于全球石油需求的减少（主要体现为欧洲经济增长尚未完全恢复而美国成功实现页岩气革命），石油出口国家的石油收入大幅减少。2013 年，伊拉克和利比亚石油出口量的增加还能够抵消伊朗石油出口量的减少，但是沙特阿拉伯石油出口量却小幅下降，中东石油输出国家的石油出口整体上比 2012 年略微下降。在石油价格总体下降的情形下，中东石油输出国家较少的外债使其能够动用外汇储备或其他外国资产来维持国内总需求。然而，如果石油价格在中长期继续下降和现行经济刺激政策保持不变，大多数中东石油输出国家的财政赤字将难以平衡。此外，中东地区日益复杂的安全形势、地缘政治冲突和恶化的投资环境在中长期将会对石油产量形成重大冲击。

表 2-3 2007～2014 年中东石油输出国家的经常账户余额 单位：10 亿美元

国家	2007 年	2008 年	2009 年	2010 年	2011 年	2012 年	2013 年	2014 年
阿尔及利亚	30.60	34.44	0.41	12.15	19.80	12.29	0.92	1.05
巴林	2.90	2.26	0.56	0.77	3.25	2.22	3.87	3.48
伊朗	32.59	22.83	9.47	27.33	59.38	26.27	29.72	20.90
伊拉克	6.88	16.81	−8.90	4.10	22.30	14.49	0.00	2.48
科威特	42.19	60.25	28.29	36.95	67.18	79.77	71.90	69.37
利比亚	29.83	37.08	9.38	14.58	3.17	28.97	−1.86	−16.25
阿曼	2.46	5.02	−0.61	5.87	10.72	9.05	7.84	6.39
巴基斯坦	−6.87	−13.8	−9.26	−3.94	0.21	−4.66	−2.49	−2.07
卡塔尔	11.45	26.59	6.38	23.79	51.97	62.33	59.17	54.30
沙特阿拉伯	93.41	132.3	20.95	66.75	158.50	164.60	129.80	121.90
苏丹	−2.74	−0.85	−5.11	−1.34	−0.28	−6.57	−7.41	−5.19
阿拉伯联合酋长国	17.72	22.27	7.84	7.24	50.94	66.55	59.07	55.03
也门	−1.50	−1.25	−2.52	−1.05	−1.33	−0.44	−1.05	−0.65
总计	258.90	343.90	56.88	193.20	445.90	454.90	349.40	310.80

资料来源：IMF 相关数据。原始的各国数据保留的不是小数点后两位，因此本表各国数据加总得到的结果与总计数据会有一定的出入

第四，东亚新兴市场经济体经常账户顺差出现大幅度逆转。图 2-17 显示，金融危机后中国和东南亚五国的经常账户余额占国内生产总值的比重出现了明显调整。一方面，东亚新兴市场经济体政府主导的投资继续维持高位；另一方面，东亚新兴市场经济体的国民总储蓄率下降较为明显。2008 年以来，东亚国家普遍采

① 详见 IMF：《地区经济展望：中东和中亚》。

取扩张性财政政策来避免经济增长停滞，其财政赤字和公共债务均大幅增长。尽管如此，大部分东亚国家财政赤字占国内生产总值的比重及公共债务占国内生产总值的比重仍然低于美国和日本。对中国而言，如果考虑到地方政府债务及表外支出，公共债务的增长幅度也非常大。对大部分东亚国家而言，政府财政支出的膨胀主要由银行信贷支持，而银行信贷大规模扩张的直接后果是房价大幅上涨和住房消费大幅增加。房地产价格上涨带来的财富效应拉动了房地产投资和降低了家庭储蓄率。鉴于住房资产对东亚国家家庭非常重要，房地产市场的发展前景是制约家庭信贷（或家庭消费）增长的潜在关键因素。如果住房价格大幅下跌，东亚国家的家庭资产负债表将迅速恶化，这会侵蚀家庭的消费能力和抑制国内总需求的增长。此外，在全球流动性过剩和低利率环境下，东亚国家的企业债务在金融危机后经历了快速上涨，但其总体杠杆率（用企业债务市值与普通股市值的比值来衡量）仍然非常低。由于东亚新兴市场经济体继续保持较快速度增长，企业留存收益仍然维持高位（中国和印度尼西亚除外），这为东亚国家财政刺激计划退出后国内投资的继续增长提供了保障。

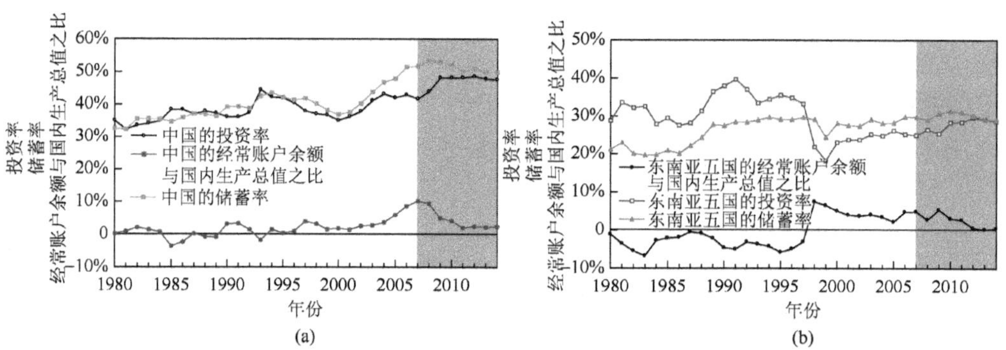

图 2-17　1980～2014 年中国和东南亚五国的总投资率、总储蓄率及经常账户余额变动

资料来源：2011 年《世界经济展望》，http://www.imf.org/external/datamapper/index.php

东南亚五国包括印度尼西亚、马来西亚、菲律宾、泰国和越南

二、“资金流”视角下的全球经济失衡新特征

“资金流”视角下对全球经济失衡的解释主要集中在导致全球资产需求过度的一系列结构性因素上。显然，这些结构性因素必然与全球资本市场的发展和资本账户的变动密切相关。这些结构性因素变化非常缓慢，意味着全球经济失衡能够持续很长时间。与“实物流”视角强调商品市场和经常账户不同，“资金流”视角尤其强调全球资产供给和需求的不对称性。Caballero 等（2008b）提出，全球经济失衡反映了发达国家与新兴市场国家在提供高质量资产能力方面的不对称性。

金融发展滞后阻碍了新兴市场国家生产有吸引力的金融工具，这主要体现为国内资产收益率剧烈波动和资产被强制征用的风险，并且这些风险因 20 世纪 90 年代在新兴市场国家发生的几次金融危机而得以放大。与之类似，资产需求方面的不对称性也引起了一些研究者的注意。Mendoza 等（2009）认为，不同国家投资者分散风险能力的差异驱动着资产需求的国际不对称性。金融发展滞后国家缺乏能够对冲投资者收入风险的工具，这迫使国内投资者（包括家庭和企业）增加预防性储蓄。总体而言，全球资产供给和需求的不对称性使发展中国家比发达国家的储蓄更多。

此外，发展中国家扭曲的政策导向也会导致国际资产需求的不对称性。大多数发展中国家倾向于采取吸收外国资产来支持“新重商主义”（new mercantilist）发展战略，常见的手段是低估本币汇率和积累外汇储备。然而，发展中国家对外汇储备的需求仍然取决于预防国际资本不利流动和追求本币的国际竞争力这两种力量的相对大小。

从“资金流”视角来看，金融危机后全球经济失衡的新特征主要如下。

第一，国际资本流入新兴市场经济体的趋势明显，并且债券投资成为组合投资的主要形式，如图 2-18 所示。进入 21 世纪以后，部分新兴市场经济体逐渐使用本币债务替代硬通货债务，这能够部分克服货币错配的“原罪”问题（Burger et al.，2011）。值得注意的是，除巴西、中国、印度、俄罗斯和南非外，其他新兴市场经济体对外币债务的依赖程度仍然较高，如图 2-19 所示。国际投资者也成为新兴市场经济体发行的本币债券的主要购买主体，其中，国际投资者又以对冲基金、封闭式基金等机构投资者为主。

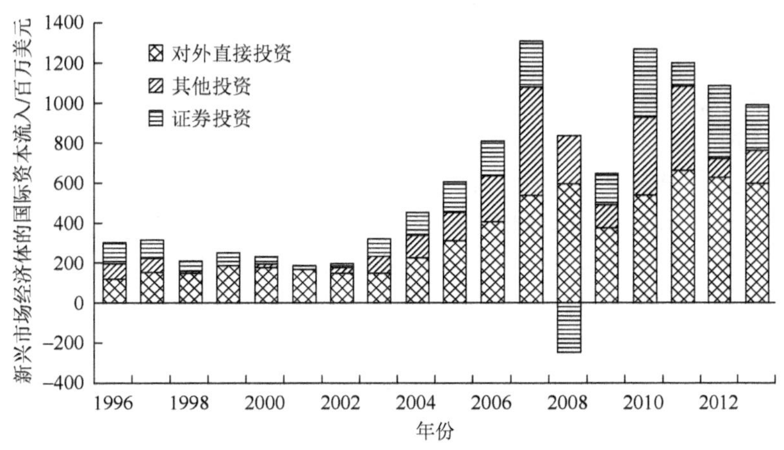

图 2-18　新兴市场经济体的国际资本流入

资料来源：IMF，*Global financial stability report*，2014

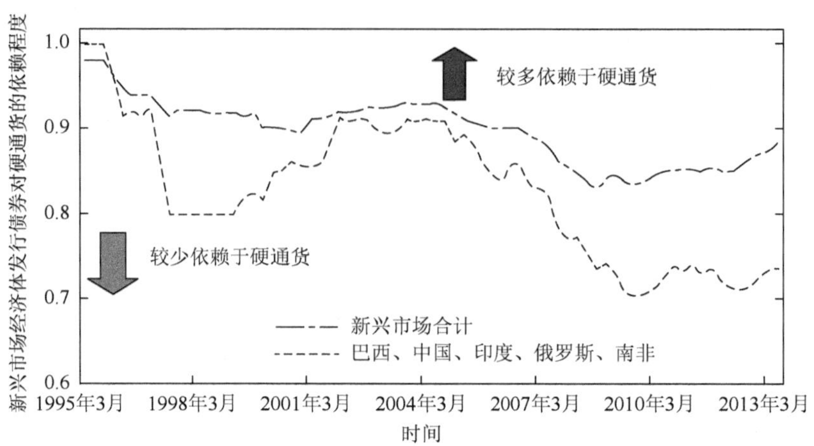

图 2-19　新兴市场经济体发行债券对硬通货的依赖程度

资料来源：IMF，*Global financial stability report*，2014

一般而言，国际资本大量流入新兴市场经济体后会导致资产价格泡沫、经常账户井喷式增长及随后的“痛苦”调整。然而，2008 年金融危机后新兴市场经济体的实际表现存在很大差异。部分新兴市场国家能够通过金融部门的调整（或资本流入）来弱化实体经济部门的调整，进而在危机爆发初期应对大量国际资本流出时似乎更具有弹性，如捷克、马来西亚和智利。这些更富弹性的新兴市场经济体具有如下特征：其一，实行逆周期的财政政策和维持良好的货币政策纪律；其二，实行更具弹性的浮动汇率制度；其三，拥有良好的社会、法律制度；其四，净资本流动非常稳定，并且金融部门的调整反映为私人部门而非官方资本流动的变化。金融部门弹性调整的理论基础在于：当本国金融市场和国际金融市场都比较完善时，本国投资者平滑消费的行为能够缓冲或抵消国际资本流动的剧烈波动，而平滑消费的途径主要是资产组合的变动而非真实消费的变动。

国际资本大量流入新兴市场经济体的背后是新兴市场经济体的金融深化在多个维度得到了快速发展。金融深化程度可用金融市场规模与经济活动总量的相对值来表示，也可用一系列市场功能函数（包括金融中介、价格发现和风险对冲）来表示。例如，用商业银行信贷规模占国内生产总值的比重来衡量金融市场的金融中介功能；用政府债券、企业债券、外汇交易及衍生品交易的规模占国内生产总值的比重来衡量金融市场的价格发现与风险对冲功能。进入 21 世纪以后，新兴市场经济体为了减小外部波动限制了国际政府债务（international government debt）的增长。但是其股票市场、互助基金及利率衍生品市场得到了长足发展。尽管如此，与发达国家相比，新兴市场经济体的金融市场发展仍然显得十分有限，尤其是在保险、互助基金、跨国公司债券及利率衍生品等领域。

然而，随着经济总量的快速发展，部分新兴市场国家的本土货币市场和外汇现货交易市场规模甚至超过了发达国家。由此，发展中国家向发达国家净输出资本的“资本逆流”现象得到了一定程度的缓解。以中国为例，中国净输出资本占全球的比重已从2009年的23.4%下降到2013年的12.5%。

第二，美国量化宽松货币政策的逐步退出导致国际资本重新回流至美国，但是其规模远小于危机前的水平，如图2-20所示。一方面，2002年以来世界各国的外汇储备“去美元化”趋势明显，如图2-21所示。其中，发达国家美元外汇储备占比下降幅度明显大于新兴市场国家。另一方面，美联储逐步退出量化宽松货币政策和主要顺差国的结构性改革使全球利率水平在中长期趋于上升。美联储三轮量化宽松政策释放了大量流动性，在美元本位制下这些流动性又很快地传导至其他国家，导致全球股票市场普遍繁荣。鉴于现阶段全球股票市场的风险明显高于债券市场，国际投资者对债券市场的偏好在短时间内几乎不大可能逆转。尽管主要顺差国通过一系列结构性改革措施（例如，中国实施提高消费占产出比重的再平衡路径）逐步提高了国内储蓄率，但外汇储备增长速度的放缓和金融改革的进一步强化仍然会导致国内利率水平持续上升。此外，对发达国家而言，持续改善的财政收支逐渐抵消了国际投资者对较高的公共债务存量的担忧；对新兴市场经济体而言，潜在经济增速的下降可能会降低国内储蓄率。总之，全球利率水平在中长期更可能呈上升趋势，并且一些国家可能因很高的主权债务风险溢价而不得不忍受国内高利率水平的折磨。显然，对全球流动性紧缩预期将显著降低国际资本流动的规模，进而美国的国际资本流入规模也会大幅低于2006年的峰值。

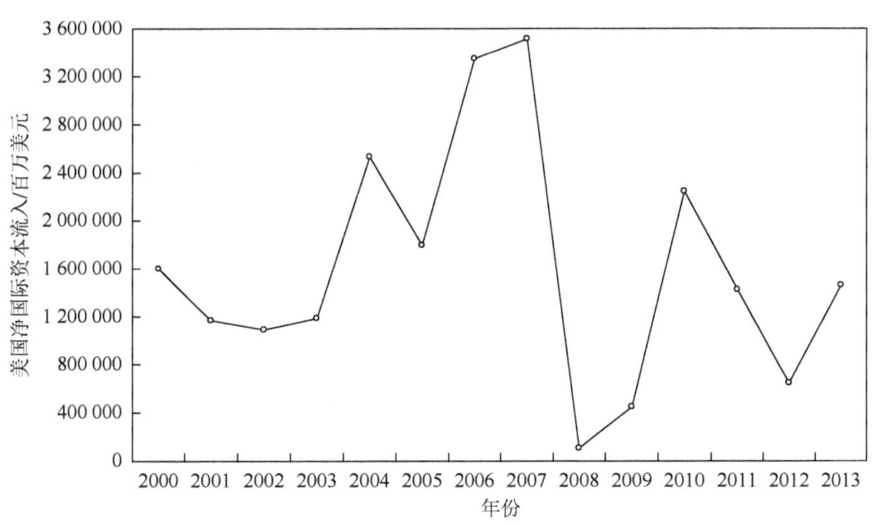

图2-20　2000～2013年美国净国际资本流入（不包括金融衍生品）

资料来源：同花顺数据库相关数据

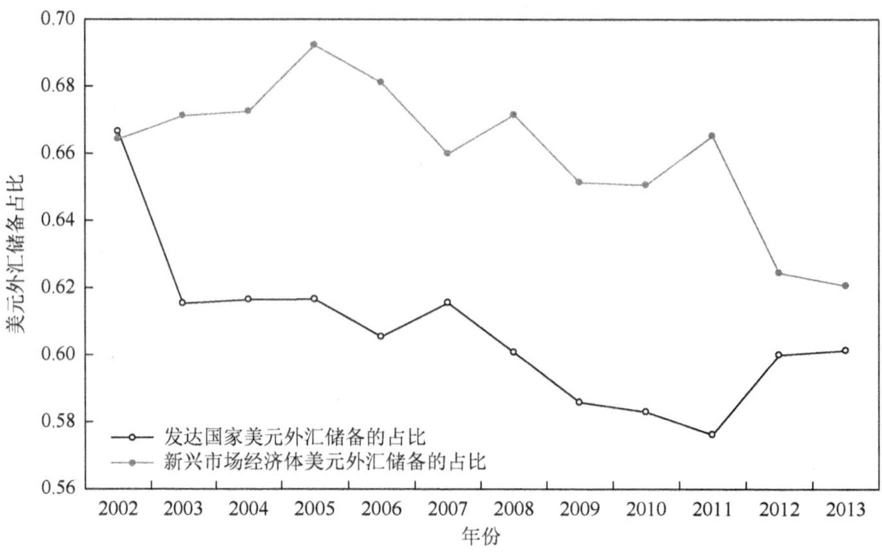

图 2-21　2002～2013 年发达国家与新兴市场经济体美元外汇储备的占比

资料来源：IMF 相关数据

第三章　全球经济失衡的测度

全球经济失衡是全球经济与金融一体化背景下制度固化与竞争力相对变动的自然结果。在这个意义上，失衡是绝对的，均衡是相对的，全球经济在失衡与均衡之间不断转化。然而，进入 21 世纪以后，不对称的国际货币体系、各国经济结构与制度差异、以中国为代表的新兴市场经济体的崛起和以美国为代表的工业化国家经济实力的相对衰退等，导致全球经济失衡出现长期化、规模持续扩大化及集中化的特征，2008 年美国金融危机及随后的欧洲债务危机正是市场对这些特征的集中反馈。基于此，危机后的全球经济再平衡成为全球经济治理最为重要的议题之一。

G20 机制下的全球经济再平衡工作分两步进行：第一步是全球经济失衡的测度，包括失衡指标体系的构建、失衡测度方法的选择、失衡判别标准的确立及失衡程度的量化；第二步是识别出主要失衡国家和重点失衡领域，针对性地制定出满足多边一致性的政策框架。同时，为了降低达成多边一致协议的难度，第一步对失衡程度的量化结果并不必然作为第二步制定再平衡政策的参考标准。下文将依次介绍 G20 相互评估程序（mutual assessment process）中判别失衡的“参考性指南”（indicative guidelines）和 IMF 提出的失衡测度方法。

第一节　全球经济失衡的指标体系

一、失衡指标体系的设计标准

由于全球经济失衡受各国经济、政治、文化及制度等方面的影响，多方博弈和策略控制在失衡指标体系的构建过程中起到了重要作用。经过多边磋商达成共识的失衡指标体系也就成为治理失衡的逻辑起点。一般而言，为了最大限度地平衡各方利益诉求和降低治理失衡的难度，G20 认为失衡指标体系的设计应遵循以下三项标准。

第一，失衡指标体系的指标数量虽然有限，但不应丧失结构性与完整性。由于经济指标之间存在一定程度的相关性，失衡指标过多会导致重复度量。而一些经济指标具有很强的国别特征，纳入这类指标会加大多边政策协调的难度。失衡指标体系的结构性是指失衡指标之间的逻辑关系应有助于厘清失衡的脉络。失衡指标体系的完整性是指失衡指标应能够全面反映内部经济失衡和外部经济失衡。

第二，失衡指标能够被经济政策显著影响，但政策性指标应排除在外。失衡指标测度的目的在于判别失衡及为多边政策协调提供参考，而非进行政策干预。经济政策难以影响到老龄化趋势和储蓄动机，汇率和利率属于政策性指标，这些指标是否在失衡测度体系之内受到了争议。

第三，失衡指标易于观测和统计，并且数据频率适中。例如，要素价格或资源扭曲程度难以观测和统计，资产价格的数据频率过高，家庭收入和家庭储蓄率数据的统计频率过低等，这些指标是否应该纳入失衡测度指标体系存在争议。

二、“参考性指南”中的失衡指标体系构架

2011 年 2 月，G20 峰会提出了用于识别成员方是否存在持续大规模失衡的“参考性指南”。G20 最初提出的失衡指标体系构架如图 3-1 所示。经过激烈讨论，各成员方对“参考性指南”中的失衡指标体系勉强达成了共识，最终的失衡指标包括以下三类：一是公共债务和财政收支；二是私人储蓄率和私人债务；三是外部头寸，由贸易账户、净投资收益与转移账户三部分组成。前两类指标用于反映一国的内部失衡，第三类指标用于反映其外部失衡。

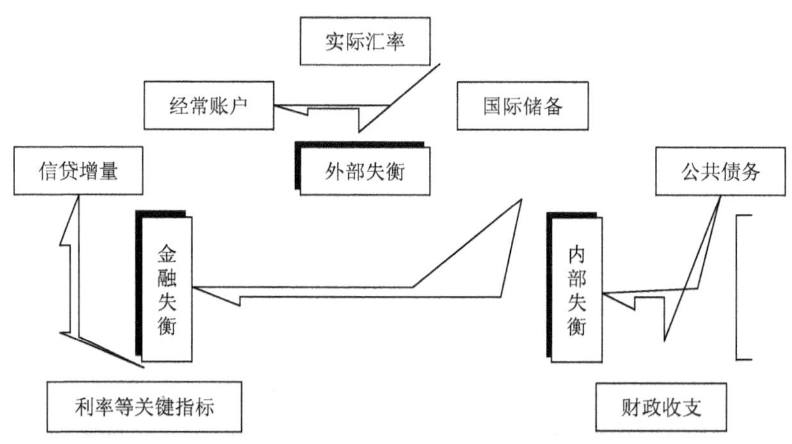

图 3-1 “参考性指南”中的失衡指标体系构架

资料来源：黄薇，韩剑. 2012. G20 参考性指南：治理全球经济失衡的第一步[J]. 金融评论，(1)：38-48

在各国最初的提案中，财政余额/国内生产总值、经常账户余额/国内生产总值、外汇储备、私人储蓄率、对外净资产头寸、总债务/国内生产总值、私人信贷/国内生产总值及实际汇率等失衡指标出现的频率很高。然而，中国对实际汇率和外汇储备指标持反对态度，其原因在于：第一，尽管全球经济失衡与汇率失调有很大关联，但实际汇率的量化评估一直以来充满争议。例如，汇率失调程度的判断

基于实际经常账户余额对估计均衡值的偏离，汇率指标的刚性约束将导致中国难以承担极高的再平衡成本。第二，不合理的国际货币体系和防范国际投机资本冲击的需要，导致中国、巴西、俄罗斯及印度等新兴市场国家积累了大量外汇储备，纳入外汇储备指标显然不符合这些国家的利益。过去一直作为核心失衡指标的经常账户余额并没有被整体考虑进来，其原因在于：首先，经常账户的两个组成部分（贸易账户和净投资收益与转移账户）在大多数时候不是同向变动的，并且它们对不同成员方经常账户的重要性存在很大差异。例如，2003～2013年，中国贸易与经常转移项目之和一直是盈余，而净投资收益一直是赤字；对中国、美国和德国来说，贸易余额是经常账户余额最重要的组成部分，而对澳大利亚、巴西、日本和瑞士来说，净投资收益是经常账户余额最重要的组成部分。其次，经常账户余额作为核心指标不适宜作为再平衡政策制定的参考。例如，一国国内需求比贸易伙伴增长得更快会导致进口超过出口；当石油价格大幅上涨时，一国经济对石油进口依赖程度很高会导致大额贸易逆差；作为全球制造中心的中国由于国内大部分人口收入水平较低而进口很少等。换言之，经常账户并不足以反映全球经济失衡的根源，即成为影响一国储蓄与投资的基本因素。只有当经常账户赤字是竞争力丧失的一般结果时，经常账户赤字才预示着全球经济出现系统性问题（UNCTAD，2011），而竞争力丧失实际上反映为实际汇率升值和赤字的不可持续。因此，G20并没有将经常账户余额整体纳入失衡测度指标，而将其分解为贸易账户和净投资收益与转移账户分别衡量其失衡程度。

第二节　失衡测度方法与失衡判别标准

一、失衡测度方法

“参考性指南”中的失衡测度方法主要包括以下四种：第一，结构法，即基于经济理论框架计算合适的基准值或以国际上已达成共识的参考值作为基准，经济理论框架主要包括储蓄—投资分析框架和类似财政预算约束的国际收支约束框架，国际上已达成共识的参考值如贸易（经常）账户/国内生产总值为4%、公共债务/国内生产总值为60%（发达国家）或40%（发展中国家）等。关于外部失衡的测度，通常使用IMF提出的CGER方法及其改良版EBA方法。第二，时间序列法，即以历史趋势（或特定时间段的均值）为基准。第三，截面法，即以处在相同发展阶段国家组的均值为基准。第四，四分位法，即以所有G20成员方的中位数为基准。根据G20框架工作组（Framework Working Group，FWG）最终提交的技术文件，各指标的具体度量方法如表3-1所示。由表3-1可见，基于历史数据的统计方法在失衡测度中得到了广泛应用。相比仍然存在很大争议的经济理论框架，基于历史数据的统计方法比较简单、可操作性强并且容易理解，在多边磋商中更容易达成共识。

表 3-1 “参考性指南”中各失衡指标的度量方法

度量方法		贸易（经常）账户/国内生产总值	公共债务/国内生产总值	财政赤字/国内生产总值	私人储蓄/国内生产总值	私人债务/国内生产总值
结构法	理论框架	√		√		
	经验共识	√	√			
统计法	时间序列法	√	√	√	√	√
	截面法	√	√	√	√	√
	四分位法	√	√	√	√	√

资料来源：黄薇，韩剑. 2012. G20 参考性指南：治理全球经济失衡的第一步[J]. 金融评论，（1）：38-48

注：在 FWG 最终提交的技术文件中，并没有给出净投资收益与转移账户的度量方案。可能的原因是由经常账户和贸易账户的失衡测度可以推算出净投资收益与转移账户的失衡状况

经过 2000 年以来十余年的发展，针对外部失衡的测度方法已逐渐标准化。其中，Lee 和 Chinn（2006）提出的 CGER 方法对外部失衡的测度奠定了基础性地位。该方法使用三种不同的模型［宏观经济平衡（macroeconomic balance，MB）、均衡实际汇率（equilibrium real exchange rate，ERER）、外部可持续性（external sustainability，ES）］分别对一国均衡经常账户余额、均衡汇率水平和外部可持续性进行综合评估。

（一）CGER 方法和 EBA 方法的经济理论框架

CGER 方法及其改良版 EBA 方法的经济理论框架由以下两个部分组成：一是经常账户余额可表示成一国储蓄与投资的缺口［式（3-1）］，即由国民账户基本原理反映一国内部失衡与外部失衡之间的关联；二是一国储备资产的变动可表示成经常账户余额与资本账户余额之和［式（3-2）］，即由国际收支基本原理反映国际贸易失衡与国际金融往来失衡之间的关联。

$$S(\mathrm{NFA},Y,r,X_S)-I(Y,r,X_I)=\mathrm{CA}(Y,\mathrm{REER},Y^{\mathrm{OC}},X_{\mathrm{CA}}) \tag{3-1}$$

$$\mathrm{CA}(Y,\mathrm{REER},Y^{\mathrm{OC}},X_{\mathrm{CA}})+\mathrm{CF}(r-r^{\mathrm{OC}},\mathrm{REER},X_{\mathrm{CF}})=\Delta R \tag{3-2}$$

其中，S 为储蓄；I 为投资；上标 OC 为世界其他国家；Y 为国内产出缺口；REER 为实际汇率；NFA 为净外国资产，用滞后一期 NFA 表示；r 表示利率水平；ΔR 为储备资产的变化；CA 为经常账户余额；CF 为资本账户余额。X 为所有影响储蓄、投资、净出口及资本流动的因素，具体如下：X_S 为影响储蓄的因素，包括人均收入、人口结构、永久性收入变动、社会保障、财政预算、金融政策、制度环境及可再生资源的净出口等；X_I 为影响投资的因素，包括人均收入、收入（或产出）

预期、政府治理及金融政策等；X_{CA} 为影响净出口的因素，包括以全球商品价格为基础的贸易条件，其本身是一国进出口商品总额在全球所占份额的函数；X_{CF} 为影响资本账户余额的因素，包括全球风险偏好、伴随储备货币地位而来的“过度特权”（exorbitant privilege）、金融母国偏见及资本管制等。

值得注意的是，式（3-1）和式（3-2）构成的系统意味着 CA 和 REER 都是内生的，并且都由其他变量同时决定，因而不适宜将 REER 作为 CA 估计方程的解释变量或将 CA 作为 REER 估计方程的解释变量。进一步地，给定 r，联立求解式（3-1）和式（3-2）就可以得到 REER 和 Y，或者给定 Y 就可以求解得到 REER 和 r。假定一国货币政策主要通过利率调节来填补产出缺口，再结合货币需求方程，求解该模型即可得出 CA 和 REER 的简化表达式，分别用式（3-3）和式（3-4）表示：

$$\mathrm{CA}=\mathrm{CA}(X_I,X_S,X_{\mathrm{CA}},X_{\mathrm{CF}},Z,Z^{\mathrm{OC}},\Delta R) \tag{3-3}$$

$$\mathrm{REER}=\mathrm{REER}(X_I,X_S,X_{\mathrm{CA}},X_{\mathrm{CF}},Z,Z^{\mathrm{OC}},\Delta R) \tag{3-4}$$

其中，Z 为产出缺口或短期利率。式（3-3）和式（3-4）构成了外部失衡测度的基石。

上述经济理论框架表明，大多数 CA 的影响因素同时也是 REER 的影响因素，REER 没有进入 CA 的估计方程。然而，REER 通过支出转换效应在 CA 调整中起根本性作用。已有的经验研究结果表明，CA 和 REER 回归方程中大多数回归变量的估计系数大致同比例，如导致 CA/国内生产总值降低 1%的因素会导致 REER 升值 3%～5%。

（二）MB 模型

MB 模型的基本原理是：首先，使用跨国面板数据对经常账户与一国储蓄、投资、净出口和资本账户的中长期决定因素之间的关系进行估计；其次，利用各国决定因素的中期预测值计算出经常账户的均衡水平；最后，通过比较经常账户实际值与均衡值之间的差距来评估一国实际汇率的失调程度。在该模型中，各个回归变量使用一国与世界其他国家平均值的相对差异来度量，增强了双边或多边监管的可靠性。实际汇率所需的调整幅度将能够填补国内和贸易伙伴国的产出缺口，并且能够完全实现汇率变动的滞后效应。

在 CGER 方法中，宏观决定因素包括财政余额、老年抚养比、人口增长率、净外国资产、石油贸易余额、经济发展阶段、相对经济增长速度、经济危机和金融中心等。其中，石油贸易余额用来反映石油价格波动对经常账户余额的影响的国别差异（包括方向和程度）；经济发展阶段用相对收入（relative income）表示，即一国经购买力平价（purchasing power parity，PPP）调整的人均收入与美国的比值，它与经常账户余额同向变动；相对经济增长速度（relative economic growth）用一国实际人均收入增长率与世界其他国家平均值的差异来表示，它与经常账户余额反向变动。然而，相对经济增长速度对经常账户余额存在负向影响仅适用于对发展中国家，这一现象反映出发展中国家的经济增长存在很强的异质性。

EBA 方法对 CGER 方法做了较大的改进。首先，考虑到经常账户余额时间序列数据具有很强的自相关性，EBA 方法使用经 AR(1)调整的 Pooled GLS①模型进行估计。其次，由于 EBA 方法不考虑国家虚拟变量对经常账户缺口的决定作用，EBA 方法没有考察单个国家的固定效应。最后，EBA 方法将短期周期性影响因素和金融因素也纳入到回归模型，并将宏观决定因素分成非政策相关的宏观决定因素和政策相关的宏观决定因素两大类。MB 模型的宏观决定因素包括以下四类。

1. 非政策相关的宏观决定因素

由于 CGER 方法中的宏观决定因素在统计上均是非常显著的，EBA 方法中非政策相关的宏观决定因素（或传统基本面因素）与 CGER 方法大致相同，但 EBA 方法在近年来大量经验研究的基础上对回归变量做了很多细微的修正，具体修正的回归变量如下。

（1）生产率或经济发展阶段。CGER 方法中 CA 回归方程的设定主要基于“资本倾向于从发达国家流向发展中国家”这一理论认识，即发展中国家在赶超发达国家的过程中，需要从外部融入资金以满足国内巨大的投资需求。发展中国家的资本流入规模取决于它与发达国家经济发展水平的差距。然而，这种观点成立的前提条件是发展中国家允许国际资本自由流动。因此，有必要将经济发展阶段与资本控制的交叉项加入到回归方程。从实证结果来看，资本项目管制降低了生产率差异对发展中国家与发达国家之间资本流动的影响，资本项目管制程度越高，生产率差异对经常账户余额的影响越小（Reinhardt et al.，2010）。此外，EBA 方法采用一国经购买力平价调整的国内生产总值与劳动人口（而非总人口）的比值来度量生产率，用一国生产率与三个生产率最高的发达国家的差距来度量生产率差异。

（2）经济增长率。一般而言，经济增长趋势加快的国家倾向于投资更多，从而经常账户盈余很少。因此，EBA 方法采用前向预期的经济增长率（领先 5 年）来反映经济增长率对一国经常账户余额的影响，而非基于过去增长率数据的趋势估计值。

（3）滞后净外国资产。一般而言，一国净外国资产较高往往意味着较高的经常账户余额，但不必然意味着较高的贸易余额。EBA 方法对该变量的改进是将净外国资产与经常账户余额之间的非线性关系考虑进来，即当一国负的净外国资产占国内生产总值的比重非常高时，投资者对该国外部失衡可持续性的担忧加重，从而导致净外国资产对经常账户余额的正向影响趋于变弱和消失。Catto 和 Milesi-Ferretti（2013）

① GLS：generalized least-square，广义最小二乘法。

在回归方程中加入净外国资产/国内生产总值超过 60%的虚拟变量与净外国资产/国内生产总值的交叉项，来反映净外国资产对经常账户余额的非线性影响。

（4）石油与天然气等不可再生资源。相比 CGER 方法，EBA 方法更能够把握拥有丰富不可再生资源国家的经常账户盈余的变动趋势，因为它与不可再生资源出口收入的储蓄动机密切相关。EBA 方法认为，同不可再生资源的出口规模一样，不可再生资源出口收入的“暂时性”也会对经常账户余额产生积极影响。如果一国不可再生资源出口收入的“暂时性”很强，则该国会将大部分经常账户盈余储蓄起来。不可再生资源出口收入的“暂时性”可用当前产量占已探明储备的比重来度量。基于此，石油输出国家的石油（或天然气）贸易余额均使用各国与挪威“暂时性”的相对比率加以调整。对于石油进口国家而言，EBA 方法与 CGER 方法基本相同。

（5）人口结构。Lane（2010）、Lane 和 Milesi-Ferretti（2011）在经常账户余额分析中提出了老龄化速度（aging speed）的概念。EBA 方法将老龄化速度、老年抚养比及人口增长率同时引入到 CA 回归方程。实证结果表明，老龄化速度加快导致经常账户盈余增加，但老年抚养比与人口增长率对经常账户余额的负向影响在统计上并不显著。即使不考虑老龄化速度，老年抚养比与人口增长率对经常账户余额的负向影响也仅在 10%水平上显著（Phillips et al.，2013）。

（6）与政治或制度环境相关的风险。可观测到的政治或制度风险很高会抑制投资和刺激储蓄，进而导致经常账户盈余增加（或赤字减少）。EBA 方法在 CA 回归方程中加入了这类风险指标。这类风险指标可由国际国家风险指南（International Country Risk Guide，ICRG）调查数据计算得到。

此外，由于一些国家的经济规模很小但具有金融中心特征，与 CGER 方法相同，EBA 方法将金融中心虚拟变量引入到 CA 回归方程中，以减小其他回归系数的估计偏差。

2. 金融因素

美国金融危机以后，金融因素对全球经济失衡的影响引起了学术界极高程度的重视。EBA 方法主要从储备货币地位、全球风险偏好及“金融过度”（financial excesses）及金融政策扭曲三个方面来反映金融因素对经常账户的影响。

（1）储备货币地位。储备货币地位可用一国货币在全球储备中的份额（10%以上）来表示。具有储备货币地位的国家可通过发行货币为其经常账户赤字融资，因而储备货币地位通常会导致经常账户恶化。

（2）全球风险偏好。全球风险偏好可用芝加哥期权交易所推出的恐慌指数（volatility index，VIX）来表示。VIX 高于平均值表示市场过度卖出进而风险厌恶程度较高，VIX 低于平均值表示市场过度买入进而风险厌恶程度较低。全球风险偏好对不同国家经常账户的影响存在较大差异：资本管制程度越高，全球风险偏好对经常账户的影响越弱；对资本账户放开的非储备货币国家而言，全球风险厌恶程度上升会改善经常账户，但对储备货币国家则刚好相反。因此，VIX 与资本管制的交叉项可用来反映资本管制对全球风险偏好与经常账户之间关系的影响，VIX 与储备货币地位的交叉项可用来反映一国资本逃向安全资产的程度。

（3）“金融过度”及金融政策扭曲。EBA 方法主要用私人信贷间接反映导致“金融过度”的政策扭曲程度。超宽松货币政策及对信贷市场的监管乏力等金融政策扭曲都会导致“金融过度”，进而导致需求泡沫、实际汇率升值和经常账户赤字。具体的指标构造如下：首先计算出私人信贷/国内生产总值对历史均值的偏离，然后计算出它与所有国家平均偏离的差距。尽管这一指标无法准确度量金融政策扭曲的影响，但在统计意义上它能够部分解释一些国家在美国金融危机前的经常账户赤字。此外，由于经济周期与信贷周期大多不一致，即使控制住产出缺口，私人信贷对经常账户的影响仍然在统计上显著。

3. 短期周期性因素

全球经济再平衡工作的一个核心问题是评估全球失衡程度变小是否具有可持续性。一般而言，长期结构性因素导致的全球经济失衡持续时间较长，而短期周期性因素导致的全球经济失衡持续时间较短。因此，有必要识别出结构性因素和周期性因素对全球经济失衡的影响程度分别有多大，以评估全球经济失衡的中长期发展进程和估算短期政策缺口①。显然，出于上述目的，EBA 方法将短期周期性因素（主要包括相对产出缺口和商品贸易条件波动）考虑进来。

（1）相对产出缺口。较低的产出缺口通常伴随着高储蓄和低投资，产出缺口每增加 1%会导致 CA/国内生产总值下降 0.4%。大量经验观察表明，产出缺口会对经常账户的短期变动产生显著影响。然而，由于各国产出缺口基本同向变动（体现为各国经济周期基本一致），相对产出缺口较小，其对经常账户的影响也较小。需要注意的是，由于其他回归变量会影响到产出缺口（从而引发多重共线性），加入产出缺口会降低模型的估计效率。

（2）商品贸易条件波动。商品贸易条件波动用（观察值–趋势值）/趋势值表示，以捕捉商品贸易条件对经常账户的短期影响。同时，商品贸易条件波动与贸易开放度的交叉项用来反映贸易开放度对商品贸易条件与经常账户之间关系的影响。贸易开放度越高，商品贸易条件波动对经常账户的影响越大。

4. 政策相关的宏观决定因素

（1）财政政策。大量经验研究表明，一国财政余额对经常账户失衡存在显著的正向影响。这意味着李嘉图等价定理在短期和长期均不成立，进而财政政策能

① 由周期性因素引起的全球经济失衡一般可以通过政策调整予以消除。

够影响到经常账户。EBA 方法使用周期调整后的财政余额（cyclical-adjusted fiscal balance，CAFB）作为财政政策的替代变量。CAFB 是指在财政预算基本平衡表中去掉与失业相关的支出。由于理论上 CAFB 会对产出缺口产生很大影响，CAFB 的估计系数仅能理解成给定产出缺口下 CAFB 对经常账户的影响程度。

（2）公共健康支出（public expenditure on health）。公共健康支出是社会保障的一个重要方面。增加公共健康支出会减弱家庭预防性储蓄动机，从而能够促进家庭消费增加和经常账户盈余减少。

（3）外汇市场干预（foreign exchange intervention）。外汇市场干预直接体现为国际储备的变化。研究外汇储备变化与经常账户之间关系的一些文献并没有发现资本控制对这种关系的影响（Gagnon，2011，2012）。实际上，在资本不完全流动的情形下，外汇市场干预会引起汇率变动进而引发经常账户的变动。如果不考虑资本控制，Reinhardt 等（2010）的实证结果表明外汇储备变化对经常账户的影响在统计上并不显著，因而，外汇储备变化自身没有进入最终的 CA 回归方程。基于此，EBA 方法使用外汇储备变化与资本控制的交叉项来反映外汇市场干预对经常账户的影响。然而，由于相当一部分外汇市场干预是对国际资本流动或经常账户变动的响应，这种处理方式带来了严重的内生性问题。设置控制变量如 VIX 与资本控制的交叉项可以缓解这一问题，但它无法被根本性消除。为了最大限度地降低内生性问题对模型估计的干扰，EBA 使用了一系列工具变量来控制积累外汇储备的动机，如 M2/国内生产总值、短期利率、储备资产的收益率及全球储备资产的增长率等与资本控制的交叉项。理论上，对于资本控制程度较高的国家，外汇储备变化与资本控制交叉项对其经常账户存在积极影响。由于各国资本控制程度不同，外汇储备变化对经常账户的影响程度难以被精确度量。

（4）资本控制。与 CGER 方法不同，EBA 方法中资本控制自身并没有进入 CA 回归方程。资本控制对经常账户的影响主要在资本控制与经济发展阶段交叉项、资本控制与外汇储备变化交叉项的估计系数上得到反映。

（5）“金融过度”与金融政策扭曲，与上文的变量处理方法相同，EBA 方法也是利用构建变量交叉项的方法，构建新的回归变量，进行回归分析。

总体而言，MB 模型因具有建模标准化、评判标准简单易懂、估计方法相对简单等优点多年来被广泛使用。但 MB 模型仍然存在以下三个方面的不足：第一，模型的成立依赖于一系列假设条件，但有些假设条件并不适合所有国家。例如，经常账户的决定因素均独立于经常账户、未来产出与资本形成双向一致等。另外，MB 模型假定经济增长率与经常账户余额反向变动，与中国、印度尼西亚、阿根廷等国的实际情况相违背，其原因在于：这些国家实行出口导向型增长战略，加工贸易在增加进口的同时带来出口更大规模的增长，因而这些国家的经济快速增长通常伴随着经常账户盈余的持续增加。反观发达国家，贸易余额/国内生产总值的短期波动与其经济增长率的短期波动明显负相关。第二，实证研究的样本期间、替代变量的选择及不同工具变量的使用等都会影响到最终的结果。平衡面板数据（balanced panel data）要求所有国家的样本期间相同，从而无法反映不同国家经济周期与经济结构方面的差异。第三，对新兴市场国家来说，经济转型和重大改革都会破坏原有宏观经济变量之间的稳定联系，对所有新兴市场国家使用同一理论框架势必会造成估计偏误。

（三）ERER 模型

ERER 模型的基本原理是：首先，使用跨国面板数据对实际汇率与一系列基本面因素、政策变量及短期因素之间的关系进行估计；其次，利用各国影响因素的中期预测值或当前值计算出均衡实际汇率；最后，根据各国实际汇率的当前观测值与均衡值的差异直接计算出所需的汇率调整幅度。各回归变量均经过贸易加权调整，贸易权重与计算实际汇率时使用的权重相同。由于 EBA 方法假定经常账户余额的影响因素也会影响到实际汇率，ERER 模型中的回归变量尽量与 MB 模型相同，但实证结果中估计系数高度不显著或方向不符合理论基础的变量应予以排除。

在 CGER 方法中，实际汇率主要依赖于六个基本因素：净外国资产、贸易部门与非贸易部门的生产率差异、商品贸易条件、政府支出、贸易限制、价格控制。这六个因素影响实际汇率的理论基础如下：第一，净外国资产。净外国资产对实际汇率具有双重影响：一方面，标准的跨期宏观模型表明债务国汇率必须贬值以产生贸易盈余进而清偿外债；另一方面，较高的净外国资产能够在实际汇率升值进而贸易赤字扩大的同时保证对外债的清偿力，因为投资收益的净效应能够确保债权国经常账户盈余和债务国经常账户赤字均得以维持。因此，净外国资产对实际汇率的影响方向是不确定的[①]。净外国资产用一国对外净资产与对外贸易总规模（进口＋出口）的比值来度量。第二，贸易部门与非贸易部门的生产率差异。根据巴拉萨-萨缪尔森效应（Balassa-Samuelson effect），当贸易部门生产率的增长速度高于非贸易部门时，贸易部门较高的工资水平会传导至非贸易部门，从而导致非贸易商品的相对价格上涨和实际汇率升值。贸易部门与非贸易部门的生产率差异可用贸易部门人均产出（output per worker）与非贸易部门的相对差异来度量。第三，商品贸易条件。较高的商品贸易条件主要通过实际收入或财富效应导致实际汇率升值。一国商品贸易条件可由主要出口商品的加权平均价格与主要进口商品

① 大部分实证模型设计均预期净外国资产对实际汇率的影响方向为正，但这仅在跨国层面成立。固定效应模型很难发现这种正向影响关系。

的加权平均价格的比值来表示，权重为特定商品出口（进口）额占一国总出口（进口）额的比重，所有商品价格均为与发达国家制造业商品出口价格的相对值。第四，政府支出。由于政府支出主要用于非贸易商品，政府支出增加会导致非贸易商品与贸易商品的相对价格上涨，进而引起实际汇率升值。第五，贸易限制。Edwards 和 Ostry（1990）、Goldfajn 和 Valdés（1999）等的实证研究表明，贸易限制容易导致国内价格上涨和实际汇率升值。贸易限制使用贸易限制指数作为替代变量，即存在贸易限制的年份，贸易限制指数取值为 1；贸易自由化的年份，贸易限制指数取值为 0，各国贸易自由化的具体起始时间可参见 Sachs 和 Warner（1995）的研究。遗憾的是，贸易限制指数不能反映一国对外贸易的渐进自由化过程。一些研究也用贸易开放度间接地度量贸易限制程度，但是贸易开放度会引起内生性问题，因为在汇率制度既定的情况下汇率变动会影响到贸易开放度。第六，价格控制。对转型经济体而言，管制价格在居民消费价格指数（consumer price index，CPI）篮子中的比重可以用来反映价格控制程度。当价格控制消除时，管制价格会逐步上涨至市场价格，进而导致 CPI 上涨和实际汇率升值。因此，可以预期管制价格在 CPI 篮子中的比重与实际汇率呈正相关关系。

在 EBA 方法中，ERER 模型以各国相互独立的实际汇率指数作为被解释变量，这使模型无法包含跨国层面的信息。因此，与 CGER 方法相同，EBA 方法使用固定效应模型对 ERER 模型进行估计，即包括所有国家的虚拟变量。然而，与 CGER 方法明显不同的是，EBA 方法用到的实际汇率决定因素更为广泛，这与 EBA 方法中 MB 模型的设计思路基本一致。其中，非政策相关的宏观决定因素包括生产率或经济发展阶段、全球风险偏好、金融母国偏见、人口增长率与人口结构、经济增长率、商品贸易条件、贸易开放度及价格控制等；政策相关的宏观决定因素包括公共健康支出、外汇市场干预、货币政策、私人信贷及资本控制等。此外，一些在 MB 模型和其他实证研究中出现的变量因统计上不显著、方向与理论预测相反、缺乏经济意义和主要反映跨国层面的信息等而没有被纳入到最终回归方程中，包括财政余额、产出缺口、净外国资产，以及与政治、制度相关的风险等。

EBA 方法中非政策相关的宏观决定因素影响实际汇率的理论基础及相应的 ERER 模型设定如下。

（1）生产率或经济发展阶段。与 CA 回归方程的设定相同，一国生产率与三个生产率最高国家的差距被用来度量生产率差异。生产率差异与资本控制的交叉项对 REER 的影响主要体现为以下两个方面：一是当资本账户开放时，经济发展相对落后的国家倾向于高投资、低经常账户盈余和高实际汇率；二是根据巴拉萨-萨缪尔森效应，一国经济发展水平较低，其非贸易商品的价格也较低，进而实际汇率较低。因此，生产率或经济发展阶段对 REER 的影响取决于这两个方面影响程度的相对大小。

（2）全球风险偏好。全球风险偏好仍然用芝加哥期权交易所推出的恐慌指数 VIX/VXO 来度量。对大多数国家而言，VIX/VXO 对 REER 的影响方向预期为正，因为全球风险厌恶程度越高，本国居民越难以获得信贷融资，因而经常账户趋于顺差和实际汇率趋于升值。全球风险偏好对 REER 的影响还依赖于一国资本管制程度和是否具有储备货币地位。一国资本账户越开放，全球风险偏好对 REER 的影响程度越大。如果一国具有储备货币地位，VIX/VXO 对 REER 的影响方向预期为负。此外，国际资本对资产"安全性"的追逐使储备货币地位通常与较高的实际汇率联系在一起。20 世纪 90 年代中期至美国金融危机爆发以前，全球风险厌恶程度一直处于很低的水平，这一时期全球较强的风险偏好反映为国际资本主要从储备货币国流向其他国家。因此，可以用储备货币地位与 VIX/VXO 的交叉项来反映一国资本逃向安全资产的程度对 REER 的影响，用资本控制与 VIX/VXO 的交叉项来反映一国资本管制程度对全球风险偏好与 REER 之间关系的影响。

（3）金融母国偏见。金融母国偏见是指本国居民对本国资产的特殊偏好，可以用一国居民持有的债务占总债务的比重来度量。金融母国偏见越严重，本国居民越倾向于持有更多的本国资产，从而引起实际汇率升值。一国居民持有的债务占总债务的比重采用滞后值，因为汇率变动会导致外国居民持有的以外币计价的债务的市场价值发生变化，进而导致当期本国居民持有的债务占总债务的比重发生变化。

（4）人口增长率与人口结构。Rose 和 Spiegel（2009）使用生育率指标首次考察了人口因素对实际汇率的影响。Phillips 等（2013）的实证结果表明，较高的人口增长率意味着幼年抚养比较高，而较高的幼年抚养比通常与低储蓄和较高的实际汇率相联系；但是，老龄化速度和老年抚养比对 REER 的影响要么在统计上不显著，要么方向错误。因此，只有人口增长率变量进入了 REER 的最终回归方程。

（5）经济增长率。经济增长趋势加快通常会恶化经常账户和导致实际汇率升值，可用前向预期的经济增长率来度量（领先 5 年）。

（6）商品贸易条件。与 CGER 方法相同，商品贸易条件对 REER 的预期影响方向为正。但与 CGER 方法不同的是，EBA 方法使用一国出口商品价格与进口商品价格的比值来表示商品贸易条件。

（7）贸易开放度。一国对外贸易越开放，国内价格水平越低，进而实际汇率越低，因此，贸易开放度对 REER 的预期影响方向为负。贸易开放度用一国进口与出口的平均值占国内生产总值的比重来度量。鉴于汇率变动会影响到贸易开放度的分子和分母，EBA 方法使用贸易开放度的滞后值来规避这一问题。

（8）价格控制。EBA 方法对价格控制因素的处理与 CGER 方法基本相同。

EBA 方法中，政策相关的宏观决定因素影响实际汇率的理论基础及相应的 ERER 模型设定如下。

（1）公共健康支出。公共健康支出增加会导致一国经常账户余额减少，与之相对应，公共健康支出对一国 REER 的预期影响方向为正。公共健康支出使用一国公共健康支出占国内生产总值比重的滞后值来度量。

（2）外汇市场干预。与 CA 回归方程一样，EBA 方法使用外汇储备变动与资本控制的交叉项来反映外汇市场干预对 REER 的影响。大量的经验证据显示外汇储备增加通常伴随着经常账户盈余的强劲增长，由此可以预期外汇储备变动对实际汇率存在积极影响。同样地，使用外汇储备变动作为外汇市场干预的替代变量容易带来严重的内生性问题，因为一国货币当局倾向于在本币升值（或存在升值预期）时增加外汇储备，而在本币贬值（或存在贬值预期）时减少外汇储备以维持本币币值稳定，即外汇储备逆本币汇率风向而动。此外，外汇储备变动的跨国差异明显大于时间序列差异，这大大降低了固定效应模型的统计效力。基于此，外汇市场干预对 REER 的影响严重依赖于工具变量的选择，进而得出的实证结论仅能谨慎地用于政策推论。

（3）货币政策。EBA 方法用一国与其贸易伙伴国的实际短期利率差异来反映货币政策对一国 REER 的影响。为了考虑到本国与其贸易伙伴国的资本控制程度对货币政策和 REER 之间关系的影响，EBA 方法对国内外实际短期利率差异的具体计算过程如下：本国资本账户开放度×（国内短期利率–贸易伙伴国短期利率×贸易伙伴国的资本账户开放度的贸易加权平均值）。由此构造出的实际短期利率差异具有以下特征：①当一国资本账户实行完全管制时，国内和国外的短期利率变动不对该国 REER 造成影响；②当一国资本账户放开而贸易伙伴国资本账户完全管制时，贸易伙伴国的短期利率变动不对该国 REER 造成影响；③当一国资本账户和贸易伙伴国资本账户均放开时，国内和国外的短期利率变动才对该国 REER 造成影响。此外，对于部分实施非常规货币政策的国家，在计算短期利率差异时使用国家虚拟变量进行调整。一般而言，国内外短期利率差异对该国 REER 存在正向影响。

（4）私人信贷。私人信贷/国内生产总值对历史均值的偏离被用来反映私人信贷对一国 REER 的影响。类似地，私人信贷因素可间接地反映导致“金融过度”的政策扭曲程度。私人信贷膨胀会导致国内需求泡沫，进而使得实际汇率升值。

（5）资本控制。与 CA 回归方程相同，资本控制自身没有进入 REER 回归模型。资本控制对一国实际汇率的影响主要在资本控制与生产率差异、VIX/VXO、外汇储备变化、国内外短期利率差异交叉项的估计系数上得到反映。

总体而言，由于汇率均衡模型非常复杂，实际汇率与诸多宏观决定因素存在广泛的双向影响关系，这意味着必须在动态结构化的系统中测度各国均衡汇率水平。因此，简化的单方程 ERER 模型在测度均衡汇率时备受质疑。尽管如此，ERER 模型因其建模标准化、评估方法简单、估计方法相对简单等优点多年来被广泛使用，由其测度的均衡汇率水平也具备一定的政策参考意义。就采用 EBA 方法的 ERER 模型而言，其存在以下不足：首先，使用实际汇率指数无法进行跨国比较，进而固定效应模型无法考察跨国层面变量与 REER 的关系，基于各国实际汇率水平（而非指数）的跨国分析有待于后续研究解决。其次，人口因素等非传统决定因素对实际汇率的影响机制有待于进一步明确。最后，样本容量和可得性、汇率与宏观经济变量之间联系的结构性变化、一些对实际汇率存在重大影响的国别因素及新兴市场国家的重大制度变革等都会导致估计偏误。

（四）MB 模型与 ERER 模型对政策缺口的度量

结构法对全球经济失衡的测度可分成实证分析（positive analysis）和规范分析（normative analysis）两个部分：实证分析的目的是通过估计面板回归模型计算出 CA 和 REER 的基准值；规范分析的目的是在实证分析的基础上测度导致 CA 和 REER 失衡的政策缺口（policy gaps）[①]并做出适合各国具体国情的规范性评估，以实现各国政策调整的多边一致性。

在 CGER 方法中，MB 模型和 ERER 模型的估计结果具有直观的政策含义。对 ERER 模型而言，估计得到的均衡汇率与实际汇率的差异就是一国实现外部均衡所需的汇率调整幅度。对 MB 模型而言，情况略微复杂一些，在计算出经常账户缺口（即估计得到的均衡值与实际值的差异）的基础上，利用各国经常账户余额对实际汇率的弹性就可以得出一国实现外部均衡所需的汇率调整幅度。经常账户余额对实际汇率的弹性由式（3-5）给出。

$$e = \text{出口汇率弹性} \times \frac{\text{出口}}{\text{国内生产总值}} - (\text{进口汇率弹性} - 1) \times \frac{\text{进口}}{\text{国内生产总值}} \quad (3\text{-}5)$$

由式（3-5）可以看出，给定出口汇率弹性和进口汇率弹性，实际汇率变动对贸易余额或经常账户的影响与对贸易开放度的影响近似成比例。因此，比较后可以发现，贸易开放度很高的国家仅需小幅度调整汇率就能够实现外部均衡。

20 世纪 80 年代的“广场协议”和“卢浮宫协议”对日本经济的重创及 1997 年亚洲金融危机期间汇率剧烈波动对东南亚新兴市场国家金融系统的冲击，使大多数新兴市场国家不愿意通过大幅度调整汇率来实现外部均衡。此外，在“参考性指南”的设计过程中，新兴市场国家对 IMF 的 CGER 模型提出了诸多质疑，2012 年

① 测度政策缺口的目的是考察各种政策变量偏离必要水平（或合意水平）对经常账户余额（或实际汇率）偏离均衡水平的影响。

7月IMF已经完成的第四条款磋商（Article IV Consultation）已不再将CGER方法作为评估中国均衡汇率水平和预测经常账户失衡的主要依据。在EBA方法中，新的政策缺口度量不再针对汇率政策，而是指包括财政收支余额、资本控制、社会保障支出、外汇市场干预、金融政策与货币政策在内的一系列政策缺口。

在估计出MB模型和ERER模型之后，各种政策缺口对经常账户或实际汇率总缺口的贡献很容易被测度出来。以经常账户为例，各种政策缺口的测度原理简述如下。

考虑政策缺口以后，经常账户总缺口可由式（3-6）表示

$$\frac{\mathrm{C\hat{A}}}{Y}=\alpha+X^{\mathrm{T}}\beta+P^{\mathrm{T}}\gamma \tag{3-6}$$

其中，向量X为一系列非政策相关的结构性变量；向量P为一系列用观察值表示的政策变量。假定向量P^*表示一系列用必要水平（或合意水平）表示的政策变量，将式（3-6）做简单变换，可以得到式（3-7）：

$$\frac{\mathrm{C\hat{A}}}{Y}=\alpha+X^{\mathrm{T}}\beta+P^{*\mathrm{T}}\gamma+(P-P^*)^{\mathrm{T}}\gamma \tag{3-7}$$

在式（3-7）中，经常账户总缺口被分解成两个部分：第一部分为经常账户基准值，由式（3-7）右边前三项构成，即将各种政策变量的必要水平和其他变量的当前观测值代入CA回归方程得到的经常账户基准值。第二部分为政策总缺口对经常账户总缺口的贡献，即式（3-7）右边第四项。政策总缺口对经常账户总缺口的贡献用各种政策变量的估计系数与相应政策缺口乘积的和来表示。

类似地，经常账户余额的观测值可分解成回归残差、经常账户基准值和政策缺口，进而经常账户总缺口可分解成回归残差和政策缺口，如式（3-8）所示：

$$\text{经常账户总缺口}=\frac{\mathrm{CA}}{Y}-\left[\frac{\mathrm{C\hat{A}}}{Y}-(P-P^*)^{\mathrm{T}}\gamma\right]=\text{回归残差}+(P-P^*)^{\mathrm{T}}\gamma \tag{3-8}$$

出于逻辑一致性考虑，各国政策缺口的度量仍然用相对世界其他国家平均值的差异来表示，即使用国际相对值来度量$P-P^*$，这保证了各国政策缺口估计的多边一致性。类似地，各国政策缺口对经常账户总缺口的贡献也为国际相对值。使用国际相对值来度量$P-P^*$的好处在于：它隐含地假定世界其他国家具有相同规模的政策缺口，并且世界其他国家的政策缺口对经常账户缺口的贡献之和恰好为0。这一隐含假定比较符合现实情况：由于被关注的是各国政策缺口的国际相对值对经常账户缺口的影响，即使一些发达国家被认为财政赤字规模过大，它对其他单个国家经常账户缺口的影响也可能为0。与之相同，即使一国财政政策缺口为0，世界其他国家较大的政策缺口也可能对该国的经常账户缺口造成极大影

响。简而言之，在测度一国政策缺口对经常账户总缺口的贡献时，不仅需要反映该国自身政策缺口的影响，还需要反映其余国家政策缺口可能带来的影响。

在计算政策缺口时，需要为各种政策变量设定必要水平或合意水平，即设定 P^* 值。各种政策变量 P^* 值的设定方法分别如下。

（1）财政收支余额。财政收支余额的 P^* 值用经周期调整的财政收支余额表示，即与中长期充分就业相对应的财政收支余额。它忽略了经济周期及逆周期财政政策对产出水平的影响。

（2）资本控制。资本控制的 P^* 值为所有国家资本控制指数的平均值与该国当年资本控制指数中较低者。

（3）社会保障支出。社会保障支出用公共健康支出/国内生产总值的比重来表示。社会保障支出的 P^* 值可通过估计各国经购买力平价调整后的人均收入、人口结构（老年抚养比作为替代变量）、收入不平等指数与公共健康支出/国内生产总值构成的面板回归模型得到。在进行模型设定时，可能会用到国家虚拟变量以识别不同国家的 P^* 值。

（4）外汇市场干预。外汇市场干预用外汇储备变化来表示。对大多数国家而言，以样本期间最近一年的外汇储备变动作为外汇市场干预的 P^* 值。对于外汇储备超过合意水平的国家，外汇市场干预的 P^* 值设定为 0。此外，对于外汇储备较低并且呈下降趋势的国家，外汇市场干预的 P^* 值也设定为 0。

（5）金融政策。金融政策 P^* 值用私人信贷/国内生产总值对历史均值的偏离来度量。它用来反映金融监管政策和宏观审慎政策对“金融过度”的抑制作用。如果一国金融监管部门认为不恰当的金融政策引起了当前“金融过度”，则会控制和降低私人信贷的增长速度。然而，识别出金融政策缺口并不意味着私人信贷规模的迅速调整，这取决于一国所处的经济周期。

（6）货币政策。由于各国货币政策的主要目的是维持国内通货膨胀和产出的稳定，货币政策缺口对经常账户缺口（或 REER 缺口）的影响可由短期实际利率差异的估计系数来度量。

需要阐明的是：各种政策变量的 P^* 值与特定国家的中长期潜在产出相对应，同时，P^* 值应是一国政策实现相关目标应该达到的水平。这意味着不能基于一国潜在产出或政策设定来判断该国政策调整所需的幅度。例如，财政政策应致力于宏观经济稳定与跨期预算平衡、公共健康政策应致力于增进社会总福利、货币政策应致力于短期物价水平和产出的稳定。但是这些政策的目标均不是消除经常账户缺口或 REER 缺口。

（五）ES 模型

ES 模型用于评估一国外部失衡可持续性，是 MB 模型和 ERER 模型的重要补充。与 MB 模型和 ERER 模型不同的是，ES 模型不需要在一系列假定条件下设定计量模型并进行估计。仅需对一国潜在经济增长率、通货膨胀率、对外净资产或负债的收益率及 NFA/国内生产总值做出假定，ES 模型就可以测度出该国可持续的对外净资产头寸所需的 CA（或实际汇率）调整幅度。ES 模型的设计理念在于寻求满足最低偿债要求的 CA 和实际汇率，而非最优或均衡。

ES 缺口的计算可分成两步进行：第一步，计算出维持一国 NFA/国内生产总值可持续的 CA/国内生产总值；第二步，用 CA/国内生产总值的中长期预测值减去维持外部失衡可持续的 CA/国内生产总值就可得到 ES 缺口，CA/国内生产总值的中长期预测值应与当前政策和汇率不变下的潜在产出水平相对应。ES 缺口不为 0 表明 CA/国内生产总值的中长期预测值不足以维持 NFA/国内生产总值可持续。ES 缺口不能与 MB 模型估计得到的经常账户缺口直接比较。首先，ES 模型没有将经常账户缺口归因于宏观经济决定因素与政策对均衡水平（或合意水平）的偏离。其次，MB 模型估计得到的经常账户缺口基于各种决定因素的当前值，而 ES 缺口基于潜在经济增长率、通货膨胀率、对外净资产或负债收益率的前向预期值。在这个意义上，ES 缺口对一些对外净资产头寸非常大并且未来可能继续扩大的国家而言具有更强的适用性。最后，可持续 NFA/国内生产总值的基准值可能与经常账户和 NFA 的均衡路径不一致，即使当前 NFA/国内生产总值已处于均衡路径，但也可能未达到稳态水平。尽管如此，ES 模型与 MB 模型估计得到的经常账户缺口在方向上应是相同的。

与公共债务可持续理论一样，ES 模型也使用跨期预算约束假设，即未来贸易盈余的现值应能够偿付当前的外部债务。ES 模型中的跨期预算约束假设使用经济规模（国内生产总值）对 NFA 进行调整，以消除规模因素可能带来的不利影响。ES 缺口的测度原理简要如下。

一国对外净资产的变动可由经常账户余额（CA_t）、对外资产或负债的估值损益（KG_t）、经常转移和其他误差与遗漏（E_t）构成，如式（3-9）所示。

$$B_t - B_{t-1} = \mathrm{CA}_t + \mathrm{KG}_t + E_t \tag{3-9}$$

假定 $E_t = 0$，式（3-9）中各个变量经过国内生产总值调整后可得到式（3-10）。

$$b_t - b_{t-1} = \mathrm{ca}_t + \mathrm{kg}_t - \frac{g_t + \pi_t}{(1+g_t)(1+\pi_t)} b_{t-1} \tag{3-10}$$

其中，g_t 为国内生产总值实际增长率；π_t 为通货膨胀率。进一步假定 $\mathrm{kg}_t = 0$ 和可持续 NFA/国内生产总值的基准值为 b^S，则 b^S 所需的 ca^S 可由式（3-11）表示。

$$\mathrm{ca}^S = \frac{g_t + \pi_t}{(1+g_t)(1+\pi_t)} b^S \tag{3-11}$$

同样地，假定对外资产与对外负债的收益率均为 r，则包括服务贸易与经常转移的可持续贸易余额 bgst^S 与 b^S 的关系可由式（3-12）表示。

$$\text{bgst}^S = -\frac{r-g}{1+g} b^S \tag{3-12}$$

进一步地，将对外资产或负债分成股权类资产和债务类资产两部分并考虑到对外资产与对外负债的收益率差异，bgst^S 与 b^S 的关系可由式（3-13）表示。

$$\text{bgst}^S = -\frac{i_t^{\text{EQ}A} - n_t}{1+n_t} a^{\text{EQ}A,S} - \frac{i_t^{\text{D}A} - n_t}{1+n_t} a^{\text{D}A,S} + \frac{i_t^{\text{EQ}L} - n_t}{1+n_t} l^{\text{EQ}L,S} + \frac{i_t^{\text{D}AL} - n_t}{1+n_t} l^{\text{D}AL,S} \tag{3-13}$$

其中，n_t、i_t^A 和 i_t^L 分别为国内生产总值名义增长率、对外资产的名义收益率和对外负债的名义收益率；上标“EQ”和“D”分别表示权益和债务。

式（3-11）、式（3-12）和式（3-13）表明，一国与可持续 NFA/国内生产总值相对应的经常账户余额与对外资产负债的收益率差异负相关、与经济增长率正相关、与滞后对外净资产头寸正相关。这比较符合现实情况：经济增长率较快的净债务国能够承受较大的经常账户赤字或较小的贸易盈余；对外资产与对外负债收益率差异为负的净债务国需要产生大量的贸易盈余以维持外部失衡的可持续性；收益率差异为正的净债务国能够承受较大的贸易赤字或较小的贸易盈余。与式（3-11）和式（3-12）相比，式（3-13）能够反映近年来对外股权投资组合的资本利得对一国外部失衡的影响变得越来越大，而资本利得变动没有被经常账户记录。例如，1996～2005 年美国经常账户下的对外投资收益率仅为 2%，而对外股权投资收益率超过 10%。因此，仅仅关注经常账户变动不利于正确理解一国 NFA/国内生产总值的变动，进而研究外部失衡的可持续性问题。此外，式（3-13）考虑了国内通货膨胀率差异对 ES 缺口度量的影响。例如，一国拥有以美元计价的对外负债、通货膨胀率高于贸易伙伴国并且汇率基本稳定，此时经常账户下的投资收益余额将会低估对外债务的实际成本，因为该国货币对美元贬值会带来系统性资本损失。

总体而言，ES 模型简单而清晰的结构使 ES 缺口可以作为其他复杂经济计量模型的重要参考。然而，ES 模型的缺陷也显而易见。首先，ES 模型无法应用于双顺差（或双逆差）国家及国际货币发行国外部失衡可持续性的评估。其次，可持续 NFA/国内生产总值基准值的设定过于随意，不能反映 NFA/国内生产总值的隐含信息。例如，较低的对外净负债有助于提高一国外债偿付能力，但潜在的大规模获取国际信贷融资的能力会提升外部危机发生概率；对债权国而言，过高的对外净资产可以很好地缓冲外部风险和国内投资收益率下降，但它也反映了国内消费扭曲和投资效率低下。在 CGER 和 EBA 方法的实际应用过程中，可用特定年份（2004 年和 2011 年）的 NFA/国内生产总值作为可持续基准值，但是由此得出的 ES 缺口缺乏政策内涵，即仅能够判断出中长期经常账户余额预测值和当前实际汇率是否会扩大债权国的对外净资产头寸或债务国的对外净负债头寸。最后，ES 模型仅对较大的净债务国或净债权国具有较强的评估效力，而大多数国家的 NFA/国内生产总值是适中的。

二、失衡判别标准

“参考性指南”对全球经济失衡的判别标准如下，具体如表 3-2 所示。首先，应用四种失衡测度方法和各指标样本期间的历史数据计算出指标的基准值；其次，确定允许基准值波动的最大范围和基准带；最后，根据各指标预测值是否位于基准带以及偏离基准带的幅度来判别失衡状况。如果 2～4 种测度方法的测度结果显示一国有 2～3 个部门（外部部门、公共部门和私人部门）存在重大失衡，则可以认定该国经济存在重大失衡，进而需要进入第二阶段的评估与改进工作。“参考性指南”区分了系统重要性国家和非系统重要性国家，即一国国内生产总值占 G20 生产总值比重超过 5%为系统重要性国家。系统重要性国家的失衡判别标准更加严格，如果各指标预测值对基准值的偏离出现一次（或以上）超过两个标准差且一次（或以上）超过一个标准差，或者两次（或以上）超过一个标准差，就可以认定该指标存在重大失衡。对非系统重要性国家而言，如果各指标预测值对基准值的偏离出现两次（或以上）超出两个标准差，则可以认定该指标存在重大失衡。

由于缺乏全球统一的公共债务和私人债务的理论分析框架，公共债务、财政收支、私人债务和私人储蓄这四个指标无法运用结构法确定基准值。在实际应用中，公共债务的基准值设定参考了欧盟的标准，即公共债务占生产总值的比重不能超过 60%。最初的提案将发达国家和新兴市场国家区别对待，即发达国家不超过 60%，新兴市场国家不超过 40%。这一提案遭到大多数新兴市场国家反对，其理由是新兴市场国家也需要更大的财政空间以增进国民福利和维持宏观经济稳定。

同时，财政收支的基准值设定为周期调整后的财政余额。然而，当前只有发达国家提供财政余额数据，而发展中国家仅提供财政预算基本平衡表，统计口径的差异降低了财政余额的统计效力。私人储蓄的基准值设定为 G20 成员方的中位数。私人债务的基准值设定为各国历史时间序列的均值。

根据“参考性指南”对全球经济失衡的判别标准，IMF（2013）识别出 9 个中长期存在重大失衡的国家或地区，分别是中国、欧元区、法国、德国、印度、日本、西班牙、英国和美国。其中，中国经济失衡体现为高私人储蓄和外部盈余；法国经济失衡体现为高外部赤字和公共债务；德国经济失衡体现为高外部盈余和公共债务；日本经济失衡体现为适度的外部盈余和高公共债务；英国经济失衡体现为低私人储蓄和高公共债务；美国经济失衡体现为高财政赤字和外部赤字；印度经济失衡体现为公共部门与私人部门的明显失衡；欧元区和西班牙的经济失衡体现为高公共债务和急剧增长的外部盈余。

表 3-2　“参考性指南”对全球经济失衡的判别标准

方法		贸易（经常）账户	公共债务	财政赤字	私人储蓄	私人债务
结构法	基准值	CGER 方法或 EBA 方法确定	60%	CAFB	G20 中位数（1990～2004 年）	均值（1995～2009 年）
	基准带	*基准值±1 个标准差 **基准值±1 个标准差～基准值±2 个标准差 ***超出基准值±2 个标准差（1990～2004 年）	*小于 2030 年目标值 **2030 年目标值～2030 年目标值+ 20%生产总值 ***大于 2030 年目标值＋20%生产总值（1990～2004 年）	*小于 0.5%生产总值 **0.5%～1%生产总值 ***大于 1%生产总值	*0.25 分位数～0.75 分位数 **0.75 分位数～中位数±2 个标准差 ***大于中位数±2 个标准差（1990～2004 年）	*基准值±1 个标准差 **基准值±1 个标准差～基准值±2 个标准差 ***超出基准值±2 个标准差（1995～2009 年）
时间序列法	基准值	均值（1990～2004 年）	均值（1990～2004 年）	均值（1990～2004 年）	均值（1990～2004 年）	均值（1995～2009 年）
	基准带	*基准值±1 个标准差 **基准值±1 个标准差～基准值±2 个标准差 ***超出基准值±2 个标准差（1990～2004 年）	*基准值±1 个标准差 **基准值±1 个标准差～基准值±2 个标准差 ***超出基准值±2 个标准差（1990～2004 年）	*大于基准值–0.5 个标准差 **基准值–1 个标准差～基准值–0.5 个标准差 ***小于基准值–1 个标准差（1990～2004 年）	*基准值±1 个标准差 **基准值±1 个标准差～基准值±2 个标准差 ***超出基准值±2 个标准差（1990～2004 年）	*基准值±1 个标准差 **基准值±1 个标准差～基准值±2 个标准差 ***超出基准值±2 个标准差（1995～2004 年）
截面法	基准值	AD/EM 中位数（1990～2004 年）	AD/EM 中位数（1990～2004 年）	AD/EM 中位数（1990～2004 年）	AD/EM 中位数（1990～2004 年）	AD/EM 中位数（1995～2004 年）
	基准带	*基准值±1 个标准差 **基准值±1 个标准差～基准值±2 个标准差 ***大于基准值±2 个标准差（1990～2004 年）	*基准值±1 个标准差 **基准值±1 个标准差～基准值±2 个标准差 ***大于基准值±2 个标准差（1990～2004 年）	*大于基准值–0.5 个标准差 **基准值–1 个标准差～基准值–0.5 个标准差 ***小于基准值–1 个标准差（1990～2004 年）	*基准值±1 个标准差 **基准值±1 个标准差～基准值±2 个标准差 ***大于基准值±2 个标准差（1990～2004 年）	*基准值±1 个标准差 **基准值±1 个标准差～基准值±2 个标准差 ***大于基准值±2 个标准差（1990～2004 年）
四分位法	基准值	G20 中位数（1990～2004 年）	G20 中位数(1990～2004 年)	G20 中位数(1990～2004 年)	G20 中位数(1990～2004 年)	G20 中位数(1990～2004 年)
	基准带	*0.25 分位数～0.75 分位数 **0.75 分位数～中位数±2 个标准差 ***大于中位数±2 个标准差（1990～2004 年）	*小于基准值 **基准值～基准值+ 1 个标准差 ***大于基准值＋2 个标准差（1990～2004 年）	*大于基准值 **基准值–0.5 个标准差～基准值 ***小于基准值–0.5 个标准差（1990～2004 年）	*0.25 分位数～0.75 分位数 **0.75 分位数～中位数±2 个标准差 ***大于中位数±2 个标准差（1990～2004 年）	*小于基准值 **基准值～基准值＋1 个标准差 ***大于基准值＋2 个标准差（1990～2004 年）

资料来源：根据 G20 会议历年公报，IMF：*Imbalances and growth*，*update of staff sustainability assessments for G-20 mutual assessment process*，2013，以及黄薇、韩剑：《G20 参考性指南：治理全球经济失衡的第一步》，《金融评论》，2012 年第 1 期对“参考性指南”的界定归纳得到

总体而言，使用数理统计方法来确定各指标的基准值进而判别全球经济失衡具有简单透明、人为操纵较少、比较容易达成一致协议等优点，但其缺点也是显而易见的。首先，数理统计方法假定各指标的历史数据能够提供足够多的均衡信息，但是以往的全球经济失衡既有合理成分也有不合理成分，简单的数理统计方法无法对其进行区分。其次，以标准差来计算基准带容易出现很大的测度偏误，如有些国家历史波动性很大而有些国家运行非常平稳。最后，以国内生产总值比重超过5%来判断系统重要性显得过于随意。例如，以购买力平价和当前汇率水平计算的法国国内生产总值占 G20 的比重低于 5%，但不能据此认为法国经济失衡对全球经济失衡的影响低于德国。事实上，判断一国是否具有系统重要性的主要依据是经济关联度及其他国家对该国经济失衡的敏感度。因此，更加精确、清晰及容易达成多边一致协议的失衡判别标准有待于进一步研究。

第三节　基于增加值的中国对外贸易及失衡测度

虽然在 G20 框架下，一国经济失衡被定义为其内外失衡，但对中国而言，对外经济失衡的核心依然是贸易失衡。尤其是加入 WTO 以来，中国进出口贸易获得了空前发展，如据中国海关统计，2013 年，中国对外货物贸易总额达到 4.16 万亿美元，扣除汇率因素同比增长 7.6%，超越美国居世界第一位。其中，贸易顺差 2597.5 亿美元，同比扩大 12.8%①。2016 年中国对外货物贸易总额达到 3.68 万亿美元，扣除汇率因素同比减少 6.8%，贸易顺差 3347.31 亿美元，相比 2015 年降低 9.1%。虽然其相比 2015 年有所下降，但中国的贸易总额和贸易顺差绝对数额依然很大。对外贸易失衡依然是影响中国对外经济失衡的主要组成部分。也正因如此，国内外学术界对中国外部经济失衡的测度仍主要是对对外贸易失衡的评估，调节失衡的重心也依然被认为是对中国贸易失衡的治理。然而在贸易差额统计中，日益扩大的贸易顺差数据是以贸易产品的原产地准则为前提条件的，这与生产网络全球化的现实状况是严重背离的。因为在当前的跨国公司对外投资形成的全球生产网络中，生产要素可以在国与国之间自由流动，中间产品贸易占有相当份额，最终产品的生产被分隔成若干个工序和贸易环节在不同国家间完成，由此引起的贸易转移、贸易折返、国内循环等问题使贸易产品的价值识别出现构成复杂化、来源多元化、主体难确认等诸多新特点，因而，需要重新对中国外部贸易及其失衡进行测度，以还原中国对外贸易失衡的现实。为了清晰地分辨各国在“世界生产”中的角色、在“全球制造”中的价值、在“国际贸易”中的利益，为外贸政策制定和国际争端谈判提供更加准确的依据，贸易增加值（value-added in

① 资料来源：中华人民共和国海关总署。

trade）[①]由一个学术概念迅速演变成官方统计体系。经济合作与发展组织（Organization for Economic Co-operation and Development，OECD）和WTO联合发布了53个国家和地区的37个产业的增加值贸易数据库；欧盟资助开发了1995～2011年涵盖41个国家和地区的35个产业部门的世界投入产出表（world input-output tables，WIOTs）。而这些也使基于贸易增加值的贸易失衡额被重新统计成为可能。

一、逻辑演绎与模型设计

（一）逻辑演绎

1. 逻辑假设

世界上只有两个开放型国家C和W[②]。贸易流程如下：第一，W向C同时出口最终产品a和中间产品b[③]；第二，C消费进口的全部最终产品a，并利用中间产品b制作贸易品$(d+b)$出口至W，同时将中间产品e出口至W；第三，W消费全部$(d+b)$，将包含C国中间产品价值e的最终品$(e+f)$出口至C。至此，两个国家间分别展开了一个包含最终产品和中间产品的贸易往来，并以最终产品结束[④]，如图3-2所示。

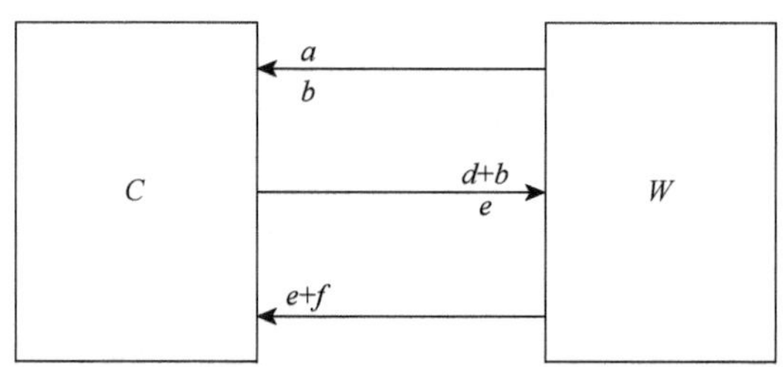

图3-2 两国模型下的全球生产网络简图

图中大写英文字母代表国家，小写字母代表产品价值，箭头表示贸易方向，箭头上方表示最终品贸易、下方表示中间品贸易

① 在我国文献中，也有部分学者将“value-added in trade”译作“贸易附加值”，本节认为不论按照英文直译还是中文含义，“贸易增加值”概念都更为合适。

② 在现实中，W可以理解为世界上除C以外的所有国家。

③ 这里的最终产品和中间产品是以产品的价值“是否被另一国接受”来区分的，如果价值被另一国接受则认为出口的是最终产品，而不考虑该产品是否作为另一国生产过程中的中间要素投入。

④ 现实贸易中，尽管每一个回合中W出口至C的贸易不可能全部是最终品，但那不过是对第一个回合的重复，而每个回合的中间贸易都将以成为最终品被消费而结束，因而做出上述抽象假设。

2. 逻辑分析

如表 3-3 所示，按照海关统计法，进出口贸易额将忠实于两国间商品的进出关记录，分别为$a+b+e+f$和$d+b+e$，因而贸易总额为$a+d+2(b+e)+f$，贸易差额是$d-(a+f)$。但如果依据增加值贸易统计法，用于加工贸易折返的中间产品价值将不再计入进出口贸易，以b为例，对C国而言它并不是本国生产的，其增加值应归于W，因而在增加值统计时应从最终产品出口额中减去，即$d+b-b=d$；对W国而言，这部分要素“去而复返”，并未在C国实现增加值，因而应在第一回合出口中予以剔除，即$a+b-b=a$；同理可作为对C国中间折返要素e的解释，此时贸易进出口额分别为$a+f$和d，而相应的贸易总额和差额分别为$a+f+d$和$d-(a+f)$。

表 3-3 两种统计方法下 C 国外贸指标及其比较

类型	海关统计法	增加值贸易统计法	两种方法的差额
出口	$d+b+e$	d	$b+e$
进口	$a+b+e+f$	$a+f$	$b+e$
贸易总额	$a+d+2(b+e)+f$	$a+f+d$	$2(b+e)$
贸易差额	$d-(a+f)$	$d-(a+f)$	0

注：作者参考李昕和徐滇庆（2013）的研究成果制作了本表

比较两种统计方法的结果：两国中间要素折返值之和$(b+e)$同时增大了海关统计法下的进口额和出口额，从而双倍$2(b+e)$增大了贸易总额，但是对于贸易差额没有影响（差值为0）。我们可以得出这样的结论：相对于增加值贸易统计法，海关统计法虽然不会改变一国与世界的贸易差额，但会以相同的绝对额夸大一国的进出口规模。

（二）模型设计

1. 两国投入产出模型

如表 3-4 所示，首先，仍然假设世界上只有两个开放型国家C和W，但为了与投入产出表结构相符合，另假设每个国家生产N种商品，即V_C、V_W都是$1\times N$行向量，而X_C、X_W为$N\times 1$列向量。其次，用$A=\begin{pmatrix} a_{CC} & a_{CW} \\ a_{WC} & a_{WW} \end{pmatrix}$表示维度$2N\times 2N$的直接消耗系数矩阵，其中$a_{CC}=X_{CC}/X_C^{\mathrm{T}}$表示在$C$国总产出中，$C$国中间产品的直

接消耗矩阵，类似的解释适用于 a_{CW}、a_{WC} 和 a_{WW}；于是 Leontief 逆矩阵为 $L=(I-A)^{-1}=\begin{pmatrix} l_{CC} & l_{CW} \\ l_{WC} & l_{WW} \end{pmatrix}$，其中 I 为单位矩阵。最后，在测度 C 国和 W 国增加值率行向量 $v_C = V_C / X_C^{\mathrm{T}}$，$v_W = V_W / X_W^{\mathrm{T}}$ 的基础上，直接生成增加值率对角矩阵为 $\widehat{V}=\begin{pmatrix} v_C & 0 \\ 0 & v_W \end{pmatrix}$。

表 3-4　两国模型下的世界投入产出简表

		中间使用		最终使用		总产出
		国家 C	国家 W	国家 C	国家 W	
中间投入	国家 C	X_{CC}	X_{CW}	F_{CC}	F_{CW}	X_C
	国家 W	X_{WC}	X_{WW}	F_{WC}	F_{WW}	X_W
增加值		V_C	V_W			
总投入		X_C^{T}	X_W^{T}			

注：X_C^{T}、X_W^{T} 分别代表总产出列向量 X_C、X_W 的转置矩阵。X_{WC}、X_{CW} 分别代表 C 国向 W 国中间要素的进出口，而 F_{WC}、F_{CW} 分别代表 C 国在最终产品上对 W 国的进出口

2. 海关统计模式

基于投入产出表结构，在海关统计方式下，C 国对 W 国的出口、进口、总额和差额分别用式（3-14）～式（3-17）表示：

$$t_{CW}=(F_{CW}+X_{CW}) \tag{3-14}$$

$$t_{WC}=(F_{WC}+X_{WC}) \tag{3-15}$$

$$t_{C\text{-total}}=t_{CW}+t_{WC}=(F_{CW}+X_{CW})+(F_{WC}+X_{WC}) \tag{3-16}$$

$$t_{C\text{-net}}=t_{CW}-t_{WC}=(F_{CW}+X_{CW})-(F_{WC}+X_{WC}) \tag{3-17}$$

3. 增加值贸易统计

为了计算的便捷，先将 C 国对 W 国的出口和进口纳入到一个对角矩阵 $\widehat{T}=\begin{pmatrix} t_{CW} & 0 \\ 0 & -t_{WC} \end{pmatrix}$，其中进口用负值表示，依据投入产出技术，经测算得到 C 国从 W 国进出口的增加值分解矩阵 T_v^C：

$$T_v^C=\widehat{V}\times L\times\widehat{T}=\begin{pmatrix} v_C l_{CC} t_{CW} & -v_C l_{CW} t_{WC} \\ v_W l_{WC} t_{CW} & -v_W l_{WW} t_{WC} \end{pmatrix} \tag{3-18}$$

其中，$v_C l_{CC} t_{CW}$ 为国家 C 向 W 出口 t_{CW} 为 C 国带来的增加值，即出口的国内增加值含量；$v_W l_{WC} t_{CW}$ 为 C 向 W 出口 t_{CW} 为 W 国带来的增加值，即出口的国外增加值含量，对于 W 国而言，这是进口的增加值折返部分；$v_C l_{CW} t_{WC}$ 为 C 从 W 进口 t_{WC} 含有的 C 国的增加值，即进口的国内增加值，即价值折返部分；$v_W l_{WW} t_{WC}$ 为 C 从 W 进口 t_{WC} 含有的 W 国的增加值，即进口的国外价值含量。对矩阵中各项汇总处理，得到 C 国的增加值贸易净额：

$$T_{V-\text{net}}^{C} = \tau T_V^C \tau^{\mathrm{T}} = \underbrace{(v_C l_{CC} t_{CW} - v_C l_{CW} t_{WC})}_{\text{增加值出口额}} - \underbrace{(v_W l_{WW} t_{WC} - v_W l_{WC} t_{CW})}_{\text{增加值进口额}} = T_{V-\text{ex}}^{C} - T_{V-\text{im}}^{C} \tag{3-19}$$

其中，τ 为元素全为 1 的行向量，在这里特殊为 $\tau = (1 \quad 1)$。$T_{V-\text{ex}}^{C} = (v_C l_{CC} t_{CW} - v_C l_{CW} t_{WC})$ 意味着 C 国向 W 国出口的国内增加值减去进口的折返价值，从而代表了 C 国向 W 国增加值出口额；而 $T_{V-\text{im}}^{C} = (v_W l_{WW} t_{WC} - v_W l_{WC} t_{CW})$ 意味着 W 国向 C 国出口的国内增加值减去进口的折返价值，从而代表了 C 国自 W 国的增加值进口额，因而 $T_{V-\text{net}}^{C}$ 构成 C 国的增加值贸易净额。

4. 两种统计方式比较

根据投入产出技术，$V = \tau(I - A) = \tau\widehat{V}$，其中 $\widehat{V}$ 是增加值率 V 的对角矩阵，由式（3-18）和式（3-19）进一步推导得出：

$$T_{V-\text{net}}^{C} = \tau T_V^C \tau^{\mathrm{T}} = \tau\widehat{V} \times L \times \widehat{T}\tau^{\mathrm{T}} = \tau(I - A)(I - A)^{-1}\begin{pmatrix} t_{CW} & 0 \\ 0 & -t_{WC} \end{pmatrix}\tau^{\mathrm{T}} = t_{CW} - t_{WC} \tag{3-20}$$

即 C 国的增加值贸易净额等于海关统计的贸易净额，这与逻辑演绎的结论是一致的。在式（3-20）的基础上，结合式（3-19）可进一步得出：

$$\underbrace{\underbrace{T_{V-\text{ex}}^{C}}_{\text{增加值出口额}} - \underbrace{t_{CW}}_{\text{海关出口额}}}_{\text{两种统计方式比较时出口的变动额}} = \underbrace{\underbrace{T_{V-\text{im}}^{C}}_{\text{增加值进口额}} - \underbrace{t_{WC}}_{\text{海关进口额}}}_{\text{两种统计方式比较时进口的变动额}} \tag{3-21}$$

式（3-21）可推论得出：两种统计方式相比较时，进口和出口变动的绝对额是一致的，而这种变动额双倍增大了贸易总额的差异。

5. 模型拓展

为了使模型更贴近于现实，我们进一步放松假设，令 W 分解为 M 个国家，则 C 向 M 个国家的出口总额为 $\sum t_{Ci}$ ①，而进口分别为 t_{iC}；与上述推导过程相似，首先可以得到海关统计方式下 C 国贸易净额总和：

① 这里 i 是 M 中的代表性国家。

$$t_{C-\text{net}}=\underbrace{\sum_{i\in W}t_{Ci}}_{\text{海关出口总额}}-\underbrace{\sum_{i\in W}t_{iC}}_{\text{海关进口总额}} \tag{3-22}$$

其次，得到C国增加值贸易净额的总和：

$$T_{V-\text{net}}^{C}=\underbrace{(\underbrace{\sum v_C l_{CC} t_{Ci}}_{C\text{国出口国内增加值}}-\underbrace{\sum v_C l_{Ci} t_{iC}}_{C\text{国进口国内折返值}})}_{C\text{国对世界的增加值出口额}}-\underbrace{(\underbrace{\sum\sum v_i l_{ij} t_{jC}}_{C\text{国进口国外增加值}}-\underbrace{\sum\sum v_i l_{iC} t_{Ci}}_{C\text{国出口国外折返值}})}_{C\text{国来自世界的增加值进口额}} \tag{3-23}$$

其中，$i,j\in M$ 代表世界其他国家中的两个，当$i=j$时代表同一个国家。式（3-23）中前半部分表示世界其他国家消费的最终产品中包含的C国价值之和，它等于C国出口的国内增加值之和减去全部中间产品的折返贸易额；后半部分表示C国消费的最终产品中包含的世界其他国家的价值之和，它等于C国进口为其他国家创造的增加值之和剔除他国的折返贸易值；两部分之差即得到C国的增加值贸易净额。

二、中国对外贸易及失衡测度

（一）数据来源

本节数据主要来自世界投入产出数据库（World Input-Output Database，WIOD）。该数据库涵盖了1995～2011年41个国家和地区（40个主要经济体和1个世界其他地区）[①]的35个产业部门在中间产品和最终产品上的投入产出数据，因而中间消耗系数矩阵的维度是1435×1435。在WIOTs中，中间投入总和行向量（1×1435）[②]、总产出行向量（1×1435）可以直接获取，中间产品进出口额、最终产品进出口额由中间投入矩阵、最终使用矩阵经简单转化后得到，上述各向量通过投入产出技术可直接转化为对角矩阵（1435×1435）。由此，应用上述模型对中国进出口的增加值来源进行分解，并在此基础上测度和比较分析增加值贸易和海关统计方式下的进口额、出口额、贸易总额、贸易差额，主要运算过程在软件Stata12.0中实现。

（二）测度和实证分析

1. 外贸增加值分解分析

如表3-5所示，中国进出口额被分解为出口国内增加值、出口国外增加值、

---

① 具体包括：欧盟27国、北美自由贸易区3国、巴西、俄罗斯、印度、中国（不包括香港、澳门地区，台湾地区数据单列）、日本、韩国、澳大利亚、印度尼西亚、土耳其和世界其他地区。世界其他地区的产出数据来自世界总产出与上述40个国家和地区的差额，而增加值和贸易流量投入系数源自中国、巴西、印度、印度尼西亚和墨西哥的平均值。

② 括号内代表向量或者矩阵的维度。

进口国内增加值、进口国外增加值四个部分，2011 年分别为 16 309.4 亿美元、4532.7 亿美元、574.7 亿美元、17 308.6 亿美元，较 1995 年增长了 10.6 倍、16.3 倍、61.5 倍和 11.4 倍。分期来看，1995～2002 年，四个部分年均增长率分别是 11.42%、13.80%、27.43%、11.61%，进口国内增加值增长率虽然显著高于其他三项，但其绝对值较低，2002 年仅为 50.2 亿美元，这说明加入 WTO 之前，中国参与国际分工的程度不高，外贸发展比较平稳。而加入 WTO 之后，出口国内增加值和进口国外增加值增长迅速，至 2008 年已分别达到 12 201 亿美元和 11 270.7 亿美元，较之 2003 年增长了 2.2 倍和 1.7 倍；出口国外增加值与进口国内增加值虽然绝对值不高，但仍保持较高的增长率，5 年间均值为 28.6%和 34.6%，这反映了中国参与国际生产分工的程度在加深。美国金融危机爆发之后，中国外贸各项增加值指标急剧下调，2009 年分别下降了 1448.5 亿美元、1033.2 亿美元、43.2 亿美元、1121 亿美元，凸显了世界经济波动对中国外贸的强烈影响；出口国外增加值下降幅度高达 28.8%，这可能与当时中国政府采取扩大内需的政策密切相关；2010 年，各种宏观经济政策调整的效果开始显现，四项外贸增加值指标快速回调，至 2011 年均创出新高。

表 3-5　1995～2011 年两种统计方式下中国进出口贸易额

年份	A	B	C	D	$E=A+B$	$F=C+D$	$H=A-C$	$I=D-B$	$J=1-H/E$	$K=1-I/F$
1995	140.22	26.13	0.92	139.73	166.35	140.65	139.30	113.60	0.163	0.192
1996	145.80	24.19	1.02	141.41	169.99	142.42	144.79	117.22	0.148	0.177
1997	176.79	28.62	1.41	149.50	205.41	150.90	175.38	120.88	0.146	0.199
1998	179.39	26.19	1.47	149.00	205.58	150.47	177.92	122.80	0.135	0.184
1999	185.45	31.30	1.71	173.84	216.75	175.56	183.73	142.54	0.152	0.188
2000	229.87	47.77	2.78	230.17	277.64	232.96	227.09	182.40	0.182	0.217
2001	248.68	48.88	3.45	249.52	297.56	252.97	245.23	200.64	0.176	0.207
2002	298.84	64.57	5.02	301.38	363.41	306.40	293.82	236.81	0.191	0.227
2003	380.84	102.16	8.01	411.83	483.00	419.84	372.83	309.67	0.228	0.262
2004	488.41	165.12	12.46	555.89	653.54	568.35	475.95	390.76	0.272	0.312
2005	620.06	214.48	16.29	651.28	834.54	667.57	603.77	436.79	0.277	0.346
2006	790.97	268.38	22.92	776.57	1059.35	799.49	768.05	508.19	0.275	0.364
2007	1009.33	330.30	29.50	941.32	1339.62	970.82	979.83	611.02	0.269	0.371
2008	1220.10	359.19	35.37	1127.07	1579.28	1162.44	1184.73	767.89	0.250	0.339
2009	1075.25	255.87	31.05	1014.97	1331.12	1046.03	1044.19	759.10	0.216	0.274
2010	1368.51	372.86	46.49	1383.93	1741.37	1430.42	1322.02	1011.07	0.241	0.293
2011	1630.94	453.27	57.47	1730.86	2084.20	1788.32	1573.47	1277.59	0.245	0.286

注：A、B 分别表示出口国内增加值、出口国外增加值（单位为 10 亿美元），C、D 分别表示进口国内增加值、进口国外增加值（单位为 10 亿美元），E、F 分别表示海关统计下出口、进口额（单位为 10 亿美元），H、I 分别表示增加值统计下出口、进口额（单位为 10 亿美元），J、K 分别表示相对于海关统计，增加值贸易的出口降幅、进口降幅。因原始数据表格中 A、B、C、D 小数点后小数位数与本表不同，E、F、H、I 数据与本表 A、B、C、D 计算出的结果存在一定出入

前文分析到，进口国内折返值与出口国外增加值之和构成了海关统计下进出口被高估的绝对额，那么究竟以哪一部分为主呢？虽然进口国内折返值的增长率非常高，但其绝对值并不大，2011 年仅为 574.7 亿美元，1995～2011 年，在进口中的比例虽一直在增加，但始终维持在 3%以下。与此相对应，出口国外增加值就比较显著，2011 年为 4532.7 亿美元，在出口中的比重由 1995 年的 15.7%上升至 2005 年的高点 25.7%，之后有所回落，到 2011 年为 21.7%，稍高于 17 年间的均值 19.4%。两者之间的差距却是逐年拉大，比较 1995 年和 2011 年，绝对额由 252.1 亿美元增加至 3958 亿美元，相对指标来看，出口国外增加值占据两者之和的比重虽然由 96.6%下降到 88.7%，但仍占主要地位。由此可见，海关统计重复计算的价值主要来自出口国外增加值，这也说明中国出口商品的生产对国外要素的依赖程度较高，与加工贸易比重较高的现实相吻合。

2. 进出口额比较分析

总体而言，两种统计方法下，中国进出口额均呈现持续上升的趋势，只是在 2008 年出现一定幅度的震荡。如表 3-5 所示，海关统计额始终大于增加值贸易额，但两者的差距在加入 WTO 之前并不显著，由 1995 年的 270.5 亿美元增加至 2002 年的 695.9 亿美元；相对于海关统计，增加值出口额下降幅度平均保持在 16%，而进口平均下降幅度为 20%。但入世之后，两种统计方式下的进出口额差距开始增大，至 2007 年达到最高值 3598 亿美元，相对应降幅分别为 37.1%和 26.8%。2008 年有了显著的回落，2009 年达到谷底，之后企稳回升，至 2011 年，增加值进出口贸易额分别为 15 734.7 亿美元和 12 775.9 亿美元，虽然创出新高，但相对海关统计值分别下降了 24.5%和 28.6%。

值得说明的是，相对于海关统计，增加值进出口的降幅是不断增大的，1995 年分别为 16.3%和 19.2%，低于 2011 年 8.2 个和 9.4 个百分点，这反映了海关统计确实高估了真实贸易值，且程度不断加深。但高估幅度并不是无限制的，这表现在两类降幅都存在“天花板”效应，进口降幅于 2007 年达到最高值 37.1%，之后快速下降，而出口降幅在 2005 年达到最大值 27.7%，随后开始回调。另外，出口降幅始终低于进口降幅，这主要是因为进出口降低的绝对额是一致的，而贸易差额始终保持顺差状态。

3. 贸易总额和差额比较分析

如图 3-3 所示，海关统计贸易总额一直大于增加值贸易总额，表现在贸易总额在两种统计方式下的差额曲线始终位于横坐标轴之上，这是因为中国与世界存在双向的中间产品贸易，而其中只充当载体而不在进口国实现价值的成分，在增加值贸易统计中被剔除掉了。两种统计方式下的贸易总额差距基本保持增大的态势，由 1995 年的 541 亿美元增加至 2011 年的 10 214.7 亿美元，年均增长 20.16%，这说明海关统计规模高估真实状况的比重日趋严重，高估比例在 1995 年为 21.4%，加入 WTO 之前维持在 25%以下；而 2002 年之后，高估比例快速增高，至 2006 年达到 45.6%，之后有所回落；经历 2008 年“过山车”式调整，保持在 36.0% 左右。

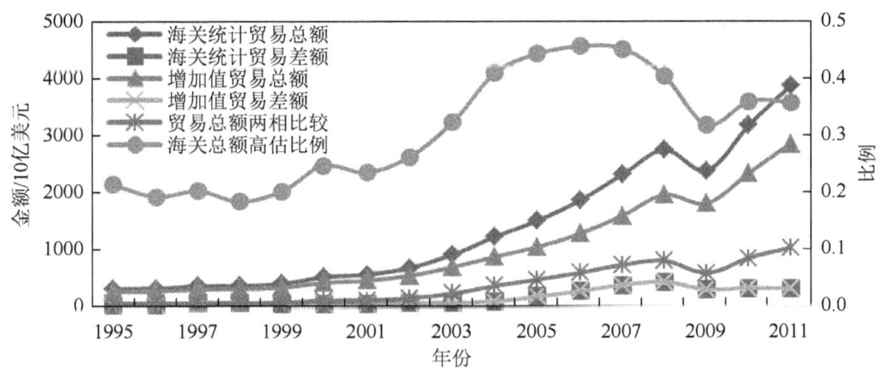

图 3-3　1995～2011 年中国外贸总额、差额在两种统计方式下比较图

资料来源：作者根据中国海关数据、WIOTs 数据及本节模型计算得到

增加值贸易并没有改变中国的贸易差额，两种统计方式的差额曲线完全重叠，这与前文逻辑演绎和模型推导的结果是一致的。中国外贸差额总体保持增加趋势，2002 年为 570.1 亿美元，较 1995 年增加了 1.2 倍，年均增长仅 2.9%；2008 年达到最高值 4168.4 亿美元，比 2002 年增加了 6.31 倍；金融危机之后有所降低，至 2011 年为 2958.8 亿美元。

4. 国别地区比较分析

表 3-6 给出了 2011 年两种统计方式下，世界主要国家和地区的对外贸易状况。横向比较来看，由于增加值贸易统计并不改变一国或地区的单边贸易净额，各国或地区的贸易失衡地位没有变化，中国顺差额低于德国 29 亿美元居世界第二位，美国依然保持最大逆差国的地位。就贸易总额而言，两种统计方式下，美国都是世界头号贸易大国，而中国位居第二，但中国与美国贸易总规模的差额在海关统计方式下是 3651 亿美元，而增加值统计扩大为 6117 亿美元。基于增加值出口的视角，中国依然保持世界第一的位置，只不过与第二名美国的差额由海关统计下的 2443 亿美元缩小为 1207 亿美元。中国的进口额还是位列世界第二位，与美国的差距在增加值口径下为 7324 亿美元，高出海关统计 1230 亿美元。由此可见，两种统计方式下，中国的贸易地位并未发生改变，这主要是因为中国、美国、德

国三国的海关进出口规模比较大，在增加值贸易方式下都发生了相近幅度①的调整，而调整的绝对额还不足以改变上述各国在世界中的贸易地位。

表 3-6　2011 年两种统计方式下世界主要国家和地区对外贸易额 单位：10 亿美元

国家（地区）	出口		进口		净额		总额	
	增加值	海关	增加值	海关	增加值	海关	增加值	海关
美国	1452.8	1839.9	2010.0	2397.7	−557.2	−557.8	3462.8	4237.6
中国[1)]	1573.5	2084.2	1277.6	1788.3	295.9	295.9	2851.1	3872.5
德国	1109.5	1601.5	810.7	1302.8	298.8	298.7	1920.2	2904.3
日本	728.3	894.1	703.4	869.3	24.9	24.8	1431.7	1763.4
英国	536.5	699.5	550.6	713.7	−14.1	−14.2	1087.1	1413.2
法国	481.5	690.1	536.7	745.5	−55.2	−55.4	1018.2	1435.6
意大利	426.9	594.8	451.0	619.2	−24.1	−24.4	877.9	1214.0
加拿大	404.5	516.3	401.2	513.0	3.3	3.3	805.7	1029.3
俄罗斯	448.6	484.4	325.2	360.4	123.4	124.0	773.8	844.8
韩国	361.2	611.6	301.4	551.6	59.8	60.0	662.6	1163.2
西班牙	266.6	384.7	308.3	426.5	−41.7	−41.8	574.9	811.2
印度	262.1	336.8	300.9	375.7	−38.8	−38.9	563.0	712.5
荷兰	317.7	535.0	228.2	445.2	89.4	89.8	545.9	980.2
澳大利亚	277.9	325.3	255.4	302.8	22.5	22.5	533.3	628.1
巴西	256.4	293.1	261.3	298.0	−4.9	−4.9	517.7	591.1
墨西哥	235.5	342.5	234.1	341.0	1.5	1.5	469.6	683.5
比利时	196.4	369.4	174.5	347.3	21.9	22.1	370.9	716.7
印度尼西亚	184.5	217.7	161.8	194.9	22.7	22.8	346.3	412.6
土耳其	120.0	155.5	196.2	231.9	−76.3	−76.4	316.2	387.4
中国台湾地区	176.0	337.2	131.4	292.5	44.6	44.7	307.4	629.7
欧盟 20 国	1122.4	1830.2	1032.6	1738.0	89.8	92.2	2155.0	3568.2
世界其他地区	2329.8	3195.4	2615.2	3483.0	−285.3	−287.6	4945.0	6678.4

资料来源：根据 WIOTs 数据及本节模型计算得到。原始数据小数位数与本表不同，故本表数据计算结果与原始数据存在一定误差

1）数据未包括香港、澳门地区数据，台湾地区数据单列出

世界其他国家和地区的贸易地位也基本保持稳定，仅个别国家有小幅调整。

---

① 增加值贸易下，美国、德国和中国三国的进出口额调整幅度分别为 16%、38%、29%和 21%、31%、25%。

例如，2011 年俄罗斯的出口额由海关统计方式下的第 11 位上升至增加值统计口径下的第 7 位，韩国则由第 7 位下降至第 10 位，而增加值统计口径下排名前六位的国家依然是中国、美国、德国、日本、英国、法国。进口也有相似的情况，如俄罗斯由第 13 位上升至第 9 位，荷兰由第 10 位下降至第 16 位，而排名前七位的国家分别是美国、中国、德国、日本、法国、英国、意大利。[①]由以上分析可知，世界贸易格局未有大的变化，仅个别进出口规模相近的经济体有小幅变动。这也说明增加值贸易统计并非对海关贸易统计方式的彻底颠覆，而是剔除掉其中重复计算的部分，对传统贸易方式进行改进，改进的幅度取决于一国（地区）重复进出关商品所占的比重。通过比较 1995～2011 年世界部分国家和地区的海关统计和增加值贸易状况，也可以得出上述结论。

三、主要结论

在生产网络全球化背景下，许多商品的价值链条由一国延伸至世界，中间要素和投入品在国际贸易中占有越来越大的比例，贸易折返、贸易转移等诸多新现象改变了单纯的进出口贸易方向。因而，以原产地准则为条件的海关统计，应用商品总值的统计口径往往会导致重复加总等问题的出现，进而虚高一国的进出口贸易额。

本节将进出口贸易国内、外增加值同时引入到贸易利益分析框架，在阐释增加值贸易核算基本思路的基础上构建了两国间投入产出模型，探讨了增加值贸易统计与海关统计的区别和联系，结论表明：增加值贸易统计方式下的进出口规模都小于海关统计值，差异来自一国进出口中的折返贸易之和，而这种差异双倍增大了一国的外贸总额，但是并不改变一国在海关统计方式下的贸易差额。通过比较两种统计方法下中国与世界的贸易关系，结果发现：第一，相对于 1995～2011 年的海关统计均值，增加值进口、出口和贸易总额的均值分别下降了 29.8%、23.8%和 26.5%，这表明海关统计额确实高估了实际贸易状况。第二，增加值贸易差额与海关统计额相等，这说明两种统计方法的差异对贸易差额并不构成影响。第三，金融危机之前，出口降幅和进口降幅总体呈上升状态，表明海关统计高估进出口贸易额的程度在加深，也说明中国参与国际分工的深化，对世界经济的影响力和感应力都在增强。而在国际金融危机之后，进出口降幅缓慢下降，说明海关统计高估程度存在一个“瓶颈”，不会无限制地提高。第四，海关统计高估金额主要来源于出口国外增加值，即中国出口产品中含有更多的国外投入要素。第五，增加值贸易方式下，中国的贸易

① 这里没有考虑“世界其他地区”和“欧盟 20 国”的影响。

地位虽并未发生变化，但相对于美国的出口规模优势大幅降低，而进口规模差距小幅扩大。

基于上述结论，本节认为海关统计体系精确应用的前提条件与当前国际分工持续细化的时代背景严重相背离，统计结果往往会高估一国真实的进出口规模，而基于此类数据的理论分析、政策制定和贸易谈判等均容易产生较大偏差，因而有必要高度重视以价值增加值为统计口径的增加值贸易核算方法。

第四章　全球经济失衡背景下全球流动性过剩的宏观经济影响

第一节　全球流动性过剩的界定与测度指标

一、全球流动性过剩的界定

目前，学术界对全球流动性过剩仍缺乏清晰的界定。对全球流动性过剩的研究起源于全球流动性。随着全球经济金融一体化的快速发展，传统货币信贷总量所包含的宏观经济和国际金融往来信息越来越少，全球流动性开始吸引越来越多的关注。全球流动性指的是国际金融市场中的“资金便利性”（ease of funding），或用于国内和跨境交易、转移支付的资金总量。为了更好地管理全球流动性，G20 成立了“国际货币体系改革和流动性管理”工作组，并委托国际清算银行（Bank for International Settlements，BIS）对全球流动性问题进行研究。根据创造主体的不同，国际清算银行将全球流动性划分为官方流动性和私人流动性。其中，官方流动性指货币当局创造和提供的流动性，各国中央银行是创造官方流动性的唯一主体；私人流动性指金融机构跨境融资的活动创造的流动性，包括融资流动性（funding liquidity）（金融机构获取资金的难易程度）、市场流动性（market liquidity）（交易金融资产的难易程度）和风险承担与估值（risk-taking and valuation）（用来反映金融杠杆的大小）。

国际清算银行的界定表明了私人流动性在全球流动性中的主导性地位，依据如下：私人流动性的规模远大于官方流动性，并且具有很强的内生性和国际传染性，跨市场利差和汇率的任何变动都可能诱发私人资本的大规模跨境流动。与此同时，官方流动性能够通过融资条件的变化影响到私人流动性，然而，由于私人流动性在很大程度上取决于私人的融资意愿，中央银行难以通过改变融资条件来影响私人流动性（高海红，2012）。

在美国金融危机之后，金融创新创造流动性的能力引起了高度重视。货币总量本质上是存款机构的负债，它能够反映金融系统风险承担的整体状况。从这个角度出发，IMF 将全球流动性分成核心流动性（core liquidity）和非核心流动性（non-core liquidity）两个部分。其中，核心流动性指商业银行和其他存款类金融机构的核心负债，即居民存款；非核心流动性指商业银行的非居民存款、货币市场融资和资产抵押融资。经验证据表明，非核心流动性在规模和波动性上都大于核心流动性。

从上面的分析可以看出，国际清算银行和 IMF 对全球流动性的界定都涵盖了金融系统的绝大部分负债融资。在国际清算银行的界定中，私人流动性包含了非银行金融机构的负债和资产抵押融资活动，它大致相当于 IMF 界定中核心流动性与非核心流动性之和（金中夏，2011）。IMF 的界定区分了传统货币供应量和新流动性载体，更重视金融创新给全球流动性管理带来的挑战。但是，IMF 界定中的核心流动性没有包括中央银行的基础货币，仅涉及商业银行的派生流动性创造。国际清算银行的界定区分官方流动性和私人流动性，有助于强化各国中央银行在全球流动性管理中的责任和作用。但是，将外汇储备也纳入到官方流动性，容易导致将储备货币发行国中央银行在负债方的货币创造能力与储备积累国中央银行的外汇资产混为一谈。

需要注意的是，国内外学术界对全球流动性的精确界定仍未达成共识。例如，出于监管的目的，IMF 在操作层面上将全球流动性界定为影响全球金融中心资金供给和全球融资活动的一系列因素，包括投资者的风险态度、商业银行的资产负债表状况、金融杠杆率、影子银行的资产负债表状况、利率期限结构、货币政策、宏观审慎政策和金融监管等。Eickmeier（2014）的实证研究表明，全球流动性是各国货币政策、信贷供给及信贷需求的函数。

对全球流动性的测度主要从数量和价格两方面展开。其中，数量指标主要用来测度全球流动性的规模，价格指标则被用来测度全球流动性的条件。然而，鉴于全球流动性的复杂性，单个指标显然无法全面反映全球流动性多个层面的特征，需要用多种指标来综合测度全球流动性。而国际清算银行和 IMF 使用的全球流动性测度指标如表 4-1 所示。

表 4-1　全球流动性的测度指标

项目		数量指标	价格指标
国际清算银行	官方流动性	基础货币、广义货币、外汇储备	官方利率、短期货币市场利率
	融资流动性	银行流动性比率、期限错配指标、CP[1] 市场总量	伦敦同业拆放利率-隔夜指数掉期息差、外汇市场互换基点、债券-信贷违约互换基点
	市场流动性	交易总量	基金经理调查、买卖差价
	风险承担流动性	银行杠杆率	全球风险偏好、金融资产价格和利差、不动产价格、公司市盈率
IMF	核心流动性	商业银行和其他存款性机构居民存款、M3	国内存款利率和银行同业拆借利率差
	非核心流动性	非居民存款、金融机构间负债	非核心流动性价格指数

资料来源：根据国际清算银行、IMF 对该问题的内容介绍制表

1）CP：commercial paper，商业票据（国外），又称短期融资券（国内）

相对而言，在实证研究中，数量指标更为常见，例如，Baks 和 Kramer（1999）使用了三种数量型全球流动性指标，分别为国内生产总值加权和非国内生产总值加权的狭义货币增长率、广义货币增长率及全球货币增长的 Divisia 指数。由于信贷总量可被视为货币供给的主要对应方，它也成为度量全球流动性的常用指标（Gouteron and Szpiro，2005）。此外，外汇储备也被用于全球流动性的代理指标。由于外汇储备与发达国家的储备货币发行密切相关，使用外汇储备指标能够凸显新兴市场经济体在全球流动性创造中的作用。

由于只有少数发达国家的货币能够跨境流通，全球流动性不可简单地等同于所有国家流动性的加总。在实证研究中，一般用主要发达国家的流动性来近似全球流动性，如 G4、G5 或 G7①的流动性总量，其好处在于数据容易获取、样本容量足够大，并且这些国家流动性的变动具有高度同步性。代表性文献如下：Baks 和 Kramer（1999）使用 G7 流动性总量来近似全球流动性，IMF 使用 G4（包括欧元区、日本、英国和美国）流动性总量来近似全球流动性，Bierut（2013）使用 26 个国家或货币区的流动性总量作为全球流动性的广义测度指标，然而，实证结果发现 G5 流动性总量在作为资产价格繁荣的预测指标时比广义指标表现得更好。

在界定全球流动性后，全球流动性过剩就可理解成家庭、企业和政府在实际经济交易中不需要的那部分全球流动性。从货币市场均衡的角度来看，全球流动性过剩表现为全球货币供给大于需求（Polleit and Gerdesmeier，2005）。

二、全球流动性过剩的测度指标

全球流动性过剩的测度指标可分为数量指标和价格指标两大类。在既有研究中，全球流动性过剩的测度指标主要有货币增长率、马歇尔 K 值、货币差额和利差四种。

（一）货币增长率

在研究全球流动性过剩的起始阶段，全球狭义和广义货币总量的增长率常被用来描述流动性的快速膨胀。Rüffer 和 Stracca（2006）指出，20 世纪 80 年代以来全球广义货币总量开始加速增长。张会清和王剑（2011）将 G7 国家的流动性总量进行加总以测度全球流动性，实证结果表明：全球流动性的变动周期趋于变长，并且波动性趋于变小；全球流动性总量与经济增长的趋势基本同步；欧元区、美国和日本三大经济体是全球流动性的主要供给方。

① G4 包括中国、印度、巴西和南非，G5 包括美国、德国、英国、法国和日本，G7 包括加拿大、法国、德国、意大利、日本、英国和美国。

（二）马歇尔 K 值

Baks 和 Kramer（1999）率先提出用全球流动性与国内生产总值的比率来度量全球流动性过剩。根据经典的货币数量理论，$M/PY = 1/V = K$。其中，M 为流通中的货币总量，V 为货币流通速度，Y 为实际产出，P 为价格水平。这样，全球流动性过剩问题就转化为货币流通速度问题。货币流通速度的倒数被称为马歇尔 K 值。Ganley（2006）对马歇尔 K 值做了进一步修正，他在货币总量指标中加入了存款准备金及商业银行的证券资产，并考虑了超额准备金和存贷差等因素。此外，一部分研究也使用信贷总量与国内生产总值的比重来度量全球流动性过剩（Borio and Kennedy，1994）。

Brana 等（2012）使用了两种指标来测度全球流动性过剩：一种是基础货币 M0、狭义货币 M1 和广义货币 M3 与名义国内生产总值的比率；另一种是外汇储备与名义国内生产总值的比率。测度结果发现：1995 年以前，全球流动性总量基本保持稳定并呈现出明显的周期性特征，而之后全球流动性总量快速增长，所有指标均显示全球流动性的增长速度快于名义国内生产总值。此外，一些研究发现狭义货币流动性与广义货币流动性的增长存在明显差异。张明（2007）分别计算了美国、日本、欧盟、东亚经济体、沙特阿拉伯和俄罗斯的马歇尔 K 值，发现 2000 年以来美国的狭义货币与名义国内生产总值的比率并未出现明显增长，但 M3/国内生产总值出现了显著增长，峰值达到 82%；而日本无论是 M2/国内生产总值还是 M3/国内生产总值均远高于美国，2005 年这两个指标分别高达 144%和 230%。

（三）货币差额

货币差额指的是实际货币总量对均衡货币总量的偏离。均衡货币存量不是由货币数量方程式决定的，而是通过估计由中长期稳定的货币需求函数得出的（Polleit and Gerdesmeier，2005；Gouteron and Szpiro，2005）。

（四）利差

利差反映了全球流动性过剩的价格特征。在实证研究中，通常使用短期利率与均衡利率的差异来度量全球流动性过剩。Gouteron 和 Szpiro（2005）提出使用短期实际利率与基于长期增长的自然利率之差来度量流动性过剩。Sløk 和 Kennedy（2004）认为流动性过剩会降低投资者的风险厌恶程度，从而可以使用政府债券与私人债券的收益率差异来度量流动性过剩。

第二节　全球流动性过剩的原因

全球流动性过剩主要由三类因素驱动：一是宏观经济因素，包括经济增长、货币政策、汇率制度及资本账户政策等；二是其他公共政策，如金融监管和宏观审慎政策；三是引导金融市场投资者与中介机构行为的金融因素，如金融一体化、金融创新及风险偏好等。总体而言，既有研究得出的全球流动性过剩原因主要有不对称的国际货币体系、全球经济失衡、发达国家的宽松货币政策，以及金融创新、新兴市场国家的流动性需求等。

一、不对称的国际货币体系

刘洁（2008）认为，当前不对称的国际货币体系是全球流动性过剩的制度根源。不对称主要体现在货币发行权与经济总量不对称、汇率调整效应的国内化与外汇储备的国际化不对称两方面。在不对称的国际货币体系下，储备货币发行权高度集中，“特里芬难题”仍然存在（王叙果，2008）。美国作为中心国独享货币霸权和各种经济特权。

1971 年以后布雷顿森林体系崩溃，美元与黄金脱钩，而之后很长一段时间内美元仍然是最主要的国际货币和最终支付媒介。一方面，其他国家仍然需要美元作为国际货币体系的基础，这要求美国必须向世界提供充足的美元流动性；另一方面，美元货币发行丧失了固定汇率制度下的价值约束，成为无“锚”货币（丁斗，2010）。美国能够通过提供大量美元流动性获取巨额收益却无须承担相应责任，从而存在超发货币的内在冲动。

二、全球经济失衡

全球经济失衡导致全球流动性过剩的全过程可分为以下三个环节：第一个环节是在美元本位制下美国肆无忌惮地发行美元以支付外国商品和服务的净流入，美元源源不断地流入贸易顺差国。美国通过贸易赤字的方式创造了大量美元流动性。第二个环节是贸易顺差国家积累了大量的外汇储备，这必然要求中央银行同等程度地增加基础货币投放。国内基础货币的被动增加，又通过金融机构和金融市场的信贷创造，数倍地放大了国内流动性供给，进而导致全球流动性的进一步扩张。第三个环节是各国积累的美元外汇储备由于无法兑换黄金，只能去购买美元资产（包括债券和股票）。此外，除了各国中央银行对美元安全资产存在大量需求，私人部门也存在类似需求，并与企业储蓄成正比（Philippe and Kenza，2010）。在开放经济条件下，对外国安全资产的需求是维持短期营运资金的一种补充。官方部门和私人部门对美元金融资金的需求进一步推动了美国资产价格和流动性供给。

由此可见，全球经济失衡通过美元环流形成了三次流动性创造。全球经济失衡与全球流动性过剩相互促进。Bracke 和 Fidora（2012）的实证研究结果发现，全球流动性过剩可能是美国与东亚新兴市场国家经济失衡最重要的驱动因素，其最终引发了全球金融危机。

三、发达国家的宽松货币政策

进入 21 世纪以后，主要发达经济体陆续实行了宽松的货币政策，导致全球信用膨胀十分严重（刘洁，2008）。2001～2003 年，美联储连续 13 次下调联邦基金利率至 1%。极低的利率水平降低了商业银行的信贷成本和投资机会成本，促使广义货币迅速增长。2007 年金融危机爆发以后，发达国家中央银行向银行注资导致全球流动性进一步扩张。余永定（2007）指出，货币政策的溢出效应可以解释流动性过剩的国际传递，即一国扩张性货币政策导致该国利率下降、资本外流、货币贬值和贸易赤字改善，而为了抵消该国扩张性货币政策对本国经济的不利影响，其贸易对象国亦采取扩张性货币政策加以应对。如此循环往复，一国流动性过剩将传递至另一国，进而加剧全球流动性过剩。此外，发达国家与新兴市场国家存在较高的利差使大量套利资本流入新兴市场国家，由于新兴市场国家普遍实行有管理的浮动汇率制度，本币升值压力进一步吸引短期国际资本流入。大量短期国际资本流入在推动新兴市场国家资产价格膨胀和一般物价水平快速上涨的同时，也加剧了全球流动性过剩。

四、其他导致全球流动性过剩的原因

（一）金融创新

自 20 世纪 90 年代初期开始，美国大刀阔斧地改革金融市场体制，以实现金融市场完全自由化。这一改革之风很快吹到包括日本在内的其他发达国家，被称为“金融大爆炸”，其中最重要的金融自由化举措就是金融衍生工具的过度创新。传统的流动性就是指金属货币、储蓄和部分债券。但是由于全球金融市场，如银行债券、股票市场的快速发展，特别是金融衍生产品的发展，推动了全球流动性结构的变化，使传统流动性的定义发生了根本性变革。原本不具有流动性或流动性较差的资产，经过金融衍生工具的重新包装和杠杆化处理，转化为具有流动性或流动性较好的资产，其以几何级数的杠杆效应放大名义财富，从而大大提高了流动性规模。与此同时，金融深化与自由化进程互相推动，造就了一体化的全球金融市场，为全球流动性的扩张提供了舞台。

（二）新兴市场国家的流动性需求

东亚国家和石油输出国家对全球流动性的预防性与投机性需求都很强。从微观层面来看，这些需求与投资者的心理偏好密切相关。频频爆发的金融危机和国际政治环境的不确定性导致东亚国家和石油输出国家对全球流动性存在较强的偏好。预防性需求和投机性需求结合在一起，共同推动全球流动性需求扩张。如果流动性需求和流动性供给始终能够匹配，其结果将只是全球流动性过剩的压力增大，而不会形成通货膨胀和资产价格泡沫。2001 年以后，过多的货币供给被过多的货币需求消化，没有进入实体经济领域，因此只是造成了全球流动性过剩而没有形成全球性的通货膨胀和资产价格泡沫。但当流动性需求随通货膨胀时代的到来而逐渐降低，而全球流动性供给仍然保持过剩，那么全球性资产价格泡沫和通货膨胀将不可避免。

第三节　全球流动性过剩对产出、通货膨胀和资产价格的影响

一、全球流动性过剩对产出的影响

早在 20 世纪中期，Macdougall（1960）建立的两国模型就证明了流动性过剩的国际传导能够帮助东道国提高边际劳动产出和工资水平，由此产生的福利增加高于资本流出国国内边际劳动产出的减少。McKinnon（1964）、Chenery 和 Strout（1967）等提出的两缺口模型同样说明了国际流动性输入能够减轻东道国的储蓄或外汇不足，东道国的流动性输入对经济增长存在动态影响。大量而持续的资本流入往往具有资本形成效应、技术外溢效应、产业升级效应、贸易创造效应和就业效应（潘沁和徐康宁，2008）。

大量实证检验普遍证实了全球流动性对产出的正向冲击，但值得注意的是，这些研究也普遍发现这种冲击是暂时的，这似乎支持了“货币短期非中性，长期中性”的经济理论共识。Sousa 和 Zaghini（2008）研究了 G7 国家代表的全球流动性对欧元区的影响后发现：产出在遭受流动性冲击的两个季度以后呈明显上升趋势，并在两年后达到最高，并随之开始下降，然而，流动性冲击对产出的长期

影响并不显著。徐震宇（2010）、张会清和王剑（2011）等对中国的情况进行了实证检验发现了相似的结论：全球流动性扩张增加了对中国商品的消费需求和对中国市场的投资需求，进而通过扩大出口和增加外商直接投资两个渠道拉动中国经济增长，这一影响是短暂的，其在四年后趋于消退。可能的原因在于："两头在外"的贸易模式不利于我国经济的长远发展。此外，也有学者提出，流动性过剩对中国实体经济的冲击表现为固定资产投资过热及产能过剩。由于流动性过剩，一部分货币流动性以外商直接投资的方式进入到生产领域，由于缺乏有效消费需求的支撑，它们就转化为固定资产投资，虽然在一段时期内可以刺激经济和缓解失业（或扩大就业），但很容易造成产能过剩（丁斗，2010），这可能是全球流动性冲击对中国经济增长的影响长期不显著的原因之一。

与大多数研究结论不同，Roffia 和 Zaghini（2007）发现全球流动性过剩对美国经济的影响是负向的，而对欧元区和日本经济的影响是正向的，因此全球流动性冲击在国际货币体系的"主导"货币中可能扮演着不同的角色，这一问题有待后续进一步深入研究。

二、全球流动性过剩对通货膨胀的影响

流动性过剩不能直接代表通货膨胀，但它确实是一个能够预测总需求和通货膨胀压力的有用指标（Rüffer and Stracca，2006）。全球流动性不仅可能通过总需求渠道影响到一国的通货膨胀，还可能通过利率、货币和进口商品价格等渠道影响到一国的通货膨胀。

全球流动性过剩可以通过冲击中间商品和最终商品价格来对一国输入通货膨胀。D'Agostino 和 Surico（2009）指出，这种传导渠道与不同国家之间的需求推动型通货膨胀存在很大差异，它直接通过成本上升来加速全球流动性过剩的国际传递。在汇率保持稳定的情形下，外国价格上升就会通过进口中间品的价格上升带来企业边际成本上升，或者通过影响工人实际购买力来间接提升企业边际成本。这样，外国扩张性货币将或多或少地对本国一般物价水平带来持久性冲击。因此，相比本国因素，全球流动性过剩对一国通货膨胀率变动的解释力正变得越来越强。Roffia 和 Zaghini（2007）发现 G7 国家 50%的狭义货币总量的变化都由相同的全球因素驱动。

大量经验研究表明，全球流动性过剩引致了全球范围内普遍的通货膨胀压力。Belke 等（2008a）、Rüffer 和 Stracca（2006）、Sousa 和 Zaghini（2008）等的研究表明，相比产出的短暂上升，全球流动性过剩对通货膨胀的影响是永久性的。孙雪芬和马红霞（2011）、张天顶和李洁（2011）、徐震宇（2010）、张会清和王剑（2011）等对中国的实证研究结果也表明，全球流动性扩张对国内通货膨胀具有较强的解释力，并且这种输入型通货膨胀的压力是持久性的。

通货膨胀在本质上是一种货币现象，这已在国内外学术界达成共识。然而，在短期内，货币流动性的增长与通货膨胀率可能不完全同步。Roffia 和 Zaghini (2007)实证分析了近30年来15个工业化国家货币增长率对通货膨胀的短期影响，结果发现，如果在货币供应量大幅增长的同时股票、房地产价格和银行信贷大幅上涨，则 3 年后通货膨胀率大幅上升的概率大大增加。反之，如果货币供应量的增长没有带来资产价格繁荣，则通货膨胀压力很小，进而中央银行需要针对性地实施紧缩性货币政策。

在相关研究中，学者们似乎更关注在全球流动性过剩背景下通货膨胀率一直处于低位的原因。Becker 等（2009）发现自 20 世纪 90 年代以来全球市场出现互联网经济泡沫以来，全球流动性出现大量增长，而世界货币输出国的整体通货膨胀和核心通货膨胀都相对温和，因此他提出了“全球流动性到底去哪儿了”的问题。可能的解释有以下三种。

一是过剩的流动性涌入了债券、股票和房地产市场并且刺激了资产价格上升。然而，2000 年早期的货币增长并没有立即对全球股票收益（MSCI①全球指数）产生影响，这可能与货币流动性转化为市场流动性所存在的滞后效应有关，只要由经济不确定性导致的投资者风险厌恶程度很高，过剩的流动性就不会进入股票市场，据 Becker 等（2009）的测算，G5 国家的广义货币总量的快速增长在两年后对全球股票市场的收益率产生正向影响。

二是受经济全球化的影响，发展中国家低廉的商品和劳动力价格抑制了发达国家商品和服务价格的上涨。Becker 等（2009）还提出较大的产出缺口、上升的失业率、企业缺乏提高价格的能力和缓慢的信贷创造过程都可能抑制中短期通货膨胀率的上升。此外，中央银行的独立性有助于稳定通货膨胀预期，老龄化国家对通货膨胀的厌恶、公共债务与通货膨胀挂钩等有助于解释金融危机后全球温和的通货膨胀率形成。

三是过剩的流动性被发展中国家经济发展吸收，即美国、日本、欧元区等过度发行的货币没有给它们自身带来通货膨胀，而是转嫁给了其他国家（赵爱清和杨五洲，2009）。

三、全球流动性过剩对资产价格的影响

欧洲中央银行的 2010 年的监测报告指出，全球流动性过剩和信贷膨胀是全球资产价格上涨的根本性原因。一般意义上，流动性冲击对资产价格的影响渠道主要有总需求渠道、资产组合渠道和信贷渠道三种（Gouteron and Szpiro，2005）。

① MSCI 即 Morgan Stanley Capital International，是美国明晟公司的简称。

（一）总需求渠道

Gouteron 和 Szpiro（2005）构建的 Mark Carry 模型表明：给定资产供给时，总需求增加会推动资产价格上涨。这与资产价格的理性预期一致，并对资产价格由基本面因素决定的理论形成了补充。然而，该模型的不足在于它假定投资者预先设定一个可接受的价格并愿意在这一价格上购买尽可能多的资产。同时，该模型仅仅关注单一资产市场上的流动性过剩，没能解释为何微观经济主体对商品或服务的偏好强于金融资产。

（二）资产组合渠道

根据资产组合选择理论，货币可被当作一种资产，投资者将根据持有货币的收益与其他资产收益的相对大小来决定各种资产的合意比例。如果货币供给增加，投资者将调整资产组合中各类资产所占的比例以重新达到合意水平。当证券数量不变时，货币供给增加将会导致其他资产的价格同等比例地上升。因此，全球流动性过剩就能够通过资产组合渠道影响到资产价格。

（三）信贷渠道

在风险中性条件下，投资者通过借款购买金融资产或住房资产的收益率将是随机的。然而，由于投资者无须承担借款投资活动失败的所有损失，其收益率将随着风险的增大而上升。因此，信贷条件的放松实际上激励了投资者承担过高的风险。全球流动性过剩通过宽松的信贷条件刺激了全球性资产价格繁荣。

然而，对于全球流动性过剩对资产价格的影响，既有研究得出了各种各样的结论。表 4-2 给出了研究全球流动性过剩对资产价格影响的代表性文献。对于不同的资产类型，全球流动性过剩对资产价格的影响存在很大差异并不奇怪。实际上，许多研究发现房地产价格对全球流动性冲击的反应比其他资产价格要快一些，其次是股票价格，最后是大宗商品的价格。Belke 等（2010a）使用资产供给弹性理论和资产价格超调理论来解释这种差异：资产交易可以很快地完成并且相比大宗商品市场，资产市场上的投资者拥有更加丰富的信息和资源，因而资产价格能够迅速地对流动性冲击做出反应。同时，相比商品价格黏性，资产价格往往容易出现超调。在商品价格向均衡水平收敛的过程中，超调的资产价格也会影响到商品价格。一些实证研究结果也发现资产价格可以作为未来通货膨胀的有效预测指标（陈继勇等，2013）。此外，资产供给与商品供给的价格弹性不同，流动性冲击会导致价格弹性较低的部门更快地反映，而价格弹性较高的部门更慢地反映。实证研究中流动性过剩对股票价格影响不显著的原因可能在于：股票价格的波动很大并且股票市场充斥着投机，这导致很难找到流动性冲击与股票价格之间的确切关系。

表 4-2 全球流动性过剩对资产价格影响的代表性文献

代表性研究	样本	定义	方法	产出	资产价格	通货膨胀率	其他结论
IMF	2003～2009 年 34 个新兴国家	广义货币（M2）	EGARCH	正向			全球流动性具有显著的溢出效应
Rasmus	1980 年第一季度至 2004 年第四季度 15 国	G5 狭义和广义货币/国内生产总值	VAR	短暂上升	不显著	永久上升	对欧元区、日本和美国的影响存在差异
Brana 等（2012）	1990～2010 年拉丁美洲和亚洲 16 国	狭义和广义货币/国内生产总值	PVAR	短暂正向，长期消失	微弱	永久上升	全球过度宽松的货币政策给新兴国家带来大量资本流入并对金融稳定造成影响
Sousa 和 Zaghini（2008）	1981～2001 年欧元区	G7 货币总量	SVAR	短期上升，长期不显著		持续上升	产出在 2 个季度后出现明显上升趋势，在 2 年后达到最高，有效汇率短暂升值
Darius（2010）	1971～2009 年 G7 国家	G7 货币总量	VECM		房价显著，股价不显著	有限	各国房地产市场具有很强的异质性，因此国内因素相比国际因素对房价的作用更显著
Beckmann 等（2014）	1980 年 1 月至 2012 年 6 月 15 国	各层次货币总量	Markov 转换 EC		长期相关	上升	资产价格比消费者价格对全球流动性冲击的反应更快
Belke 等（2008a）	1984 年第一季度至 2006 年第四季度 OECD	OECD 货币总量	VAR		房价显著上升，股价不显著	上升	存在连续的从房价到整体价格水平的溢出效应，房价可以作为未来通货膨胀压力的良好指标
Belke 等（2010a）	1984 年第一季度至 2006 年第四季度 OECD	货币总量	VAR		房价显著上升，股价不显著	上升	资产价格快速增长，超过了消费价格的增长，特别是金价的反应更快
Belke 等（2010b）	1970～2008 年 OECD	货币总量	CVAR		上升	上升	资产价格和商品价格对全球流动性的反应具有同质性，资产价格存在超调
Giese 和 Tuxen（2007）	1982 年第四季度至 2006 年第四季度 G6 国家	G6 货币总量	CVAR		房价上升，股价不显著	上升	全球流动性造成房价和通货膨胀的上升，但对股价的作用有限
Psalida（2011）	2003～2010 年欧元区	G4 M2	面板 LS		显著上升		一国汇率灵活性越高，全球流动性溢出效应越弱
Yang	1990～2012 年东南亚国家联盟（以下简称东盟）	美国货币总量和利率	Markov 转换		负向		东盟国家的股票市场在牛市时比在熊市时更容易受到美国影响

第四节 全球经济失衡与全球流动性过剩对宏观经济的影响分析——基于G20的面板数据分析

在2008年全球金融危机爆发之后，全球经济失衡成为世界经济治理的核心问题，相伴而生的全球流动性过剩及其对宏观经济的影响得到了国内外学者极大的关注。

在日趋严重的全球经济失衡和全球流动性过剩的环境下，全球经济经历了剧烈的波动。全球贸易收支失衡与2008年的全球金融危机在本质上是一致的，全世界对美国金融资产需求的增加推动了美国金融创新和资产证券化的浪潮，而全球流动性在全球资产价格的大幅涨跌过程中起到了“推波助澜”的作用。过剩的全球流动性催生了全球信用扩张和资产价格泡沫，是危机爆发的重要原因之一。危机使世界各国国内投资储蓄失衡、产业结构失衡等问题爆发，全球已由危机前的“失衡增长期”进入深度结构调整期。然而，全球经济调整复苏的道路并不顺畅，日本2012年底推行的宽松货币政策、增加公共支出和经济结构调整等经济刺激政策只为日本经济带来了短暂的繁荣，随后相关经济政策和措施的提振效果持续减弱，难以挽救积重难返的日本经济；欧元区经济同样陷入复苏低谷，经济停滞、消费价格疲弱、高失业率和低消费率等问题迫使欧洲中央银行重启全面量化宽松计划，其政策效果尚不明确；相比之下，美国经济复苏的态势较为稳定，但能否恢复到危机前的水平仍面临诸多不确定性；同时，一度劲头强势的新兴经济体也同样面临经济增长放缓和硬着陆的风险。正是基于全球经济失衡和全球流动性过剩给全球经济带来的剧烈扰动，对全球经济失衡进行调整和治理成为学术界与实务界亟须解决的问题，在全球经济再平衡的过程中，流动性逆转可能使全球通货紧缩的风险持续增长，同时也可能引发资本流动加剧、资产价格、汇率和国际收支的变动等风险。为了更好地应对全球经济再平衡中流动性逆转的风险，我们首先必须厘清的是：在全球经济失衡的情况下，世界各国的流动性过剩对其宏观经济的影响如何？全球经济失衡和各国流动性过剩分别与各国的产出及通货膨胀存在怎样的关系？在考虑了全球经济失衡的情况下，各国流动性过剩在短期内对其产出和通货膨胀产生了怎样的动态影响？本节将在这些问题的基础上进行实证研究。

一、实证模型、变量选取与资料来源

（一）模型设定

本节首先采用面板回归模型检验了全球经济失衡和全球流动性过剩分别对产出与通货膨胀的影响，本节设定的模型如下：

$$\text{lngdp}_{i,t}=\alpha_{i,t}+\text{imb}_{i,t}+\text{liq}_{i,t}+\text{control}_{i,t}+\varepsilon_{i,t} \tag{4-1}$$

$$\text{cpi}_{i,t}=\alpha_{i,t}+\text{cpi}_{i,t-1}+\beta_{i,t}(Y_{i,t}-Y_{i,t}^{*})+\text{imb}_{i,t}+\text{liq}_{i,t}+\text{control}_{i,t}+\varepsilon_{i,t} \tag{4-2}$$

其中，$i=1,2,\cdots,43$；$t=1,2,\cdots,21$；被解释变量为产出 gdp 和通货膨胀 cpi；imb 为全球经济失衡；liq 为全球流动性过剩；$\text{control}_{i,t}$ 为控制变量；$\varepsilon_{i,t}$ 为随机扰动项。在考察通货膨胀时，我们选取菲利普斯曲线三角模型进行分析，该模型认为通货膨胀由通货膨胀惯性、需求冲击和供给冲击三个因素决定。我们对三角模型进行了进一步扩展，得到式（4-2），其中，$\text{cpi}_{i,t-1}$ 为通货膨胀率滞后项，$Y_{i,t}-Y_{i,t}^{*}$ 为产出增长率缺口。

接下来，本节使用由 Love 和 Zicchino（2007）提出的面板向量自回归（panel vector auto-regression，PVAR）模型来考察全球经济失衡、全球流动性过剩和产出及通货膨胀之间的动态关系，PVAR 方法将传统的 VAR 技术和面板分析方法融合在一起，将目标变量看成一个内生系统来处理，真实地反映变量之间的互动关系。对每个样本国家 i，本节设定的模型如下：

$$A_0X_{i,t}=f_i+\gamma_t+\sum_{j=1}^{q}A_jX_{i,t-j}+u_{i,t} \tag{4-3}$$

其中，A_0 为反映各变量间同期关系的系数矩阵；A_j 为体现变量滞后效应的系数矩阵，j 为滞后阶数；f_i 为国家层面的固定效应，以体现个体异质性；γ_t 为时间效应；$u_{i,t}$ 为随机扰动项；$X_{i,t}=(\text{imb}_{i,t},\text{liq}_{i,t},\text{gdp}_{i,t},\text{cpi}_{i,t})$，由于在短期内 imb 和 liq 指标与其他变量相比具有更强的外生性，在 Cholesky 分解中二者的顺序在前。另外，全球流动性增加会增加总需求，从而会导致资产和物价上涨，因此，产出变量的顺序应该在物价变量之前（Belke et al.，2010b）。为了消除时间和个体效应，本节使用“向前均值差分”方法，即 Helmert 过程①对各变量进行了处理。

（二）变量选取与数据说明

根据数据的可获得性，本节选取了 43 个国家②1994～2013 年的面板数据作为

① 令 $X_{i,t}^{m}$ 代表 $X_{i,t}$ 未来值构成的均值，对 $X_{i,t}^{m}$ 进行前向差分：$x_{i,t}=\varphi_{i,t}(X_{i,t}-X_{i,t}^{m})$，其中 $\varphi_{i,t}=\sqrt{(T_i-t)/(T_i-t-1)}$。$T_i$ 为个体 i 可得数据的最后时间。

② 本节选取的 43 个样本国家为：澳大利亚、奥地利、比利时、加拿大、塞浦路斯、捷克、丹麦、爱沙尼亚、芬兰、法国、德国、希腊、意大利、日本、韩国、拉脱维亚、卢森堡、马耳他、荷兰、葡萄牙、斯洛伐克、斯洛文尼亚、西班牙、瑞典、英国、美国、阿根廷、巴西、保加利亚、中国、克罗地亚、匈牙利、印度、印度尼西亚、立陶宛、墨西哥、波兰、罗马尼亚、俄罗斯、沙特阿拉伯、南非、土耳其和爱尔兰。样本既包含了大型经济体，又包含了转型国家，因此具有较强的代表性。

样本，具有较强的代表性，2013 年这 43 个国家的国内生产总值占世界总生产总值的比重约为 80%。下面具体描述模型的变量选取与资料来源。

1. 全球经济失衡的替代变量

根据 Chinn（2011）的研究，对全球经济失衡的讨论应该集中于失衡的巨大规模而非失衡本身，全球经济失衡必然是大规模的失衡，否则难以称之为全球性失衡。根据 G20“参考性指南”给出的失衡指标，外部失衡在多边关系中最为重要，因此本节将全球经济失衡定义为大多数国家外部失衡的规模占经济总量的比重大幅超过历史平均水平。基于此，本节使用各国经常账户余额占国内生产总值的比重与其长期趋势值的偏离来衡量全球经济失衡，在实际处理过程中我们采用 H-P 滤波方法过滤掉趋势项，用偏离值表示全球经济失衡的程度。

2. 全球流动性过剩的替代变量

Polleit 和 Gerdesmeier（2005）将流动性过剩界定为货币存量对其均衡水平的偏离，对于全球流动性过剩的测度，学者们提出了多种指标，为了避免单一指标带来的实证结果偏误，本节采取以下四个指标作为流动性过剩的替代变量。

（1）广义货币增长率。广义货币供给增长率能够最直接地描述流动性的过快膨胀，Baks 和 Kramer（1999）最早使用了这一指标来描述流动性过剩。

（2）广义货币与名义国内生产总值的比率（马歇尔 K 值）对其长期趋势值的偏离。马歇尔 K 值同样由 Baks 和 Kramer（1999）提出，其依据为经典的货币数量理论，即 $M/PY=1/V=K$，其中，M 为一国流通中的货币总量，V 为货币流通速度，Y 为实际产出，P 为价格水平。该指标由于容易获得，也最为直观，被 Belke 等（2010b）、Sousa 和 Zaghini（2008）等广泛使用。由于本节样本中的许多国家仍处于货币化的进程中，这些国家的马歇尔 K 值有内在上升的趋势，我们采用 H-P 滤波技术过滤掉其趋势项，用偏离值来表示其流动性过剩（Gouteron and Szpiro，2005）①。

（3）广义货币增长速度与名义国内生产总值增长速度之差。为了考察全球流动性动态变化的影响，特别是在 PVAR 分析中，我们将上述货币数量公式线性化或差分可得到超额货币增长率（Brana et al.，2012），即广义货币增长速度减去名义国内生产总值的增长速度②，代表流动性过剩的变动。

---

① 这一指标用 $\mathrm{liq}_{i,t}=\mathrm{M2}/\mathrm{GDP}_{i,t}-\mathrm{M2}/\mathrm{GDP}^{*}_{i,t}=K_{i,t}-K^{*}_{i,t}$ 表示，其中 $K_{i,t}$ 为马歇尔 K 值，$K^{*}_{i,t}$ 为用 H-P 滤波技术计算的趋势值，$\mathrm{liq}_{i,t}$ 值越大，表明流动性过剩越严重。

② 这一指标用 $\mathrm{m2gdpgr}_{i,t}=\mathrm{Rm2}_{i,t}-\mathrm{Rgdp}_{i,t}$ 表示，其中，$\mathrm{Rm2}_{i,t}$ 和 $\mathrm{Rgdp}_{i,t}$ 分别代表广义货币增速与名义国内生产总值增速，$\mathrm{m2gdpgr}_{i,t}$ 越大表明货币增长速度越快于实体经济的货币需求，因此流动性过剩越严重。

（4）信贷增长速度与名义国内生产总值的增长速度之差。这一指标可以度量各国国内金融系统流动性过剩的情况[①]。

3. 产出替代变量及产出估计模型的控制变量

在回归分析中，本节首先选取各国按购买力平价汇率计算的名义国内生产总值，然后用CPI（1994年为基期）对名义国内生产总值进行调整，最后得到各国的实际国内生产总值作为产出的替代变量。而在PVAR分析中，为了考察全球产出的动态变化，本节采用实际国内生产总值的增长率作为产出替代变量。在产出估计模型控制变量的选择方面，依据朱超和张林杰（2012）、徐建炜和姚洋（2010）等经验文献，本节选取人口抚养比（14岁以下和65岁以上人口占总人口的比例）、贸易开放度（进出口总额与国内生产总值的比率）和金融一体化程度（KAOPEN指数）作为控制变量。

4. 通货膨胀替代变量及通货膨胀估计模型的控制变量

本节选取各国的 CPI 作为通货膨胀指标的替代变量。在参考张天顶和李洁（2011）、中国经济增长与宏观稳定课题组（2009）的基础上，本节选取的通货膨胀估计模型的控制变量包括IMF国际大宗商品价格指数、IMF国际原油价格指数（该指标通过对英国布伦特、阿拉伯联合酋长国迪拜及美国西得克萨斯原油现货价格指数简单平均得到）和通货膨胀目标制变量。其中，通货膨胀目标制采用虚拟变量表示，对采用通货膨胀目标制的国家取值为1，否则取值为0。各国实施通货膨胀目标制的起始时间根据IMF 2012年的《世界经济展望》确定。

实证使用数据均来源于IMF的世界经济展望数据库、世界银行统计数据库和国际清算银行国际金融数据库。

二、实证结果与分析

（一）面板回归结果与分析

为了避免数据不平稳造成“伪回归”现象，本节首先进行了平稳性检验，分别采用相同根情形下的单位根检验（LLC检验、Breitung检验）和不同根情形下的单位根检验（IPS检验、ADF-Fisher检验和PP-Fisher检验）五种方法来检验面

① 这一指标表示为 $cregdpgr_{i,t} = Rcre_{i,t} - Rgdp_{i,t}$，其中，$Rcre_{i,t}$ 和 $Rgdp_{i,t}$ 分别代表信贷增速与名义国内生产总值增速，$cregdpgr_{i,t}$ 越大表明流动性过剩越严重。国际清算银行把全球流动性划分为官方流动性和私人流动性，前者主要指货币当局创造和提供的流动性，通常用不同层次的货币供应量表示，后者分为融资流动性和市场流动性等，通常分别用商业银行信贷量和金融市场融资额表示，官方流动性变化通常可以改变私人流动性的融资条件，两者紧密相关。

板数据的平稳性，结果显示各变量均在 5%的显著水平上拒绝了存在单位根的零假设，由此可以判断各变量均是平稳的①。

在检验了变量的平稳性之后，我们采用面板回归模型检验全球经济失衡和全球流动性过剩的宏观经济影响。为了避免模型设定误差，改进参数估计的有效性，本节对各模型均进行了 Wald *F* 检验、LM 检验和 Hausman 检验，根据检验结果，我们最终采用了固定效应模型进行分析，实证结果如表 4-3 和表 4-4 所示。

表 4-3 全球经济失衡与全球流动性过剩对产出影响的检验结果

被解释变量	产出				
	（1）	（2）	（3）	（4）	（5）
C	21.013*** （0.4200）	20.4480*** （0.4250）	21.0753*** （0.4165）	20.5178*** （0.4021）	20.7060*** （0.3953）
人口抚养比	0.8548 （1.1210）	2.4647** （1.1297）	0.7275 （1.1136）	2.3178** （1.0869）	1.8168** （1.0693）
贸易开放度	0.0026* （0.0014）	0.0031** （0.0014）	0.0025** （0.0014）	0.0036*** （0.0013）	0.0035*** （0.3953）
金融一体化程度	−0.0879*** （0.0208）	−0.0207*** （0.0207）	−0.0869*** （0.0206）	−0.0932*** （0.0199）	−0.0922*** （0.1968）
经常账户余额/国内生产总值对长期趋势的偏离	−0.0192*** （0.0058）	−0.0175*** （0.0057）	−0.0199*** （0.0057）	−0.0188*** （0.0057）	−0.0181*** （0.0056）
广义货币增长率	0.0017*** （0.0057）				
M2/国内生产总值对长期趋势的偏离		1.0121*** （0.2733）			
M2 与国内生产总值增长率之差			0.1817*** （0.0332）		
信贷与国内生产总值增长率之差				0.0242*** （0.0091）	
样本数	714	723	719	752	767
Hausman 检验值	52.02***	48.81***	66.64***	40.54***	42.29***
Overall R^2	0.1722	0.1603	0.1701	0.2237	0.2562

注：括号中数字为相应变量的标准误差

*、**、*** 分别表示在 10%、5%、1%水平上显著

表 4-4 全球经济失衡与全球流动性过剩对通货膨胀影响的检验结果

被解释变量	通货膨胀				
	（1）	（2）	（3）	（4）	（5）
C	−0.3407*** （0.0586）	−0.1244 （0.0858）	−0.2627*** （0.0543）	−0.0438 （0.0796）	−0.0460 （0.0776）

① 限于篇幅，面板单位根检验的结果没有在书中展示。

续表

被解释变量	通货膨胀				
	（1）	（2）	（3）	（4）	（5）
国内生产总值增长率缺口	–0.0358** （0.0194）	–0.0860*** （0.0279）	–0.0196 （0.0182）	–0.0872*** （0.0094）	–0.0871*** （0.0271）
CPI（–1）	–0.0013 （0.0068）	0.0124 （0.0098）	–0.0014 （0.0064）	0.0142 （0.0097）	0.0142 （0.0095）
国际大宗商品价格指数	0.0057** （0.0022）	0.0099*** （0.0032）	0.0042** （0.0021）	0.0075** （0.0025）	0.0075*** （0.0029）
国际原油价格指数	–0.0042** （0.0019）	–0.0087*** （0.0027）	–0.0031* （0.0017）	–0.0066*** （0.0025）	–0.0066*** （0.0024）
通货膨胀目标制	0.0717 （0.0463）	–0.0728 （0.0665）	0.0089** （0.0433）	–0.0970 （0.0647）	–0.1000 （0.0636）
经常账户余额/国内生产总值对长期趋势的偏离	0.0091** （0.0039）	0.0097* （0.0056）	0.0050 （0.0037）	0.0089 （0.0055）	0.0091* （0.0054）
广义货币增长率	0.0156*** （0.0005）				
M2/国内生产总值对长期趋势的偏离		0.6231*** （0.2422）			
M2 与国内生产总值增长率之差			1.6899*** （0.0525）		
信贷与国内生产总值增长率之差				0.0076 （0.0094）	
样本数	777	787	783	817	839
Hausman 检验值	60.72***	57.45***	64.53***	55.97***	57.25***
Overall R^2	0.5496	0.0382	0.5999	0.0374	0.0351

注：括号中数字为相应变量的标准误差

*、**、*** 分别表示在 10%、5%、1%水平上显著

在 1%的显著性水平下，全球经济失衡与产出呈显著的负相关关系，相关系数在–0.0199～–0.0175，这意味着当全球经济失衡的程度提高 1 个单位标准差，产出相应降低 1.75%～1.99%。这说明了全球经济“失衡并增长”的模式中积累的矛盾和问题已经开始显现，并对世界经济产生了不利的影响：其一，全球经济失衡反映了世界各国的储蓄投资失衡、经济结构失衡和产业发展失衡。对美国而言，由于产业升级和转移，金融业已经取代制造业成为主要的产业支柱，这造成了美国国内的产业空心化、产业资本利益丧失和失业率上升，并且过度的金融创新使虚拟经济和实体经济严重脱节，最终酿成了危机。而对广大的新兴市场国家而言，一方面，两头在外的出口贸易模式附加值低且高度依赖国外市场，新兴国家之间的生产同质化导致竞争激烈，压低了工资水平并抑制了消费，并且过度的外汇储备积累产生了巨大的机会成本，顺差积累的财富在国际资本流动中无形流失；另

一方面，新兴国家国内高消耗、高投入的增长模式造成了大量的重复建设和产能过剩，这种增长模式同样是低效和不可持续的。因此，无论是对于美国还是新兴市场国家，失衡的增长道路已经开始走向尽头。其二，失衡的格局并未催生新一轮科技和制度创新，创造新的经济增长点。全世界对美国金融资产需求的增加、全球流动性过剩及较低的利率水平给美国金融产品创新和资本市场繁荣提供了有利的条件，使金融产业成为美国着力发展的支柱产业，而新兴国家主要发展的是密集型的传统制造业，产业结构持续低端化，技术进步和创新动力不足。在上一轮技术创新对劳动生产率的促进作用已经开始减弱的前提下，全球经济增长率只能维持在较低的水平上（雷达，2010）。

但是，在 1%的显著性水平下，全球流动性过剩与产出呈显著的正相关关系，相关系数在 0.0017～1.0121，这表明全球流动性过剩对全球经济产生了显著的促进作用。这与 Rüffer 和 Stracca（2006）、Brana 等（2012）等实证分析的结果一致。如前文所述，国际资本流动对资本、技术、人力资本和制度等经济增长因素具有重要影响；同时，资本流动还可能通过资产价格间接作用于产出：一国货币的扩张带来的国际资本流动，特别是以套利为目的的资本流动会推高资本流入国的资产价格，而资产价格的变化会通过财富效应和托宾 Q 效应作用于该国的产出[①]。

在 10%的显著性水平下，全球经济失衡与通货膨胀呈显著的正相关关系，相关系数为 0.0091～0.0097，这意味着当全球经济失衡的程度提高 1 个单位标准差，通货膨胀也相应上升 0.0091～0.0097 个单位标准差。

但在 1%的显著性水平下，大部分全球流动性过剩的指标与通货膨胀呈显著的正相关关系，相关系数为 0.0156～1.6899，这与 Sousa 和 Zaghini（2008）、Belke 等（2010b）等大部分研究的实证结果相同。从理论上看，经常账户可以通过一些宏观经济变量作用于通货膨胀，如经常账户盈余或者赤字通过影响货币供应量来影响一国的通货膨胀水平，因此全球经济失衡会带来流动性过剩在世界范围内溢出和传导。而全球流动性不仅可能通过总需求渠道，还可能通过利率、货币和进口商品价格等渠道推动一国通货膨胀上升。

（二）面板 VAR 结果分析

接下来，我们运用 PVAR 模型对全球经济失衡、全球流动性过剩和产出及通货膨胀之间的动态关系进行进一步分析，以考察在全球经济失衡的背景下，各国流动性过剩在短期内对其产出和通货膨胀产生了怎样的动态影响。在 PVAR

① Giese 和 Tuxen（2007）等大量实证检验均表明全球流动性显著推动了各国资产价格上升。

分析中，我们主要运用脉冲响应分析说明一个内生变量的冲击对其他内生变量的影响程度。

首先，面对全球经济失衡一个标准差的冲击，全球流动性过剩的响应值增加到 0.008 左右，随后均表现为正向的响应，这说明全球经济失衡对全球流动性过剩产生了显著的推动作用，全球流动性过剩是全球经济失衡背景下的伴生现象。如前文所述，在布雷顿森林体系解体以后，美元的发行彻底摆脱了黄金兑换的硬性约束，美国由此可以根据国内经济的需要不受限制地发行美元，即只要印发美元就可以获得廉价的资源和消费品，这对美国扩大政府财政赤字和鼓励家庭超前消费起到了正向的激励作用，因此美国的贸易赤字和美元输出不断膨胀。而对于其他外围国家，特别是日本、以中国为代表的亚洲新兴国家和俄罗斯及中东等石油输出国，大量的经常项目顺差，加上受汇率升值预期影响的资本流入，导致这些经济体外汇占款迅速增加，从而本币发行也相应地扩张，基础货币增量投放后，通过金融机构和金融市场的信用创造，货币供应变得十分宽松。此外，伴随着贸易赤字流出的美元会通过外围国官方机构（如中央银行和主权财富基金）和私人投资者，以购买国债、政府机构债券和企业债券的形式流回美国政府与企业手中，全球经济失衡得以自我强化。因此，美元本位制下各国的储蓄投资存在内生的不平衡，世界范围内的流动性过剩是当前全球经济失衡的重要特征之一。

其次，从全球经济失衡与全球流动性过剩对产出影响的结果来看，短期内，失衡及其伴随的流动性过剩对产出产生了短暂的正向影响，但随后对产出的影响开始下降，并转为负向影响。这说明全球经济失衡及相伴而生的全球流动性过剩对产出产生了一定的正向影响，但从长期而言，全球经济失衡不利于世界经济的增长，全球流动性过剩对产出增长的促进作用也有限。在短期内，世界经济形成了“失衡并增长”的格局：经常账户巨额赤字满足并维持了美国的高消费和巨额的财政赤字缺口，而对新兴市场国家和资源出口国家而言，出口贸易得以迅速发展，全球流动性带来的资本形成效应、技术外溢效应、产业升级效应和就业效应都推动了经济的增长，全球经济失衡使实物、资本、人才和技术等资源在全球范围内重新分配，使各国形成了相互依赖和互补的共生增长关系，保证了全球经济阶段性的繁荣。然而，如前文所述，全球经济失衡反映了世界各国经济的内部结构失衡，这种失衡的增长模式已经走向尽头，并对世界经济产生了不利的影响，且失衡的格局并未催生新一轮科技和制度创新的经济增长点。此外，失衡的格局极其不稳定，随着全球经济再平衡的呼声日益高涨，全球流动性面临逆转的风险，许多国家的资产价格泡沫将随之破灭，经济、金融体系的系统性风险也开始呈现出来；并且只要资本开始减缓流入美国，美元就将面临贬值和利率上升的压力，这些都会导致世界经济发生连锁反应，陷入长期衰退。总之，在全球经济失衡的背景下，全球经济增长的动力将明显不足，在这种环境中，流动性带来的产出效应也有限，全球经济在失衡与流动性过剩的环境中实现了短期的增长，但长期来看，失衡的格局必将不利于全球经济的发展，世界经济在失衡中增长乏力。

最后，面对全球经济失衡和全球流动性过剩的冲击，通货膨胀处于不断上升的趋势，且通货膨胀对两者的反应都存在一定的时滞，在 2 期左右之后转为正向影响。全球经济失衡及其带来的全球流动性过剩推动了全球范围内通货膨胀的显著上升，并且资本的逐利性决定了过剩的流动性可能会首先追逐金融资产，导致资产价格的快速上涨，再推动下游消费品价格的上涨，这也会导致全球经济失衡及其带来的全球流动性过剩在推动通货膨胀上升时存在时滞。

三、主要结论

本节对 1994～2013 年全球经济失衡背景下，全球流动性过剩对各国产出和通货膨胀的影响进行了实证分析，得出的主要结论有以下三点。

第一，全球流动性过剩对全球经济失衡的冲击产生了正向的影响，全球经济失衡对全球流动性过剩产生了显著的推动作用，世界范围内的流动性过剩是当前全球经济失衡的重要特征之一。第二，长期内，全球经济失衡与产出呈显著的负相关关系，全球经济失衡这种非均衡的增长模式中积累的诸多结构性矛盾和问题已经开始显现，并对世界经济产生了不利的影响。而全球流动性过剩与产出呈显著的正相关关系，全球流动性过剩对产出产生显著的促进作用。全球经济失衡及其带来的全球流动性过剩造成了全球范围内的通货膨胀压力。第三，短期内，全球经济失衡及其带来的流动性过剩对产出产生一定的正向影响，但随后对产出的影响开始下降。总体而言，全球经济失衡不利于世界经济的增长，在失衡的格局中，全球流动性过剩对产出的促进作用也有限。面对全球经济失衡和全球流动性过剩的冲击，通货膨胀显著上升，且通货膨胀对两者的反应都存在一定的时滞。

基于上述结论，我们认为，首先，全球经济失衡的根源在于美元本位制下不对称的国际货币体系，因此必须建立多元化国际货币体系，针对美元发行应建立国际制衡机制。其次，全球经济失衡及流动性过剩的负面影响已经开始显现，全球经济失衡是不可持续的，各国必须加强合作，共同致力于全球经济的再平衡和可持续发展。再次，发展中国家必须警惕美国等退出量化宽松政策和全球流动性逆转，以及其给全球市场汇率、大宗商品价格和资产价格波动等带来的风险。最后，在全球经济金融发展不平衡的调整中，中国经济金融的相应调整也是必然的。金融危机的爆发表明过度依赖出口的经济增长方式不可持续，必须深度改革经济发展模式，加快产业结构调整，深化金融体制改革，增强抵御外部冲击的能力，使中国经济增长更加健康和更加可持续。

第五章　全球经济失衡背景下中国的内外经济失衡

20 世纪 80 年代以来，随着改革开放的日益深入，中国对外出口规模逐步扩大，对外贸易顺差不断增加，尤其是与美国的双边贸易失衡迅速增长。21 世纪初，中美双边贸易失衡影响开始逐步扩大：一方面，其从中美两国的贸易失衡扩大到包括中国在内的亚洲经济体和石油输出国与美国间的全球贸易失衡；另一方面，其从贸易领域的失衡扩展到金融与经济等更多领域的失衡，最终使中国对外贸易失衡成为涉及贸易和金融等领域的对外经济失衡。

第一节　基于全球价值链的中国对外贸易失衡

一、全球价值链与中国对外贸易失衡的扩大

全球价值链是相伴国际生产分工的深入细化、全球销售网络的紧密联系而形成的，是为了最终商品和服务价值的生成和实现而将各个国家、区域、公司的生产经营活动网络化、价值增值活动链条化的一个过程。与传统国际分工相区别的典型特征在于，商品和服务的价值并不属于某一个国家，而是由生产和销售链条上的所有国家共享。在此背景下，处于商品流通领域的国际贸易海关统计额与该国实际的进出口价值往往存在“所见非所得”（Maurer et al.，2012）的情况。首先，由于中间产品贸易和价值转移现象的广泛存在，一国至交易国的进出口额一般包含有第三国的价值投入，而该部分价值干扰了一国的双边贸易失衡核算。其次，全球价值链条并非严格的直线状态，很有可能呈现曲线或者环形状态，因而一国的进口额可能包含有本国的价值投入，而出口额包含有交易对象国的要素价值，这些价值折返的部分也会双向影响一国的进出口额，进而造成重复计算问题。最后，全球价值链又以国内外产业间和产业内循环的形式呈现出来，而总值口径的统计结果则容易掩盖一国在产业层面的进出口真实价值来源和价值流向。以上三方面综合作用就会导致一国应用总值统计的对外贸易失衡额与实际价值转移差额存在较大程度的不一致，即出现所谓的“统计幻象”（Srholec，2007），具体表现在外贸失衡的国别结构、产业结构及商品结构等层面。因而，有必要依据全球价值链的现实特征，应用投入产出分析方

法和增加值统计口径来重新识别一国进出口额的价值来源及其最终去向，从而准确核算该国的对外贸易失衡规模及其国别、产业和商品结构等诸多特征，而近些年来不少国际经济组织（WTO、OECD、欧盟等）编制的多区域投入产出表（multi-regional input-output tables，MRIOTs）和 WIOTs 为此提供了数据支持。

在总值统计口径下，中国对外贸易顺差状况一直较为严重。据中国海关统计，中国 2014 年货物贸易出口额 2.34 万亿美元，进口 1.96 万亿美元，顺差 3825 亿美元，同比猛增 47.2%，是 1995 年的 23 倍、2002 年的 12 倍，也远高于 2008 年金融危机初的 2972 亿美元。2015 年的数据显示，中国的货物贸易出口总额为 2.27 万亿美元，进口总额为 1.69 万亿美元，实现贸易顺差 5800 亿美元，虽然中国的进口额和出口额相比 2014 年均略有减少，但仍保持着巨额的贸易顺差。连续多年的经常账户顺差成为部分国家指责中国参与不正当竞争的主要依据，美国认为人民币汇率存在大幅度的人为低估，继而对多种进口商品征收惩罚性关税，尤其是 2008 年金融危机以来，美国对华进口商品的“双反调查”和“337 调查”层出不穷；欧盟也发起了多起贸易救济措施，特别是 2012 年底宣布对中国光伏产业发起反倾销调查，涉案金额高达 200 亿美元；在个别发达国家的示范下，其他发达经济体和一些发展中国家也相继提起对华进口产品的“双反调查”。由于多数国家未承认中国“完全的市场经济地位”，中国企业在遭受“双反调查”时处于极为被动和不利的地位，多数产品最终被裁定征收高额进口关税，从而打击了企业的出口积极性。而在全球价值链背景下，中国海关统计的贸易顺差是否全部为中国要素价值所创造的呢？事实上，中国以廉价的劳动禀赋优势参与国际分工，主要从事商品的加工组装环节，因而一方面产生了巨额的最终品出口贸易额，但其中包含的本国价值却非常有限；另一方面，带动大量的中间产品进口贸易，这其中不但包含本国价值的折返部分，造成进出口价值的重复统计，还因为部分中间产品价值的来源地和最终消费地的不一致导致了价值的转移问题，从而错估了中国与部分最终产品需求国的贸易失衡额。因而，有必要基于全球价值链的视角，明晰中国进出口贸易的失衡程度，解析中国的对外贸易失衡状况及其结构特征。

本书认为需要立足全球价值链才能真实反映中国外部贸易失衡的实际，因此，基于 Koopman 等（2010）构建一国对外贸易失衡的全球价值链分解模型，本书利用 1995～2011 年世界投入产出数据剖析价值折返、价值转移、产业循环等当代国际生产网络特征对传统贸易失衡统计状况的影响，同时在测度中国进出口全球价值链来源及其去向的基础上，分析中国对外贸易失衡的商品结构、国别（地区）结构和产业结构特征。

二、基于全球价值链的中国贸易失衡结构分析

（一）投入产出框架和全球价值链分解模型

首先，本节对一国进口额的全球价值链结构进行分解。假设世界上有三个国家或地区（r、s、t），每个国家都有 n 个生产部门，则组成的 MRIOS 模型可以表示为

$$\begin{pmatrix} x_r \\ x_s \\ x_t \end{pmatrix} = \begin{pmatrix} A_{rr} & A_{rs} & A_{rt} \\ A_{sr} & A_{ss} & A_{st} \\ A_{tr} & A_{ts} & A_{tt} \end{pmatrix} \begin{pmatrix} x_r \\ x_s \\ x_t \end{pmatrix} + \begin{pmatrix} f_{rr} & f_{rs} & f_{rt} \\ f_{sr} & f_{ss} & f_{st} \\ f_{tr} & f_{ts} & f_{tt} \end{pmatrix} = \begin{pmatrix} L_{rr} & L_{rs} & L_{rt} \\ L_{sr} & L_{ss} & L_{st} \\ L_{tr} & L_{ts} & L_{tt} \end{pmatrix} \begin{pmatrix} f_{rr} & f_{rs} & f_{rt} \\ f_{sr} & f_{ss} & f_{st} \\ f_{tr} & f_{ts} & f_{tt} \end{pmatrix} \quad (5\text{-}1)$$

用分块矩阵的形式可以简写为

$$x = Ax + f = (I - A)^{-1} f = Lf \quad (5\text{-}2)$$

其中，$x_i \in x$ 为国家 i 总产出列向量（维度 $n \times 1$）；矩阵 $A_{ij} \in A$（维度 $n \times n$）刻画 j 国生产对 i 国中间产品的直接消耗系数；$L_{ij} \in L = (I - A)^{-1}$ 为里昂列夫逆矩阵，I 为单位矩阵；$f_{ij} \in f$ 为 i 国生产但由 j 国消费的最终产品，即国家 i 对国家 j 的最终产品出口。令 $V = (V_r \quad V_s \quad V_t)$ 表示各国增加值行向量（维度 $1 \times 3n$），而各国增加值率行向量表示为 $v = (v_r \quad v_s \quad v_t)$，其中 $v_r = V_r / X_r^{\mathrm{T}} = \mu(I - \sum_s A_{sr})$，而 μ 表示元素全为 1 的行向量，令 $\hat{v}$ 表示行向量 v 的对角矩阵。于是，r 国对世界其他国家（s 国和 t 国）的进口额 I_r 用增加值矩阵形式表示为

$$I_r = \begin{pmatrix} v_r & 0 & 0 \\ 0 & v_s & 0 \\ 0 & 0 & v_t \end{pmatrix} \begin{pmatrix} L_{rr} & L_{rs} & L_{rt} \\ L_{sr} & L_{ss} & L_{st} \\ L_{tr} & L_{ts} & L_{tt} \end{pmatrix} \begin{pmatrix} 0 & 0 & 0 \\ 0 & I_{sr} & 0 \\ 0 & 0 & I_{tr} \end{pmatrix} = \begin{pmatrix} 0 & v_r L_{rs} I_{sr} & v_r L_{rt} I_{tr} \\ 0 & v_s L_{ss} I_{sr} & v_s L_{st} I_{tr} \\ 0 & v_t L_{ts} I_{sr} & v_t L_{tt} I_{tr} \end{pmatrix} \quad (5\text{-}3)$$

根据总值统计方式，r 国从 s 国的进口额 I_{sr} 包含最终品进口额 f_{sr} 和中间品进口额 $A_{sr}X_r$ 两部分，即 $I_{sr}=f_{sr} + A_{sr}X_r$；同理可以得到 $I_{tr} = f_{tr} + A_{tr}X_r$。则总值统计下，$r$ 国的总进口是：$I_{r*} = I_{sr} + I_{tr}$。式（5-3）中，$(v_r L_{rs} I_{sr} + v_r L_{rt} I_{tr})$ 为 r 国总进口中包含的源自 r 国的中间投入价值，即进口国内增加值，记为 IDV；$(v_s L_{ss} I_{sr} + v_s L_{st} I_{tr})$、$(v_t L_{ts} I_{sr} + v_t L_{tt} I_{tr})$ 分别为 r 国总进口中包含的来自 s 国、t 国的价值，两部分之和代表进口国外增加值，记为 IFV。式（5-3）依据价值来源不同（最终品和中间品）可作进一步分解：

$$I_r = \begin{pmatrix} 0 & v_r L_{rs} f_{sr} & v_r L_{rt} f_{tr} \\ 0 & v_s L_{ss} f_{sr} & v_s L_{st} f_{tr} \\ 0 & v_t L_{ts} f_{sr} & v_t L_{tt} f_{tr} \end{pmatrix} + \begin{pmatrix} 0 & v_r L_{rs} A_{sr} X_r & v_r L_{rt} A_{tr} X_r \\ 0 & v_s L_{ss} A_{sr} X_r & v_s L_{st} A_{tr} X_r \\ 0 & v_t L_{ts} A_{sr} X_r & v_t L_{tt} A_{tr} X_r \end{pmatrix} \quad (5\text{-}4)$$

其中，$(v_sL_{ss}+v_tL_{ts})f_{sr}+(v_sL_{st}+v_tL_{tt})f_{tr}$ 为 r 国最终产品总进口中包含的他国（t 国和 s 国）价值量之和，记为 IFFV。据式（5-1），r 国总产出 X_r 依据商品的最终需求的不同可以细分为三个部分：

$$X_r=(X_{rr}\quad X_{rs}\quad X_{rt})=(L_{rr}\quad L_{rs}\quad L_{rt})\begin{pmatrix} f_{rr} & f_{rs} & f_{rt} \\ f_{sr} & f_{ss} & f_{st} \\ f_{tr} & f_{ts} & f_{tt} \end{pmatrix} \tag{5-5}$$
$$=(L_{rr}f_{rr}+L_{rs}f_{sr}+L_{rt}f_{tr}\quad L_{rr}f_{rs}+L_{rs}f_{ss}+L_{rt}f_{ts}\quad L_{rr}f_{rt}+L_{rs}f_{st}+L_{rt}f_{tt})$$

于是，式（5-4）矩阵中元素 $v_sL_{st}A_{tr}X_r$ 可以再次分解为

$$v_sL_{st}A_{tr}X_r=v_sL_{st}A_{tr}X_{rr}+v_sL_{st}A_{tr}X_{rs}+v_sL_{st}A_{tr}X_{rt} \tag{5-6}$$

其中，$v_sL_{st}A_{tr}X_{rr}$ 为 r 国自 t 国进口并消费的中间产品中包含的 s 国价值；$v_sL_{st}A_{tr}X_{rs}$ 为 r 国自 t 国进口的中间产品中包含的 s 国价值经 r 国加工后又被 s 国消费的部分，对于 r 国而言，这部分中间产品价值源自 s 国最终又回到了 s 国，即发生了价值的折返现象；$v_sL_{st}A_{tr}X_{rt}$ 为 r 国自 t 国进口的中间产品价值中包含的 s 国价值经 r 国加工后最终又被 t 国消费的部分，对于 r 国来讲，这部分中间品价值由 s 国创造却在 t 国实现，r 国仅扮演了中转站的角色，即发生了价值的转移。式（5-4）第二个矩阵中其他元素的价值分解也采取同样的方式，由于公式众多，不再一一解释。则 r 国进口额的全球价值链分解如式（5-7）所示：

$$\begin{aligned} I_r=&\underbrace{v_r(L_{rs}f_{sr}+L_{rt}f_{tr})}_{\text{IFDV}}+\underbrace{v_r(L_{rs}A_{sr}+L_{rt}A_{tr})X_r}_{\text{IIDV}} \\ &+\underbrace{v_s(L_{ss}f_{sr}+L_{st}f_{tr})+v_t(L_{ts}f_{sr}+L_{tt}f_{tr})}_{\text{IFFV}} \\ &+\underbrace{(v_sL_{ss}A_{sr}+v_sL_{st}A_{tr}+v_tL_{ts}A_{sr}+v_tL_{tt}A_{tr})X_{rr}}_{\text{IIFV}} \\ &+\underbrace{(v_tL_{ts}A_{sr}+v_tL_{tt}A_{tr})X_{rs}+(v_sL_{ss}A_{sr}+v_sL_{st}A_{tr})X_{rt}}_{\text{IITFV}} \\ &+\underbrace{(v_sL_{ss}A_{sr}+v_sL_{st}A_{tr})X_{rs}+(v_tL_{ts}A_{sr}+v_tL_{tt}A_{tr})X_{rt}}_{\text{IIRFV}} \end{aligned} \tag{5-7}$$

为了表述的方便，本节将源于其他国家（t 国和 s 国）而最终被 r 国消费的中间产品价值记为 IIFV；而把源于 t 国（s 国）而又终结于该国 t 国（s 国）的价值，即价值折返的部分记为 IIRFV；把源于 t 国（s 国）而又终结于另一国 s 国（t 国）的价值，即价值转移的部分记为 IITFV。此外，IFDV 为总进口国内增加值中的最终产品，IIDV 为总进口国内增加值中的中间产品。于是，进口的全球价值链分解结构如图 5-1 所示。

依据上述思路，可以将 r 国出口额 E_r 的全球价值链结构用式（5-8）分解：

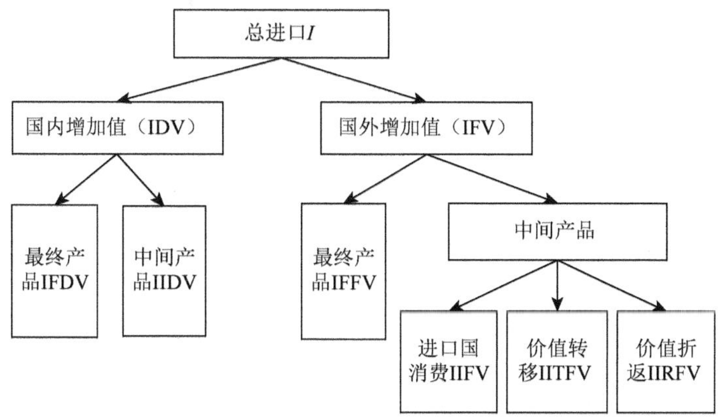

图 5-1　一国总进口额价值结构分解

参考 Koopman 等（2010）制作本图，将一国总进口额首先基于国内、国外增加值分解为两部分，而每部分基于进口产品形态（最终产品或中间产品）分解为两部分，其中进口中间产品的国外增加值再依据其最终消费地不同而分解为进口国当地直接消费、价值折返回来源国、价值转移至第三国等三个部分

$$\begin{aligned} E_r = & \underbrace{v_r L_{rr} \sum\nolimits_{s \neq r} f_{rs}}_{\text{EFDV}} + \underbrace{v_r L_{rr} \sum\nolimits_{s \neq r} A_{rs} X_{sr}}_{\text{EIRDV}} + \underbrace{v_r L_{rr} \sum\nolimits_{s \neq r} A_{rs} X_{ss}}_{\text{EIDV}} \\ & + \underbrace{v_r L_{rr} \sum\nolimits_{s \neq r} \sum\nolimits_{t \neq r,s} A_{rs} X_{st}}_{\text{EITDV}} + \underbrace{\sum\nolimits_{s \neq r} v_s L_{sr} f_{rs}}_{\text{EFFV}} + \underbrace{\sum\nolimits_{s \neq r} v_s L_{sr} A_{rs} X_s}_{\text{EIFV}} \end{aligned} \tag{5-8}$$

其中，EFFV 为以最终产品形式出口的国外增加值；EIFV 为以中间产品形式出口的国外增加值，两部分之和是 r 国出口的国外增加值部分，记为 EFV。EFDV 为以最终产品形式出口的国内增加值部分；EIRDV 为以中间产品形式出口却又折返回 r 国的增加值部分；EIDV 为以中间产品出口并在进口国直接消费的 r 国增加值部分；EITDV 为以中间产品出口到进口国，其价值又转移至第三国的 r 国增加值部分。这四部分之和组成了出口中的 r 国增加值，记为 EDV。

本章关注的重点在于一国对外贸易不平衡状况的全球价值链结构，从价值来源来分解，可以区分为本国主体的进出口价值净额和国外主体的价值转移影响。其中，本国进出口价值净额等于出口国内增加值减去进口国外增加值，下文也称之为贸易增加值净额；而价值转移的影响可以用出口国外增加值减去进口国内增加值得到。最终产品的价值链条在交易对象国终结，而中间产品的价值则不一定，还有可能通过价值转移和价值折返等途径转移至他国，因而基于“去向”的视角可以再次分解中间产品价值三种不同归属地所引发的价值净额影响。从而，r 国贸易不平衡额的全球价值链分解模型如式（5-9）所示：

$$N_r = \underbrace{(\mathrm{EFFV}-\mathrm{IFDV})+(\mathrm{EIFV}-\mathrm{IIDV})}_{\mathrm{FV}} + \underbrace{(\mathrm{EFDV}-\mathrm{IFFV})}_{\mathrm{FDV}} + \underbrace{(\mathrm{EIDV}-\mathrm{IIFV})}_{\mathrm{IDV}} + \underbrace{(\mathrm{EITDV}-\mathrm{IITFV})}_{\mathrm{TDV}} + \underbrace{(\mathrm{EIRDV}-\mathrm{IIRFV})}_{\mathrm{RDV}} \quad (5\text{-}9)$$

其中，FV 为出口国外增加值与进口国内增加值之差，反映了进出口贸易中不同形式的垂直专业化水平对 r 国贸易不平衡的贡献，由于关注点在于整体，这里不再区分最终品与中间品；FDV 为最终产品进出口贸易中，国内外增加值绝对竞争优势的比较；IDV 为中间产品贸易中出口国内增加值相对于进口国外增加值的高低；TDV 为国内外中间产品价值转移能力的强弱；RDV 为中间产品价值的折返能力净值，反映了全球价值链的地位高低，因为生产链前端的研发、设计等环节易导致折返，而最终产品的制造环节价值则不易再次折返。上述四部分之和是出口国内增加值与进口国外增加值之差，本章称之为贸易增加值净额，用 DV 来表示。

（二）数据来源与处理

为了保证数据统计口径的一致性，本节所应用的投入产出数据和进出口贸易数据均源于 WIOD，该数据库由欧盟委员会资助，多个经济组织共同开发。WIOD 共包含 17 个连续年度（1995～2011 年）、41 个国家和地区（40 个主要经济体和 1 个世界其他地区，其中，40 个主要经济体的生产总值之和占全球总额的 85%以上）、35 个产业部门（1 个农业部门、16 个工业部门和 18 个服务业部门）的区域间投入产出数据，相对于 OECD 和 WTO 提供的贸易增加值数据库，其最大特点在于数据为连续时间序列，有助于动态刻画和比较一国（地区）进出口额及贸易不平衡的全球价值链构成。为了下文表述的方便，本节赋予每个产业一个代码，具体见表 5-1。

表 5-1　WIOD 中 35 个产业的分类代码及其对应的 ISIC 编码

产业代码	产业名称	ISIC 编码	产业代码	产业名称	ISIC 编码
1	农、林、牧、渔业	AtB	7	造纸、印刷及出版业	21t22
2	采矿业	C	8	石油精炼及核燃料	23
3	食品、饮料制造及烟草业	15t16	9	化工原料及化学制品制造业	24
4	纺织品及服装制造业	17t18	10	橡胶与塑料制品	25
5	皮革、毛皮、羽毛及鞋类制品	19	11	非金属矿物制品	26
6	木材加工及木制品	20	12	金属冶炼及压延加工业	27t28

续表

产业代码	产业名称	ISIC 编码	产业代码	产业名称	ISIC 编码
13	机械制造业	29	25	航空运输	62
14	电气、电子及光学设备	30t33	26	其他辅助运输方式及旅游	63
15	交通运输设备制造业	34t35	27	邮政通信	64
16	其他制造业及资源再循环利用	36t37	28	金融（间接）	J
17	电力、燃气、水的生产及供应	E	29	房地产	70
18	建筑业	F	30	租赁和其他商业服务业	71t74
19	机动车辆及燃料供应链	50	31	公共管理和社会保障	L
20	燃油零售批发(除汽车及摩托车)	51	32	教育	M
21	除机动车辆外的零售贸易	52	33	卫生及社会福利业	N
22	住宿餐饮业	H	34	居民服务与其他服务业	O
23	内陆运输	60	35	私人雇佣的家庭服务业	P
24	水路运输	61			

资料来源：作者依据 WIOTs 的产业类别制作本表

注：ISIC 为 International Standard Industrial Classification，国际标准产业分类

（三）实证分析

1. 中国对外贸易差额全球价值链结构分解

如表 5-2 所示，在总值口径下，中国对外贸易差额一直表现为顺差状态，且规模不断增大，自 1995 年的 259 亿美元上升至 2011 年的 2947 亿美元，最大值出现在 2008 年为 4163 亿美元，中国整体外贸失衡状况愈加严峻。但是，基于全球价值链的视角，情况会发生较大变化。表 5-2 中的 FV 代表出口中的国外增加值与进口中的国内增加值的差额在总差额中的百分比，该比值大于 100%意味着中国总值贸易差额全部由国外价值净额贡献，即中国贸易增加值净额为逆差。如表 5-2 所示，在中国总值贸易顺差中，国外价值净值转移贡献度一直保持在较高水平，在 2000～2005 年、2010 年和 2011 年等八个年度的贡献率均超过了 100%，最高值出现在 2004 年，为 180.4%，也就是说，在上述期间内，中国外贸顺差并非由进出口中的国内要素价值净额贡献的，而是由国外要素净值的顺差转移所创造的，中国实质上是贸易逆差国。FV 在其他年度的贡献度也比较高，整个样本期间平均值为 99.3%，从这个视角来理解，1995～2011 年，剔除国外要素净值的价值转移影响后，中国大体处于贸易平衡状态。之所以出现这种状况，是因为中国出口国外增加值率大幅高于进口国内增加值率。如图 5-2 和图 5-3 所示，自 2003 年以来，中国出口国外增加值率始终高于 20%，而进口国内增加值率虽然一直保持增长势头，但直到 2011 年仍未达到 4%。

表 5-2　中国对外贸易差额的全球价值链结构分解

年度	总差额/10 亿美元	各部分占比					年度	总差额/10 亿美元	各部分占比				
		FDV	INDV	RDV	TDV	FV			FDV	INDV	RDV	TDV	FV
1995	25.9	130.9%	–97.3%	–8.9%	–23.6%	98.8%	2004	85.1	130%	–133.3%	–10.9%	–66%	180.4%
1996	27.7	136.8%	–104%	–6.9%	–11.6%	85.2%	2005	166.6	102.8%	–68.2%	–8.3%	–45.6%	119.7%
1997	54.7	101.1%	–43.5%	–3.7%	–4.6%	50.6%	2006	259.5	89.5%	–43.5%	–6.7%	–34.2%	94.9%
1998	55.4	86.1%	–30.9%	–2.9%	2.5%	45.3%	2007	368.4	88.6%	–36.6%	–5.5%	–28.3%	82%
1999	41.2	110.2%	–77.7%	–4.4%	–1%	72.8%	2008	416.3	88.5%	–40.8%	–5.2%	–20.3%	78.1%
2000	44.8	116.5%	–102%	–6.7%	–8.7%	101.6%	2009	284.3	113.7%	–75.3%	–2.8%	–15.1%	79.2%
2001	44.5	113.7%	–106.1%	–6.5%	–4.7%	103.1%	2010	310.1	117.4%	–93.9%	–3.8%	–25.5%	105.7%
2002	56.9	105.8%	–91%	–6.3%	–14.4%	106%	2011	294.7	149.7%	–145.7%	–3.6%	–35.1%	134.7%
2003	63	119.2%	–120%	–8.9%	–41%	150.6%	均值	152.9	111.8%	–82.9%	–6.0%	–22.2%	99.3%

资料来源：作者根据 WIOTs 计算得出

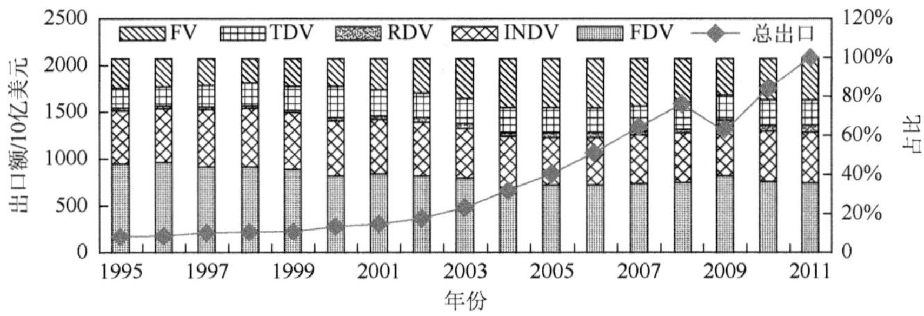

图 5-2 1995～2011 年中国总值统计出口额及其价值结构分解

资料来源：作者根据 WIOTs 计算得出

FV、TDV、RDV、INDV、FDV 分别表示出口额中的国外增加值率、转移至第三国的国内价值占比、折返回本国的国内价值占比、中间产品国内增加值占比、最终产品国内增加值占比，其值均为百分比

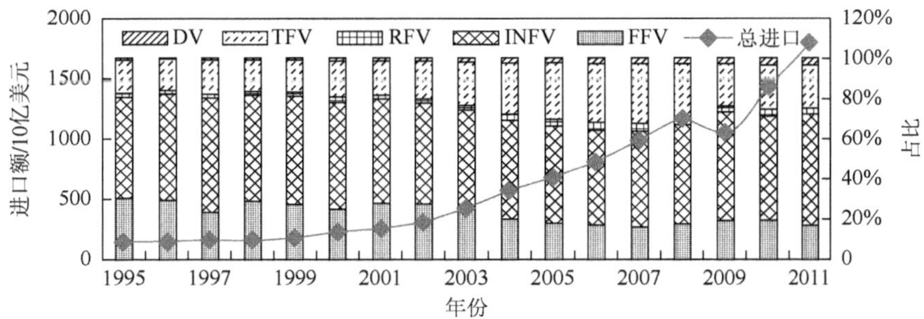

图 5-3 1995～2011 年中国总值统计进口额及其价值结构分解

资料来源：作者根据 WIOTs 计算得出

DV、TFV、RFV、INFV、FFV 分别表示进口额中的国内增加值率、转移至第三国的国外价值占比、折返回进口国的国外价值占比、中间产品国外增加值占比、最终产品国外增加值占比，其值均为百分比

从国内价值净额的商品结构来看，最终产品净额一直呈现顺差状态，而中间产品净额始终保持逆差状态，这与中国产品的进出口结构有关。作为“世界工厂”，中国自世界各地大量进口中间产品，经加工成最终产品后再次出口至各国，因而，最终产品顺差明显。如 2011 年，中国最终产品顺差额 4411 亿美元，超过总顺差近 12%。其实，在样本期间的大部分年份，中国最终产品的顺差都是超过总顺差规模的，平均贡献率 111.8%。而中间产品一直呈现出逆差状态，从其价值最终归属地来看，由中国和直接交易国产生的中间产品贸易增加值逆差是最主要的贡献者，样本期内平均贡献率为 75.7%，其中，2011 年是 79%；由第三国间接吸收的价值转移逆差占据中间产品逆差 18.5%的份额。这说明中间产品贸易中，中国出口中本国价值转移的部分低于进口中国外价值转移的部分，而价值逆差额会对中国与其他国家的双边失衡造成间接的错估影响，但这部分价值发生了跨国界的转移，仍然属于一国的增加值贸易额；价值折返部分占据了中间产品逆差额的 5.9%，比例虽然不高，

但对中国与其他国家的双边贸易不平衡状况造成了直接的偏差影响，由于这部分价值并没有跨国界实现，在核算增加值贸易额时应在总值贸易额中予以剔除。

2. 中国对外贸易差额的国别（地区）价值结构分解

中国与世界主要经济体的贸易增加值净额有以下几个特点（表 5-3）：首先，顺差主要源自欧盟和北美等发达经济体，而逆差则来自东亚和新兴经济体，部分欧盟国家也呈现逆差状态，但总体规模较小，这主要是因为美欧是中国主要的最终商品出口地，而周边国家和地区则是主要的进口中间品来源地。其次，呈现顺差的国家，其贸易增加值顺差相对于总值顺差额都有所降低。以美国为例，2011 年贸易增加值口径下中美顺差额 1178 亿美元，较总值统计额减少了近一半，这是因为贸易增加值统计剔除了来自出口商品中源自其他国家（地区）的中间价值投入。而呈现逆差的国家（地区）则有不同的表现，相对于总值统计额，部分国家（地区）的逆差有所增加（0＜比值＜1），如马耳他、芬兰、韩国和中国台湾地区等；也有一些国家（地区）的逆差额大幅度减少（比值＞1），如瑞典、澳大利亚及世界其他地区等；另有 9 个国家的贸易差额发生了方向性的逆转，即本来呈现顺差的国家（地区）在贸易增加值口径下变成了逆差，其中，巴西、日本、德国（比值＜–1）的变动幅度要小一些，总体而言，相对于总值统计结果的国别（地区）贸易差额，中国的贸易增加值国别（地区）失衡状况有所好转。最后，通过比较 1995～2011 年各年度失衡状况可以发现，中国与其他各国（地区）在贸易增加值下的差额方向变动不大，但绝对值有明显的增长，基于纵向对比的视角，中国的贸易增加值国别（地区）偏向性失衡结构有所扩大。

表 5-3 中国与主要国家（地区）贸易增加值差额及其与总值统计结果比较

区域	1995 年		2008 年		2011 年		区域	1995 年		2008 年		2011 年	
	增加值/10 亿美元	比值	增加值/10 亿美元	比值	增加值/10 亿美元	比值		增加值/10 亿美元	比值	增加值/10 亿美元	比值	增加值/10 亿美元	比值
美国	16.8	0.6	121.2	0.5	117.8	0.5	立陶宛	0	–1.3	0.1	0.1	0.1	0.1
印度	0.7	0.6	21.4	0.7	38.4	0.7	马耳他	0	0.2	–0.1	0.4	–0.1	0.4
墨西哥	0.1	0.1	15.3	0.6	23.6	0.6	拉脱维亚	0	–2.6	0	0	–0.1	–1.6
土耳其	0.2	0.5	9.9	0.7	18.7	0.7	比利时	–0.5	1.6	–0.3	–0.1	–0.6	–0.3
加拿大	1.4	0.6	10.3	0.4	9.1	0.4	丹麦	0.6	0.7	–1.2	–3.5	–0.9	–0.8
英国	0.3	0.2	12.4	0.4	8.7	0.3	意大利	–1.3	2.1	0.1	0	–0.9	–0.1
捷克	0	0.3	4.8	0.6	8.3	0.6	卢森堡	–0.1	1	–1	1.9	–1.1	3.9
西班牙	0.1	0.1	11.2	0.6	7.8	0.5	奥地利	0	–0.1	–3.6	2.6	–4.4	3.4

续表

区域	1995年		2008年		2011年		区域	1995年		2008年		2011年	
	增加值/10亿美元	比值	增加值/10亿美元	比值	增加值/10亿美元	比值		增加值/10亿美元	比值	增加值/10亿美元	比值	增加值/10亿美元	比值
波兰	0	0.1	6.9	0.6	6.9	0.5	芬兰	−0.3	1.4	−0.9	−1.2	−5.7	0.9
爱尔兰	0.2	0.5	2.4	0.5	5.9	0.7	中国台湾地区	−8.2	0.6	−31.7	0.5	−43.7	0.5
法国	−1.1	−19	−1	−0.1	2.8	0.2	瑞典	−0.4	13	−5.6	1.9	−9.2	1.6
希腊	0.2	0.7	2.3	0.5	2.5	0.6	巴西	−0.3	−1.1	−8.9	14	−11.9	−10
荷兰	2.1	0.8	7.2	0.5	1.7	0.2	韩国	−4.5	0.7	−8.1	0.3	−15.6	0.3
匈牙利	0	−0.2	2.5	0.5	1.2	0.4	俄罗斯	−0.8	3.3	−4.7	−0.3	−17.2	−1.7
斯洛伐克	0	0.3	1	0.5	0.8	0.5	德国	−0.2	−0.1	−21.8	169	−23	−31
罗马尼亚	−0.1	1.3	1	0.4	0.3	0.2	日本	−5	−3	−39.5	3.5	−34.2	−9.7
斯洛文尼亚	0	0	0.3	0.4	0.3	0.3	印度尼西亚	−1.2	1.3	−0.3	0	−6.3	−0.8
爱沙尼亚	0	0.5	0.3	0.5	0.3	0.4	澳大利亚	−0.5	−1.2	−23.7	1.8	−53.6	1.4
葡萄牙	−0.1	2.6	0.1	0.1	0.1	0.1	世界其他地区	1.9	0.5	11.1	0.2	−129	2.2
塞浦路斯	0.1	0.8	1.1	0.8	0.1	0.5	总和	0.1	0	91.6	0.2	−102	−0.3
保加利亚	0	−1.3	0.8	0.6	0.1	0.1							

资料来源：作者根据WIOTs计算得出

注：本表“增加值”意味着是在增加值口径下的中国与各国（地区）贸易差额，等于中国向各国（地区）出口中包含的中国价值量减去中国总进口中包含的各国（地区）价值量之差。这里的“比值”为贸易增加值差额与总值差额之比

3. 中国各产业对外贸易差额全球价值链分解

以2011年为例来说明中国各产业贸易差额的全球价值链来源(表5-4)。首先，中国贸易顺差主要源于制造业部门，而农业、矿产、油气及大多数服务业部门均表现为逆差状态。顺差和逆差的产业集中度都比较高，顺差主要来源于电气、电子及光学设备产业和纺织品及服装制造业，两者顺差额之和高达7427亿美元，约是总顺差的2.5倍，这两个产业分别作为技术密集型制造业和劳动密集型制造业的代表，是中国的传统优势产业，尤其是最终产品在国际市场上有较高的竞争力和市场占有率，为中国赢得了巨额的经常账户盈余。逆差主要来自采矿业，2011年其逆差额达到3921亿美元，约是总差额的1.3倍，中国大规模的基础设施建设需要大量来自海外的优质资源投入，尤其是巴西和澳大利亚的矿产资源等。

表 5-4　2011 年中国各产业贸易差额及其全球价值链结构分解

产业代码	总差额/10 亿美元	各部分价值占比					产业代码	总差额/10 亿美元	各部分价值占比				
		FDV	INDV	RDV	TDV	FV			FDV	INDV	RDV	TDV	FV
1	−52	6%	69.7%	3%	19.2%	1.9%	18	−4.3	−18.1%	107.5%	3.2%	42.7%	−35.6%
2	−392.1	3.9%	67.5%	4.4%	23.6%	0.6%	19	−10.5	22.4%	54.2%	1.4%	22%	0
3	28.8	101.7%	−13.4%	−0.6%	−4.2%	16.5%	20	−20	41.7%	39.2%	1.4%	20.5%	−2.8%
4	230.4	59.4%	14.3%	0.5%	11.4%	14.4%	21	−23.7	−4.8%	71%	1.7%	33.1%	−1.2%
5	48	75.8%	7.7%	0.1%	1.2%	15.1%	22	−0.7	−542.9%	505.6%	22.3%	220.4%	−105.3%
6	4.3	29.7%	36.1%	−0.2%	1.7%	32.6%	23	−28.7	14.7%	62.2%	2.8%	20.7%	−0.3%
7	−14.8	11.8%	63.4%	3.2%	27.1%	−5.7%	24	31.1	14.6%	28%	2.9%	38.4%	16.2%
8	−16.5	7.9%	87.8%	3.5%	31.6%	−30.9%	25	16.4	33.7%	24.4%	1.3%	3.7%	36.9%
9	17	21.8%	−74.2%	10.5%	2.9%	139%	26	−11.7	23.8%	67.2%	1.6%	11.2%	−3.9%
10	45.5	27.5%	28.7%	1.5%	10%	32.2%	27	−14.3	20.7%	56.4%	2.1%	21.1%	−0.4%
11	15.5	18.6%	53.7%	1.1%	2.9%	23.7%	28	−60.1	18.3%	53%	2.7%	21.6%	4.5%
12	11.2	−44.1%	−132.4%	13.4%	9.3%	253.8%	29	−33.5	19.2%	53.6%	1.9%	22.6%	2.8%
13	66.9	63.1%	−11.8%	1.2%	1.7%	45.8%	30	−96.1	27.5%	51.5%	2.8%	26%	−7.6%
14	512.3	40.9%	11%	2%	7.4%	38.8%	31	−17.2	8.7%	63.7%	5%	22.7%	−0.2%
15	54.1	23.7%	23%	1.3%	14.1%	37.9%	32	−4.9	19.6%	57.5%	1.1%	20.2%	1.7%
16	62.4	62.6%	12.1%	0.6%	8.6%	16.1%	33	−1.3	10.1%	57.4%	3.1%	30.4%	−0.9%
17	−32.1	16%	54.8%	2.6%	21.1%	5.5%	34	−14.4	15.9%	70.4%	3.5%	15.9%	−5.6%

资料来源：作者根据 WIOTs 计算得出，第 35 个行业在国内未统计

其次，各产业贸易差额中，国外增加值净额的表现情况差异很大。呈现顺差的产业，其国外净值的贡献一般比较大，如电气、电子及光学设备等制造业，平均贡献率为40%左右，这说明贸易增加值统计下的产业贸易差额与总值统计额差别较大，特别是化工原料及化学制品制造业、金属冶炼及压延加工业，国外净值贡献率更是超过了100%，并且金属冶炼及压延加工业的国外净值转移是总顺差的2.5倍，因而从贸易增加值这个视角来衡量，该产业并非处于顺差状态，而是逆差比较严重。而呈现逆差的产业，国外净值的贡献率通常比较小，如采矿业，其国外净值占比仅有0.6%；服务业部门也有相似的情况，平均值为4%，因而贸易增加值逆差额与总值统计基本持平。

再次，比较最终产品和中间产品的贸易增加值净值，大部分产业的净额方向是一致的，但也有食品、饮料制造及烟草业，化工原料及化学制品制造业，机械制造业等部门呈现出最终产品顺差而中间产品逆差的状态，而个别服务业部门如建筑业、除机动车辆外的零售贸易、住宿餐饮业的情况与此相反，这反映了同一产业部门不同产品形态在国际上竞争力的差异。绝对差额比较显著的几个产业，采矿业的逆差主要来源于中间产品贸易，其占比达到67.5%，远高于最终产品贸易的份额3.9%；纺织品及服装制造业顺差额则主要源自最终产品贸易净额，高达59.4%；皮革、毛皮、羽毛及鞋类制品，以及电气、电子及光学设备产业也有相似的情况。

最后，价值折返净额的影响相对温和，大部分产业都保持在5%以下，仅有化工原料及化学制品制造业、金属冶炼及压延加工业高于10%，从而加剧了国外净值的影响程度。价值转移净额的影响比较严重，尤其是服务业部门，平均值达到35%，其中，住宿餐饮业更是高达221.1%；制造业各部门的价值转移净额平均值为10%，石油精炼及核燃料的比重偏高，达到31.6%；逆差额最高的采矿业，其比重为23.6%。

三、结论及启示

本节基于全球价值链视角分析了中间产品贸易引致的价值折返、价值转移、产业循环等问题对于一国进出口价值的影响，进而在世界投入产出框架下构建了可以识别进出口贸易不平衡程度的统计模型，在此基础上形成了一国贸易不平衡的价值链贡献度核算模型，应用1995～2011年世界投入产出数据测度并分解了中国对外贸易不平衡总额的国内外价值来源及中间产品贸易价值不同去向的贡献，基于贸易增加值视角分析了中国各产业部门及中国与世界主要经济体的贸易不平衡状况。研究结论表明：由于价值转移的影响，中国出口国外增加值率远高于进口国外增加值率，样本期内，中国出口国内增加值与进口国外增加值基本相等，因而从贸易增加值视角来看，中国大体处于平衡状态；而实际上，在不少年份，中国的贸易增加值净额处于逆差状态，这与总值统计的结果相去甚远；从产品结构来分析，中国对外贸易顺差主要来自最终产品，而中间产品一直呈现逆差状态。国别（地区）分析结果说明，中国的贸易增加值顺差主要来自欧盟、北美等发达经济体，而逆差则来自距离较近的东亚地区和新兴经济体，并且国别（地区）偏向性失衡有进一步扩大的趋势。从产业结构来看，中国贸易增加值顺差主要来自制造业部门，而农业、矿产、油气及大多数服务业部门呈现出逆差状态，贸易不平衡方向与总值统计的结果基本一致，只是在绝对值上有不同程度的缩水。

本节的政策启示在于：全球价值链分工背景下，单纯地依靠总值统计结果并不能有效地揭示贸易不平衡的程度，因而需要对总值进出口额的全球价值链构成特别是商品结构、国别结构和产业结构进行细分解。中国虽然具有巨额的贸易顺差额，但其并非全部由国内要素增加值净值贡献，出口中隐含的大量国外要素价值对此有举足轻重的影响。中国在加强最终产品国际竞争力的同时，应着力提高中间产品和投入要素的技术水平，以适应工序化分工的新特征；在加强制造业部门国际竞争力的同时，应着力提高资源矿产和服务业部门的国内价值增值能力，以获取新的更大的外贸竞争优势；在加强与发达经济体外贸往来的同时，应着力调整与发展中经济体特别是新兴经济体的贸易不平衡，以巩固多元化的外贸战略。

第二节　基于金融视角的中国流动性结构失衡

一、中国流动性结构失衡现状

2008 年全球金融危机爆发以来，世界范围内的宽松货币政策在刺激经济复苏的同时进一步加剧了全球流动性过剩。在中国，充裕的流动性通过银行系统注入到经济体系中。截至 2016 年 12 月，中国广义货币总量和金融机构人民币贷款余额分别达到了 155 万亿元和 106.6 万亿元。在货币信贷存量大幅增长、经济增长速度和通货膨胀率未出现显著变化的情形下，中国却爆发了“钱荒”(2013 年 6 月 20 日，Shibor 隔夜利率达到了惊人的 13.44%)。上述现象再度引发了学术界和实务界对流动性[①]，尤其是以货币信贷结构为代表的流动性结构失衡对宏观经济影响的高度关注，2013 年中国中央政府和中国人民银行也再三强调“盘活货币信贷存量”。

① 北京大学中国经济研究中心宏观组和梁东擎（2008）将流动性划分为三个层次：货币流动性、银行系统流动性与金融市场流动性。其中，货币流动性指货币的充裕程度；银行系统流动性指商业银行整体资产的扩张情况；金融市场流动性指金融市场上资产变现的难易。按照中国人民银行《2006 年第三季度中国货币政策执行报告》中的划分标准，货币流动性和金融系统流动性属于宏观流动性范畴。在宏观层面上，流动性常被直接理解为不同统计口径的货币信贷总量。货币流动性通常用不同层次的货币供应量来度量，金融系统流动性通常用商业银行的信贷总额来度量。

既有研究大多考察货币信贷总量对宏观经济的影响，并且基本认同货币信贷总量对产出和通货膨胀存在显著影响。然而，货币信贷总量对宏观经济的影响具体如何？既有研究基于不同的研究方法和数据样本得出了不完全一致的结论。在货币总量方面，张永升等（2012）实证分析了1999～2011年中国货币供应量与国内生产总值之间的关系，结果表明M2与名义国内生产总值、实际国内生产总值之间均存在正向的长期均衡关系。黄益平等（2010）、赵进文和丁林涛（2012）均证实了用M2/国内生产总值衡量的过剩流动性是通货膨胀率的重要影响因素。在信贷总量方面，盛松成和吴培新（2008）认为银行信贷规模对产出和通货膨胀率均具有长期正向作用；潘敏和缪海斌（2010）认为银行信贷不仅对经济增长具有正向促进作用，而且是经济增长的主要影响因素，银行信贷在短期对物价存在较弱的负向影响，而在长期对物价的影响趋于正向；李连发和辛晓岱（2012）分析了中国1984年以来的季度数据后发现，信贷扩张后产出缺口扩大的趋势仅持续4个季度左右，而通货膨胀压力会持续7个季度左右；许伟和陈斌开（2009）的实证分析结果表明，产出在遭受负向信贷冲击后缓慢回升至稳态，而通货膨胀率则快速回升至稳态。张军（2006）指出，更多的信贷分配给了低效率的国有企业导致1987～2001年中国信贷增长对经济增长的影响不显著。

总体而言，总量层面的研究无法深入分析货币信贷对实体经济的作用机制，也无法区分货币信贷对各类经济主体的影响。相反，结构层面的研究能够提供更多信息，因为货币信贷结构在很大程度上反映了经济主体的行为与预期，如家庭消费决策与资产替代行为、企业投资决策、商业银行的信贷行为及宏观经济政策预期等。随着金融市场的日渐完善，货币信贷总量对宏观经济的影响越来越依赖货币信贷结构的传导。由此可见，货币信贷结构同时具备强内生性和可观测性的优点。因此，如果说货币信贷对实体经济的作用机制是一个“黑箱”，那么货币信贷结构就是这个“黑箱”中的一盏灯，通过这盏灯可以清晰地观察到货币信贷对宏观经济的影响。

事实上，20世纪90年代以来中国货币结构发生了根本性变化，货币均衡的主要表现形式已由物价转变为物价与金融资产价格并重，货币对经济运行的影响也由总量为主转变为总量与结构并重（李健，2007）。与此同时，商业银行信贷资产期限结构[①]的重大变化对金融监管和宏观调控提出了更大的挑战。一方面，中国资本市场、货币市场及信贷市场的事实分割使商业银行资产负债表期限错配风险更加突出；另一方面，长短期贷款对宏观经济的影响及影响机制存在较大差异，

① 本节仅研究货币信贷期限结构的原因有两点：一是货币信贷的分部门数据要么缺失要么很短；二是从期限结构来理解宏观流动性符合流动性的初始定义并且具备资产选择理论基础，微观经济主体（包括家庭、企业和银行）持有资产的期限结构取决于风险收益的权衡及未来的支出安排（彭兴韵，2007）。

范从来等（2012）的分析结果表明短期贷款和长期贷款对经济增长和通货膨胀的影响显著不同。从图 5-4 可以看出，在 2007 年 1 月至 2013 年 5 月中国货币信贷总量快速增长的同时，货币结构和信贷期限结构发生了显著变化，并且 HLL/HSL、M1/*R* 的变化与实际产出增长率、通货膨胀率的变化大体一致，LL/SL、EL/ES 的变化与实际产出增长率、通货膨胀率的变化在 2009 年以前不一致而在 2009 年以后大体一致。这表明货币结构和信贷期限结构对宏观经济可能存在机理性影响。

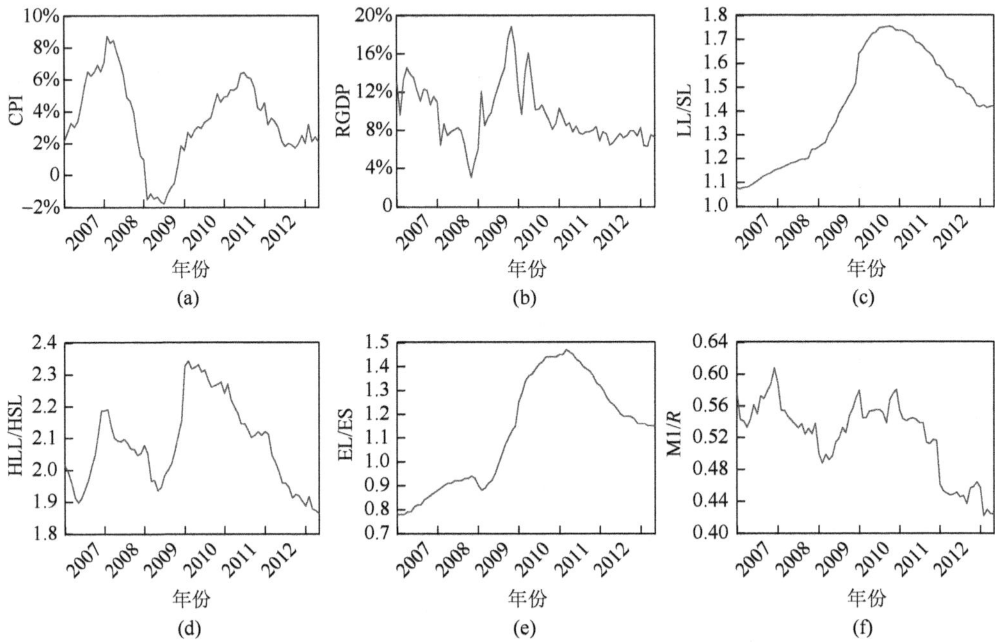

图 5-4　2007 年 1 月至 2013 年 5 月中国通货膨胀率、RGDP（实际国内生产总值）增长率和货币信贷结构的变化

资料来源：上述各变量的数据均来源于同花顺数据库

LL/SL 表示商业银行发放的中长期信贷与短期信贷的比值；HLL/HSL 表示住户持有的中长期贷款与短期贷款的比值；EL/ES 表示非金融企业及其他部门持有的中长期贷款与短期贷款的比值；M1/*R* 表示 M1 与准货币 *R* 的比值。实际国内生产总值增长率使用实际工业增加值增长率作为替代

基于此，本节将从货币信贷结构的角度更加深入地考察货币信贷对中国宏观经济的影响。本节的贡献主要体现为以下两个方面：第一，由于发达国家的金融市场已相当完善并且间接融资占比较小，货币信贷结构对宏观经济的影响并没有引起广泛关注，同时，国内相关研究非常少见，本节对既有研究形成了有效补充；第二，本节在实证研究的基础上从货币信贷结构的角度再次解释了“中国货币迷

失之谜”，从而有利于深刻理解中国经济运行的货币金融特征，并为当前货币政策的制定与实施提供有价值的政策参考。

二、实证模型、变量选取与数据

协整分析在描述经济变量长期均衡关系方面得到了广泛应用。如果经济系统出现结构性或制度性变化，则经济变量之间的长期均衡关系就会发生变化，体现为原均衡关系的参数变化和新变量进入均衡关系。杨宝臣和张世英（2006）将前者界定为机理不变型变结构协整，将后者界定为机理变化型变结构协整。因此，机理变化型变结构协整模型使实证分析货币信贷结构对宏观经济的机理性影响成为可能。

一般意义上的机理变化型变结构协整可以定义为式（5-10）：

$$x_{1t}=\begin{cases}u_1+\alpha_0^{\mathrm{T}}x_{2t}+\varepsilon_t, & t=1,2,\cdots,\tau\\ u_2+\alpha_1^{\mathrm{T}}x_{2t}+\beta x_{3t}+\varepsilon_t, & t=\tau+1,\tau+2,\cdots,T\end{cases} \tag{5-10}$$

其中，ε_t 在 $[1,\tau]$ 和 $[\tau+1,T]$ 上均是 $I(0)$ 序列。$x_{1t}\sim I(1)$ 为标量序列，$x_{2t}\sim I(1)$ 为 $m-1$ 维向量序列，x_{3t} 为 $(T-\tau)$ 维时间序列，u_1,u_2 为常数。当 $t\in[\tau+1,T]$ 时，新变量的进入破坏了原有变量之间的长期均衡关系，新的长期均衡关系形成。

杨宝臣和张世英（2006）给出了基于残差的机理变化型变结构协整检验方法和检验步骤，分别如下：

$$\mathrm{H}_0:\ \varepsilon_t^{\mathrm{T}}=r_0+\gamma t+z_t,\qquad t\in[1,T]$$

$$\mathrm{H}_1:\ \varepsilon_t=\begin{cases}r_0+\gamma_0 t+z_{t,0}, & t\in[1,\tau]\\ r_t+\gamma_1 t+z_{t,1}, & t\in[\tau+1,T]\end{cases}$$

其中，$\varepsilon_t^{\mathrm{T}}=x_{1t}-\alpha^{\mathrm{T}}x_{2t}$，$z_t$，$z_{t,0}$，$z_{t,1}$ 均为 $I(0)$ 序列，z_t 满足四个 Phillips 条件，r_0 和 γ 为常数，$r_t=r_{t-1}+\xi_t$ 且 $\xi_t\sim\mathrm{iid}(0,\sigma_\xi^2)$。如果 H_1 成立，则 (x_{1t},x_{2t}) 在 $[1,\tau]$ 上存在协整关系，(x_{1t},x_{2t},x_{3t}) 在 $[\tau+1,T]$ 上存在新的协整关系。

假定 $\hat{z}_t$ 的长期方差为常数，则相应的 F 统计量可表达成式（5-11）：

$$F=(T-\tau)^2\sum_{t=\tau+1}^{T}S_{\gamma_1}^2(\tau)\Big/\tau^2\sum_{t=1}^{\tau}S_{\gamma_0}^2(\tau) \tag{5-11}$$

其中，$S_{\gamma_1}^2(\tau)=\sum_{t=\tau+1}^{T}\hat{z}_t$，$S_{\gamma_0}^2(\tau)=\sum_{t=1}^{\tau}\hat{z}_t$。在上述 F 统计量的基础上，可构造以下三种 Chow 检验统计量对变结构协整关系进行检验：Max-Chow、Mean-Chow 以及

Exp-Chow。其中，Max-Chow 表示所有 F 统计量中的最大值，Mean-Chow 表示所有可能 F 统计量的平均值，Exp-Chow 表示指数 F 统计量平均值的对数。

基于 (x_{1t},x_{2t}) 在 $[1,\tau]$ 上存在协整关系这一先决条件，机理变化型变结构协整的检验与估计应遵循以下步骤：第一步，对 (x_{1t},x_{2t}) 在 $[1,\tau]$ 上的协整关系进行存在性检验，如果存在，进入下一步。第二步，分别使用 Max-Chow、Mean-Chow 及 Exp-Chow 检验 H_0 和 H_1。第三步，如果拒绝 H_0，则估计变结构点。变结构点 $\hat{t}_c=\arg\min\sum_{t=1}^{T}\hat{\varepsilon}^2(\tau)$。当 $t\in[1,\tau]$ 时，$\hat{\varepsilon}_t=x_{1t}-\hat{\alpha}_0^{\mathrm{T}}x_{2t}$；当 $t\in[\tau+1,T]$ 时，$\hat{\varepsilon}_t=x_{1t}-\hat{\alpha}_1^{\mathrm{T}}x_{2t}-\beta x_{3t}$。

由于非线性协整模型结合了非平稳性和非线性两方面的特征，要估计时间序列的非线性协整有很大难度（杨政等，2011），在实际应用中通常使用单方程协整回归模型。基于此，本书构建了以下两个单方程协整回归模型：其一，单方程协整模型Ⅰ，将产出水平（Y）视为外生变量而将货币供应量（M）、通货膨胀率（INF）和银行信贷总额（TL）视为内生变量；其二，单方程协整模型Ⅱ，将通货膨胀率视为外生变量而将货币供应量、产出水平和银行信贷总额视为内生变量。在考察货币结构、信贷期限结构对产出水平和通货膨胀率的机理性影响时，本书在单方程协整模型Ⅰ和单方程协整模型Ⅱ中依次加入货币结构（M1/R）和信贷期限结构（LL/SL）。为了保证足够大的样本容量，本节选择 1996 年 1 月至 2013 年 5 月的月度数据为研究样本，样本期间中国经济市场化程度较高并且宏观调控日趋成熟。由于中国官方没有公布国内生产总值的月度数据，本节使用全社会消费品零售总额、固定资产投资总额与净出口总额作为产出水平的替代变量。相关变量的原始资料来源于 CECI 数据库和同花顺数据库。为了消除价格因素，本节对 Y、M 和 TL 按照定基比 CPI（1995 年 12 月为基期）进行调整，然后作对数平滑处理。为了消除季节性因素，本书对相关变量的实际值序列均进行了 X-12（加法）季节调整①。

三、实证结果与分析

依据上述机理变化型变结构协整模型的检验方法与检验步骤，本节首先进行单位根检验和线性 Johansen 协整检验，以判断机理变化型变结构协整模型的适用性。然后，实证检验单方程协整模型Ⅰ和单方程协整模型Ⅱ是否存

① 数据的时间依赖性结构突变也可能导致模型呈现出非线性特征，而对时间序列的季节性调整有助于消除这一隐患（Weise，1999）。

在机理变化型变结构协整关系。最后，估计出变结构点①和相应的变结构协整方程。

ADF 单位根的检验结果（表 5-5）表明，产出水平、货币供应量、通货膨胀率、银行信贷总额、货币结构及信贷期限结构的时间序列均为 $I(1)$。

表 5-5　ADF 单位根检验结果

变量	检验形式（C, T, L）	ADF 统计量（概率）	变量	检验形式（C, T, L）	ADF 统计量（概率）
Y	（C, T, 14）	−2.3896（0.3838）	ΔY	（C，0，12）	−4.5599（0.0016）
M	（C, T, 3）	−2.5677（0.2956）	ΔM	（C，0，0）	−18.486（0.0000）
INF	（C, 0, 11）	−2.3824（0.1480）	ΔINF	（0，0，10）	−15.127（0.0000）
TL	（C, T, 2）	−2.3689（0.3948）	ΔTL	（C，0，1）	−6.9435（0.0000）
M1/R	（C, T, 4）	−2.4152（0.3706）	ΔM1/R	（0，0，3）	−6.4290（0.0000）
LL/SL	（0, 0, 10）	0.3456（0.7840）	ΔLL/SL	（0，0，5）	−2.2201（0.0258）

注：C 和 T 分别表示单位根检验方程是否包含截距项和趋势项，L 表示单位根检验方程的滞后阶数

在单位根检验的基础上，构建三个 VAR 模型并依次进行 Johansen 协整检验。VAR 模型Ⅰ由产出水平、通货膨胀率、货币供应量和银行信贷总额构成。VAR 模型Ⅱ由产出水平、通货膨胀率、货币供应量、银行信贷总额和货币结构构成。VAR 模型Ⅲ由产出水平、通货膨胀率、货币供应量、银行信贷总额和信贷期限结构构成。Johansen 协整检验结果（表 5-6）表明：第一，产出水平、通货膨胀率、货币供应量与银行信贷总额之间存在协整关系，进而满足实证检验货币信贷结构对宏观经济存在机理性影响的先决条件。第二，货币结构或信贷期限结构与产出水平、通货膨胀率、货币供应量和银行信贷总额并不存在线性协整关系，由此可见，线性协整模型无法反映货币信贷结构对宏观经济变量的影响，即很难解释货币信贷结构与宏观经济变量之间的一致性变动。事实上，当经济系统出现重大结构性变化时，经济变量之间有可能存在线性协整模型无法捕捉的非线性变化。例如，2008 年美国金融危机后，政府对基础建设的大力推动和房地产市场的快速发展拉动中长期信贷快速增长，由此引发的货币信贷结构失衡对中国经济可持续发展的影响大大超出以往。因此，使用非线性协整模型代替线性协整模型来分析货币信贷结构对宏观经济的机理性影响是必然选择，而机理变化型变结构协整模型较好地考虑了货币信贷结构进入新均衡关系的可能性。

① 由于使用月度数据作为样本，变结构点的实证估计结果可能存在较大误差。出于谨慎考虑，本节最终得出的变结构点实际上是一个很短的时间区间。

表 5-6　Johansen 协整检验结果

模型	最优滞后阶数	零假设	最大特征根统计量（5%临界值）	迹统计量（5%临界值）	检验结果
VAR 模型Ⅰ	8	$n=0$	73.842（27.584）	92.929（47.856）	$n=1$
		$n\leqslant 1$	9.7230（21.132）	19.077（29.797）	
		$n\leqslant 2$	8.8727（14.265）	9.3541（15.495）	
		$n\leqslant 3$	0.4815（3.8416）	0.4815（3.8415）	
VAR 模型Ⅱ	11	$n=0$	47.434（33.877）	126.89（69.819）	$n=2$
		$n\leqslant 1$	28.464（27.584）	54.159（47.856）	
		$n\leqslant 2$	12.256（21.132）	30.486（29.797）	
		$n\leqslant 3$	6.8905（14.265）	12.153（15.494）	
		$n\leqslant 4$	0.3172（3.8415）	1.3186（3.8415）	
VAR 模型Ⅲ	12	$n=0$	80.019（33.876）	136.60（69.819）	$n=2$
		$n\leqslant 1$	32.520（27.584）	56.585（47.856）	
		$n\leqslant 2$	13.586（21.132）	24.065（29.797）	
		$n\leqslant 3$	10.404（14.265）	10.478（15.495）	
		$n\leqslant 4$	0.0744（3.8415）	0.0744（3.8415）	

注：由于 Johansen 协整检验的效力在很大程度上依赖于 VAR 模型的滞后阶数，本节根据 LR、FPE、AIC、SC 和 HQ 信息准则的选择结果并遵循多数原则来确定最优滞后阶数。最大滞后阶数设定为 24

由于机理变化型变结构协整检验的备择假设中存在冗余参数，直接以线性协整且无结构性变化为基准检验变结构协整，属于非标准的统计推断问题。此时，本节计算出来的检验统计量不再服从 F 分布，从而无法获得临界值，这一难题在统计检验上被称为“Davis 问题”。本节借鉴 Hansen（1996）的模拟方法：先计算检验统计量的大样本分布函数，然后得到大样本下的 p 值，在原假设成立的情形下，检验统计量渐进地服从均匀分布。使用 Bootstrap 方法能够实现上述模拟。按照 $r_t = r_{t-1} + \xi_t$， $\xi_t \sim N(0,1)$，重复生成 1000 个随机数，r_t 初值设定为 0。变结构点 τ 的下限设定为 int（0.2T），上限设定为 int（0.8T）。其中，int（·）表示取整，样本容量 T 为 209。这种设定不仅考虑了未知的变结构点，在给定上限的情形下，还保证了模型估计精度不会损失太多（Maki，2012）。

表 5-7 给出了单方程协整模型Ⅰ和单方程协整Ⅱ是否存在机理变化型变结构协整关系的检验结果。结果表明：加入货币结构或信贷期限结构后，单方程协整模型Ⅰ和单方程协整模型Ⅱ都在 5%水平上拒绝了协整关系在样本期间无机理性结构变化的原假设。这意味着货币结构或信贷期限结构在某个时点开始对产出水平和通货膨胀率产生机理性影响，进而货币信贷同时在总量与结构两个维度对宏观经济产生重要影响。

表 5-7　机理变化型变结构协整检验结果

模型	加入变量	Max-Chow	Mean-Chow	Exp-Chow
单方程协整模型 I	货币结构	222.72（0.0031）*	182.94（0.0052）*	125.88（0.0000）*
		变结构点：2001 年 2 月至 2001 年 8 月		
	信贷期限结构	98.736（0.0283）**	58.260（0.0431）**	55.521（0.0184）**
		变结构点：2009 年 3 月至 2009 年 6 月		
单方程协整模型 II	货币结构	167.06（0.0000）*	86.06（0.0208）**	77.791（0.0002）*
		变结构点：1999 年 2 月至 1999 年 9 月		
	信贷期限结构	150.93（0.0233）**	87.558（0.0022）*	85.746（0.0331）**
		变结构点：1999 年 2 月至 1999 年 5 月		

注：括号内数值为伴随概率

*和**分别表示在 1%和 5%置信水平上拒绝原假设

图 5-5 展示了单方程协整模型 I 变结构点的估计结果。结果显示：加入货币结构后，单方程协整模型 I 的协整关系在 2001 年 2 月至 2001 年 8 月发生了机理性结构变化。这表明，在 1996 年 1 月至 2001 年 2 月货币对产出水平的影响以总量为主，在 2001 年 8 月至 2013 年 5 月货币对产出水平的影响转变为总量与结构并重。加入信贷期限结构后，单方程协整模型 I 的协整关系在 2009 年 3 月至 2009 年 6 月发生了机理性结构变化。这表明，在 1996 年 1 月至 2009 年 3 月，银行信贷对产出水平的影响以总量为主，在 2009 年 6 月至 2013 年 5 月，银行信贷对产出水平的影响转变为总量与结构并重。

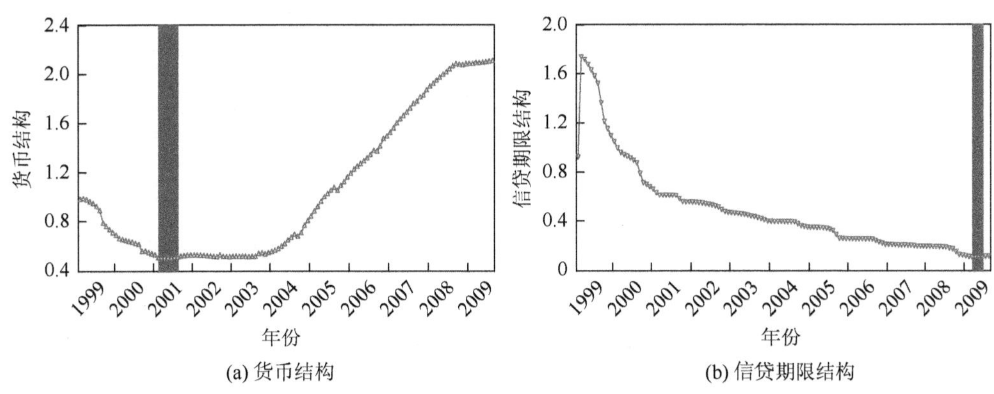

图 5-5　货币结构与信贷期限结构对产出水平产生机理性影响的变结构点（单方程协整模型 I ）

图 5-6 展示了单方程协整模型 II 变结构点的估计结果。结果显示：加入货币结构后，单方程协整模型 II 的协整关系在 1999 年 2 月至 1999 年 9 月发生了机理性结构变化。这表明，在 1996 年 1 月至 1999 年 2 月货币对通货膨胀率的影响以总量为主，在 1999 年 9 月至 2013 年 5 月货币对通货膨胀率的影响转变为总量与结构并重。加入信贷期限结构后，单方程协整模型 II 的协整关系在 1999 年 2 月至 1999 年 5 月发生了机理性结构变化。这表明，在 1996 年 1 月至 1999 年 2 月银行信贷对通货膨胀率的影响以总量为主，在 1999 年 5 月至 2013 年 5 月银行信贷对通货膨胀率的影响转变为总量与结构并重。

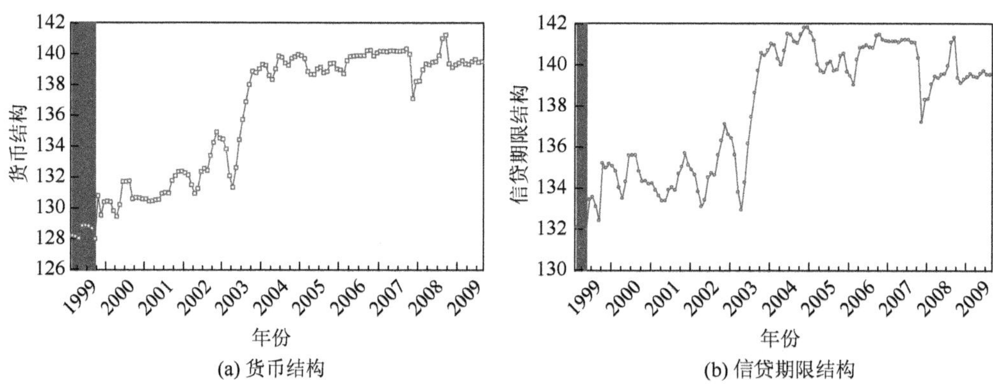

图 5-6 货币结构与信贷期限结构对通货膨胀率产生机理性影响的变结构点（单方程协整模型 II）

表 5-8 给出了单方程协整模型 I 和单方程协整模型 II 的估计结果。具体分析如下。

表 5-8 单方程协整模型的估计结果

项目	单方程协整模型 I				单方程协整模型 II			
	加入货币结构		加入信贷期限结构		加入货币结构		加入信贷期限结构	
样本期间	1996 年 1 月至 2001 年 2 月	2001 年 8 月至 2013 年 5 月	1996 年 1 月至 2009 年 3 月	2009 年 6 月至 2013 年 5 月	1996 年 1 月至 1999 年 2 月	1999 年 9 月至 2013 年 5 月	1996 年 1 月至 1999 年 2 月	1999 年 5 月至 2013 年 5 月
Y	1	1	1	1	–0.0501 (–1.9777)	–0.0003 (–1.6368)	–0.0484 (–1.9462)	–0.0064 (–2.8017)
常数项	–0.7224 (–2.7545)	–4.8625 (–27.596)	–3.1899 (–9.8411)	–4.8479 (–15.712)	0.1323 (2.6412)	–0.06793 (–2.6224)	0.1429 (2.5263)	–0.0026 (–2.0567)
M	0.3989 (2.6893)	3.2109 (19.649)	1.2409 (3.9964)	–0.1659 (–2.1932)	–0.1137 (–2.0368)	0.0056 (2.2414)	–0.1213 (–2.1656)	0.0166 (3.7853)
TL	0.2540 (1.9814)	–2.0986 (–12.163)	–0.2469 (–2.6756)	1.2572 (1.6079)	0.1248 (2.1937)	–0.0003 (–2.0160)	0.1321 (2.2867)	–0.0137 (–1.7142)

续表

项目	单方程协整模型 I				单方程协整模型 II			
	加入货币结构		加入信贷期限结构		加入货币结构		加入信贷期限结构	
M+TL	0.6529	1.1123	0.9940	1.0913	0.0111	0.0053	0.0108	0.0029
INF	−1.3562 （2.0389）	0.2235 （2.3483）	0.5911 （1.5499）	−1.8204 （−1.7127）	1	1	1	1
M1/R	—	0.0639 （4.5428）	—	—	—	0.0532 （2.7425）	—	—
LL/SL	—	—	—	−0.0199 （−2.4434）	—	—	—	0.0068 （2.2169）
adj-R^2	0.8518	0.9935	0.9525	0.9601	0.5654	0.5522	0.5723	0.5271
S.E.	0.0611	0.0475	0.1228	0.0369	0.0127	0.0073	0.0011	0.0074
F统计量	117.91	5413.6	1057.5	302.03	16.246	20.296	17.285	18.139

注：括号内数值为t统计量，t统计量的绝对值大于 2 说明估计参数在 5%置信水平上显著

第一，货币结构在 2001 年 8 月以后开始对实际产出产生较弱的正向机理性影响，与肖卫国等（2013）对 1978～2010 年货币结构与经济产出之间关系的实证分析结果一致。这间接地反映出样本期间中国高流动性货币与准货币之间的比例未达到合意程度，货币的流动性程度偏弱。

第二，信贷期限结构在 2009 年 6 月以后开始对实际产出产生较弱的负向机理性影响。这与中长期信贷总量层面的既有研究结论有较大差异。例如，胡宗义和宁光荣（2004）发现中国资本市场对经济增长贡献最大的是中长期信贷市场；范从来等（2012）的研究结果表明，中长期贷款对经济增长造成了较长时期的正向作用。本节认为，可从以下两个方面解释 2009 年 6 月以后信贷期限结构抑制经济增长：一是长期实行投资拉动的经济增长模式与美国金融危机后的"四万亿财政刺激计划"使地方政府积累了巨额中长期债务，同时银行信贷资产严重中长期化，这大大增加了中国经济金融体系的不确定性。在不确定性很高的情形下，无风险利率大幅度提升。过高的无风险利率使资金使用成本不断攀升，从而严重地抑制了民间投资增长。过高的无风险利率还会降低股票、债券的投资价值，进而导致中小企业获取资金资源的能力进一步降低。此外，过高的无风险利率水平增加了家庭对高收益银行理财产品和信托产品的投资，进而抑制了家庭消费的增长。二是在中国经历"刘易斯拐点"和"人口红利"消失的情形下，中长期信贷通过提高资本劳动比率来促进经济增长的边际效应在减弱。Kuijs（2009）指出，当前中国劳动生产率的提高更多地依靠投资增长所导致的资本劳动比率的提高，全要素生产率对提高劳动生产率的贡献预计从 2005～2009 年的 31.8%降低到 2010～2015 年的 28%，并且资本劳动比率对提高劳动生产率的贡献预计从 64.7%上升到 65.9%（2009 年的预测

值）。然而，资本劳动比率只能有限度地提高，会遇到资本边际报酬递减现象的困扰。实际上，政策因素使大部分中长期信贷投向了中西部地区的基础建设领域及一些低效率行业，这部分中长期信贷具有很高的资本形成率并在早期确实促进了全要素生产率的提高，但起决定性作用的仍然是资本密集程度的提高而非技术进步（蔡昉，2013），因而造成了目前生产效率下降和产能过剩的局面。

第三，实际货币总量和实际银行信贷总量对实际产出的影响弹性之和大约为1，即实际货币总量和实际银行信贷总量均变动1个百分点，实际产出将同向变动大约1个百分点。这里考察货币信贷总量对实际产出总效应的原因在于[①]：中国经济增长与市场传导机制明显不同于发达国家，政府在推动经济增长的同时进行市场化宏观调控的模式使货币与信贷的联动不断加强。在这种模式下，经济波动体现为货币信贷扩张促增长和货币信贷紧缩调控两个在时间上继起而相互分离的过程。一方面，商业银行的信贷决策在很大程度上迎合了“地方政府意愿”，货币传导机制不畅；另一方面，货币政策进行宏观调控仍带有很强的行政色彩，尤其是经济过热或低迷时，货币信贷的扩张或收缩主要依靠行政指令。正如刘涛（2005）指出，尽管国内生产总值与银行信贷总额之间存在长期均衡关系，但当产出负向偏离均衡时，银行信贷总额对国内生产总值总量进行负向调整的成分更大一些。

第四，货币结构和信贷期限结构分别在1999年9月和1999年5月以后对通货膨胀率产生一定程度的正向机理性影响，并且货币信贷结构对通货膨胀率的正向影响程度明显大于货币信贷总量。尽管在长期货币信贷总量的变化最终反映为一般物价水平的变化，但是在中短期两者却可能出现背离。从中国2004～2009年的情况来看，货币信贷总量的增长率已大幅超出产出增长率与通货膨胀率之和，货币信贷总量基本宽松与通货膨胀率稳定、产出增长率略微下滑并存。这意味着货币信贷结构的变化对中国通货膨胀的影响可能已远大于货币信贷总量，至少结构层面的影响不容忽视。2004～2009年货币信贷结构对通货膨胀率的正向机理性影响具体体现为以下三点：其一，“不合意”的货币结构直接反映为“不合意”的消费结构。M1/R长期呈下降趋势意味着即期消费能力的下降和潜在消费能力的提升，并且，准货币通常代表了中高端的消费能力，中国产业结构升级长期滞后于消费结构变化的事实抑制了这部分消费能力的释放，从而导致商品供需结构严重失衡和消费需求长期低迷。此外，准货币增多降低了货币流通速度。其二，在居民投资渠道缺失和资本市场不完善的情形下，“不合意”的货币结构增强了中国金融体系的脆弱性并降低其配置金融资源的能力。目前中国金融资产呈现出资产结构以货币资产为主、货币资产结构以准货币为主的特征（李健，2007），这使金融资源配置高度集中于商业银行体系，而大量准货币给商业银行的流动性管理和盈

① 后文考察货币信贷总量对通货膨胀率总效应的原因与之相同。

利目标带来了巨大挑战。当经济快速扩张时，大量准货币支持着商业银行信贷资产的快速增长。但当经济增长放缓时，商业银行信贷资产存量逐步恶化且资产运用能力大幅降低，大量准货币使商业银行体系相对“资金过剩”，商业银行越来越依赖于银行间同业拆借市场的“过剩资金”来缓解盈利压力或满足临时融资需求。此时，资金在金融体系内的“空转”加剧了真实的资金供求失衡，商业银行对金融资源的配置能力弱化。一方面，同业拆借引致的复杂债权债务关系使商业银行体系更加“脆弱”；另一方面，资金在金融体系“空转”推动了资金利率和虚拟资产价格上涨，而资金利率和虚拟资产价格上涨又会进一步强化资金“空转”，这使实体经济部门的融资需求难以得到满足。其三，一定限度内的LL/SL持续上升有利于营造出资产价格持续繁荣的宏观经济环境，资产价格上涨和经济向好预期会增强经济主体承担风险的意愿，从而使货币资产短期化（即M1/M2上升）和一般物价水平上涨。陈继勇等（2013）的研究表明：中长期信贷占比对房地产价格的极度繁荣与极度萧条时期都具有较强的解释力，M1/M2对股票价格的极度繁荣与极度萧条时期具有非常强的解释力，房地产价格与未来通货膨胀率之间始终保持着正向联系，并且股票价格与未来6个月和9个月的通货膨胀率保持正向联系。因此，可以认为LL/SL通过资产价格的变化间接地对通货膨胀率产生了正向影响。值得注意的是，这与范从来等（2012）的研究结论不完全一致，其认为：由于短期贷款与中长期贷款的传导机制存在差异，短期贷款对经济增长的促进作用在时效性上远小于长期贷款，并且短期贷款将带来通货膨胀而中长期贷款能够抑制价格总水平上涨。其考虑了短期信贷、中长期信贷分别对总需求和总供给的冲击，忽略了信贷期限结构本身影响物价水平的资产价格传导机制，仍然属于总量层面的分析。

此外，信贷期限结构在1999年5月以后对通货膨胀率产生机理性影响与图5-6并不完全吻合。其原因在于：货币结构对通货膨胀的影响程度要远大于信贷期限结构，即货币结构变动1会导致通货膨胀率变动5.32%，而信贷期限结构变动1仅会导致通货膨胀率变动0.68%，因此，通货膨胀率变动紧密跟随货币结构变动，但变动幅度小于货币结构。

第三节 货币信贷结构对“中国货币迷失之谜”的再解释

自建立市场经济体制以来，中国货币经济运行特征发生了巨大变化，其中最为突出的是“中国货币迷失之谜”，即货币信贷总量高速增长在促进经济快速增长的同时并未引发严重的通货膨胀。然而，2008年美国金融危机以来，巨额货币信贷总量的惯性增长及2013年不时隐现的“钱荒”给中国货币政策实践带来了极大的困难，即货币信贷总量已能够满足经济较快速度的增长，但从物价水平来看宏观经济又偏冷，中国人民银行在“宽松”与“紧缩”之间似乎难以定夺。经典的货币数量论已无法准确描述中国的货币、价格与产出之间的关系。鉴于此，既有研究从其他能够反映货币经济运行特征的变量入手，分别提出了货币化假说、价格决定的财政假说、虚拟经济货币聚集假说、房地产市场发展及外汇占款持续增加假说等来解释这一谜题（王轫和吴健，2007）。总体而言，上述假说有助于深入认识中国“货币迷失”的成因，但无助于强化中国货币政策的可操作性，因为上述假说成立的条件可能随着中国经济金融体系的不断完善而消失，但“货币迷失”却可能长期存在。

从上文的实证结果来看，货币信贷结构在特定时间段对产出和通货膨胀的机理性影响为解释“中国货币迷失之谜”提供了新的视角。图 5-7 给出了 1996 年第一季度至 2013 年第二季度的“货币迷失”（用 M2 增长率减国内生产总值增长率和 CPI 表示）与货币信贷结构的变动情况。从图 5-7 可以看出：第一，M1/*R* 与“货币迷失”的走势基本上呈现出负相关关系，这意味着货币结构变化对“货币迷失”具有很强的解释力。货币结构对产出和通货膨胀都具有较弱的正向机理性影响，因此，M1/*R* 上升通过促进产出增长和物价水平上升来降低“货币迷失”，M1/*R* 下降使货币结构对产出增长和物价水平的促进作用减弱，进而导致“货币迷失”增加。第二，2009 年第二季度至 2013 年第二季度期间，LL/SL 与“货币迷失”大致同向变动，这表明信贷期限结构变化对这一期间的“货币迷失”也具有很强的解释力。值得注意的是，LL/SL 的变动略微滞后于“货币迷失”的变动，这可能与商业银行体系去杠杆过程非常艰难且缓慢有关。信贷期限结构对产出的负向机理性影响大于对通货膨胀的正向机理性影响，因此，LL/SL 上升对产出增长的抑制作用要大于对通货膨胀的促进作用，进而使“货币迷失”增加。此外，信贷期限结构与“货币迷失”的同向变动使得这一期间（即 2009 年第二季度至 2013 年第二季度）M1/*R* 下降时“货币迷失”加剧和 M1/*R* 上升时“货币迷失”得到一定程度的缓解。

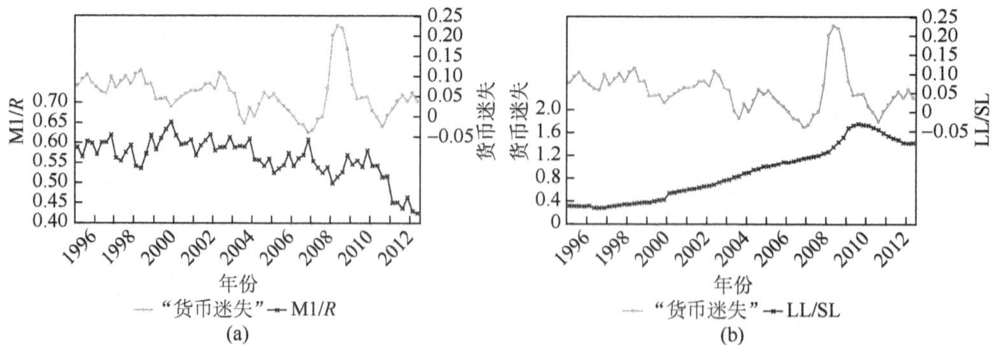

图 5-7　1996 年第一季度至 2013 年第二季度中国“货币迷失”与货币信贷结构的变动情况

资料来源：中经网统计数据库

显然，货币信贷结构的强内生性与可观察性使货币信贷结构在成功解释“中国货币迷失之谜”的同时具有十分重要的货币政策实践内涵。在目前货币供给结构中准货币占比和商业银行资产结构中中长期信贷占比过大的情形下，有效需求不足与产能过剩并存（吴军等，2011），货币信贷总量调控很难取得好的成效，调节货币信贷结构是中国人民银行实现经济增长与物价稳定目标的必然选择，监测货币信贷结构变动应作为提高货币政策有效性与制定货币政策的重要参考。

然而，货币信贷结构在相当程度上受微观经济主体行为与预期的影响，中央银行无法完全控制货币信贷结构的变动。例如，在直观上，2013 年第二季度“货币迷失”不是很高，与 2013 年 6 月爆发的“钱荒”并不吻合。这与当时全球流动性紧缩预期、中国经济增长速度放缓预期和微观经济主体的风险偏好程度降低有关。当预期资产收益率无法得到满足时，投资者持有中长期资产的意愿会降低或者期望得到的风险补偿会进一步提升，因而，“钱荒”在某种程度上可归结为微观经济主体权衡当前风险与预期收益以调整资产组合的结果，其在本质上体现为流动性不足。彭兴韵（2007）指出，即使货币供给没有发生明显变化，微观经济主体也会对持有的资产组合（包括资产类别与期限结构等）进行重新配置，从而引发流动性过剩或流动性不足。

就目前而言，中国人民银行只能通过控制总量强制商业银行去杠杆、加快金融改革以实现储蓄分流与分散商业银行风险等措施来优化货币信贷结构。即便如此，商业银行是否会遵从中央银行的意愿去杠杆、居民和企业是否会分流储蓄尚存疑问。因此，在价格调控还不具备条件的情况下，中国货币政策必须注重货币信贷总量的微调，并加强总量调节的前瞻性、针对性与灵活性，合理引导微观经济主体的行为与预期，进而达到调节货币信贷结构的目的。例如，中国人民银行在 2013 年初创设的常备借贷便利增强了货币政策操作的灵活性，在稳定市场预期方面起到了积极作用；中国人民银行 2013 年的公开市场操作偏向于“收长放短”，对降低中长期信贷资产比重取得了较好的成效。当然，中国人民银行有效地调节货币信贷结构还依赖于多层次资本市场的建立、利率市场化的完善及产业、消费结构的升级等。

第六章　中美金融发展差异、资本错配与经济失衡

第一节　典 型 事 实

随着美国金融危机和欧洲债务危机的爆发，探寻全球经济失衡的成因和制订全球经济再平衡的解决方案已成为学术界和实务界亟须解决的最为关键的宏观经济问题。为什么全球经济会出现巨大规模的失衡呢[①]？学者从双赤字、汇率贬值、全球储蓄过剩、美国过低的储蓄率、美国经济/生产率增速优势和美国金融发展优势等方面的因素（王栋贵，2013）给予了一定程度的解释，但仍欠完美。近年来，主要失衡国家金融发展程度的差异，尤其是金融体系内部的结构性失衡吸引了越来越多的关注（Song et al.，2011；谭之博和赵岳，2012）。与上述研究不同的是，我们重点关注金融发展程度的差异和经济系统的内生性结构失衡两者共同对中美经济失衡的影响。具体而言，我们着重考察全球经济金融一体化背景下金融发展差异和资本错配对中美国际收支失衡的影响及其背后的影响机理。

一些研究结论和经验事实启发我们从金融发展差异和资本错配的角度重新审视中美经济失衡问题。一般而言，发展中国家在融入全球化的过程中倾向于吸收长期资本，但是较低的金融发展水平又会导致资本回流至发达国家，从而使发展中国家的对外净资产头寸增加（肖立晟和王博，2011）。进入 21 世纪以后，亚洲新兴国家由持续贸易顺差积累的巨额美元外汇储备回流至美国为美国长期提供低成本融资，而美国又以外商直接投资的形式向亚洲新兴国家输出长期资本，这种跨境资本流动实质上是美国向亚洲新兴国家输出“金融中介”服务，由此获得的收益是美国充当“世界银行家”管理全球资本配置的风险回报。事实上，金融发展和外商直接投资均是优化资本配置的重要渠道[②]。然而，两者在优化资本配置过程中的关系并不确定，可能互补也可能相互挤出，这取决于一国经济所处的发展阶段、市场竞争强度、技术进步及资本/劳动比例等。对中国而言，长期实施的外资优惠政策和本土企业对外资技术与管理能力的“崇拜”使外商直接投资在很长一段时间内成为指导原四大国有商业银行配置金融资源

① Chinn（2011）指出，全球经济失衡问题并不在于失衡本身，而在于全球经济失衡的巨大规模。

② 在对美国的分析中，金融发展和外商直接投资在优化资本配置过程中的关系应理解成金融发展与外国资本流入之间的关系，因为美国发达的金融市场能够高效地将短期负债转化为长期资本。

的“市场信号”（罗长远，2007），进而导致外商直接投资占据了大量的优质市场机会和信贷资源，这大大缩小了通过发展金融改善本土资本配置效率的空间。相反，本土资本只能过度集中于低效率或限制外资进入的领域，最终的结果是储蓄无法向投资有效转化和向外部需求寻求平衡（项俊波，2008）。对美国而言，发达的金融市场和金融服务业的高生产率使美国能够高效率地跨境配置资本，然而全球对美国金融资产的巨额需求很快超出了美国的供给能力，美国只能通过向金融服务业配置更多的资本和提高资本杠杆来填补需求缺口（Caballero and Krishnamurthy，2009）。这直接导致美国实体经济投资不足和商品需求更加依赖外国供给，而金融市场的过度繁荣最终酝酿成全球金融危机。

图 6-1 和图 6-2 分别给出了 1999～2013 年中国对美国的经常账户余额、资本账户余额占美国国内生产总值的比重，1999～2013 年中国和 1999～2011 年美国的金融行业与制造业的资本错配率。观察图 6-1 和图 6-2，我们可以得到以下三点直观认识：第一，中国金融行业和制造业存在明显的资本错配，体现为金融行业的资本配置率长期远小于 1 和制造业的资本配置率长期明显大于 1。美国金融危机爆发以后，金融行业和制造业的资本配置率变动趋势基本相反，金融行业和制造业的资本错配更为明显。第二，美国金融危机爆发以前，美国金融行业与制造业存在明显的资本错配，体现为金融行业的资本配置率大于 1 时制造业的资本配置率小于 1、金融行业的资本配置率小于 1 时制造业的资本配置率大于 1。美国金融危机爆发以后，随着全球经济在 G20 框架的安排下进入再平衡进程，金融行业和制造业的资本配置率变动趋于一致，金融行业和制造业的资本错配得到一定程度的缓解。第三，美国金融危机爆发以前，中国和美国均发生明显的资本错配期间，中国对美国的经常账户顺差和资本账户顺差持续增长。美国金融危机爆发以后，中国对美国的经常账户顺差窄幅波动而资本账户余额大幅下降后再度回升。基于

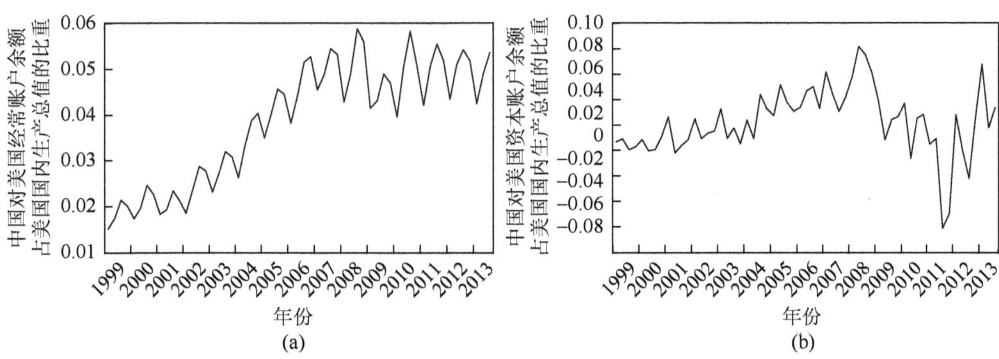

图 6-1　1999～2013 年中国对美国经常账户余额与资本账户余额占美国国内生产总值的比重

资料来源：美国商务部经济分析局相关数据

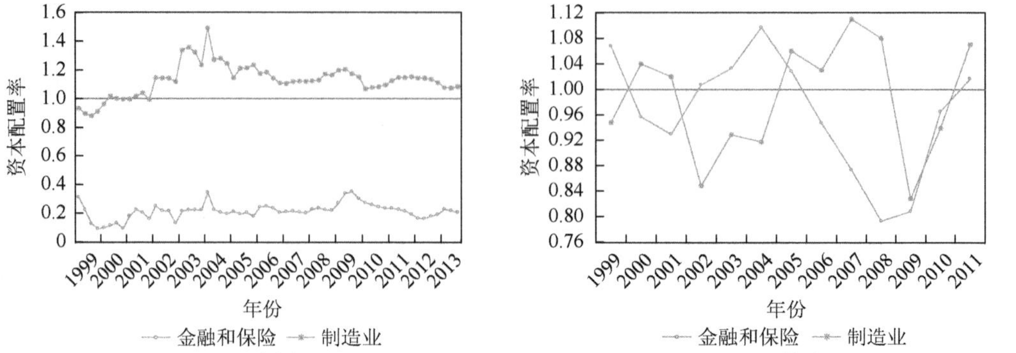

(a) 中国

(b) 美国

图 6-2　1999～2013 年中国和 1999～2011 年美国金融行业与制造业的资本配置率

资料来源：中经网统计数据库和联合国统计数据库

Wurgler 首次提出直接估算资本配置效率的模型（行业投资反应系数）并得到广泛认同，其核心思想是："上升"的行业应该追加投资，"下降"的行业应该减少投资。借鉴 Wurgler 的思路，本书使用行业固定资产净值增长率与行业增加值增长率之间的比值来表示行业资本配置率（使用增长率而不是对数增长率是为了避免计算出来的行业资本配置率出现负数）。行业资本配置率大于 1 表明投资增长速度快于行业产出的增长速度，存在过度投资倾向。反之，行业资本配置率小于 1 则意味着投资倾向不足。这与 Wurgler 的行业投资反应系数有很大区别。行业投资反应系数是行业固定资产净值的对数增长率对行业增加值对数增长率的敏感度，其在线性方程中估计得到

上述理论分析和经验观察，可以不太严格地认为，中美金融发展差异和资本错配对中美经济失衡产生了重要影响。然而，这种观点和分析逻辑是否能够得到经验研究的支持？金融发展差异和资本错配对中美经济失衡的影响方向、影响程度及影响机理到底如何？本章将对这些问题做出回答。

本章剩余部分安排如下：第二节通过理论模型论证中美金融发展差异和资本错配对两国经济失衡的影响机理；第三节介绍资料来源、变量选取及实证模型；第四节是实证结果与分析。

第二节　理 论 模 型

一、基本假定

在企业家总数为 1 的连续经济中存在两个部门，实体经济部门（S）和金融服务部门（F）。其中，S 企业家从事实体生产，F 企业家从事金融服务，他们既投入资本和劳动又消费最终产品，并且仅存续三期（$t=0,1,2$）。两个部门的初始禀赋均为 w。在 $t=0$ 期，S 企业家将 w 用于资本投入 k 和债券投资 b^{S}，F 企业家将 w

用于资本投入z和债券投资b^{F}①。在$t=1$期，S 企业家的收益为$g(k)+k+rb^{S}$，F 企业家的收益为$f(z)+z+rb^{F}$②。其中，$g(\cdot)$、$f(\cdot)$均大于或等于 0 并且为凹函数，r为利率。在$t=2$期，S 企业家和 F 企业家将收益全部用于消费。

一般而言，实体经济部门的投资风险要大于金融服务部门。一方面，购买机器设备和研发高新技术等需要巨大的资本投入且投资回收期长，同时，实体生产更容易受经济周期和上下游产业链的影响；另一方面，金融服务部门由于系统重要性通常受到严格监管，发生危机时也更容易获得政府援助。此外，尽管金融服务业设置了很高的准入门槛，但杠杆的应用大幅提高了资本的使用效率。实体经济部门和金融服务部门投资的风险收益特征使长期资本更加青睐实体生产，而短期资本更加青睐金融服务。在实际运营过程中，实体生产经常因流动性冲击而遭受损失，如设备维修导致停产、应收账款难以收回等。一国金融发展的程度决定了实体生产在面临流动性冲击时获取信贷支持的难易程度。因此，我们假定θ比例的 S 企业家面临流动性冲击，如果能够获取δk（$\delta>0$）的信贷支持，其在$t=1$期的收益为$g(k)+k+rb^{S}$；如果不能够获取足额信贷支持，其在$t=1$期的收益为rb^{S}。进一步地，由于信贷市场存在摩擦，面临流动性冲击的 S 企业家在申请信贷支持时必须提供抵押品k，最大信贷额度为ϕk（$0<\phi<1$）。值得注意的是，δ和ϕ的大小均反映了金融发展水平。

二、F 企业家的最优资本投入

F 企业家在初始禀赋的约束下最大化投资收益，如式（6-1）和式（6-2）所示：

$$\max\{f(z)+z+rb^{F}\} \tag{6-1}$$

$$\text{s.t. } w=z+b^{F} \tag{6-2}$$

求解上述最优化问题可得到一阶条件式（6-3）：

$$f'(z)+1=r \tag{6-3}$$

由于$f'(z)\geqslant 0$和$f(z)\geqslant 0$，则$r\geqslant 1$，$z\leqslant \dfrac{r}{r-1}w$。当$r\to 1$时，$z\to\infty$。这意味着在融资成本足够低的情形下，F 企业家可以无限制地融入资本，其投资规模可以不断增加。由r决定的最优资本投入为$z^{*}(r)$，相应的债券投资为$b^{F*}(r)=w-z^{*}(r)$。

① 在封闭经济中，$b^{S}+b^{F}=0$。

② 由于企业家总数为 1，在劳动投入恒定的情形下，k和z实际上是人均资本投入。

三、S 企业家的最优资本投入

在既定预算约束下，S 企业家资本投入k的大小决定了面临流动性冲击的企业家比例θ。当面临的流动性冲击δ很大且信贷约束非常严格（ϕ很小）时，S 企业家的投资决策主要有以下两种：第一，资本投入较小并将较多的剩余资金用于债券投资，以确保生产经营得到足够的流动性支持；第二，资本投入较大并将较少的剩余资金用于债券投资，需要融入较多资金来满足生产经营活动的流动性需要。特殊情形下，当债券收益率或资本投入的机会成本很高时，S 企业家会将全部资金用于债券投资。需要注意的是，当 S 企业家的投资决策依赖外部融资时，债券投资和外部融资必须能够填补流动性缺口，如式（6-4）所示：

$$rb^{\mathrm{S}}+\phi k\geqslant\delta k \tag{6-4}$$

结合初始禀赋约束，可得到 S 企业家面临流动性冲击的临界资本投入$\bar{k}$如下：

$$\bar{k}(w,r)=\frac{r}{r+\delta-\phi}w \tag{6-5}$$

当流动性缺口大于最大信贷额度（$\delta-\phi>0$）时，临界资本投入$\bar{k}$随着r和w的上升而增大，即$\frac{\partial\bar{k}}{\partial r}>0$，$\frac{\partial\bar{k}}{\partial w}>0$。特殊情形下，当$r$足够大时，此时 S 企业家持有大量债券且债券投资不能低于最大信贷额度，即$rb^{\mathrm{S}}\geqslant\phi k$，进而可以得到 S 企业家的最大资本投入$k_{\max}=\frac{rw}{r-\phi}$。此外，$\bar{k}<w$意味着 S 企业家必须持有一定的流动性资产来缓解信贷约束。因此，S 企业家的资本投入决策可由式（6-6）表示：

$$\max\{\pi_1=g(k)+k+rb^{\mathrm{S}},0<k\leqslant\bar{k};\pi_2=\theta(g(k)+k)+rb^{\mathrm{S}},\bar{k}<k\leqslant k_{\max}\}$$
$$w=k+b^{\mathrm{S}} \tag{6-6}$$

当 S 企业家的投资决策不受流动性冲击时，由r决定的最优资本投入假定为k^*。当 S 企业家的投资决策面临流动性冲击时，由r和θ决定的最优资本投入假定为k^{**}。

命题一：假定$\delta-\phi>0$和w严格大于 0，存在唯一的$\bar{w}\in(0,+\infty)$使 S 企业家的最优资本投入为$\bar{k}(\bar{w},r)$，S 企业家的收益为$\pi_1[\bar{k}(\bar{w},r)]$。

证明：由式（6-6）可知，$\bar{k}(w,r)$是w的严格递增函数，并且$\bar{k}(0,r)=0$，$\lim\limits_{w\to+\infty}\bar{k}(w,r)=+\infty$。因而，给定$r$不变，存在唯一的$\bar{w}$使$\bar{k}(\bar{w},r)=k^*$，即$\bar{k}(\bar{w},r)$正好满足$\pi_1$最大化的一阶条件$g'(k)+1-r=0$。由于$g(\cdot)$为凹函数，当$\bar{k}(\bar{w},r)<k<k_{\max}$时，$g'(k)+1-r<0$。当资本投入量超过临界资本投入$\bar{k}$时，资本投入越大，S 企业家在面临流动性冲击时获取足额信贷支持的比例越小，即

$\frac{\partial \theta}{\partial k}<0$。$\frac{\partial \pi_2}{\partial k}=\frac{\partial \theta}{\partial k}[g(k)+k]+\theta[g'(k)+1]-r<0$，这表明$\pi_2$在$(\bar{k}(\bar{w},r),k_{\max}]$上是$k$的减函数，其最优资本量为$\bar{k}(\bar{w},r)$。显然，$\pi_1[\bar{k}(\bar{w},r)]>\pi_2[\bar{k}(\bar{w},r)]$。

由命题一可知，当一国金融发展程度较低时，从事实体生产的企业只能依靠内部资金积累来满足资本投入的增长。此外，由于难以获得足够的信贷支持，从事实体生产的企业被迫放弃资本投入量较大、风险较高但有利于未来经济增长的项目。

命题二：假定$\delta-\phi>0$且$\bar{w}>0$时，$\bar{w}$是r的减函数。

证明：当实体经济部门的初始禀赋$w=\bar{w}$时，最优资本投入等于临界资本投入，即$\bar{k}(\bar{w},r)=k^*=g'^{-1}(r)$。结合式(6-5)得：$\frac{\partial \bar{w}}{\partial r}=\frac{1}{g''(k^*)}\left(1+\frac{\delta-\phi}{r}\right)-\frac{\delta-\phi}{r^2}k^*<0$，因为$g''(\cdot)<0$。

由命题二可知，当利率水平上升时，临界资本投入增加，但临界资本投入所要求的初始禀赋下降。这意味着当一国金融发展程度较低且利率水平较高时，实体经济投资将很快达到均衡水平。随着经济增长和初始禀赋的积累，临界资本投入缓慢增加至最高点后开始下降，初始禀赋的大量剩余以储蓄形式沉淀下来。在国内金融市场不发达且缺乏合适投资渠道的情形下，国内剩余储蓄如果继续用于资本投入将会导致资本投入大大超出临界资本投入，进而出现实体经济部门的资本投入过剩和资本错配。

四、开放经济条件下金融发展水平较低的国家对债券的超额需求

对实体经济部门而言，在信贷需求无法完全满足的情况下，均衡状态下的企业投资随着利率的上升而上升。这是因为利率上升增加了企业在$t=0$期持有债券的收益，降低了企业需要储备的流动性资金，从而导致可用于投资的资金增加。当S企业家面临的流动性冲击很大而信贷约束非常严格时，由式（6-5）可知，S企业家对债券的需求量为$\frac{\delta-\phi}{r+\delta-\phi}w$。因此，S企业家对债券的需求减去F企业家对债券的供给可以得到开放经济条件下一国对债券的超额需求b^{E}，如式（6-7）所示：

$$b^{\mathrm{E}}=\frac{\delta-\phi}{r+\delta-\phi}w+(w-z^*(r)) \tag{6-7}$$

b^{E}对r求导可得式（6-8）：

$$\frac{\partial b^{\mathrm{E}}}{\partial r}=-\frac{\delta-\phi}{(r+\delta-\phi)^2}w-\frac{1}{f''(z)} \tag{6-8}$$

从式（6-8）可以看出，S企业家对债券的需求和F企业家对债券的供给均随

着利率的上升而减少。这是因为在金融受抑制的情况下，利率上升增加了 S 企业家在 $t=0$ 期持有债券的收益，从而导致实体经济部门对流动性资产的需求减少，同时，利率上升增加了 F 企业家在 $t=0$ 期融入资金的成本或资本投入的机会成本，从而导致金融服务部门对债券的供给减少。当 $w|f''(z)|<\delta-\phi$ 、 $|f''(z)|$ 有界且 $\delta-\phi>>r$ 时， $\frac{\partial b^{\mathrm{E}}}{\partial r}$ 始终大于 0，即金融发展水平较低的国家对债券的超额需求随着利率的上升而增加。其中， $\delta-\phi$ 很大意味着金融受抑制程度非常高，以至于实体经济部门在遭受巨大流动性冲击时很难获取信贷支持； w 较小意味着一国经济发展水平较低，可用于投资的资金有限； $|f''(z)|$ 较小意味着一国金融服务部门的生产效率较低，并且资本投入对利率的弹性较小。需要注意的是，当利率上升时，一国金融发展水平越低，实体经济部门对债券的需求越小，进而该国对债券的超额需求越小，即一国对债券的超额需求随着金融发展水平的提高而增加。

五、两国模型下的经济失衡

两国模型考虑金融发达国家和金融发展滞后国家这两类国家。在自给自足情形下，金融发达国家的利率水平要高于金融发展滞后国家，这是因为金融发展滞后国家对债券普遍存在的超额需求压低了均衡利率水平。在现实世界中，金融发展滞后国家通常会利率水平下降，以增加债券供给并为实体经济发展提供必要的流动性支持。假定金融发达国家在自给自足情形下的债券市场出清利率为 r^p ，则 $b(w,r^p)=0$ 。然而，金融发展滞后国家在这一利率水平下仍然存在超额的债券需求，即 $\bar{b}(w,r^p)>0$ 。假定金融发展滞后国家在自给自足情形下的债券市场出清利率为 r^I ，则 $\bar{b}(w,r^I)=0$ 。由于满足一定条件时 $\frac{\partial\bar{b}}{\partial r}>0$ ， $r^p>r^I$ 。由式（6-3）可知，在 r^p、r^I 下，金融发达国家对金融服务部门的资本投入 z^p 要小于金融发展滞后国家对金融服务部门的资本投入 z^I 。此外，在均衡状态下，金融服务部门与实体经济部门资本投入的边际收益应该相等，即 $f'(z^p)=g'(k^p)$ 。由于 $z^p+k^p=2w$ ，当 $r^p>r^I$ 时，金融发达国家对实体经济部门的资本投入 k^p 要大于金融发展滞后国家对实体经济部门的资本投入 k^I 。

在开放经济情形下，当满足一定条件时，金融发达国家、金融发展滞后国家的对外净资产头寸和债券总需求均随着利率的上升而增加，这使全球金融市场出清的利率水平 $r^{\cdot}$ 必然位于 (r^I,r^p) 之内①。 $r^{\cdot}$ 保证了金融发达国家持有的债券净头

① 根据 $\frac{\partial\bar{b}}{\partial r}>0$ ，不难证明 $r^I<r^{\cdot}<r^p$ 。

寸与金融发展滞后国家持有的债券净头寸之和正好为0。因此，当金融市场一体化和资本能够自由跨境流动时，相比自给自足经济情形，两类国家的利率水平、金融服务部门和实体经济部门的资本配置及持有的债券净头寸分别呈现出以下特征。

第一，对金融发达国家而言，利率水平下降（即低于 r^P ），对金融服务部门的资本投入上升，对实体经济部门的资本投入上升并且持有的债券净头寸为负。

第二，对金融发展滞后国家而言，利率水平上升（即高于 r^I ），对金融服务部门的资本投入下降，对实体经济部门的资本投入上升且持有的债券净头寸为正。

上述特征表明，金融发展程度的差异及其引致的资本错配会导致金融发达国家与金融发展滞后国家之间出现经济失衡，即金融发展滞后国家出现资本净流出而金融发达国家出现资本净流入。如果考虑到金融一体化后金融发展滞后国家的利率变动对其经济增长的影响，金融发达国家与金融发展滞后国家的经济失衡还表现为后者对前者持有贸易盈余①。正如韩剑和李林艳（2012）的观点：大多数发展中国家金融服务部门的全要素生产率增长远落后于制造业部门，信贷市场的落后往往导致严重的流动性障碍，微观经济主体的投融资、消费行为都较为保守，其贸易项目往往表现为顺差。李建国和湛柏明（2013）的研究指出，服务生产的非贸易品属性使美国在偏向于服务生产的产业结构调整中形成了逆贸易倾向的增长方式。美国服务生产部门的增长速度快于贸易品部门导致商品贸易逆差增大。实际上，金融服务部门的"逆贸易效应"②并不必然导致贸易赤字。但是如果金融服务部门与实体经济部门之间存在资本错配，即资本投入过度集中于金融服务部门的同时实体经济部门缺乏资本投入，则贸易赤字的累积必定与金融服务部门的"逆贸易效应"有关。

上述模型从金融发展的视角给出了中美经济失衡的三条理论路径：第一，中美金融发展程度的差异导致两国金融服务部门与实体经济部门之间出现资本错配。由于中国金融发展滞后于美国，中国流动性比美国更加昂贵。金融一体化后，中国和美国的利率水平相比自给自足情形分别上升和下降，这使美国专注于金融服务部门生产流动性变得有利可图，而中国专注于实体经济部门吸收流动性变得有利可图。最后，美国的资本投入过度集中于金融服务部门，而中国的资本投入过度集中于实体经济部门，进而出现资本错配。第二，中国的资本项目管制强化了美国金融服务的非贸易品属性，即美国金融服务部门生产的流动性并不能顺畅地流向中国并

① 由于金融发展滞后国家的利率水平高于 r^I ，则 $g'(k^I) > f'(z^I)$ 。金融发展滞后国家的产出水平可用 $y^I = f(z^I) + g(k^I)$ 表示。$\frac{\partial y^I}{\partial r} = f'(z^I)\frac{\partial (z^I + k^I)}{\partial r} + [g'(k^I) - f'(z^I)]\frac{\partial k^I}{\partial r}$ 。对于金融发展滞后但经济快速增长的国家而言（如东亚新兴市场国家），$g'(k^I)$ 远大于 $f'(z^I)$ 并且实体经济部门的资本投入对利率的敏感性远大于金融服务部门，金融一体化有利于其经济增长。在这种情形下，资本外流必然对应着贸易盈余。

② 如果将服务消费和商品消费分别视为非贸易品部门和贸易品部门，服务生产部门的"逆贸易效应"可被简单地理解为服务生产部门的增长速度快于商品消费部门的增长速度。类似地，商品消费部门的"逆贸易效应"可简单地理解为商品消费部门的增长速度快于服务生产部门的增长速度。

且由此产生的投资收益也不能顺畅地流向美国，这使美国金融服务部门和中国实体经济部门产生很强的“逆贸易效应”。在资本错配的情形下，“逆贸易效应”必然导致中国对美国持有大量的贸易盈余。第三，较高的利率水平及资本错配使中国实体经济部门面临流动性冲击的可能性较大，因而需要持有大量的“安全债券”作为缓冲。与此同时，利率水平下降降低了美国实体经济部门的融资成本和增加了美国金融服务部门对“安全债券”的供给，进而为美国实体经济部门在全球范围内优化资本配置提供了有利条件。这使美国通过吸收资本流入而累积对外净负债，而中国通过资本输出而累积对外净资产。因此，从金融发展的角度来看，中美经济失衡在本质上可归结为金融发展差异和资本错配情形下两国经济金融的长期体外循环。值得注意的是，中美经济失衡并不能简单地归于两国金融发展差异，因为国际资本流动是由金融服务业的资本供给能力与实体经济的资本利用效率共同决定的①。

第三节　实证模型、变量选取与数据说明

一、实证模型

鉴于前文构建的理论模型采用两国框架并且在现实世界中一国国际收支状况必然受到另一国国际贸易、经济增长与对外投资等方面的影响，本书的实证模型使用中美两国相关变量的相对值作为解释变量，这样做的好处是能够在单一模型中纳入尽可能多的信息。为了突出考察金融发展差异和资本错配对中美经常账户与对外净资产失衡的影响，本书设定的实证模型分别如式（6-9）所示：

$$Y_t = \gamma_1 \mathrm{RFD}_t + \gamma_2 \mathrm{MSA}_t + \gamma_3 X_t + \gamma_4 Z_t + \varepsilon_t \tag{6-9}$$

其中，$t=1,2,\cdots,T$；被解释变量Y为 CA 或 NFA②，CA 为中国对美国的经常账户顺差占美国国内生产总值的比重，NFA 为中国对美国的净资产占美国国内生产总值的比重；RFD 为中美两国金融发展程度的相对值；MSA 为中美两国金融服务部门与实体经济部门资本错配比率的相对值；X_t为其他决定中美经济失衡的重要因素；Z_t为控制变量；ε_t为随机扰动项。

---

① 如果将金融服务业视作一种可贸易服务，茅锐等（2012）构建的理论模型表明：全球失衡是每个国家基于制造业—金融业比较优势的国际分工副产品。当国际资本流动存在漏出（如只能收回部分海外投资收益）时，制造业较强的国家将产生经常账户盈余，而金融业较强的国家将产生经常账户盈余。由于各国经济遵循比较优势原则，经常账户盈余国和赤字国都从中受益。

② 既有研究基本上使用经常账户余额或对外净资产头寸来衡量一国外部失衡状况。经常账户余额属于流量范畴，而对外净资产头寸属于存量范畴。相比经常账户余额，对外净资产头寸可能更加适合，因为对外净资产头寸的变动涵盖了更多信息，包括经常账户余额变动、国际资本流动、资产价格波动及汇率波动等。

二、变量选取与数据说明

实证检验的数据样本期间为1999年第一季度至2014年第一季度，下文将分述模型的变量选取与数据说明。

根据2013年IMF提出的外部平衡评估（external balance assessment，EBA）方法，经常账户余额的决定因素可分为以下四类：第一类，传统基本面因素，包括经济发展水平（或生产率）、国内生产总值增长率预期、美国全国期货协会（National Futures Association，NFA）头寸、石油和天然气禀赋、人口结构、金融中心地位及制度和政治环境；第二类，金融因素，包括储备货币地位、资本市场条件及私人信贷占国内生产总值的比重；第三类，周期性因素，包括相对产出缺口及贸易条件；第四类，政策因素，包括财政政策、公共医疗与保健支出占国内生产总值的比重、外汇市场干预、资本管制、金融监管等（Phillips et al.，2013）[①]。然而在面板数据分析中，上述决定因素中的相当一部分因素往往用于特定国家。在仅针对中美经济失衡的实证研究中，纳入过多的变量会导致模型估计缺乏足够的自由度。基于此，再结合CGER方法（Ricci et al.，2008）提出的决定因素和当前相关实证文献的一般性做法（雷达和赵勇，2009），本书选取人口结构、财政赤字、初始对外净资产头寸、人均国内生产总值作为其他决定中美经常账户失衡的重要因素。同时，在肖立晟和王博（2011）的基础上，本节选取人口结构、财政赤字、人均国内生产总值和中美利差作为其他决定中美对外净资产失衡的决定因素。加入中美利差的原因在于：在中国未完全放开资本管制的条件下，中美利差扩大对中美对外净资产存在双重影响。一方面，中美利差扩大会导致美国资本流入中国，从而对中美对外净资产产生负面影响；另一方面，中美利差扩大会紧缩中国国内需求和刺激美国国内需求，从而对中美经常账户余额和对外净资产产生积极影响。中美对外净资产失衡受到了中美利差变动的独立影响，这与汇率被视为中间变量而没有进入经常账户决定模型明显不同。此外，本节选取贸易开放度和金融一体化程度作为控制变量，其中，贸易开放度的替代变量为进出口总额与国内生产总值的比重、金融一体化程度的替代变量为Chinn和Ito（2006）编制的KAOPEN指数（该指数值越高，表示金融开放度越高）。

关于金融发展程度的准确度量，目前仍然存在较大的争议。金融发展或金融深化通常被视为储蓄与投资的决定因素之一。金融发展对投资存在积极影响已无

① 实际汇率没有进入经常账户的长期决定模型，因为经常账户余额和实际汇率均是模型内生变量，两者由其他因素共同决定。这在实证分析中体现为经常账户和实际汇率的估计结果大致同比例变化。尽管如此，这种处理方式并没有否认实际汇率在调节经常账户余额上的作用。

异议，争议主要集中在金融发展对储蓄的影响上，较高的投资收益率和较低的金融风险会同时带来增加储蓄的收入效应和减少储蓄的替代效应（Chinn and Ito，2008）。传统观点认为，金融发展能够通过降低交易成本和促进风险管理来刺激储蓄。但是假定资本逆流（Ju and Wei，2006）和全球过度储蓄成立（Bernanke，2005），金融发展程度加深能够通过金融中介的扩张来降低预防性储蓄。Cheung 等（2010）归纳了一系列实证文献采用的替代变量，如私人信贷占国内生产总值的比重、股市市值占国内生产总值的比重、股市交易额占国内生产总值的比重、股市市值占国内生产总值比重的增长率、私人债券市场占国内生产总值的比重及流动性负债占国内生产总值的比重等。Vermeulen 和 Haan（2014）、Beck 等（2010）等提出了商业银行存贷比作为补充。总体而言，私人信贷占国内生产总值的比重在既有实证文献中应用最为广泛，其他替代变量多用于稳健性检验。基于此，为了避免单一指标带来的实证结果偏误和综合考虑金融发展的“质”与“量”，本书选取私人信贷占国内生产总值的比重、股市市值占国内生产总值的比重、广义货币总量 M2 与狭义货币总量 M1 的比例及商业银行中长期贷款与短期贷款的比例四个指标作为金融发展的替代变量。其中，前两个指标用来反映金融发展的“量”，后两个指标用来反映金融发展的“质”。私人信贷占国内生产总值比重的资料来源于世界银行金融部门数据库，其余资料来源于中国国家统计局数据库、中经网统计数据库、国际金融统计数据库、美国商务部经济分析局数据库和美联储统计数据库。

关于资本错配比率的度量，本书借鉴 Wurgler（2010）的思路，使用行业固定资产净值增长率与行业增加值增长率之间的比值来表示行业资本配置率，进一步地，使用制造业资本配置率与金融行业资本配置率之间的比值来衡量金融服务部门与实体经济部门的资本错配程度。一般而言，行业资本配置率应维持在 1 附近，远高于 1 或远低于 1 均表示行业资本配置效率低下。类似地，资本错配比率也应维持在 1 附近，远高于 1 或远低于 1 均表示金融服务部门与实体经济部门的资本错配程度较高。中国制造业、金融行业的增加值和固定资产投资资料来源于中国国家统计局数据库[①]。美国制造业、金融行业的增加值和固定资产投资资料来源于联合国统计数据库。

关于对外净资产的度量，Lane 和 Milesi-Ferretti（2001）将其界定为净国外直接投资存量、净债务性资产存量、净股本证券投资存量及储备资产的和。目前，很多国家开始依据 IMF 公布的方法和相应的估值调整来计算国际投资头寸，并以此度量一国对外净资产存量。然而，中国仅公布了 2004 年以来的国际投资头寸数据，并且对股本头寸未按照股权期末价值进行市值重估。因此，中国对外净资产数据由 Lane 和 Milesi-Ferretti（2007）估算的 1995～2011 年数据和中国国家外汇

① 中国国家统计局并未直接公布制造业增加值数据，但它可以由已公布的食品、饮料、烟草、纺织、服装、皮革、非金属矿物、金融产品、机械设备等制造业增加值数据加总得到。

管理局公布的 2011～2013 年数据两部分构成。美国对外净资产和中国对美国的净资产分别使用美国商务部经济分析局公布的美国净国际投资头寸数据和美国对中国的净资产数据。

中国对美国经常账户顺差和美国经常账户余额的资料来源于美国商务部经济分析局数据库，中国经常账户余额的资料来源于国际金融统计数据库和中国国家外汇管理局数据库。

第四节　实证结果与分析

由于广义矩估计（generalized method of moments，GMM）方法不要求知道扰动项的准确分布信息并且允许扰动项存在异方差和序列自相关，GMM 方法得到的参数估计结果比极大似然法和最小二乘法等单方程参数估计方法更加可靠。此外，本书实证模型的解释变量相对样本容量过多，在 VAR 系统中估计单方程向量误差修正模型（vector error correction model，VECM）会存在无法识别的问题。因此，本书选择 GMM 方法进行估计。

实证模型的 GMM 估计结果如表 6-1 和表 6-2 所示。其中，第（5）列为不考虑金融发展变量的估计结果，第（1）列～第（4）列为依次加入私人信贷占国内生产总值的比重、股市市值占国内生产总值的比重、广义货币总量 M2 与狭义货币总量 M1 的比例及商业银行中长期贷款与短期贷款的比例等金融发展变量的估计结果。需要指出的是，模型的部分解释变量用中国对美国的相对差异表示，部分解释变量用中国对美国的比值表示。我们可以从表 6-1 和表 6-2 中得出以下实证结论。

表 6-1　中国对美国经常账户失衡的检验结果

被解释变量	中国对美国的经常账户顺差/美国国内生产总值				
	（1）	（2）	（3）	（4）	（5）
C	−0.1368** （0.5069）	0.1239*** （0.0436）	0.1913** （0.0848）	0.0808 （0.1459）	0.1473** （0.0654）
滞后 NFA/国内生产总值差异	−0.0458 （0.0678）	0.0712 （0.0506）	0.2370 （0.1619）	0.0824 （0.0455）	0.1641** （0.0759）
总抚养比差异	−0.7684** （0.3224）	−1.4314** （0.6370）	−1.0943*** （0.3387）	−1.1882** （0.4893）	−0.7613** （0.3734）
财政赤字/国内生产总值差异	1.0465*** （0.2554）	0.9275*** （0.2246）	0.7864*** （0.2606）	1.5919** （0.6279）	0.9537*** （0.2443）
人均国内生产总值比值	0.5539** （0.2190）	1.2612*** （0.2934）	0.5627** （0.2743）	0.7037** （0.2619）	0.6897* （0.3894）
MSA 比值	0.1256*** （0.0374）	0.0567*** （0.0138）	0.0621** （0.0305）	0.0620** （0.0271）	0.0346 （0.0213）

续表

被解释变量	中国对美国的经常账户顺差/美国国内生产总值				
	（1）	（2）	（3）	（4）	（5）
私人信贷/国内生产总值差异	−0.2988*** （0.0635）				
股市市值/国内生产总值差异		0.1339** （0.0175）			
M2/M1 差异			−0.2439** （0.0921）		
中长期贷款/短期贷款差异				0.0963** （0.0416）	
Adj-R^2	0.8466	0.8719	0.8538	0.8067	0.7669
DW 统计量	2.1349	1.9388	1.9212	2.0503	1.7446

注：括号中数字为相应变量的标准误差

*、**、***分别表示在 10%、5%、1%水平上显著

表 6-2　中国对美国净资产失衡的检验结果

被解释变量	中国对美国的净资产/美国国内生产总值				
	（1）	（2）	（3）	（4）	（5）
C	−0.1336 （0.2562）	0.2881*** （0.0519）	−0.4915*** （0.1249）	−0.0387 （0.1068）	0.0226 （0.1481）
利率水平差异	6.9321** （3.4703）	5.8022** （2.7351）	4.3992** （2.1655）	2.5780*** （0.3368）	4.0054*** （1.6457）
总抚养比差异	−3.1259*** （1.0204）	−3.7867*** （1.2415）	−3.0176** （1.2695）	−3.1692** （1.5885）	−1.3596** （0.5694）
财政赤字/国内生产总值差异	0.2234*** （0.0579）	0.7148** （0.3416）	0.6379 （0.5204）	1.1436** （0.5512）	1.2604** （1.0058）
人均国内生产总值比值	−4.2343** （2.1189）	−2.1252*** （0.5919）	−1.7344** （0.7946）	−1.0251* （0.5712）	−0.3884** （0.1883）
MSA 比值	0.1894*** （0.0439）	0.2492** （0.0919）	0.2837** （0.1373）	0.4814*** （0.1175）	0.1051** （0.0457）
私人信贷/国内生产总值差异	−1.2861*** （0.3622）				
股市市值/国内生产总值差异		0.4931** （0.2234）			
M2/M1 差异			−2.2832** （1.0871）		
中长期贷款/短期贷款差异				0.4675** （0.2133）	
Adj-R^2	0.6549	0.6458	0.6865	0.7338	0.6276
DW 统计量	1.9202	2.3172	2.1065	1.9607	1.7527

注：括号中数字为相应变量的标准误差

*、**、***分别表示在 10%、5%、1%水平上显著

中国对美国的滞后 NFA/国内生产总值差异和总抚养比差异对中美经常账户失衡存在负向影响，而中国对美国的财政赤字/国内生产总值差异、人均国内生产总值比值和 MSA 比值对中美经常账户失衡存在正向影响。在影响程度方面，总抚养比差异、财政赤字/国内生产总值差异和人均国内生产总值比值占主要地位。其中，中美总抚养比差异每增加 1%将导致中美经常账户失衡减少 0.7613%～1.4314%；中美财政赤字/国内生产总值差异每增加 1%将导致中美经常账户失衡增加 0.7864%～1.5919%；中美人均国内生产总值比值每增加 1%将导致中美经常账户失衡增加 0.5539%～1.2612%，上述估计系数均在 5%水平上显著。这意味着中美人口结构、财政政策与经济发展阶段的相对变化解释了大部分中美经常账户失衡，这与现实情况吻合得很好。样本期间，在中美经常账户失衡大幅增长的同时，中美总抚养比差异从 14%持续下降到 1.5%，中美财政赤字/国内生产总值差异从 1.9%增长到 11%（2008 年达到峰值 22%），中美人均国内生产总值比值从 8.7%持续增长到 27%，如图 6-3 所示。此外，中美滞后 NFA/国内生产总值差异对中美经常账户失衡不存在显著影响。这可能与 NFA 对经常账户余额存在双重影响有关。一方面，NFA 较高意味着经济体拥有较强的赤字融资能力进而会恶化经常账户；另一方面，NFA 较高能够带来净收入流进而改善经常账户。

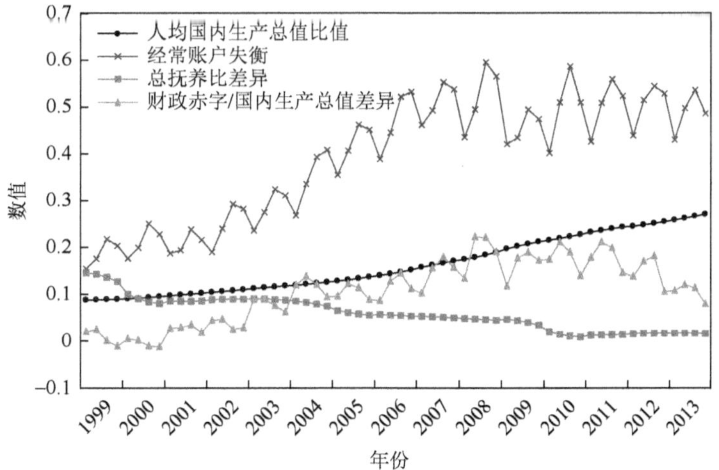

图 6-3　中美经常账户失衡、总抚养比差异、财政赤字/国内生产总值差异与人均国内生产总值比值的变动

资料来源：同花顺数据库和美国商务部经济分析局

中国对美国的利率水平差异、财政赤字/国内生产总值差异和 MSA 比值对中美对外净资产失衡存在正向影响，而中国对美国的总抚养比差异和人均国内生产总值比值对中美对外净资产失衡存在负向影响。在影响程度方面，中美利率水平

差异、总抚养比差异、财政赤字/国内生产总值差异和人均国内生产总值比值占主要地位。其中，中美利率水平差异每增加 1%将导致中美对外净资产失衡增加 2.5780%～6.9321%，中美总抚养比差异每增加 1%将导致中美对外净资产失衡减少 1.3596%～3.7867%，中美财政赤字/国内生产总值差异每增加 1%将导致中美对外净资产失衡增加 0.2234%～1.2604%，中美人均国内生产总值比值每增加 1%将导致中美对外净资产失衡减少 1.0251%～4.2343%，上述估计系数大多在 5%水平上显著。这意味着中美利差、人口结构、财政政策与经济发展阶段的相对变化是中美对外净资产失衡的主要决定因素，这与现实情况同样吻合得较好，如图 6-4 所示。中美利率水平差异对中美对外净资产失衡产生很强的正向影响表明：样本期间，中美利差持续扩大（从 1999 年的–0.98%上升到 2003 年的 2.91%）的主要影响为紧缩中国国内需求和刺激美国国内需求，从而导致中国不断通过经常账户盈余积累对美国的净资产，而中国资本管制抑制了国际套利资本流入中国。

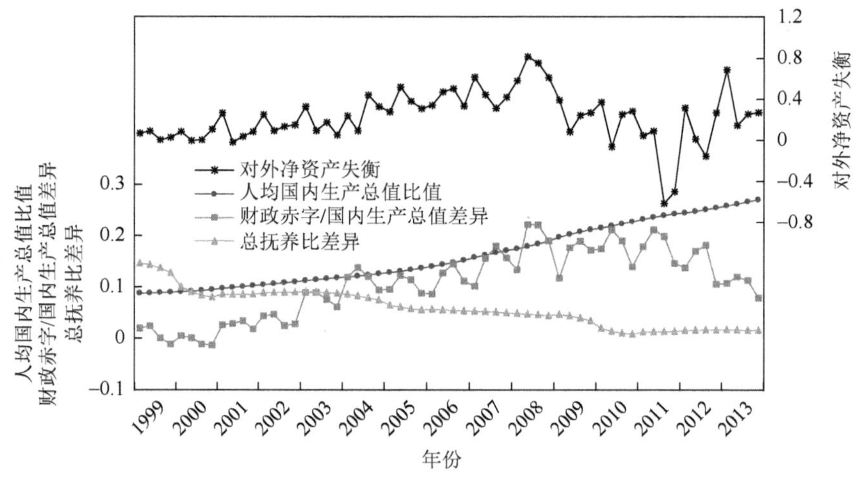

图 6-4　中美对外净资产失衡、总抚养比差异、财政赤字/国内生产总值差异与人均国内生产总值比值的变动

资料来源：同花顺数据库和美国商务部经济分析局

引入金融发展变量使中美资本错配比值对中美经常账户失衡的影响变得显著。同时，引入金融发展变量后，中美资本错配比值对中美对外净资产失衡的影响程度明显变大。其中，中美资本错配比值每增加 1%，中美经常账户失衡和中美对外净资产失衡分别增加 0.0567%～0.1256%和 0.1051%～0.481%，上述估计系数均在 5%水平上显著。这表明控制金融发展变量以后，前文理论分析得出的结论成立，即中美金融发展差异及其引致的资本错配使中美经济失衡持续扩大。样本期间，中国实体经济部门与金融服务部门的资本错配比率基本上高于美国（仅在美

国金融危机爆发初期出现过短暂的逆转）。由于中国金融发展水平较低，国内金融市场无法有效地满足实体经济部门的融资需求。当利率较高时，大量国内剩余储蓄很容易导致实体经济部门的投资超出临界资本投入进而出现产能过剩和资本错配（见前文命题二），这些过剩的产能在人民币汇率被人为低估的情形下转化为对美国的经常账户顺差。在实施外汇管制的情形下，中国国内剩余储蓄主要以官方外汇储备的形式存在，并形成中国对美国的净资产。中国官方外汇储备又经过美国高效的金融市场转化为美国对中国的外商直接投资。然而，美国对华直接投资的主要目的是调整国内产业结构和实现国际产业转移，其主要流入了制造业领域。美国长期股权资本流入在缓解中国实体经济部门融资约束的同时，也进一步加剧了中国实体经济部门的产能过剩和资本错配。因此，中国实体经济部门与金融服务部门的资本错配比率高于美国，进而导致中美经常账户顺差和对外净资产的规模持续扩大。

值得注意的是，本书从金融发展差异和资本错配的角度解释中美经济失衡不同于“美国充当世界银行家使中国迂回地实现储蓄向投资转化”的观点（祝丹涛，2008；Gourinchas and Rey，2007）。后者仅笼统地认为中国剩余储蓄作为美国对华直接投资的一种融资渠道实现了中国国内储蓄的“体外循环”，这似乎是在事后对一种经济现象进行描述和抽象，而没有回归到中美经济失衡的根本原因，即仍然需要回答中国为何储蓄过剩和中国剩余储蓄通过何种机制为美国对华直接投资提供融资。显然，这种观点无法解释 1992～1998 年中国负的对外净资产头寸。此外，样本期间，美国正处于新经济结束后国内产业结构的调整优化阶段，而中国成为美国制造业国际转移最主要的承接地具有一定程度的必然性。尽管中国金融发展严重滞后[①]，但由于 1998 年亚洲金融危机爆发以后大多数亚洲国家深陷其中而中国金融市场在亚洲表现得最为稳定，美国和其他亚洲国家的制造业只能大量向中国转移（雷达和赵勇，2009）。基于此，金融发展差异和资本错配为准确理解中美经济失衡提供了良好的逻辑起点。

无论选用哪一种替代变量，金融发展差异对中美经常账户和对外净资产失衡的影响都在 5%水平上显著。这表明金融发展“量”与“质”上的差异在中美经济失衡的形成与发展过程中均起到了重要作用。然而，金融发展差异对中美经济失衡的影响方向严重依赖于替代变量的选取，这表明中国金融发展中的结构性因素应引起更多关注。同为反映金融发展“量”上差异的指标，私人信贷/国内生产总值差异对中美经济失衡产生负向影响而股市市值/国内生产总值差异产生正向影响；同为反映金融发展“质”上差异的指标，M2/M1 差异对中美经济失衡产生负向影响而中长期贷款/短期贷款差异产生正向影响。这与金融发展对一国外部失衡

① Beck（2002）指出，当一国金融发展水平较高时，对外部融资依赖程度较大的制造业更容易得到发展。这意味着当地金融发展水平在国际产业转移过程中起到了关键作用。

的影响比较复杂密切相关。Cheung 等（2010）的研究表明：当使用私人信贷和金融监管效率作为金融发展替代变量时，全样本估计结果显示金融发展对经常账户存在显著影响，而发展中国家和发达国家子样本的估计结果却显示金融发展对经常账户不存在显著影响。这或许能够由发展中国家或发达国家之间的金融差异很小来解释。最重要的是，发展中经济体与发达国家子样本之间的估计结果显示金融发展对不同国家经常账户的影响存在很大差异。Chinn 和 Ito（2007a）也发现了金融发展对一国外部失衡不存在显著影响的证据。此外，本书所选取的四个替代变量难以准确反映中美两国金融发展程度。例如，中国私人信贷大部分投向了非政府部门的国有企业，美国私人信贷/国内生产总值很高更多地代表美国“金融过度”和“财富效应假说”而非金融市场效率（Phillips et al.，2013）。尽管如此，本书的实证结果在一定程度上仍然能够说明金融发展差异对中美经济失衡的重要影响，因为样本期间四个替代变量所度量的中美金融发展差异与中美经济失衡之间的关系和本书的估计结果吻合得较好（图 6-5），不过在影响方向上，我们无法得出一个谨慎的结论。

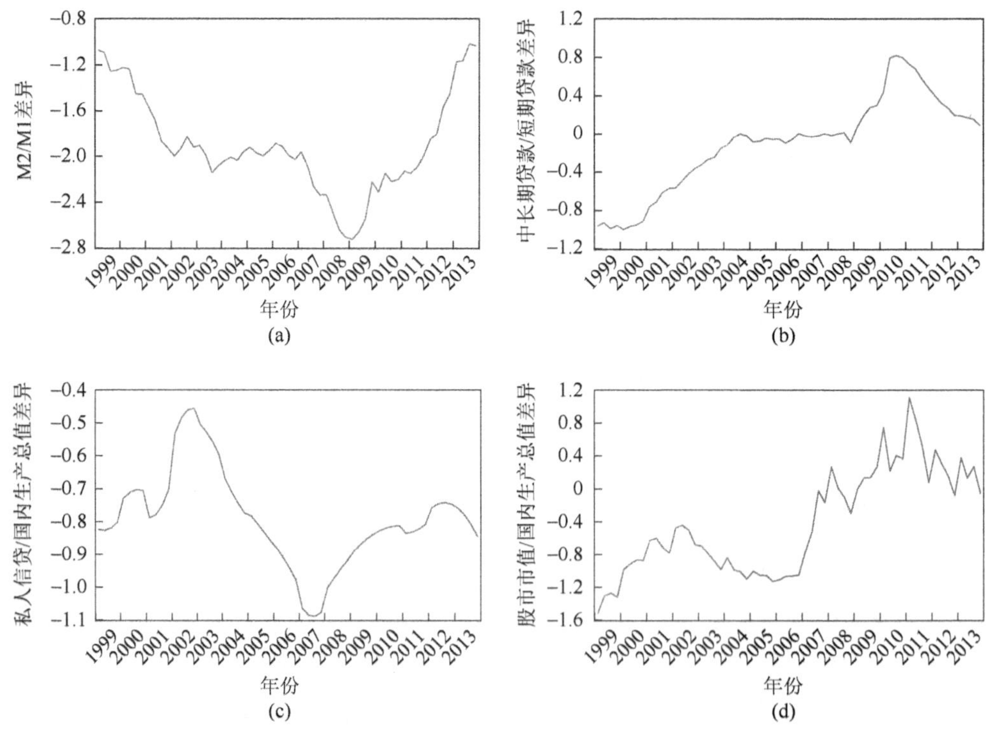

图 6-5　中美金融发展差异四个替代变量的变动趋势

资料来源：作者根据本节数据自行绘制

同样地，为谨慎起见，本节仅就反映中美金融发展“质”上差异的替代变量做出分析。一般而言，M2/M1 能够代表一国居民的跨期消费能力。M2/M1 越高表示居民潜在消费能力越大和即期消费能力越小，其在某种程度上也反映了该国金融市场效率低下，导致居民难以将潜在消费转化为即期消费。从图 6-5 可以看出：样本期间，中国 M2/M1 一直低于美国并且在美国金融危机爆发以前中美 M2/M1 差异是持续扩大的，而中美经济失衡持续扩大正是发生在这段时间内。这说明金融发展滞后使中国居民消费相对美国而言严重不足。在这个意义上，我们似乎不难理解中美 M2/M1 差异在样本期间与中美经济失衡负相关。与短期贷款相比，中长期贷款的发放更能够反映商业银行收集处理信息与优化金融资源配置的能力，因此，中长期贷款/短期贷款差异上升通常意味着金融市场效率的提升，对银行主导型国家而言更是如此。从图 6-5 可以看出，样本期间，中美中长期贷款/短期贷款差异基本上呈持续上升趋势。美国金融危机以前，中长期贷款的快速增长为中国制造业融资提供了强有力支持，进而进一步强化了中国制造业的比较优势和促进了中美经济失衡。然而，金融结构优化和金融体系市场化程度同样是金融发展的重要内涵（孙浦阳和胡学文，2010）。美国金融危机爆发后中国推出了“一揽子计划”，商业银行的信贷决策并非完全市场化而是在很大程度上附属于各级政府意愿。大量的中长期信贷投向了低效率和产能过剩行业，中长期贷款比重又一次快速提高反而反映了中国信贷结构的失衡和金融市场效率的降低，这可能是中长期贷款/短期贷款差异对中美经济失衡的影响系数偏小的主要原因。此外，中国以银行为主导的金融体系也可能会导致影响系数偏小。从其他银行主导型国家对外净资产头寸的演进历程来看，以德国和日本为代表的银行主导型国家难以吸引国际资本的长期流入（肖立晟和王博，2011）。

第七章　全球经济失衡的调整路径

日益扩大的全球经济失衡规模引发了有关全球经济失衡是否需要调整、何时调整及如何调整的争论。理论界对这些问题存在不同的观点。相当多的学者认为，当前的全球经济失衡是不可持续的，必然面临调整。人们对调整何时发生不太确定，有些人认为失衡可以持续相当长一段时间，而有些人认为调整已经迫在眉睫。更大的不确定性在于，将采取何种调整路径和模式。是通过汇率调整，还是通过储蓄率调整？是发生渐进调整，还是激进调整？为了回答以上问题，本章回顾了1980～2009 年 88 个国家或地区经常账户调整的经验。尽管当前的全球经济失衡在很多方面是独特的，如史无前例的失衡规模、前所未有的金融一体化及盈余国家内部经济发展的结构因素，过去的调整框架不可能完全适用于当前美国经常账户赤字的调整，但是对过去调整事件的实证研究对于我们探讨美国经常账户赤字调整的可能路径、模式仍具有启示意义。

第一节　全球经济失衡调整的三种路径

经常账户收支的弹性理论、吸收理论和资产组合理论，从不同层面、不同角度对经常账户收支进行研究，并且对经常账户收支调节的路径也有不同认识。据此本章归纳出全球经济失衡调整的三种路径如下。

一、汇率调整路径

以国际收支弹性论为代表的经常项目失衡问题的研究从贸易流量出发，忽略经常项目中所占份额较小的收益项目和经常转移项目，CA = EX−IM，CA 代表一国经常项目，EX、IM 分别代表一国进出口额。在购买力平价成立的基础上，一国的进出口额取决于收入效应、汇率效应等。在实证研究中，通常是假定进出口需求是贸易伙伴国收入水平、本国收入水平、本国出口商品价格、贸易伙伴国出口商品价格、汇率 S（直接标价法）等变量的函数。这意味着，通过本币汇率调整可以影响一国的经常项目差额：本币汇率贬值，一国经常项目收支改善；本币汇率升值，一国经常项目恶化。

二、储蓄率调整路径

储蓄投资视角以国民收支等式 CA = $S-I$（即经常项目等于储蓄减去投资）为分析基础，认为如果一国储蓄大于投资，则出现经常账户盈余；反之，则呈现经常账户赤字。这表明，一国可以通过调整储蓄率来改变经常账户收支状态。

三、金融深化水平调整路径

全球资产组合视角的主要观点是，在金融全球化的背景下，新兴经济体内部金融市场欠发达、金融资产短缺，导致其对美国资产需求上升，这是当前全球经济失衡的主要原因。通常对于一国而言，没有资本积累和政府支付的经常项目余额为$\mathrm{CA}_t = B_{t+1} - B_t$，其中$\mathrm{CA}_t$代表第 t 期经常项目余额，B_{t+1}、B_t分别代表在第 $t+1$ 期、t 期期末的外汇资产净值。这表明，一国增加外汇资产净值，可以改善经常项目收支；国外增持国内资产将允许该国增加吸收，产生经常项目赤字，并带来实际汇率升值。

第二节　全球经济失衡调整路径的经验分析

理论上全球经济失衡调整可以通过本币汇率贬值、储蓄率上升、金融深化水平[①]下降三条路径来实现。接下来本节将对全球经济失衡调整路径进行经验分析。首先，将 1980～2009 年 88 个经济体发生的经常账户反转作为处理组（treatment group），并构造一组未经调整的控制组（control group），利用卡方检验分析处理组和控制组的汇率、储蓄率、金融深化水平变化程度是否一致来判断本币汇率贬值、储蓄率上升、金融深化是否是全球经济失衡调整的路径。其次，在区分发达国家和发展中经济体两个子样本的基础上，判断这两个子样本的调整路径是否一致。

一、非参数检验方法原理

非参数检验，又称任意分布检验，它不考虑总体的参数和总体的分布类型，而是对样本所代表的总体的分布或分布位置进行假设检验，这类方法不受总体参数的限制。非参数检验主要是利用样本数据之间的大小比较及大小顺序，对两个或多个样本所属总体是否相同进行检验，而不对总体分布的参数，如平均

① 本书用借贷水平占 GDP 的比重来衡量金融深化水平。

数、标准差等进行统计推断。当样本观测值的总体分布类型未知或知之甚少，无法肯定其性质，特别是观测值明显偏离正态分布，不具备参数检验的应用条件时，常用非参数检验。非参数检验具有计算简便、直观，易于掌握，检验速度较快等优点。

卡方检验（χ^2检验）是非参数检验之一。卡方分布是一种连续型分布，可用于检验资料的实际频数和按检验假设计算的理论频数是否相符等问题。早在 1875 年，Helmet 即得出来自正态总体的样本方差的分布服从卡方分布。1900 年，Pearson 也独立地从检验分布的拟合优度发现这一相同的卡方分布。卡方检验是一种用途广泛的统计方法，主要用于检验两个（或多个）总体率或构成比之间是否有统计学意义，从而推断两个（或多个）总体率或构成比是否相同。

二、样本范围与指标选取

（一）样本范围

考虑数据的可获得性，本节选取 88 个国家或地区为分析样本①。样本时间范围为 1980～2009 年。

（二）指标选取与资料来源

（1）实际汇率是以 1997 年为基期，经过 CPI 调整并以对外贸易比重进行加权处理。资料来源为 BVD（Bureau van Dijk）宏观经济数据库。

（2）储蓄率，即储蓄（公共部门和私人部门储蓄之和）占名义生产总值的比重，资料来源为 BVD 宏观经济数据库。

（3）金融深化水平。选取合适的指标准确反映金融深化水平，尤其反映不同经济发展水平国家（地区）的金融深化水平的指标，一直是理论界的难题。

① 88 个样本国家或地区分别是：阿尔及利亚、安提瓜、澳大利亚、巴林、孟加拉国、贝宁、博茨瓦纳、巴西、喀麦隆、加拿大、智利、中国（不包括港澳台地区，台湾地区数据单列出来）、哥伦比亚、科特迪瓦、丹麦、多米尼加共和国、埃及、埃塞俄比亚、芬兰、法国、加蓬、德国、加纳、希腊、危地马拉、海地、洪都拉斯、冰岛、印度、印度尼西亚、伊朗、爱尔兰、以色列、意大利、日本、牙买加、约旦、韩国、科威特、莱索托、利比亚、马达加斯加、马拉维、马来西亚、马里、毛里塔尼亚、毛里求斯、墨西哥、摩洛哥、莫桑比克、荷兰、新西兰、尼日尔、尼日利亚、挪威、阿曼、巴基斯坦、巴拿马、巴布亚新几内亚、菲律宾、卢旺达、沙特阿拉伯、塞内加尔、塞舌尔、塞拉利昂、新加坡、南非、西班牙、斯里兰卡、苏丹、斯威士兰、瑞典、瑞士、阿拉伯叙利亚共和国、中国台湾地区、泰国、冈比亚、多哥、特立尼达和多巴哥、突尼斯、乌干达、英国、美国、乌拉圭、委内瑞拉、也门、赞比亚、津巴布韦。

根据一般的金融发展指标（如金融相关比率、M2 占生产总值的比重、信贷水平占生产总值的比重等常用指标），中国指标数值很高，甚至超过部分发达国家。但是中国金融发展水平的上升主要体现在居民准货币（定期存款、储蓄存款和其他存款）的稳定快速增加上，属于典型的银行导向型金融结构，相对应的金融市场建设却比较滞后，与全球金融一体化的矛盾日益尖锐。有鉴于此，我们选取股票市场交易价值占生产总值比重作为度量一国（地区）金融发展程度的指标。信贷水平占生产总值的比重资料来源为 BVD 宏观经济数据库；股票市场价值占生产总值比重资料来源为世界发展指标（World Development Indicators，WDI）数据库。

三、利用非参数检验对全球经济失衡调整的三条路径进行经验分析（全样本）

本节利用非参数检验对全球经济失衡调整的三条路径进行经验分析的步骤如下：第一，将样本区间内识别出的经常账户反转作为处理组，并构造出没有发生经常账户反转的事件作为控制组；第二，对于处理组，假定经常账户在 $t+1$ 年开始调整[①]，计算从 $t+1$ 年到 $t+3$ 年内汇率、储蓄率、金融深化水平的平均值较经常账户调整前的第 t 年的变化幅度；第三，对于控制组，分别计算从该年的汇率、储蓄率、金融深化水平到后续 3 年平均汇率、储蓄率、金融深化水平的变化幅度；第四，绘制四格表，利用卡方值判断控制组和处理组汇率贬值、储蓄率上升、金融深化水平下降幅度的概率是否相等。本节卡方检验结果均由 SPSS 16.0 软件计算。

（一）全球经济失衡调整和实际汇率变动

表 7-1 表明，处理组和控制组本币实际汇率贬值概率分别为 58.40%、47.25%。处理组和控制组本币实际汇率贬值概率的卡方检验结果见表 7-2。

表 7-1　本币实际汇率贬值概率（全样本）

类型	本币实际汇率贬值次数	本币实际汇率升值次数	次数	本币实际汇率贬值概率
处理组	73	52	125	58.40%
控制组	43	48	91	47.25%
合计	116	100	216	53.70%

① 在经常账户调整开始之前的第 t 年为赤字规模最高年份。

表 7-2　两组本币实际汇率贬值概率的卡方检验（全样本）

项目	数值	自由度	p 值
Pearson 卡方值	2.632	1	0.105
连续性校正的卡方值	2.203	1	0.138
似然比值	2.633	1	0.105
Fisher 检验值	n.a.	n.a.	0.129
有效观测值数量	216	n.a.	n.a.

注：n.a.代表不存在对应值

H_0：无论经常账户反转与否，处理组和控制组本币实际汇率贬值概率相等，即经常账户反转与本币实际汇率贬值无关，或本币实际汇率贬值不是全球经济失衡的调整路径。H_1：本币实际汇率贬值是全球经济失衡的调整路径。由于样本观测值大于 40，理论频数皆大于 5，适用于 Pearson 卡方值。如表 7-2 所示，Pearson 卡方值为 2.632，自由度为 1，p 值为 0.105，按$\alpha = 0.05$ 水准，不能拒绝零假设，这意味着本币实际汇率贬值不是全球经济失衡的调整路径之一。这一研究结果表明，实际汇率贬值无法实现全球经济失衡调整。本节的实证结果再次证明了所谓的“调整之谜”，即为什么汇率对贸易收支的调整并不是如此有效。

（二）全球经济失衡调整和储蓄率变动

储蓄率上升概率的四格表如表 7-3 所示，处理组和控制组储蓄率上升的概率分别为 72.26%、59.00%。

表 7-3　储蓄率上升概率（全样本）

类型	储蓄率上升次数	储蓄率下降次数	次数	储蓄率上升概率
处理组	99	38	137	72.26%
控制组	59	41	100	59.00%
合计	158	79	237	66.67%

两组储蓄率上升概率的卡方检验结果见表 7-4。H_0：储蓄率上升不是全球经济失衡调整路径之一。H_1：储蓄率上升是全球经济失衡调整路径之一。由于样本观测值大于 40，理论频数皆大于 5，适用于 Pearson 卡方值。如表 7-4 所示，Pearson 卡方值为 4.576，自由度为 1，p 值为 0.032，按$\alpha = 0.05$ 水准，拒绝零假设，这意味着，储蓄率上升是经常账户赤字调整的有效路径之一。

表 7-4　两组储蓄率上升概率的卡方检验（全样本）

项目	数值	自由度	p 值
Pearson 卡方值	4.576	1	0.032
连续性校正的卡方值	3.998	1	0.046
似然比值	4.552	1	0.033
Fisher 检验值	n.a.	n.a.	0.037
有效观测值数量	237	n.a.	n.a.

注：n.a.代表不存在对应值

（三）全球经济失衡调整和金融深化水平变动

首先利用信贷水平占生产总值的比重作为金融深化水平的替代指标，为了获得稳健实证结果，接着利用股票市场价值占生产总值比重作为金融深化的替代指标。

信贷水平下降概率的四格表如表 7-5 所示，两组信贷水平下降概率的卡方检验结果见表 7-6。虽然卡方检验结果表明信贷水平下降与经常账户反转无关。但这并不能说明金融深化水平降低不是全球经济失衡调整的路径之一，其中的可能原因是信贷水平不能准确反映一国（地区）金融深化水平。因此，我们选取股票市场价值占生产总值比重作为金融深化水平的代理变量。

表 7-5　信贷水平下降的概率（全样本）

类型	信贷水平下降次数	信贷水平上升次数	次数	信贷水平下降概率
处理组	64	89	153	41.83%
控制组	44	56	100	44.00%
合计	108	145	253	42.69%

表 7-6　两组信贷水平下降概率的卡方检验（全样本）

项目	数值	自由度	p 值
Pearson 卡方值	0.116	1	0.733
连续性校正的卡方值	0.045	1	0.833
似然比值	0.116	1	0.733
Fisher 检验值	n.a.	n.a.	0.795
有效观测值数量	253	n.a.	n.a.

注：n.a.代表不存在对应值

利用 1988～2009 年[①]88 个经济体的股票市场价值占生产总值比重数据，卡方检验结果如表 7-7 和表 7-8 所示。

表 7-7 股票市场价值占生产总值比重下降的概率（全样本）

类型	股票市场价值占生产总值比重下降次数	股票市场价值占生产总值比重上升次数	次数	股票市场价值占生产总值比重下降概率
处理组	21	28	49	42.86%
控制组	12	27	39	30.77%
合计	33	55	88	37.50%

据表 7-8，连续性校正的卡方值为 0.887，自由度是 1，$p=0.346>0.05$，不能拒绝处理组和控制组股票市场价值占生产总值比重下降概率相等的假设，这说明在处理组和控制组股票市场价值占生产总值比重下降概率不存在显著差异，无法说明股票市场价值占生产总值比重下降是经常账户反转的路径。

表 7-8 两组股票市场价值占生产总值比重下降概率的卡方检验（全样本）

项目	数值	自由度	p 值
Pearson 卡方值	1.354	1	0.245
连续性校正的卡方值	0.887	1	0.346
似然比值	1.365	1	0.733
Fisher 检验值	n.a.	n.a.	0.243
有效观测值数量	88	n.a.	n.a.

注：n.a.代表不存在对应值

在尝试用多个指标作为金融深化的代理变量后，其结论都表明处理组和控制组金融深化水平下降并不存在显著差异，这说明对于全样本而言，金融深化并非经常账户调整路径。之所以与资产组合理论不符，其中一个非常重要的原因是：按照经常账户收支的资产组合理论，可以通过降低金融深化水平来实现经常账户赤字反转的路径；然而在当前金融一体化、金融深化的背景下，没有国家或地区愿意降低金融深化水平。

考虑到发达国家和发展中经济体除了存在经济发展水平差异之外，经济制度、

① 此处选用与前文不一样的样本区间，前文选用 1980～2009 年的数据，主要是根据 BVD 数据库的统计资料，选取尽可能长的统计区间。而股票市场价值占 GDP 比重指标资料来源为 WDI 数据库，最长时间跨度为 1988～2009 年，是考虑中国从 20 世纪 90 年代才正式建立股票市场。

经济结构等方面均存在差异，本章将样本分为发达国家样本和发展中经济体两个子样本，以考察它们的调整路径是否有差别。

四、利用非参数检验对全球经济失衡调整的三条路径进行经验分析（发达国家样本）

将本章样本中的88个国家或地区划分为发达国家样本和发展中经济体样本，其中发达国家样本包含澳大利亚、加拿大、丹麦、芬兰、法国、德国、希腊、日本、冰岛、爱尔兰、以色列、意大利、韩国、荷兰、新西兰、挪威、西班牙、瑞典、瑞士、英国、美国这21个国家，其余的67个国家（地区）属于发展中经济体样本。

（一）全球经济失衡调整和实际汇率变动

表7-9为发达国家本币实际汇率贬值的四格表，在发达国家样本中，经过经常账户反转的事件中本币实际汇率贬值的概率是69.57%，而未经经常账户反转的事件中本币实际汇率贬值的概率是22.22%。

表7-9 本币实际汇率贬值概率（发达国家样本）

类型	本币实际汇率贬值次数	本币实际汇率升值次数	次数	本币实际汇率贬值概率
处理组	16	7	23	69.57%
控制组	8	28	36	22.22%
合计	24	35	59	40.68%

卡方检验的结果见表7-10。H_0：发达国家本币实际汇率贬值不是经常账户赤字反转的路径。H_1：发达国家本币实际汇率贬值是经常账户赤字反转的路径。由于样本观测值大于40，理论频数皆大于5，适用于Pearson卡方值。如表7-10所示，Pearson卡方值为13.035，自由度为1，p值为0，按$\alpha=0.05$水准，拒绝原假设，这意味着对于发达国家本币实际汇率贬值是经常账户赤字反转的路径。

表7-10 两组本币实际汇率贬值概率的卡方检验（发达国家样本）

项目	数值	自由度	p值
Pearson卡方值	13.035	1	0
连续性校正的卡方值	11.147	1	0.001
似然比值	13.322	1	0

续表

项目	数值	自由度	p 值
Fisher 检验值	n.a.	n.a.	n.a.
有效观测值数量	59	n.a.	n.a.

注：n.a.代表不存在对应值

（二）全球经济失衡调整和储蓄率变动

表 7-11 和表 7-12 分别是发达国家经常账户反转时储蓄率上升的四格表和卡方检验结果。由卡方检验结果可知，在发达国家样本中储蓄率上升并不是其经常账户反转的路径。

表 7-11　储蓄率上升概率（发达国家样本）

类型	储蓄率上升次数	储蓄率下降次数	次数	储蓄率上升概率
处理组	13	10	23	56.52%
控制组	19	16	35	54.29%
合计	32	26	58	55.17%

表 7-12　两组储蓄率上升概率的卡方检验（发达国家样本）

项目	数值	自由度	p 值
Pearson 卡方值	0.028	1	0.867
连续性校正的卡方值	0	1	1
似然比值	0.028	1	0.867
Fisher 检验值	n.a.	n.a.	n.a.
有效观测值数量	58	n.a.	n.a.

注：n.a.代表不存在对应值

（三）全球经济失衡调整和金融深化水平变动

表 7-13 和表 7-14 分别是发达国家经常账户反转时信贷水平下降的四格表和卡方检验结果。由卡方检验结果可知，在发达国家样本中信贷水平并不是其经常账户反转的路径。

表 7-13　信贷水平下降的概率（发达国家样本）

类型	信贷水平下降次数	信贷水平上升次数	次数	信贷水平下降概率
处理组	9	16	25	36.00%

续表

类型	信贷水平下降次数	信贷水平上升次数	次数	信贷水平下降概率
控制组	7	25	32	21.88%
合计	16	41	57	28.07%

表 7-14　两组信贷水平下降概率的卡方检验（发达国家样本）

项目	数值	自由度	p 值
Pearson 卡方值	1.387	1	0.239
连续性校正的卡方值	0.776	1	0.379
似然比值	1.381	1	0.24
Fisher 检验值	n.a.	n.a.	0.795
有效观测值数量	57	n.a.	n.a.

注：n.a.代表不存在对应值

利用股票市场价值占生产总值比重作为金融深化的度量指标，表 7-15 和表 7-16 分别是发达国家经常账户反转时股票市场价值占生产总值比重下降的四格表和卡方检验结果。

表 7-15　股票市场价值占生产总值比重下降的概率（发达国家样本）

类型	股票市场价值占生产总值比重下降次数	股票市场价值占生产总值比重上升次数	次数	股票市场价值占生产总值比重下降概率
处理组	4	7	11	36.36%
控制组	5	15	20	25.00%
合计	9	22	31	29.03%

表 7-16　两组股票市场价值占生产总值比重下降概率的卡方检验（发达国家样本）

项目	数值	自由度	p 值
Pearson 卡方值	0.445	1	0.505
连续性校正的卡方值	0.064	1	0.8
似然比值	0.437	1	0.508
Fisher 检验值	n.a.	n.a.	0.683
有效观测值数量	31	n.a.	n.a.

注：n.a.代表不存在对应值

据表 7-16，Pearson 卡方值为 0.445，自由度是 1，p 值为 0.505＞0.05，这表

明发达国家处理组和控制组的股票市场价值占生产总值比重并没有显著差异，即金融深化水平下降并非发达国家实现经常账户赤字反转的路径。

五、利用非参数检验对全球经济失衡调整的三条路径进行经验分析（发展中经济体样本）

（一）全球经济失衡调整和实际汇率变动

表 7-17 是发展中经济体本币实际汇率贬值的四格表，处理组本币实际汇率贬值的概率是 61.76%，控制组本币实际汇率贬值的概率是 54.72%。

表 7-17　本币实际汇率贬值概率（发展中经济体样本）

类型	本币实际汇率贬值次数	本币实际汇率升值次数	次数	本币实际汇率贬值概率
处理组	63	39	102	61.76%
控制组	29	24	53	54.72%
合计	92	63	155	59.35%

表 7-18 是卡方检验结果。H_0：对于发展中经济体，本币实际汇率贬值不是经常账户赤字反转的路径。H_1：对于发展中经济体，本币实际汇率贬值是经常账户赤字反转的路径。由于样本观测值大于 40，理论频数皆大于 5，适用于 Pearson 卡方值。如表 7-18 所示，Pearson 卡方值为 0.718，自由度为 1，p 值为 0.397，按 $\alpha = 0.05$ 水准，不能拒绝零假设，这意味着对于发展中经济体本币实际汇率贬值不是经常账户赤字反转的路径。

表 7-18　两组本币实际汇率贬值概率的卡方检验（发展中经济体样本）

项目	数值	自由度	p 值
Pearson 卡方值	0.718	1	0.397
连续性校正的卡方值	0.456	1	0.5
似然比值	0.715	1	0.398
Fisher 检验值	n.a.	n.a.	n.a.
有效观测值数量	155	n.a.	n.a.

注：n.a.代表不存在对应值

（二）全球经济失衡调整和储蓄率变动

表 7-19 和表 7-20 分别是发展中经济体储蓄率上升的四格表和卡方检验结

果。由卡方检验结果可知，对于发展中经济体储蓄率上升是其经常账户反转的路径。

表 7-19 储蓄率上升概率（发展中经济体样本）

类型	储蓄率上升次数	储蓄率下降次数	次数	储蓄率上升概率
处理组	85	25	110	77.27%
控制组	36	26	62	58.06%
合计	121	51	172	70.35%

表 7-20 两组储蓄率上升概率的卡方检验（发展中经济体样本）

项目	数值	自由度	p 值
Pearson 卡方值	7.013	1	0.008
连续性校正的卡方值	6.123	1	0.013
似然比值	6.869	1	0.009
Fisher 检验值	n.a.	n.a.	n.a.
有效观测值数量	172	n.a.	n.a.

注：n.a.代表不存在对应值

（三）全球经济失衡调整和金融深化水平变动

表 7-21 和表 7-22 分别是发展中经济体信贷水平下降的四格表和卡方检验结果。由卡方检验结果可知，对于发展中经济体信贷水平下降不是其经常账户反转的路径。

表 7-21 信贷水平下降的概率（发展中经济体样本）

类型	信贷水平下降次数	信贷水平上升次数	次数	信贷水平下降概率
处理组	59	67	126	46.83%
控制组	35	27	62	56.45%
合计	94	94	188	50.00%

表 7-22 两组信贷水平下降概率的卡方检验（发展中经济体样本）

项目	数值	自由度	p 值
Pearson 卡方值	1.540	1	0.215
连续性校正的卡方值	1.179	1	0.278

续表

项目	数值	自由度	p 值
似然比值	1.543	1	0.214
Fisher 检验值	n.a.	n.a.	n.a.
有效观测值数量	188	n.a.	n.a.

注：n.a.代表不存在对应值

本节利用股票市场价值占生产总值比重作为金融深化的度量指标。表 7-23 和表 7-24 分别是发展中经济体股票市场价值占生产总值比重下降的四格表和卡方检验结果。

表 7-23 股票市场价值占生产总值比重下降的概率（发展中经济体样本）

类型	股票市场价值占生产总值比重下降次数	股票市场价值占生产总值比重上升次数	次数	股票市场价值占生产总值比重下降概率
处理组	17	21	38	44.74%
控制组	7	12	19	36.84%
合计	24	33	57	42.11%

表 7-24 两组股票市场价值占生产总值比重下降概率的卡方检验（发展中经济体样本）

项目	数值	自由度	p 值
Pearson 卡方值	0.969	1	0.325
连续性校正的卡方值	0.505	1	0.477
似然比值	0.982	1	0.322
Fisher 检验值	n.a.	n.a.	0.416
有效观测值数量	57	n.a.	n.a.

注：n.a.代表不存在对应值

据表 7-24，Pearson 卡方值为 0.969，自由度为 1，p 值为 0.325＞0.05，这表明不能拒绝原假设：处理组和控制组股票市场价值占生产总值比重下降的概率不存在显著差异。这意味着，对于发展中经济体，股票市场价值占生产总值比重下降并不是经常账户反转的路径。

由于信贷水平、股票市场价值占生产总值比重皆为一国（地区）金融深化水平的替代变量，金融深化水平下降并不是发展中经济体实现经常账户反转的路径。

六、结论

理论上，从汇率弹性视角、国民收支吸收分析法和资产组合角度出发，实际有效汇率贬值、储蓄率上升、金融深化水平下降都是一国（地区）经常账户赤字反转的路径。本节利用 1980～2009 年 88 个国家或地区的经常账户反转相关数据，并构造一组未经过经常账户反转的控制组，采用卡方检验，对经常账户反转路径进行经验分析。

本章首先利用卡方检验，考察样本内 88 个国家或地区的经常账户调整路径，仅仅识别出储蓄率上升是经常账户反转的路径（表 7-25）。考虑到发达国家、发展中经济体不同的经济发展水平、经济制度等，将样本分为发达国家样本、发展中经济体样本，分别利用卡方检验验证实际汇率贬值、储蓄率上升、金融深化水平下降是否是发达国家、发展中经济体经常账户反转的路径，我们发现以下几点。

表 7-25　经常账户赤字调整路径实证结果（卡方检验）

项目	全样本	发达国家	发展中经济体
实际汇率贬值	否	是	否
储蓄率上升	是	否	是
金融深化水平下降	否	否	否

第一，无论发达国家还是发展中经济体皆不倾向利用降低金融深化水平来实现其经常账户赤字反转。这与全球金融深化、一体化的客观规律相关。在全球金融深化、金融一体化的趋势下，伴随着经济发展，各国（地区）金融深化水平在不断提高，自然不会反其道而行之，通过降低金融深化水平来实现经常账户反转。

第二，发达国家主要依靠本币实际汇率贬值来实现其经常账户反转，而发展中经济体主要依靠国（地区）内储蓄率上升来实现经常账户反转。其一，发达国家普遍实行较为灵活的汇率制度，因此更倾向于依靠汇率贬值来实现经常账户赤字反转。其二，处于不同发展阶段的经济体，受收入水平、文化传统、社会保障体制等因素影响，其储蓄倾向高低不同；与发展中经济体相比，发达国家的居民储蓄率普遍较低，在短期内，很难通过提高储蓄率来削减经常账户赤字。其三，由于通过汇率贬值来实现经常账户反转实际上是“支出转换政策”，而通过储蓄率上升来实现经常账户反转是“支出削减政策”，这两条经常账户反转路径所对应的成本必然不同。这是以后有待进一步拓展的研究。

第八章　全球经济失衡调整模式、影响因素及其成本比较

按照全球经济失衡调整完成时间长短，将全球经济失衡调整分为两种模式：渐进调整和激进调整。假定在第 t 年经常账户赤字规模最大，则意味着从第 $t+1$ 年开始调整。若在 1 年之内，即在第 $t+1$ 年完成调整，则称为激进调整；若在 2～4 年之内完成调整，则称为渐进调整。本章在区分这两种调整模式的基础上，探讨这两种调整模式发生概率的影响因素，并采用处理效应模型，比较两种调整模式所对应的调整成本大小。

第一节　全球经济失衡调整的两种模式

为了研究的方便，不同的学者对经常账户反转给出的具体识别标准并不一样。Milesi-Ferretti 和 Razin（1998）认为经常账户反转是指，经常账户占国内生产总值比重上升或下降 3%或 5%及发生逆转前后的时间段均为 3 年。Edwards（2004）给出了两种经常账户赤字调整定义：第一，在 1 年之内经常账户赤字占国内生产总值比重至少减少 4%；第二，在 3 年之内经常账户赤字占国内生产总值比重至少减少 6%。Freund 和 Warnock（2005）则认为经常账户反转要满足逆转前经常账户赤字额占国内生产总值比重超过 2%，并且在 3 年内经常账户赤字占国内生产总值比重的平均值至少降低 2%及持续时间为 5 年等条件。张建清和张天顶（2008）认为以往研究对所有国家都限定一个固定数值的调整规模，没有充分考虑不同国家经常账户失衡调整的多样性，取而代之以每个样本国家的经常账户占国内生产总值比重在观测期间内的标准差作为调整标准，在其研究中经常账户调整是指在 4 年之内经常账户赤字规模至少缩减一个标准差，且调整持续时间为 3 年。从现有研究文献来看，经常账户调整的识别标准包括四个方面：第一，经常账户初始状态；第二，经常账户调整规模；第三，完成经常账户调整所需时间；第四，经常账户调整的持续时间。在现有有关经常账户反转识别标准的研究基础之上，本章在考察全球 90 个经济体

1980～2009年的经常账户调整时发现①：第一，以往研究大多没有具体定义初始经常账户赤字的规模②；第二，在完成经常账户调整所需时间方面，没有区分渐进调整和激进调整。在定义经常账户反转时，本章旨在捕捉经常账户失衡大幅的、持续的改善，而非由消费平滑导致的经常账户的短期波动。在参考以往研究的基础上，本章将经常账户调整分为渐进调整和激进调整，划分依据是完成调整所需时间的长短。

经常账户赤字调整满足以下四个条件：第一，为了突出调整的必要性，初始经常账户赤字规模（即 $t=0$ 时）大于该经济体在样本期间经常账户中位值的绝对值，大于该年份全球经常账户中位值③；第二，调整规模为该经济体在观察期历年（本章为1980～2009年）经常账户的标准差；第三，激进调整意味着在1年之内（即第 $t+1$ 年）完成调整，即在一年之内经常账户赤字规模削减一个标准差，若在2～4年之内（即第 $t+2$ 年到第 $t+4$ 年期间）经常账户赤字规模削减一个标准差，则为渐进调整；第四，在调整完成的3年内，经常账户赤字要小于初始状态值。

经常账户反转开始时刻即赤字开始调整之年。按照本章的识别标准，1980～2009年在90个样本国家或地区中经常账户激进调整和渐进调整发生的次数及概率如表8-1所示。其中总观测样本数为90×27④，经常账户赤字激进调整次数为73，概率为3.00%；经常账户赤字渐进调整次数为90，概率为3.70%。总体而言，经常账户赤字调整的概率为6.71%，该结果与Edwards（2004）、张建清和张天顶（2008）等的研究结果相似。

表8-1 经常账户反转的概率（1980～2010年）

经常账户反转类型	次数	概率
激进调整	73	3.00%
渐进调整	90	3.70%
总计	163	6.71%

资料来源：作者根据经济学人情报部宏观经济数据库相关数据计算

注：总观测样本数90×27

① 90个经济体分别是：阿尔及利亚、安提瓜、澳大利亚、巴林、孟加拉国、贝宁、博茨瓦纳、巴西、喀麦隆、加拿大、智利、中国、哥伦比亚、科特迪瓦、丹麦、多米尼加共和国、埃及、埃塞俄比亚、芬兰、法国、加蓬、德国、加纳、希腊、危地马拉、海地、洪都拉斯、冰岛、印度、印度尼西亚、伊朗、爱尔兰、以色列、意大利、日本、牙买加、约旦、韩国、科威特、莱索托、利比亚、马达加斯加、马拉维、马来西亚、马里、毛里塔尼亚、毛里求斯、墨西哥、摩洛哥、莫桑比克、荷兰、新西兰、尼日尔、尼日利亚、挪威、阿曼、巴基斯坦、巴拿马、巴布亚新几内亚、菲律宾、卢旺达、沙特阿拉伯、塞内加尔、塞舌尔、塞拉利昂、新加坡、南非、西班牙、斯里兰卡、苏丹、斯威士兰、瑞典、瑞士、阿拉伯叙利亚共和国、中国台湾地区、泰国、冈比亚、多哥、特立尼达和多巴哥、突尼斯、乌干达、英国、美国、乌拉圭、委内瑞拉、也门、赞比亚、津巴布韦、圣卢西亚、圣克里斯多福与尼维斯。

② 以经常账户赤字占GDP的比重的绝对值来衡量。

③ 第 t 年为该经济体在发生经常账户调整之前最大经常账户赤字规模的年份。

④ 因为在2006年以后无法观测到完整的调整，故计算总样本数时，观测期年份取值为27。

第二节 两种全球经济失衡调整模式发生概率的影响因素

在将经常账户反转按其完成所需时间长短分为渐进调整和激进调整之后，我们探讨了这两种调整模式发生概率的影响因素，在此基础上，比较两种调整模式的成本大小，以期为当前全球经济失衡调整提供一些借鉴。

一、全球经济失衡调整模式发生概率的实证模型构建

本章选取的数据样本是面板数据的，而且被解释变量是离散型的，因而在模型的选择上必然要建立离散面板数据模型。

（一）基于面板数据的排序选择模型简介

1. 面板回归模型

面板数据是将时间序列数据和横截面数据结合而成的数据集。设因变量 y_{it} 与 $1\times k$ 维解释变量向量 x_{it} 满足线性关系：

$$y_{it}=\partial_{it}+x_{it}\beta_{it}+u_{it},\quad i=1,2,\cdots,N,\quad t=1,2,\cdots,T \tag{8-1}$$

式(8-1)是考虑 k 个经济指标在 N 个个体及 T 个时间点上的变动关系。其中，N 表示个体截面成员的个数，T 表示每个截面成员的观测时期总数，参数 ∂_{it} 表示模型的常数项，β_{it} 表示对应于解释向量 x_{it} 的 $k\times 1$ 维向量，k 表示解释变量个数，随机误差项 u_{it} 相互独立且满足零均值、等方差的假设。

2. 面板数据的优势

在经济研究中，面板数据相对于截面数据或时间序列数据有如下一些优势。

第一，面板数据通常包括比截面数据和时间序列数据更大的数据量，可以增加自由度和减少解释变量间的共线性问题，从而提高估计的有效性。

第二，面板数据将个体差异和个体的动态变化结合，在分析复杂经济问题时更为有效，可以实现仅用截面数据或时间序列数据难以达到的分析效果。

第三，面板数据能为总体数据分析提供微观基础。基于总体数据的分析常需借助“有代表性代理”的假定，如果微观单位存在异质性，那么“有代表性代理”的假定并不成立。因此，基于总体数据的政策评价就可能是错误的，而面板数据通过大量个体的时间序列观测值，可以更好地研究异质性问题。

3. 面板数据的离散选择模型

通常的经济计量模型都假定因变量是连续的，但是在现实的经济生活中经常面临许多选择问题。需要在可供选择的有限多个方案中做出选择，与通常被解释变量是连续变量的假设相反，此时因变量只取有限多个离散的值。为克服传统计量经济学只能分析定量变量的不足，一些计量经济学家提出了虚拟变量理论（dummy variable theory）。虚拟变量最初只作为解释变量，到 20 世纪 80 年代后才出现虚拟因变量模型。被解释变量为非连续的定性变量的计量模型，称为离散因变量模型（models with discrete dependent variables），或者称为离散选择模型（discrete choice model，DCM）。根据定性因变量的不同情况可以分为二元模型和多元模型，不同类型的虚拟因变量模型的基本原理类似。

使用线性概率模型（linear probability model，LPM）可能会出现两方面的问题：一是拟合出来的概率可能大于 1 或者小于 0；二是任何解释变量的偏效应不变。为克服这两个方面的缺陷，出现了更复杂的离散选择模型——Logit 模型和 Probit 模型。面板数据的 Logit 模型和 Probit 模型能从满足经典线性模型假定的潜变量模型（latent variable model）得出。

当被解释变量不只是两种选择时，要用到多元选择模型（multiple choice model）。与一般的多元选择模型不同，排序选择问题需要建立排序选择模型（ordered choice model）。本节实证模型中因变量代表三种经常账户状态——经常账户没有经历反转、经常账户渐进调整、经常账户激进反转，适用于三元选择模型。下面介绍三元选择模型的基本原理。

设有一个潜在变量 y_{it}^*，是不可观测的，它与 X_{it} 之间具有线性关系，即

$$y_{it}^* = X_{it}\beta + u_{it}^*, \quad i=1,2,\cdots,N, \quad t=1,2,\cdots,T \tag{8-2}$$

y_{it}^* 取决于 X_{it}，u_{it}^* 是独立同分布的随机变量。可观测的是 y_{it}，y_{it} 有 0, 1, 2 共 3 个取值，y_{it} 可以通过 y_{it}^* 按式（8-3）得到。

$$y_{it} = \begin{cases} 0, & y_{it}^* \leqslant c_1 \\ 1, & c_1 < y_{it}^* \leqslant c_2 \\ 2, & c_2 < y_{it}^* \end{cases} \tag{8-3}$$

于是，y_{it} 的期望即 y_{it} 的响应概率，设 u^* 的分布函数为 $F(x)$，可以得到如下的概率：

$$\begin{aligned} P(y_{it}=0) &= F(c_1 - X_{it}\beta) \\ P(y_{it}=1) &= F(c_2 - X_{it}\beta) - F(c_1 - X_{it}\beta) \\ P(y_{it}=2) &= 1 - F(c_2 - X_{it}\beta) \end{aligned} \tag{8-4}$$

分布函数 $F(x)$的类型决定了多元选择模型的类型。根据分布函数 $F(x)$的不同

可以有三种常见的模型：Probit 模型、Logit 模型和 Extreme Value 模型。仍然采用极大似然方法估计参数，临界值 c_1、c_2 事先也是不确定的，所以也作为参数和回归系数一起估计。

第一，若 $u_{it}\,|\,X_{it}\sim N(0,1)$，即 $\phi_{u_{it}}(z)=\dfrac{1}{\sqrt{2\pi}}\mathrm{e}^{\frac{z^2}{2}}$，$F(x)$为标准正态分布，则

$$\begin{aligned}&P(y_{it}=0)=\phi(c_1-X_{it}\beta)\\&P(y_{it}=1)=\phi(c_2-X_{it}\beta)-\phi(c_1-X_{it}\beta)\\&P(y_{it}=2)=1-\phi(c_2-X_{it}\beta)\end{aligned}\tag{8-5}$$

第二，若 u_{it} 的概率密度函数是以标准的 Logit 函数给出，$F(x)$为逻辑分布，即

$$\Lambda_{u_{it}}(z)=\frac{\exp(z)}{1+\exp(z)}\tag{8-6}$$

则

$$\begin{aligned}&P(y_{it}=0)=\frac{\exp(c_1-X_{it}\beta)}{1+\exp(c_1-X_{it}\beta)}=\Lambda(c_1-X_{it}\beta)\\&P(y_{it}=1)=\frac{\exp(c_2-X_{it}\beta)}{1+\exp(c_2-X_{it}\beta)}-\frac{\exp(c_1-X_{it}\beta)}{1+\exp(c_1-X_{it}\beta)}=-\Lambda(c_1-X_{it}\beta)\\&P(y_{it}=2)=1-\frac{\exp(c_2-X_{it}\beta)}{1+\exp(c_2-X_{it}\beta)}=1-\Lambda(c_2-X_{it}\beta)\end{aligned}\tag{8-7}$$

建立离散选择模型的主要目的是解释 X_{it} 对响应概率 $P(y_{it}=0, 1, 2)$ 的影响，累积分布函数的非线性性质使对模型参数的估计及解释十分困难。但当累积分布函数可微时，对 β 的估计可利用极大似然估计方法。

4. 面板离散选择模型的极大似然估计方法

当样本观察值 x_{it} 已知时，c、β 的似然函数为

$$\begin{aligned}L(c,\beta)=&[y_i=0]\log[\phi(c_1-x_i\beta)]+[y_i=1]\log[\phi(c_2-x_i\beta)]-[\phi(c_1-x_i\beta)]\\&+[y_i=2]\log[1-\phi(c_2-x_i\beta)]\end{aligned}\tag{8-8}$$

我们可以用其他一些分布函数代替 ϕ。用 Logit 函数 Λ 代替 ϕ 就可以得到有序 Logit 模型（ordered logit model）。

对于三元有序 Probit 模型来说，

$$\begin{aligned}&\partial p_0(x)/\partial x_k=-\beta_k\phi(c_1-x\beta)\\&\partial p_1(x)/\partial x_k=-\beta_k\phi(c_1-x\beta)-\beta_k\phi(c_2-x\beta)\\&\partial p_2(x)/\partial x_k=\beta_k\phi(c_2-x\beta)\end{aligned}\tag{8-9}$$

在离散选择模型中，估计系数 β 不能被解释成对因变量的边际影响，只能从

符号上判断。如果为正，表明解释变量越大，因变量取值 2 的概率越大；反之，如果系数为负，相应的概率将越小。尽管 x_i 对概率 $P(y=0|x)$、$P(y=1|x)$、$P(y=2|x)$ 的效应方向确实是由 β_k 的符号来决定的，但 β_k 的符号并不能单独决定中间结果 1 的效应方向。例如，假定 $\beta_k>0$，于是 $\partial p_0(x)/\partial x_k<0$ 且 $\partial p_2(x)/\partial x_k>0$，但是 $\partial p_1(x)/\partial x_k$ 可以是两者之中的任一个符号。如果 $|c_1-x\beta|<|c_2-x\beta|$，那么 $\partial p_1(x)/\partial x_k$ 是正的；反之，它就是负的。

（二）实证模型的构建

以往的研究（Milesi-Ferretti and Razin，1998；Edwards，2004；张建清，2008）在探讨全球经济失衡调整发生概率的影响因素时，由于没有区分渐进调整和激进调整，皆建立二元离散选择 Probit 模型。其中，被解释变量在经常账户失衡调整开始的年份赋值为 1 而在其他年份赋值为 0。本章与这些研究的区别在于：将经常账户失衡调整区分为渐进调整和激进调整，构建三元离散选择模型，并分别建立 Probit 模型和 Logit 模型来估计，以加强实证结果的稳健性。

存在个体效益的面板离散选择模型为

$$y_{it}^{*}=\xi_{it}+X_{it}\beta+u_{it}^{*} \tag{8-10}$$

1. 虚拟因变量的设定

在离散选择模型中，被解释变量 y_{it} 在经常账户失衡激进调整的年份赋值为 2，在经常账户失衡渐进调整的年份赋值为 1，而在其他年份赋值为 0[①]。

2. 自变量的确定

根据计量模型构建原理，模型中的解释变量过多或过少都对模型的预测效果造成不利影响。因此，在建立模型之前，必须先对指标进行筛选，选出那些在经常账户失衡调整中发挥关键作用的指标。为了保证指标筛选的客观性、科学性，本章借鉴 Ciarlone 和 Trebeschi（2005）提出的“逐步排除法”进行指标筛选。

X_{it} 为影响经常账户失衡调整的宏观经济因素、金融变量、制度因素等。根据国内外已有研究，经济、政治、制度等方面的众多因素都会对经常账户失衡调整产生影响。在国内外相关研究的基础上，我们归纳出以下经常账户失衡调整的影响因素。

第一，经常账户收支占生产总值的比重（CA）。若一国（地区）经常账户处于赤字状态，则其取值为负；如一国（地区）经常账户处于顺差状态，则其取值

① 由于激进调整模式完成调整仅需 1 年，则激进调整发生的年份（第 $t+1$ 年）赋值为 2；而渐进调整模式完成调整需要 n 年（$2\leqslant n\leqslant 4$），在渐进调整过程的 n 年（第 $t+1$ 年，第 $t+2$ 年，…，第 $t+n$ 年）皆赋值为 1。

为正。在其他条件相等的情况下，预期其系数为负，这意味着一国（地区）经常账户赤字规模越大，越有可能发生经常账户反转。

第二，外债占生产总值的比重（DEBT）。理论上认为，在其他条件相同的情况下，一国（地区）外债规模越高，其跨期偿付能力将变得更差，更容易发生经常账户调整。预期其系数为正，这意味着一国（地区）外债规模越大，越有可能发生经常账户反转。

第三，国际储备占生产总值的比重（RES）。预期其系数为负，意味着其他条件不变的情况下，拥有较高储备的经济体发生调整的可能性较小。

第四，信贷占生产总值的比重（CREDIT）。我们用信贷占生产总值的比重作为一国（地区）金融深化水平的代理变量，其系数符号未知。

第五，政府财政预算占生产总值的比重（BUDGET）。如果一国（地区）财政预算为盈余，则该指标取正值；反之，若一国（地区）财政预算为赤字，则该指标取负值。在回归模型中，预期其系数符号为负，这意味着一国（地区）若财政状况恶化，则更容易发生经常账户反转。

第六，贸易开放度（TRADE）。这里选取一国（地区）进出口总额占生产总值的比重来衡量。一国（地区）的贸易开放度与其调整行为之间存在什么样的关系？贸易开放度如何影响调整模式？其系数符号未知。

第七，汇率制度（EXM）。汇率制度分类最根本的问题是基于何种汇率进行分类。现有文献对汇率制度分类的归纳，一般有两种方法：一种是基于事实上（de facto）的分类；另一种是基于各国（地区）所公开宣称的法定上（de jure）的分类。Levy-Yeyafi 和 Sturzenegger（2003，2005）的分类（LYS 分类）是基于事实上的分类。LYS 分类将汇率制度分为 5 种，取值分别为 1，2，3，4，5。其中，汇率制度取值越小，代表其自由程度越高；反之，汇率制度取值越大，意味着该汇率制度越接近固定汇率制度。在实证模型中纳入汇率制度变量，探讨汇率变动的灵活程度与经常账户反转之间的关系，系数符号未知。

二、数据及实证过程

考虑数据的可获得性，本节选取 74 个经济体为分析样本①。样本时间范围为 1995～2009 年。

---

① 74 个经济体分别是：阿尔及利亚、澳大利亚、巴林、孟加拉国、贝宁、博茨瓦纳、巴西、喀麦隆、加拿大、智利、中国、哥伦比亚、丹麦、多米尼加共和国、埃及、埃塞俄比亚、芬兰、法国、加蓬、德国、加纳、希腊、海地、洪都拉斯、冰岛、印度、印度尼西亚、伊朗、爱尔兰、以色列、意大利、牙买加、约旦、韩国、科威特、马拉维、马来西亚、马里、毛里塔尼亚、毛里求斯、墨西哥、摩洛哥、莫桑比克、荷兰、新西兰、尼日尔、尼日利亚、挪威、阿曼、巴基斯坦、巴布亚新几内亚、菲律宾、沙特阿拉伯、塞内加尔、新加坡、南非、西班牙、斯里兰卡、苏丹、瑞典、瑞士、阿拉伯叙利亚共和国、中国台湾地区、泰国、多哥、特立尼达和多巴哥、突尼斯、乌干达、英国、美国、乌拉圭、委内瑞拉、也门、赞比亚。

离散选择面板模型主要有随机效应模型和固定效应模型，如果个体效应ξ_i与所有解释变量均不相关，则称其为随机效应模型，因为可以将个体效益ξ_i纳入到扰动项中来估计。如果ξ_i与解释变量相关，则称其为固定效应模型。在这种情况下，OLS估计是不一致的，Charmanblain提出了条件极大似然估计。具体应该选择随机效应模型还是固定效应模型，一般通过Hausman检验来判断。从检验结果看，在95%的置信水平下不拒绝原假设（原假设H_0：随机效应模型。H_1：固定效应模型），即选择随机效应模型。利用统计软件Stata10.0进行模型回归，结果见表8-2。

表8-2　经常账户反转发生概率的Probit模型和Logit模型（全样本）

项目	Probit模型	Logit模型
	模型（1）	模型（2）
CA（−1）	−0.354***（0.070）	−0.639***（0.126）
DEBT（−1）	−0.015***（0.005）	−0.029***（0.009）
RES（−1）	−0.040（0.028）	−0.075（0.051）
CREDIT（−1）	0.007（0.005）	0.013（0.009）
TRADE（−1）	0.014*（0.008）	0.026*（0.014）
BUDGET（−1）	−0.011（0.052）	0.005（0.094）
EXM（−1）	−0.184（0.121）	−0.336（0.214）
常数项	−2.288***（0.832）	−4.132*（1.538）
lnsig2u_cons	0.663（0.542）	1.775（0.574）
N	614	614

注：括号内的数值为标准误

*、***分别表示在10%、1%水平上显著

三、实证结果分析

（一）Probit模型和Logit模型估计结果（全样本）

表8-2中模型（1）、模型（2）分别是对样本中74个经济体采用Probit模型、Logit模型得到的实证结果，采用这两种模型得到的各系数符号、显著性差异不大。下面具体看模型（1）中各系数符号及其显著性。

第一，经常账户收支占生产总值的比重（CA）系数符号为负，符合预期。这意味着经济体经常账户赤字规模越大，越容易发生激进调整；反之，其经常账户赤字规模越小，越倾向于不发生调整。

第二，外债占生产总值的比重（DEBT）系数为负，与预期符号不符。从回归结果来看，这意味着经济体外债规模越高，越不容易发生调整；相反，拥有低外债规模的经济体更倾向于发生激进调整。为了检验结果的稳定性，分别用外债

还本付息占出口比重、净外债占生产总值比重、净外债占出口比重来代替外债占生产总值比重进行回归，结果这些替代指标的系数仍为负数，且在统计上显著。

通过观察样本内 74 个经济体外债规模，我们发现近些年来外债规模偏高的多为发达经济体。在 74 个样本经济体内，2009 年外债规模前十位的经济体分别是：爱尔兰、冰岛、英国、丹麦、荷兰、瑞士、芬兰、瑞典、法国、德国。而理论上认为，在其他条件相同的情况下，经济体外债规模越高，其跨期偿付能力将越差，更容易发生经常账户调整。而现实经济生活中，在金融一体化和金融深化的背景下，发达国家和发展中经济体显然在对外信用、融资能力、经济资源等方面存在差异，所以外债规模高低并不能完全反映经济体的偿债能力大小。这也说明，有必要对发达国家和发展中经济体分开进行实证分析。

第三，贸易开放度（TRADE）系数为正，这说明经济体贸易开放度越高，发生激进调整概率越高；反之，若经济体贸易开放度较低，则不容易发生经常账户调整。这符合经济现实，历史上经常账户激进调整大多发生在贸易开放程度较高的经济体，而如果经济体贸易额相对较小，其经常账户赤字规模也相对较小，发生经常账户激进调整的概率必然较低。

第四，国际储备占生产总值的比重（RES）系数为负，与预期符号一致，但不显著。

第五，信贷占生产总值的比重（CREDIT）系数为正，但不显著。

第六，政府财政预算占生产总值的比重（BUDGET）系数为负，与预期符号一致，但不显著。

第七，汇率制度（EXM）系数为负，但不显著。

（二）区分发达国家和发展中经济体两个子样本

进一步，我们将 74 个经济体分为两个子样本：发达国家样本和发展中经济体样本。这两个子样本中分别包含 20 个、54 个经济体。然后利用 Logit 模型对这两个子样本进行回归分析，结果如表 8-3 所示。表 8-3 中模型（1）、模型（3）分别为发展中经济体和发达国家的经常账户反转发生概率的影响因素的实证结果，模型（2）、模型（4）是剔除不显著自变量后的回归结果。

表 8-3　经常账户反转发生概率的影响因素（发达国家和发展中经济体）

项目	发展中经济体		发达国家	
	模型（1）	模型（2）	模型（3）	模型（4）
CA（−1）	−0.665*** (0.132)	−0.684*** (0.134)	−0.687** (0.293)	−0.592** (0.261)
DEBT（−1）	−0.082 (0.055)		−0.002 (0.015)	
RES（−1）	−0.036*** (0.011)	−0.032*** (0.011)	−0.248 (0.221)	

续表

项目	发展中经济体		发达国家	
	模型（1）	模型（2）	模型（3）	模型（4）
CREDIT（−1）	0.027**（0.012）	0.027**（0.012）	−0.079**（0.036）	−0.032*（0.018）
TRADE（−1）	0.021（0.013）		0.021（0.058）	
BUDGET（−1）	0.029（0.099）		0.413**（0.201）	
EXM（−1）	−0.401*（0.231）	−0.414*（0.231）	1.675（1.136）	
常数项	−3.486**（1.522）	−3.554***（1.341）	−4.293（5.185）	−4.248**（2.165）
lnsig2u_cons	1.613（0.571）	1.821（0.536）	−14.421（900.169）	2.863（1.695）
N	475	498	139	278

注：括号内的数值为标准误

*、**、***分别表示在 10%、5%、1%水平上显著

第一，经常账户收支占生产总值的比重（CA）系数均为负，这符合预期，这说明无论是发达国家还是发展中经济体，其经常账户赤字规模越大，越容易发生激进调整。

第二，在两个子样本模型中，外债占生产总值的比重（DEBT）系数都不显著。这进一步说明，经济体发生经常账户反转与否，与其外债规模不相关。一些学者如姚枝仲和齐俊妍（2006）、Eichengreen（2006）等，利用一国（地区）的外债水平来判断该国（地区）经常账户失衡的可持续性。而本章的实证结果表明，随着全球金融一体化的发展，仅凭外债规模无法判断经济体经常账户赤字的可持续性。

第三，在发展中经济体经常账户发生概率的模型中，国际储备占生产总值的比重（RES）系数为负，表明国际储备越多，越不容易发生调整。而在发达国家经常账户发生概率的模型中，国际储备占生产总值的比重（RES）系数没有通过显著性检验。这也可以解释，一些发展中经济体偏好积累外汇储备的原因，即积累外汇储备以避免发生激进调整。

第四，信贷占生产总值的比重（CREDIT）系数在两个子样本中都显著，但其符号相反。在发展中经济体样本中，CREDIT 系数为正，意味着信贷水平越高，越容易发生激进调整；而在发达国家样本中，CREDIT 系数为负，表明信贷水平越高，越不容易发生经常账户调整。这表明，经济体的金融发展水平应该与该经济体的经济发展水平相匹配。

第五，在两个子样本模型中，贸易开放度（TRADE）系数均为正，但都不显著。

第六，政府财政预算占生产总值的比重（BUDGET）系数在发展中经济体模型中不显著，但在发达国家模型中显著为正。这表明在发达国家，如果财政预算为赤字，可能发生激进调整；如果财政预算为盈余，则不容易发生调整。

第七，在发展中经济体模型有关经常账户反转发生概率模型中，汇率制度（EXM）显著为负，这表明发展中经济体汇率制度越固定，越不容易发生调整；反之，发展中经济体汇率制度越灵活，越倾向发生激进调整。而汇率制度的灵活性对发达国家经常账户调整没有影响。

在当前的全球经济失衡中，经常账户赤字方为美国，全球经济失衡调整在一定程度上来讲，即是美国的经常账户反转。根据本章实证结果，发达国家经常账户反转发生概率取决于其经常账户赤字规模、国内信贷水平和财政预算，而与其外债规模、国际储备规模、贸易开放度、汇率制度关系不大。

下面，我们分析美国经常账户赤字规模、国内信贷水平和财政预算趋势，通过这些指标的走势预测美国经常账户反转发生概率。

如图 8-1 所示，从 20 世纪 90 年代末期以来美国经常账户赤字规模持续扩大，直到 2006 年达到高峰，占国内生产总值比重达 6%。伴随着美国次级债违约风波演变为金融危机，受经济衰退影响，美国经常账户赤字规模从 2007 年开始削减，2009 年美国经常账户赤字占国内生产总值比重为 2.68%。

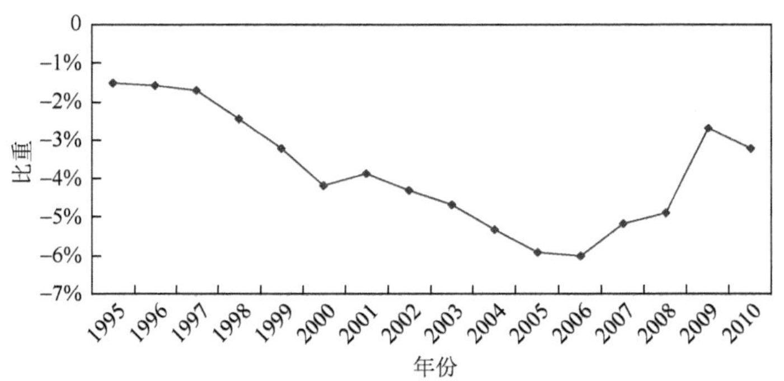

图 8-1　1995～2010 年美国经常账户赤字占国内生产总值比重

资料来源：BVD 宏观经济数据库

根据该实证结果，随着美国经常账户赤字规模削减，美国发生激进调整的概率在减小。但是伴随经济复苏，美国经常账户赤字有重新扩大趋势，2010 年美国经常账户赤字规模达 3.21%。若美国经常账户赤字规模重新扩大，则发生激进调整的可能性加大。

图 8-2 表明，自 1995 年以来，美国国内信贷水平呈不断上升趋势。1995～2009 年，美国信贷扩张最快的一年是 2001 年，信贷水平较上年增长 5.4%；其次是在金融危机期间，2007 年、2008 年美国信贷水平增长率分别为 3.7%、3.3%；2009 年美国信贷水平较上年下降 0.85%，这是 1995～2009 年唯一的下降。根据本

章的实证结果，发达国家国内信贷水平越高，越不容易发生激进调整。若美国信贷水平进一步下降，发生激进调整的概率将增加。

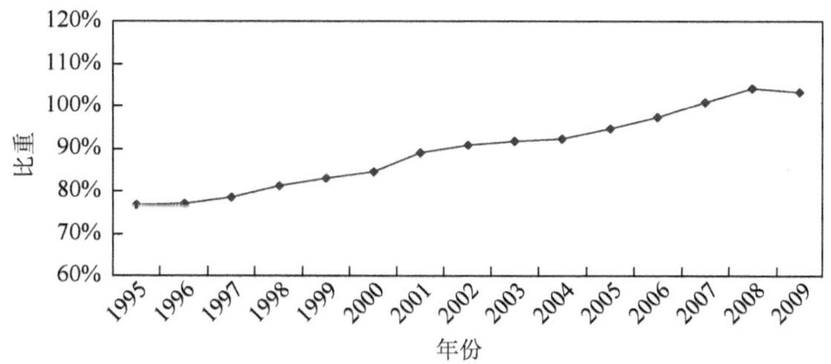

图 8-2　1995～2009 年美国国内信贷水平占国内生产总值比重

资料来源：BVD 宏观经济数据库

由图 8-3 可知，在 1998～2001 年，美国财政预算保持盈余。但是从 2002 年开始，美国政府财政再度陷入赤字。尤其是 2008 年、2009 年，伴随政府救助危机、刺激经济计划的实施，美国财政赤字迅速上升。根据本章实证结果，如果发达国家财政赤字上升，则倾向于发生激进调整。

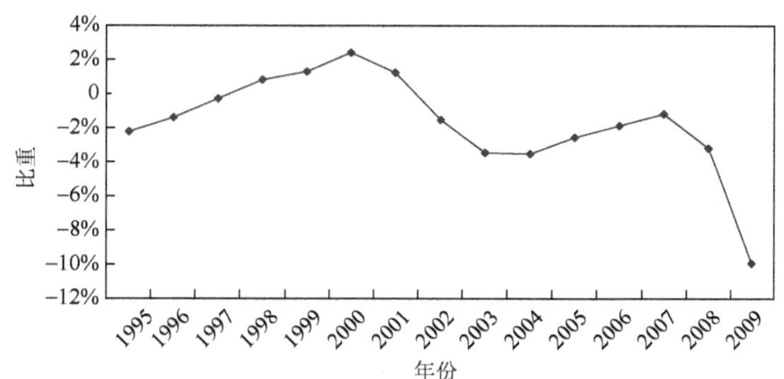

图 8-3　1995～2009 年美国财政预算占国内生产总值比重

资料来源：BVD 宏观经济数据库

综上所述，若美国经常账户赤字规模继续扩大、国内信贷水平下降和政府财政预算增加，美国经常账户赤字发生激进调整的可能性很大。

第三节　全球经济失衡渐进调整和激进调整：成本比较

Ahearne 等（2007）认为，全球国际收支失衡调整主要有两条路径：一是主要经济体通过政策协调实施主动调整；二是听任全球失衡发展下去，由金融市场触发被动调整。前一条路径是渐进式和非破坏性的调整，而后一条路径是爆发性和破坏性的调整。虽然不少学者如 Portes（2009）等认为，在全球化尤其是金融一体化迅速发展的当今，美国凭借其美元储备地位和发达的金融市场，不太可能发生资本流入“突然停止”；IMF 也指出，当前全球经济失衡的“激进”调整是低概率和高成本事件。但 2008 年全球金融危机的爆发对此提出了警告，动摇了投资者对美国资本市场的信心。无论如何，正如 Ahearne（2007）、Eichengreen（2008）所言，是时候采取相应的政策措施来实现全球经济失衡的渐进调整，以避免“硬着陆”。

根据国民收支等式 $CA = S-I$，经常账户赤字调整将意味着投资下降，从而影响经济增长。由此来看，投资成了经常账户反转影响经济增长的主要渠道。除了投资以外，经常账户反转还通过其他渠道影响经济增长吗？本节采用带有异质性处理效应的工具变量模型研究不同调整模式的成本，试图回答以下几个问题：第一，渐进调整和激进调整分别对经济增长的影响多大？在控制了影响经济增长的可观察变量后，激进调整比渐进调整带给经济体的成本要大多少？第二，哪些经济体容易发生渐进调整，哪些经济体容易发生激进调整？第三，在调整的过程中，可观察变量和不可观察变量发挥了多大作用？

一、计量模型和估计方法

（一）处理效应模型介绍

经常账户反转对经济增长的影响问题，传统的方法是采用 OLS 模型估计。考虑如下的模型：

$$Y_i = \gamma D_i + \beta X_i + U_i, \quad E[U_i] = 0 \tag{8-11}$$

其中，$i = 1, 2, \cdots, n$，为不同的调整事件；Y_i 为实际经济增长率；D_i 为一个虚拟变量，$D_i = 2$ 代表激进调整，$D_i = 1$ 代表渐进调整，$D_i = 0$ 代表没有发生调整；X_i 为其他解释变量向量；U_i 为期望为零的扰动项；γ 为激进调整相较渐进调整对经济增长的影响；β 为其他解释变量的回归系数。

式（8-11）假定了变量 D_i 即个体是否发生激进调整是外生决定的，而且激进调整对所有经济体的影响是相同的。事实上，经济体是否发生激进调整是内生决定的，模型中的不可观察变量（扰动项）也可能会存在差别。因此，OLS 估计和常规工具变量法对调整成本的估计都将导致估计结果的偏误。

处理效应是一种实验语言，即对某个人做了一些处理后对其产生的影响。在缺乏实验的情况下，一个人只能在是否接受处理中选择其一，我们无法辨别一种处理（如大学教育、工作培训项目）的效应。我们观察到的是，一个人选择接受处理的倾向和处理效应本身的联合结果。在衡量处理效果的同时，甄别出一个人的倾向效应，这是处理效应的经典问题。例如，在工资的回归模型中，不仅包括受教育的年限，还有能力或情商的测试值。受教育年限、测试分数都和工资正相关，在解释回归结果时，受教育年限的系数会被其他因素削减，预示着人们选择接受更多教育。

处理效应模型最初在社会学和劳动经济学领域的应用比较充分，如研究参加一个职业技能培训计划对工资提升的影响。除此之外，处理效应正开始广泛应用到社会经济领域的其他研究中，如成为一个贸易组织的成员、从一个社会互助计划中获得补贴。在微观计量分析中，政策评价是一个重要研究领域，平均处理效应（average treatment effect，ATE）可以有效地分析政策“介入”对结果的影响，因而其在政策评价中的运用越来越广泛。以本章的经常账户反转为例，不可持续的经常账户赤字必然要经历调整。在渐进调整和激进调整这两种调整模式下分别有其对应的潜在成本（如增长率的下降、失业率上升），处理效应即为激进调整模式与渐进调整模式的成本差距。

本章以下的研究借助了 Heckman 和 Vytlacil（1999，2000）、Heckman 等（2006）等建立的异质性模型和半参数估计方法。假定每个调整事件 i 存在三种潜在的结果（Y_{2i}，Y_{1i}，Y_{0i}），Y_{2i} 表示发生激进调整时的经济增长率，Y_{1i} 表示发生渐进调整时的经济增长率，Y_{0i} 表示没有发生调整时的经济增长率。这样 $Y_{2i}-Y_{0i}$、$Y_{1i}-Y_{0i}$、$Y_{2i}-Y_{1i}$ 就是处理效应。显然，处理效应面对的是数据缺失问题，即只能观察到某一个方面的数据，因此 $Y_{2i}-Y_{0i}$、$Y_{1i}-Y_{0i}$、$Y_{2i}-Y_{1i}$ 是不可能观测到的。因为，在任何时候同一调整事件只可能处于一种状态。因为对于一个已经发生激进调整的经济体，只能观测到激进调整给经济增长带来的影响，而无法观测到渐进调整给经济体带来的影响。假定对单位 i 的处理仅仅影响到 i 的结果，称之为个体处理效应稳定假设（stable unit treatment value assumption，SUTVA）。在本章中，假定经济体 i 发生渐进调整还是激进调整，只影响该经济体本身，将得到平均处理效应的估计值，平均处理效应表示从总体中随机抽取人员的期望处理效应。平均处理效应又分为针对所有已参与项目的平均处理效应（average treatment effect on the treated，ATT，记为 ATE_1），以及针对未参加项目者的平均处理效应（average treatment effect on the untreated，ATNT）。

$$\text{ATE} \equiv E(y_1 - y_0) \tag{8-12}$$

$$\text{ATE}_1 \equiv E(y_1 - y_0 \mid w=1) \tag{8-13}$$

如果将调整时间挑选出来，则是两种状态，否则为三种状态，如 ordered 或 counted model。如果是发生了激进调整，记为 $D_i=1$；如果发生了渐进调整，则 $D_i=0$。因此，可观察结果 Y_i：

$$Y_i=D_iY_{1i}+(1-D_i)Y_{0i} \tag{8-14}$$

其中，结果 Y_0、Y_1 是解释变量 X 和不可观察到的随机扰动项（U_1，U_0）的函数。

$$Y_{1i}=\beta_1X_i+U_{1i},\quad Y_{0i}=\beta_0X_i+U_{0i} \tag{8-15}$$

这里假定调整不影响一般均衡，Y_{1i}，Y_{0i} 相互独立，没有交叉效益。发生何种调整模式取决于这两种模式下的成本大小，$D_i^*=\partial w_i+\varepsilon_i$，当 $D_i^*\geqslant 0$ 时，$D_i=1$；当 $D_i^*<0$ 时，$D_i=0$。w_i 是一组我们可以观察到的控制变量（w_i 可能包含部分的 X_i），但是要假定 ε_i 不依赖于 Y_{jt}，否则方程不可识别。

$$Y=Y_0+(Y_1-Y_0)D=\beta_0X+[\beta_1X-\beta_0X]+(U_1-U_0)]D+U_0 \tag{8-16}$$

将 $[\beta_1X-\beta_0X]+(U_1-U_0)]$ 记为 $\varDelta$，$\varDelta$ 即处理效应。如果 D 对于结果 Y 是外生的，即渐进调整或激进调整是随机的，$\varDelta$ 对任何经济体都是一致的，这就是式（8-11）的情形。

定义激进调整的概率或倾向分数（propensity score）为 $P(z)=\Pr(D=1/Z=z)$，处理效应 $\varDelta$ 可以通过二阶段法估计得到。在第一阶段，由 Probit 模型或 Logit 模型估计个体参与培训的概率倾向分数 $P(z)$；在第二阶段，将倾向分数 $P(z)$ 当作 $\varDelta$ 的局部工具变量（local instrumental variable，LIV），通过半参数方法估计得到。

（二）实证模型构建

本章实证模型如下：式（8-17）是增长模型，Y_{it} 为 i 经济体在第 t 年的生产总值增长率，X_{it} 为影响生产总值增长率因素的解释变量集，D_{it} 为经常账户调整虚拟变量，系数 γ 则反映了经常账户调整模式对经济增长率的影响，α 为常数项，β 为变量 X_{it} 的回归系数，U_{it} 为误差项。

$$Y_{it}=\alpha+\gamma D_{it}+\beta X_{it}+U_{it} \tag{8-17}$$

经常账户调整虚拟变量 D_{it} 是一个内生变量，取决于潜变量 D_{it}^*，如式（8-19）所示：

$$D_{it}=\begin{cases}0,\ \text{经常账户没有发生调整}\\1,\ \text{经常账户发生渐进调整}\\2,\ \text{经常账户发生激进调整}\end{cases} \tag{8-18}$$

$$D_{it}^*=\theta W_{it}+\varepsilon_{it} \tag{8-19}$$

其中，W_{it} 为控制变量集，这些变量决定了经常账户调整模式，但是并不直接影响生产总值增长率；ε_{it} 为随机误差项。为了避免内生性问题，我们将自变量取滞后值。

二、数据及实证过程

式（8-19）中，W_{it} 为影响经常账户调整模式的向量，参考本章第二节内容，包括经常账户赤字收支占生产总值的比重（CA）、外债占生产总值的比重（DEBT）、国际储备占生产总值的比重（RES）、贸易开放度（TRADE）、政府财政预算占生产总值的比重（BUDGET）和汇率制度（EXM）。

X_{it} 为影响生产总值增长率因素的解释变量集，包括 i 经济体在第 t 年的投资占生产总值的比重（INV_{it}）、i 经济体在第 t 年的人口增长率（POP_{it}）、i 经济体在第 t 年的政府消费占生产总值的比重（$GCON_{it}$）、初始人均生产总值（$INIGDP_{it}$）。资料来源为 BVD 宏观经济数据库。

为了表明处理效应模型的原理，我们用简单的两步法来估计。第一步，用 Probit 模型估计经常账户调整的概率，得到 Hazard，也叫 inverse mill ratios。第二步，将 Hazard 作为一个自变量纳入式（8-17）。这便是 Heckman 的双变量选择模型，也可以用最大似然法估计。

三、实证结果分析

对 74 个经济体的实证研究结果见表 8-4，模型（1）采用普通的跨国（地区）面板回归，仅仅考虑经常账户调整虚拟变量，没有估计处理效应模型。模型（3）采用处理效应模型得到有关经济增长的实证结果。对比模型（1）、模型（3），我们发现普通的跨国（地区）面板回归低估了经常账户反转对经济增长的负面效应。模型（2）、模型（4）分别在模型（1）、模型（3）的基础上，引入了经常账户反转和投资水平的交互变量（CAR×INV）。

表 8-4　经常账户反转对经济增长的影响模型回归结果（全样本）

项目	面板模型		处理效应模型	
	模型（1）	模型（2）	模型（3）	模型（4）
POP	0.390*** （0.103）	0.384*** （0.103）	0.462*** （0.129）	0.482*** （0.130）
INV	0.070*** （0.013）	0.059*** （0.014）	0.149*** （0.027）	0.168*** （0.028）
GCON	−0.078*** （0.029）	0.081*** （0.028）	−0.034（0.035）	−0.035（0.035）
INIGDP	−0.004** （0.002）	−0.004** （0.002）	−0.004** （0.002）	−0.004** （0.002）
CAR	−1.227*** （0.308）	−2.281** （0.579）	−1.456*** （0.367）	0.654（1.179）

续表

项目	面板模型		处理效应模型	
	模型（1）	模型（2）	模型（3）	模型（4）
PROPENSITY			−0.169** （0.068）	−0.150** （0.069）
CAR×INV		0.043** （0.019）		−0.103** （0.055）
常数项	3.371*** （0.624）	3.703*** （0.639）	0.343（0.932）	−0.032（0.948）
R^2	0.37	0.36	0.313	0.33

注：括号内的数值为标准误；PROPENSITY 为概率或倾向

、*分别表示在 5%、1%水平上显著

第一，人口增长率（POP）系数显著为正，符合一般经济增长理论，人力资本投入和经济增长正相关。

第二，投资水平（INV）系数显著为正，符合理论预期，投资促进经济增长。

第三，在面板模型中，政府消费水平（GCON）系数显著为负，这表明政府消费无助于经济增长，这也是凯恩斯学派备受诟病之处，即在促进经济增长方面，政府行为不能代替企业。

第四，初始人均生产总值（INIGDP）系数显著为负，这说明在全球范围内“追赶”效应普遍存在。

第五，除模型（4）外，经常账户反转（CAR）系数显著为负，这表明激进调整对经济增长存在负面影响。

考虑到发达国家和发展中经济体不仅在经济发展水平方面存在差异，而且在金融市场、经济制度等方面都存在区别，接下来将 74 个经济体样本分为发达国家和发展中经济体两个子样本分别进行实证分析。

如表 8-5 所示，模型（1）、模型（2）是发展中经济体经济增长等式的实证结果。模型（1）中包含的自变量包括人口增长率（POP）、投资水平（INV）、政府消费水平（GCON）、初始人均生产总值（INIGDP）、经常账户反转（CAR），为了克服内生性引起的估计偏误和非一致性，将 PROPENSITY 作为工具变量引入。模型（2）在模型（1）的基础上，引入了经常账户反转和投资水平的交互变量（CAR×INV）。

表 8-5 经常账户反转对经济增长的影响模型回归结果：处理效应模型（发达国家和发展中经济体）

项目	发展中经济体		发达国家	
	模型（1）	模型（2）	模型（3）	模型（4）
POP	0.464*** （0.153）	0.487*** （0.154）	0.132（0.322）	0.117（0.323）
INV	0.149*** （0.032）	0.166*** （0.034）	0.252*** （0.064）	0.275*** （0.065）
GCON	−0.055（0.045）	−0.056（0.046）	0.054（0.057）	0.049（0.058）

续表

项目	发展中经济体		发达国家	
	模型（1）	模型（2）	模型（3）	模型（4）
INIGDP	−0.006（0.006）	−0.005（0.006）	−0.004（0.003）	−0.004（0.003）
CAR	−1.380***（0.437）	0.429（1.338）	−1.308**（0.621）	3.993（2.832）
PROPENSITY	−0.114**（0.046）	−0.102**（0.046）	−0.011（0.044）	−0.006（0.044）
CAR×INV		−0.089（0.062）		−0.238*（0.124）
常数项	0.525（1.115）	0.183（1.136）	−2.686（2.331）	−3.062（2.347）
R^2	0.19	0.21	0.43	0.44
观察值数量	447	447	139	139
组数量	48	48	20	20

注：括号内的数值为标准误

*、**、*** 分别表示在 10%、5%、1%水平上显著

在模型（1）中，人口增长率（POP）系数为正，且在统计上显著。这表明在发展中经济体，人口的增长显著促进了经济增长；投资水平（INV）系数显著为正，这符合一般经济增长理论；政府消费水平（GCON）系数为负，但在统计上不显著，这意味着政府消费对发展中经济体经济增长作用不大；初始人均生产总值（INIGDP）系数为负，但在统计上不显著，这说明在发展中经济体内部“追赶”效应不明显；经常账户反转（CAR）系数显著为负，这表明经常账户反转对经济增长产生明显负面效应。

在模型（3）、模型（4）是发达国家经济增长等式的实证结果，其中包括的自变量与发展中经济体经济增长模型中包含的自变量相同。在模型（3）中，人口增长率（POP）系数为正，且在统计上不显著，这说明人口增长对发达国家经济增长作用不大，这与发展中经济体的实证结果形成对比。人口增长对发达国家、发展中经济体经济增长作用不同，从侧面反映了发达国家和发展中经济体经济增长模式或产业结构的不同：发达国家主要依靠技术或资本带动经济增长，而发展中经济体以劳动密集型产业为主，人口数量的增长对经济增长贡献较大。投资水平（INV）的系数为正，且在统计上显著，这表明投资促进了发达国家经济增长。与发展中经济体经济增长模型的实证结果一样，政府消费水平（GCON）、初始人均生产总值（INIGDP）系数均不显著，这表明政府消费对发达国家经济增长促进作用不明显，同时在发达国家之间“追赶”效应亦不明显。经常账户反转（CAR）系数为负，且在统计上显著。若发生经常账户渐进调整，经济增长率降低 1.308 个百分点；若发生经常账户激进调整，经济增长率降低 2.618 个百分点。

第九章　G20 与全球经济再平衡

在研究全球经济失衡调整这一目标如何实现的过程中，更多学者开始关注为了实现全球经济失衡调整，发达国家将 G8 扩展为 G20 这一国际经济协调领域的新变化。有关 G20 机制化与全球经济治理的研究日益增多。孙丽丽（2010）就明确指出由发达国家和发展中国家共同组成的 G20，已经开始从最初的国际金融危机日益严峻背景下的应急机制，转化成实现全球经济失衡调整的首要协调机制和平台。而 Ozkan（2011）等也认为金融危机加强了 G20 在全球治理中的作用，能够减少全球经济治理中典型的、长期存在的赤字。在这一背景下，有关 G20 的机制特点和中国如何参与 G20 机制下的全球经济治理，开始成为全球经济失衡调整研究中的重要内容之一。庞中英（2011）在回顾第二次世界大战结束到金融危机时期全球经济治理的若干经验教训的基础上，对全球经济治理的历史进行了全面总结，并对全球经济治理中的分担治理成本和责任问题进行了重点研究。而赵瑾（2010）直接提出后危机时代，G20 的首要任务和核心议题是发展，G20 在发展议题下，应注重自身机制化建设，平衡发展和绿色发展；同时 G20 是美国重振全球领导力的新平台，为防止 G20 成为发达国家重新瓜分世界市场、剥夺发展中经济体经济增长成果的舞台，中国应积极推动 G20 机制化建设、积极参与议题设定、推动国际货币体系改革、维护发展中经济体利益和中国利益。王国兴和成靖（2010）则提出虽然机制化后的 G20 仅仅是对现行全球经济治理框架的一种修正，但增加发展中经济体特别是新兴大国的权重仍是我们应当坚持的，在通过 G20 参与全球经济治理改革过程中，中国既要态度积极，又要坚持改革的渐进性，在原有框架内进行改革。针对 G20 机制相对原有的 G8 机制的新特点，国内外学者提出了中国应通过强化全球经济治理制度、加强与非国家行为体的机制化建设、追求更加公平的治理等措施，完善 G20 框架下的全球经济治理（李杰豪和张心雨，2011；曲博，2010；孙伊然，2011；伍茨，2008）。虽然 G20 应当成为当前全球经济失衡调整和治理的核心机制，但中国仍应该审慎参与 G20 框架下的全球经济治理，需要多种路径共同进行协调治理，只有这样才能真正在互利共赢开放战略指导下实现全球经济失衡调整。为了减少无序调整的风险，必须在 G20 框架内增加政策合作、汇率调整和逐渐将需求从赤字国家转向盈余国家。

第一节　G20机制化的发展及特点回顾

一、G20的建立及现有制度结构

（一）G20的建立与发展

G20是一个于1999年12月16日在德国的柏林成立的国际经济合作论坛。在早期的世界经济格局中，以美国、日本、德国、法国、英国、意大利、加拿大七个发达国家组成的G7，影响和主导着世界经济的整体运行，这一集团的主要功能是为西方国家协调经济发展和政策实施，共同解决当时的世界经济和货币危机，重振发达国家经济。此后，俄罗斯在1998年加入了G7，八国共同组成了G8，而俄罗斯的加入也创立了不发达国家加入发达国家集团，共同进行世界经济协调的先河。但由于俄罗斯经济相对其他七个发达国家而言较弱，在国际经济问题的协调上，美国等七个核心成员方在G8国际会议论坛上占据着主体地位。而随着20世纪90年代世界主要发展中国家经济的加速赶超发展及其地区影响力的逐步提升，在G8全球峰会运转的同时，以美国为代表的G7发达国家意识到全球经济和金融中关键问题的解决，离不开新兴工业化经济体的参与。于是，为了给处于不同发展阶段的世界主要国家提供一个共商国际经济与政治问题的平台，代表发达国家的美国、日本、德国、法国、英国、意大利、加拿大，以及作为一个实际区域经济整体的欧盟，与代表发展中国家和新兴工业化国家的俄罗斯、中国、阿根廷、澳大利亚、巴西、印度、印度尼西亚、墨西哥、沙特阿拉伯、南非、韩国和土耳其，组建了一个由发达国家和发展中国家或地区共同组成的国际经济合作论坛。按照国际惯例，为了确保G20与调整世界经济运行的布雷顿森林体系的机构能够紧密联系，G20允许IMF总裁、世界银行行长、国际货币金融委员会和发展委员会主席列席其峰会会议。G20的生产总值总量占据全球生产总值总量的85%左右，涉及人口将近40亿人，接近世界人口总数的60%，且其形成的决议和共识既可以代表发达国家利益，也可以满足发展中国家的利益需求，同时还为发达国家和发展中国家就解决实质性问题展开国际经济协调，提供了一个对话平台，因此，G20从其建立之初，就开始取代G8峰会，成为当前世界主要国家解决全球性经济和政治问题的重要对话平台，对世界经济的影响不断加大。

从表9-1可以看到，G20峰会原则上每年举行一次，但在遇到一些影响世界经济发展的关键问题时，G20峰会可以在一年连续举行两次，即从2008年以后更是一年两次在不同地域开会，或者把G20财长和央行行长会议与G20首脑会议分开来开。因此，最初的 G20 的出现和发展，更多的是因为国际经济发展的应急需要。例如，2007 年美国爆发次贷危机及随后的国际金融危机之后，2009 年 G20 先后在英国和美国举行了两次 G20 全球峰会；2011 年当欧洲债务危机日益恶化的时候，G20 先后在法国的巴黎和戛纳举行了两次峰会，首要讨论欧洲债务危机的解决问题。由此可以看出，G20 还是一个相对较为松散的峰会，按照其组成集团之初的宗旨，G20 的建立就是为了给发达国家、发展中国家和新兴工业经济体，就国际经济、货币和金融领域问题的解决，提供一个国家首脑、财长或中央银行行长进行开放性对话的平台，因此，其机制性建设还处于相对初级的阶段。

表 9-1　G20 全球性峰会召开情况（截至 2014 年）

会议序数	时间	召开地点
第一次会议	1999 年 12 月 15 日至 16 日	德国柏林，成立大会
第二次会议	2000 年 10 月 24 日至 25 日	加拿大蒙特利尔
第三次会议	2001 年 11 月 16 日至 18 日	加拿大渥太华
第四次会议	2002 年 11 月 22 日至 23 日	印度新德里
第五次会议	2003 年 10 月 26 日至 27 日	墨西哥莫雷利亚
第六次会议	2004 年 11 月 20 日至 21 日	德国柏林
第七次会议	2005 年 10 月 15 日至 16 日	墨西哥洛斯卡沃斯
第八次会议	2006 年 11 月 18 日至 19 日	澳大利亚墨尔本
第九次会议	2007 年 11 月 17 日至 18 日	南非开普敦
第十次会议	2008 年 11 月 8 日至 9 日	美国华盛顿
第十一次会议	2009 年 4 月 1 日至 2 日	英国伦敦
第十二次会议	2009 年 9 月 24 日至 25 日	美国匹兹堡
第十三次会议	2010 年 6 月 27 日至 28 日	加拿大多伦多
第十四次会议	2010 年 11 月 11 日至 12 日	韩国首尔
第十五次会议	2011 年 2 月 18 日至 19 日	法国巴黎
第十六次会议	2011 年 11 月 3 日至 4 日	法国戛纳
第十七次会议	2012 年 6 月 17 日至 19 日	墨西哥洛斯卡沃斯
第十八次会议	2013 年 4 月 18 日至 19 日	美国华盛顿
第十九次会议	2013 年 9 月 5 日至 6 日	俄罗斯圣彼得堡
第二十次会议	2014 年 11 月 15 日至 16 日	澳大利亚布里斯班

注：2009 年 9 月在英国伦敦举行 G20 财长和央行行长会议；2010 年 6 月 G20 在韩国釜山及 2010 年 10 月 G20 在韩国庆州分别举行了两次 G20 财长和央行行长会议；2011 年 2 月在法国巴黎，举行 G20 财长和央行行长会议。从 2008 年开始 G20 峰会升级，区别首脑会议及财长和央行行长会议，我们这里用首脑会议替代 2008 年后的 G20 会议，而财长和央行行长会议省略

（二）G20 峰会的制度结构建设现状

目前，G20 严格意义上讲还不是一个正式的国际经济组织，只是建立在传统的布雷顿森林体系框架内的非正式对话的一种机制，是一类国际经济合作论坛。G20 最早是在 WTO 第五次部长级会议上提出的。由于世界银行、IMF 和国际货币金融委员会的主席都能参与 G20 的峰会，且 G20 是发达国家和发展中国家的联合体，其达成的共识可以作为世界性的协调政策加以实施，而且 G20 比 IMF、世界银行和 WTO 三大全球性组织的成员数量更少，更易在国际问题和争端上达成一致，更有效地解决全球性难题。进入后金融危机时期后，国际金融危机的解决需要重点解决当前的全球经济失衡，而这需要包括美国、东亚经济体、石油输出国间的多边协调和治理。在 2009 年美国匹兹堡举行的 G20 首脑峰会上，包括中美两国在内的各成员方都同意将 G20 作为世界"首要"的永久性国际经济合作论坛（赵瑾，2010）。因此，21 世纪初 G20 必将取代 G8 成为全球经济失衡治理的新机制。从二者的机制运作方式上看，具有相同之处：二者在每年年末都至少要开一次全球性的峰会，讨论国际经济或政治中的关键问题；二者的会议形式都有财长和央行行长的部长级会议，以及首脑级别的会议；二者都不设常设秘书处，而是由每年的主席国及一些国际机构的专家学者提供秘书和工作服务等①。除此之外，为了更高效地发挥 G20 对全球经济的协调治理能力和保证会议工作的连续性，G20 还建立了由前任会议主席、当前会议主席和下任会议主席共同组成的"三驾马车"管理制度，负责准备会议的主题和相关准备工作，并充分利用互联网建立 G20 的官方网站，进行会议公共信息的传播。不过，与 G8 相比，G20 在全球协调机制上也具有自己的特点。

第一，G20 是由发达国家和新兴经济体共同组成的，其协调机制仍局限于定期的会晤与磋商。G20 相比 G8 最大的进步在于增加了成员方的数量和参与度，特别是增加了发展中国家和新兴经济体的参与。G8 主要是由西方七个大的资本主义经济强国加上俄罗斯组成，其协调领域涉及经济和政治等多个领域，但在国际经济问题协调上，仍以美国、英国等 G7 国家的政策要求为主，国际经济问题的协调主要是在 G7 国家之间进行。而 G20 集团则在 G8 的基础上，增加了与美国关系紧密的环太平洋的东亚新兴经济体，而这些经济体以发展中国家为主。这就使国际经济协调从 G8 时期的发展层次相同的国家进行共同协调，拓展到发达国家和新兴工业化经济体等不同发展层次国家间的共同协调，从成员方的数量及成

① 资料来源：《G20 峰会的由来和宗旨》，2010 年 11 月 2 日，http://china.com.cn/international/zhuanti/2010-11/02/content_21256430.htm.

员方组织架构上无疑是一个巨大的进步，更多地考虑东亚新兴经济体对世界经济发展的重要性。但目前，G20 还不是一个全球性的机构，更多地被视为一类针对国际突发问题的全球应急平台，还没有正式成为国际经济组织，而是一个各国首脑、财长及央行行长间的非正式对话平台。

第二，发达国家在当前的 G20 全球治理机制中仍然占据主体，其政策要求往往被首选满足。虽然 G20 为东亚新兴经济体和发展中国家提供了一个新的能够与发达国家对话的平台及磋商渠道，但从目前历次 G20 首脑和部长级会议的实际情况看，成员方数量的多寡难以从根本上改变发展中国家与发达国家在 G20 中的不平等话语权。实际上，在目前的 G20 峰会上，大多数重点议题是由欧美等发达国家提出的，其重点讨论的议题也多数是按照发达国家的政策要求排序的，如 2009 年的美国匹兹堡会议和 2011 年的戛纳会议，就分别将全球经济失衡的治理和欧洲债务危机作为其主要议题，而中国等发展中国家在匹兹堡会议上提出的改革国际货币体系份额的议题，则从匹兹堡会议开始一直到加拿大多伦多的 G20 峰会结束才得以被承诺，但直到 2012 年的墨西哥 G20 峰会仍未完全被落实。而这一趋势在后金融危机时期召开的这几次 G20 峰会上表现得尤为突出，从 2009 年以来 G20 峰会的核心议题及最终发布的领导人宣言来看，基本就是为解决美国的金融危机和欧洲的债务危机，讨论如何加强各国间的共同合作，而发展中国家普遍关心的议题，如消除贸易保护、改革国际货币体系等则缺乏实质性进展。

第三，G20 强调通过议题的设置重点解决国际经济中的关键问题。G20 与 G8 相比，更加侧重于解决全球性的经济问题，如国际金融危机、全球经济失衡等纯经济问题，而对粮食安全、文化冲突乃至环境等社会问题较少关注。而为了更好、更有效地解决国际经济中的现实经济难题，G20 强调通过具体议题的设置主导来影响当前的全球经济治理进程，如每届 G20 会议都会设置不超过 10 个具体议题，希望较少的议题能帮助成员方更有效地达成协议，解决问题。例如，2012 年在墨西哥举行的财长和央行行长峰会上，G20 就明确只制定了四大议题：欧洲债务危机，人民币是否应该升值，IMF 是否应该增资，以及全球贸易不平衡。但需要指出的是，这种设置具体议题的方式虽然从理论上有利于国际经济问题的高效解决，但是如同 G20 墨西哥会议那样设置比较矛盾尖锐的议题，而缺乏设置能体现发达国家和发展中国家共同利益的议题进行补充，将必然使不同国家间陷入激烈的争议之中，反而不利于 G20 的长远可持续发展。

二、G20 参与全球经济失衡调整的历史回顾

从 G20 的历届财长和央行行长会议的主要议题看，2005 年的历次会议更多的是关注如何防范金融危机，打击滥用国际金融体系，实现经济的稳定与增长，以及

打击恐怖主义，应对老龄化的挑战等政治性问题。从 2005 年北京 G20 财长和央行行长会议开始，维护世界经济的平衡发展及解决全球经济失衡问题，开始进入 G20 的财长和行长会议的议程，而从 2008 年在美国的华盛顿举办首届 G20 金融峰会（即首脑会议）开始，全球经济失衡及其治理一直是 G20 的重要议题之一。

从表 9-2 中统计的 G20 讨论全球经济失衡问题的情况看，虽然，在 2005 年 G20 墨西哥洛斯卡沃斯峰会上，G20 已经开始关注全球经济发展中的平衡问题，开始初步接触全球经济失衡议题，但是在国际金融危机爆发之前的历次 G20 会议上，G20 成员方更多的是关注贸易保护主义、代表全球经济安排的布雷顿森林体系制度的改革、全球金融稳定，并未真正意识到全球经济失衡的影响及重要性。从 2008 年席卷全球的国际金融危机爆发之后，G20 成员方开始更多地关注全球经济失衡，在 G20 美国匹兹堡会议上，美国时任总统奥巴马率先将美国与中国、德国直接的贸易失衡当作全球经济失衡问题，正式作为议题提出来，供各成员方进行讨论。随后的 G20 加拿大多伦多会议将人民币汇率的波动开始作为议题之一进行讨论；G20 韩国首尔峰会正式将汇率升贬值与各国经常项目失衡挂钩，提出各国要设立汇率波动和经常项目收支；而 2011 年的 G20 法国戛纳峰会则将全球经济失衡议题的争议推向“高潮”，经过讨论，各方一致同意了具体界定全球经济失衡的指标，并将其明确写入会后公报，使全球经济失衡的调整问题开始进入到“实质”阶段，也使 G20 各成员方对未来全球经济失衡的调整方向和目标有了一定的认识与准备；接下来的 G20 法国戛纳峰会则继续将全球经济失衡的调整升级为全球治理，从经济上的全球协调调整逐渐拓展为政治上的全球协调调整；2012 年的 G20 墨西哥洛斯卡沃斯会议则明确提出全球的首要任务是平衡性增长，为全球经济失衡调整和治理的终极目标做了界定，并将调整的范围从东亚经济体的贸易调整，向世界主要石油输出国的调整任务进行拓展，将其正式纳入全球经济失衡的治理框架之中。因此，从 2009 年之后的历次 G20 会议来看，在金融危机爆发及进入后金融危机时期，全球经济失衡及再平衡问题一直是 G20 关注的焦点之一。同时，G20 在进行全球经济失衡的全球协调问题上，比 IMF、世界银行和 WTO 等全球性经济组织的效率高，已经进入全球经济失衡治理的实践阶段，提出了明确的治理目标和参考失衡评价指标标准。因此，从未来的全球经济治理协调上看，为了更快、更有效地缓解全球经济失衡的扩大，可以从 G20 的范围内开展实质性的协调和调整。

表 9-2　G20 对全球经济失衡问题的关注情况统计（截至 2016 年）

时间	会议	G20 对全球经济失衡的关注
2005 年 10 月 15 日至 16 日	G20 墨西哥洛斯卡沃斯峰会	加强全球合作，实现世界经济的平衡有序发展，讨论了布雷顿森林体系的机构改革和发展融资问题

续表

时间	会议	G20 对全球经济失衡的关注
2006 年 11 月 18 日至 19 日	G20 澳大利亚墨尔本峰会	以建设和维持繁荣为主题；探讨了当前世界经济形势和发展及布雷顿森林机构改革，其中着重探讨了全球能源与矿产失衡的应对问题
2007 年 11 月 17 日至 18 日	G20 南非开普敦峰会	重点涉及如何保持国际金融市场稳定问题的讨论
2008 年 11 月 8 日至 9 日	G20 美国华盛顿峰会	重点探讨如何使全球经济从危机中复苏及如何加强金融监管
2009 年 4 月 1 日至 2 日	G20 英国伦敦峰会	在全球经济失衡问题上，重点探讨如何反对贸易保护主义、加强金融监管、巩固全球金融机构及确保所有经济体公平而持续地复苏。最终提出一项 1.1 万亿美元的经济扶持计划，以恢复全球信贷和就业市场及经济增长
2009 年 9 月 24 日至 25 日	G20 美国匹兹堡峰会	峰会焦点之一是明确针对全球经济再平衡进行了讨论，美国时任总统奥巴马提出经济再平衡问题“是二十国集团匹兹堡金融峰会的议题之一，必须寻求更加平衡的全球经济”。奥巴马这番话主要是针对中国、德国等出口型经济体。中国等经济体则提出需防范经济再平衡问题转化为贸易保护主义情绪。但结果并未提出明确的承诺，而承诺继续实施经济刺激计划，各方共同反对贸易保护主义
2010 年 6 月 27 日至 28 日	G20 加拿大多伦多峰会	峰会焦点：全球经济复苏、全球金融监管改革、经济刺激政策是否应退出、人民币汇率问题、货币体系改革等，会议更加关注金融危机的相关问题。在会后的公报中，G20 领导人同意削减财政赤字的目标。根据这份声明的草案，发达国家将在 2013 年前将政府财政赤字削减至少一半，并在 2016 年前稳定本国的债务与国内生产总值之间的比例
2010 年 11 月 11 日至 12 日	G20 韩国首尔峰会	峰会焦点：汇率、全球金融安全网、国际金融组织改革和发展。前期举行的 G20 财长和央行行长会议提出各国应该根据市场来决定本币汇率的波动机制，尽量避免世界范围内的竞争性货币贬值，对于经常项目收支问题，则同意决定在可持续的范围内，控制各自经常项目收支规模；并努力避免竞争性货币贬值，设定经常项目收支目标
2011 年 11 月 3 日至 4 日	G20 法国戛纳峰会	峰会焦点：欧洲债务危机、全球保增长促稳定、国际货币体系改革和大宗商品波动控制。会后公报重申致力于共同协作、下定决心重新激活经济增长，会议提出当前应该改善 21 世纪的全球治理，对英国时任首相卡梅伦关于全球治理的报告表示欢迎，国际组织，特别是联合国、WTO、国际劳工组织、世界银行、IMF 和 OECD，应加强对话和合作，包括在经济政策的社会影响方面增加协调
2012 年 6 月 17 日至 19 日	G20 墨西哥洛斯卡沃斯峰会	会议明确提出可持续和平衡的增长仍然是 G20 的首要任务。G20 将致力于采取一切必要的政策措施，增强需求，支持全球经济增长和恢复信心，解决短期和中期的风险，提高创造就业并减少失业，及时落实所有的承诺，并严格监督执行。并进一步提出 G20 将继续对石油价格的变化保持警惕，并随时准备采取进一步的行动，包括以沙特阿拉伯为代表的产油国实现自己承诺，随时准备动用备用产能，维持与需求相当的供应水平
2013 年 9 月 5 日至 6 日	G20 俄罗斯圣彼得堡峰会	会议通过了涉及 12 个领域的《圣彼得堡宣言》，明确了世界最为紧迫的任务是增强全球经济复苏动力、促进更高速度的增长和改善就业

续表

时间	会议	G20 对全球经济失衡的关注
2014 年 11 月 15 日至 16 日	G20 澳大利亚布里斯班峰会	会议发布了《二十国集团领导人布里斯班峰会公报》，与会成员领导人核准了支持增长和抗风险的《2015—2016 年 G20 反腐败行动计划》，同意采取行动建设反腐败合作网络，包括加强司法互助，返还腐败资产，拒绝为腐败官员提供避罪港。会议主题是经济增长、就业与抗风险，具体议题包括世界经济形势、国际贸易、能源、提高经济抗风险能力等
2015 年 11 月 15 日至 16 日	G20 土耳其安塔利亚峰会	峰会主题为“共同行动以实现包容和稳健增长”，与会者围绕“包容、落实、投资”三大要素，具体讨论世界经济形势、包容性增长、国际金融货币体系改革等重大议题
2016 年 9 月 4 日至 5 日	G20 中国杭州峰会	主题确定为“构建创新、活力、联动、包容的世界经济”。会议主要聚焦于以下几个方面的议题：全球经济形势；创新与结构性改革；财政和货币政策（包括货币政策的协调）；投资、贸易和基础设施；国际金融架构与金融部门改革（包括扩大 SDR[1] 的使用等）；国际税收合作；反恐融资；绿色金融及气候资金等

资料来源：本表是作者根据 G20 历次重要会议的议题及最终公告的情况进行的整理

1）SDR：special drawing right，特别提款权

三、G20 全球协调机制的最新进展

后金融危机时期，G20 在已有的全球治理协调机制上出现一些新的变化，这些也有利于 G20 参与全球经济治理的调整和协调。其协调机制主要表现为以下三点。

第一，G20 逐步引入的一些新的机制可以提升各成员方履行承诺义务的效率。虽然 G20 只是一个世界各主要经济体讨论世界性问题的对话平台，而不是一个具有约束机制的集团，但是随着美国次贷危机及欧洲债务危机的爆发，在危机治理和调整的过程中，以美欧为代表的发达经济体需要中国、俄罗斯、印度、巴西、南非这“金砖五国”，以及其他发展中国家承担更多的义务和责任，他们不惜牺牲自己在国际货币体系改革等问题上的“非根本”利益，在 G20 内部引入一些能够激励成员方履行更多承诺的新机制，以保证 G20 年度峰会达成的承诺能够顺利被履行。在这些新机制中，最具有代表性的是美国提出的“各国相互协调和评价”机制，在 2009 年的 G20 美国匹兹堡会议上，美国总统奥巴马为了突出全球应该实现更加平衡的经济，促进全球经济的平衡与发展，提出并推动峰会实质性地启动了“各国相互协调和评价”机制。该机制明确了 G20 监督成员方履行会议承诺和义务的“合法性”，它赋予了 G20 成员方更多的权利和义务，使其可以在 IMF 的帮助下，有权利评估其他成员方的相关政策制定和实施情况的好坏，以及这些政策制定对成员方的外汇储备、国内外信贷、国际收支失衡和经济增长等领域的实质影响。这实质上就给了成员方和 IMF 共同监督其他成员方调整全球经济失衡

情况的权利，为督促各成员方进行失衡治理提供了监控机制，G20 的制度约束性也因此正在逐步强化。

第二，美国对 G20 框架下的全球治理主导有所放松，增加了新兴经济体在 G20 全球经济治理的话语权。从目前 G20 的发展情况看，发达国家和发展中国家在其中所处的地位仍然不平等，由于发达国家之间利益较为一致，都是为了缓解国际金融危机及欧洲债务危机给其带来的不利影响，而发展中国家的内部分歧较大，在 G20 中，发达国家无疑占有绝对的领导地位。而美国作为发达国家的核心，无疑在其中占有领导地位。从 G20 建立之后的效果看，对发达国家的积极效应要远大于对发展中国家的影响。因此，包括美国在内的发达国家需要通过 G20 这个全球治理平台，在全球可持续平衡增长的框架下，支持在现有的全球经济治理框架下对 G20 进行改革，让东亚新兴经济体承担更多的义务和责任，给予了东亚经济体更多的话语权，如美国同意 IMF 给予中国等发展中经济体更多的投票权等。虽然这并不能根本改变美国“一票否决”的现实，但发展中经济体如果能够放弃分歧，联合起来，在没有一票否决权利的 G20 范围内，还是可以提升自己的话语权的，并能真正让 G20 成为为自己利益服务的全球性对话论坛，这需要发展中经济体的影响和作用慢慢地从“量变”转向“质变”。

第三，G20 首脑峰会的出现有利于 G20 承诺和议题的目标实现。自 2008 年以来，G20 会议由财长和央行行长会议升级到首脑会议，其会议级别和影响得到极大的提升，而首脑会议的召开无疑能够有效地提升成员方对各项会议的具体执行力度，有利于 G20 各项政策目标的最终落实和实现。不仅如此，G20 还坚持邀请 IMF 总干事、世界银行的主席及其他国际经济组织的领导参加，这将使 G20 成员方加强与这些国际性经济组织的沟通和协调，使其能够按照 G20 峰会的议程安排和框架，进行一定的改革，并使其按照 G20 的会议承诺协调全球经济治理。因此，这种国家和跨国经济组织领导人的会议，将更有利于 G20 的长远发展和世界经济的长期可持续发展。

第二节　G20 在全球经济失衡调整中的难点与重点

G20 相对于此前的 G8 而言，在主导全球经济和金融调整上无疑更具有其代表性和权威性。早期的 G8 协调机制主要是发达国家组成的经济集团和协调机制，虽曾经在西方发达国家对世界经济发展的政策协调中产生过极其重要的影响和作用，但是在国际金融危机爆发及全球经济失衡调整中，参与的国家主体将不仅只是发达国家或地区，还包括“金砖五国”在内的发展中国家和新兴工业化经济体。如果仍然由发达国家组成的 G8 机制来协调国际金融危机和全球经济失衡，不仅其自身将会深感力不从心，而且其必将受到处于被支配地位的发展中国家的质疑，相应的分歧和争议将会使其难以在后金融危机时期真正发挥作用。而G20不仅可以充分联系发达国家和发展中国家，为二者提供相互联系和对话的渠道，还与布雷顿森林体系下建立的全球协调机构具有密切联系，并暂时作为其框架下的非正式对话协调机制，能够以“欢迎、支持、鼓励和指引”等方式，影响IMF、世界银行等国际经济组织的协调过程，从而能在一定程度上填补当前国际经济领域的治理机构的不足，为改善21世纪初的世界经济和金融发展做出重要贡献。

一、G20机制化对全球经济失衡调整的影响

自2005年G20中国北京峰会初次涉及全球经济失衡及平衡发展问题以来，几乎每次G20会议都会涉及这一议题，尤其是从2008年国际金融危机爆发以来，全球经济失衡及其再平衡一直是每次G20峰会，尤其是G20财长和央行行长会议的主要议题之一。同时，从近年来G20的峰会主题及会后公报的内容看，致力于解决国际金融危机和欧洲债务危机、加强全球金融监管、减少全球性的贸易保护和推动国际金融组织改革都是其中的主要议题，而其实质都是为了解决金融危机，推动世界经济的平衡发展。但是，在G20峰会的影响下，美国和世界其他经济体是否降低了国际金融危机的不利影响，全球经济失衡是否得到有效调整呢？接下来我们可以通过2005～2011年国家金融危机前后，美国与G20成员方间的货物贸易失衡发展趋势，来验证其有效性（表9-3）。

表9-3 2005～2011年美国与G20部分成员方货物贸易失衡趋势 单位：亿美元

失衡区域	2005年	2006年	2007年	2008年	2009年	2010年	2011年
美国与欧盟27国贸易失衡	−1243.94	−1193.25	−1102.43	−958.07	−612.02	−796.11	−998.81
美国与德国贸易失衡	−505.67	−479.23	−447.44	−429.91	−281.91	−342.68	−495.06
美国与法国贸易失衡	−115.83	−135.27	−148.76	−152.09	−77.43	−113.86	−122.36
美国与英国贸易失衡	−124.65	−81.02	−68.76	−49.88	−17.76	−13.61	46.45
美国与意大利贸易失衡	−194.84	−201.09	−208.78	−206.74	−141.61	−142.85	−179.43
美国与加拿大贸易失衡	−784.85	−717.82	−681.69	−783.42	−215.90	−285.42	−344.57
美国与俄罗斯贸易失衡	−113.44	−151.28	−120.31	−174.48	−128.68	−196.85	−263.33
美国与阿根廷贸易失衡	−4.62	7.97	13.69	17.14	16.79	35.92	54.15
美国与澳大利亚贸易失衡	82.46	93.41	105.63	116.30	115.88	132.15	173.01
美国与巴西贸易失衡	−90.64	−74.80	−14.72	18.46	60.26	114.67	112.08
美国与印度贸易失衡	−108.86	−121.57	−91.04	−80.22	−47.25	−102.82	−146.52

续表

失衡区域	2005 年	2006 年	2007 年	2008 年	2009 年	2010 年	2011 年
美国与印度尼西亚贸易失衡	−89.60	−103.46	−103.32	−101.55	−78.32	−95.32	−116.97
美国与墨西哥贸易失衡	−498.61	−645.31	−747.96	−647.22	−477.62	−664.34	−644.87
美国与沙特阿拉伯贸易失衡	−203.87	−240.49	−252.30	−422.63	−112.61	−198.57	−336.47
美国与南非贸易失衡	−19.79	−30.39	−35.32	−34.57	−14.26	−25.88	−22.29
美国与韩国贸易失衡	−162.10	−135.84	−131.61	−134.00	−106.04	−100.29	−132.47
美国与土耳其贸易失衡	−9.43	−0.68	18.98	53.17	34.33	63.39	94.38

资料来源：美国商务部国际贸易署相关资料

注：“−”表示美国对其他国家呈现货物贸易逆差，反之则为美国对外呈现贸易顺差

从美国对外货物贸易整体失衡及美国对G20主要国家或地区贸易失衡的整体演变趋势看，G20在全球经济失衡调整领域的发展针对不同的国家或地区有不同的效果。主要可以分为三个层次：第一层次，G20全球治理背景下美国对外贸易逆差的整体演变趋势。自2005年G20开始关注全球经济失衡以来，美国对外整体贸易逆差在2005～2007年增速在减缓，尤其是2007年美国对外贸易逆差的绝对数额相比2006年出现下降，这其中可能有美国次贷危机爆发的影响。但进入2008年美国贸易逆差有所回升，这说明金融危机对美国贸易逆差的影响有限，其对失衡的适当调整还是有一定效果的。但从2009年开始国际金融危机的迅速蔓延和影响加深，使美国对外贸易逆差整体大幅下降。同时，从2009年美国对外贸易逆差加速下降的态势看，2009年以来G20加强对全球经济失衡及其调整的关注，并未对美国对外贸易逆差的减少起到明确效果，但美国出口的明显增长说明G20全球治理机制下美国经济，尤其是进口能力在逐步恢复。第二层次，G20全球治理背景下美国与东亚经济体及石油输出国间的贸易失衡。从美国对中国、日本、韩国、印度尼西亚及OPEC贸易逆差的发展趋势看，除了2009年由国际金融危机爆发带来的对美国贸易逆差下降的影响外，其他年份美国对这些经济体的贸易逆差都呈现加速增长的态势。这说明2005年提出的美国与东亚经济体及OPEC成员国之间的全球经济失衡并没有因为G20的关注而得到根本性的调整，全球经济失衡依然存在。但是在2009～2011年的后金融危机时期，对比2009～2010年及2010～2011年美国对这些经济体的贸易逆差数额看，对中国、日本、OPEC的贸易逆差增速在减慢，这从侧面说明虽然G20的全球经济治理并没有从根本上改变美国对这些经济体的失衡增长趋势，但是其调整减缓了增长速度。第三层次，G20全球治理背景下美国与G20其他经济体间的贸易失衡。从表9-3中美国对其他经济体的贸易失衡演变趋势看，其失衡绝对额有下降或增长速度大为减缓的趋势。以美国与传统出口大国——德国之间贸易失衡为例，2005～2008年美国对德国的

贸易逆差呈逐年减少的趋势，这与美中贸易逆差、美日贸易逆差逐年扩大呈现鲜明的对比，2010 年和 2011 年美德贸易逆差恢复了快速增长，但绝对数额还是相对较小，而美法贸易逆差进一步扩大，美英则由贸易逆差转变为贸易顺差，而美国与土耳其、巴西等发展中国家的贸易失衡更是从 2007 年之后从贸易逆差转变为贸易顺差，且顺差额呈扩大趋势，这说明 G20 在全球经济失衡治理上发挥作用，美国和德国、法国、英国及部分发展中国家在减少相互间的贸易失衡问题上做得更好。综上所述，在 G20 全球治理框架下，G20 对全球经济失衡及其治理问题虽然有了更多的关注，但是其最终的效果更多地体现在发展问题上，即它对美国等发达国家经济增长、摆脱金融危机及恢复进口是产生了积极效果的，在直接的全球经济失衡及其治理问题上有效果，减缓了经济失衡扩大速度，但是没有从根本上改变全球经济失衡继续扩大的趋势。G20 还需要更深入地加强协调，直接对全球经济失衡的实质及其治理进行协调解决。

二、G20 在全球经济失衡调整中遇到的难点

作为此次全球经济失衡的主角，美国在 G20 年度峰会上多次将全球经济失衡作为主要议题，2011 年英国首相卡梅伦更是响应美国的号召，提出当前世界经济发展需要加强全球经济治理。但是，G20 在全球经济失衡的调整上进展并不是十分明显，并没有在真正意义上改变或缩小全球经济失衡。总结而言，G20 在全球经济失衡调整中还存在一些难点需要克服。

（一）G20 机制化建设需要进一步加强

G20 虽然给了世界主要发达国家和发展中国家共同治理全球经济的平台，但是从 G20 目前的性质来看，G20 仅仅是作为发达国家与发展中国家间的对话平台存在，而缺乏更加具有约束力和执行力的务实高效的机制存在。与传统的布雷顿森林体系框架下的机构相比，它缺乏严谨的组织结构和制度安排。随着全球经济逐步步入后金融危机时期，消除金融危机恢复世界经济的长远可持续发展这一共同目标将不再存在，发达国家和发展中国家将在缺乏共同目标的前提下，分歧和矛盾日益增多。因此，在 G20 首脑会议及财长和央行行长会议上形成的决议和承诺很有可能变成一纸空文，主要成员方的相关承诺缺乏有效的机制加以监督和落实。尤其是当前的 G20 仍然只是为了解决每年的突发问题而建立起来的全球性的应急平台，而不是真正意义上的能够推动世界经济合作和各国经济共同发展的合作平台。目前，以法国为代表的欧盟国家已经明确提出 G20 应该尽快地制度化；中国也提出 G20 应该在互利共赢、循序渐进的原则下推动制度化建设；国内外学

者也明确提出当前的G20应该逐步制度化，应建立起负责日常工作的秘书处和配备相关工作人员；建立起监督各方具体行动和落实的相关机制；将每年的峰会议题标准化，以解决世界经济发展中的长期难题；在G20框架下成立具体的工作组落实相关议题；等等。最终通过这些制度化的建设，推动G20向更有约束力、更为高效的方向发展。

（二）G20成员差异和利益分歧较大，发展中国家被赋予的话语权不够

作为一个全球性的对话平台，G20中的成员方不仅包括美国、日本这样的发达国家，也有中国、巴西、南非等发展中国家，既有英国、美国等代表性的资本主义大国，更有中国这样的社会主义大国，无论是经济发展水平和阶段，还是意识形态，都存在较大的差异。这也使G20各成员方在参与国际对话过程中所追求的利益也存在较大分歧。这种分歧在各个层次上都或多或少存在：首先，发达国家和发展中国家追求的利益方向不同，如发达国家更多的是追求金融领域的利益，如有关国际金融危机解决的利益，而发展中国家则更为关心贸易领域的利益，如有关减少全球贸易保护的利益。其次，发达国家内部也存在巨大的利益分歧。其中美国和以法国和德国两国为核心的欧盟之间就存在着明显分歧，如在国际金融危机背景下，欧盟较为关心国际金融体系的机构改革及世界经济的结构性调整，并对现有国际金融体系中的自由化运行模式进行治理，加强全球性的金融监管，而美国则对威胁其在国际金融体系中的主导地位的改革无动于衷，而是更为关注如何进一步联手扩大市场需求和资金投入，带动全球经济的迅速复苏。最后，发展中国家之间的利益分歧也相当严重，尤其是对全球经济治理认识存在较大差异，在发展阶段和经济结构上差别也相当明显，需要这些国家间进一步加强沟通和协调，并以一个声音在G20中表达自己的利益。

（三）美国等发达国家参与全球经济失衡调整的意愿存在不确定性

从G8升级到G20，以美国为首的发达国家希望将中国等发展中国家纳入全球治理框架中，承担更大的治理责任和义务，尤其是在国际金融危机爆发之后，作为应急机制和平台之一，发达国家希望G20这个全球应急对话平台能够迅速承担其在世界经济危机之际增强各国信心、协调参与各方共同应对危机的重担。而从美国对外贸易逆差的演变趋势看，2009～2011年的后金融危机时期，世界经济正逐步从国际金融危机中复苏，国际金融危机的不利影响也在逐步消逝，这与G20的全球经济协调不无关系。但是，随着世界经济从金融危机逐步走出来，以美国

为代表的发达国家在目标达成后，其与发展中国家之间的协调一致将会变得日益困难，美国对中国等新兴经济体利益诉求的态度，将随着其国内经济的复苏日益强硬，尤其是美欧等国或地区在贸易保护主义问题上的态度一直就没有过让步，甚至不惜与中国等东亚新兴经济体进行贸易战。未来随着全球经济失衡的日益深化，贸易保护主义将重新抬头，围绕着贸易保护主义难题，美国和东亚新兴经济体间的贸易摩擦将日益增加，这将使美国和各个东亚经济体参加 G20 框架下的全球经济治理的意向存在极大的不确定性。

（四）G20 在全球经济失衡的评估及治理上缺乏一致同意的标准和目标

虽然 G20 巴黎会议提出了各国评估全球经济失衡的参考指标，但是在全球经济失衡治理问题上，究竟这些指标达到何种程度比较合适，尤其是对于发达国家和发展中国家而言，其经济发展水平和层次进展不同，承受失衡调整的能力不同，究竟在 G20 框架下应该如何界定其调整的标准和目标，是 G20 在未来的全球经济治理中面临的重大难点之一。这需要发达国家和发展中国家间进行多轮的磋商与协调，最终达成共识将会非常困难。

（五）G20 会议议程过多，相互间的矛盾难以协调一致

从 G20 历年来的议程看，在主要议程的基础上还会有很多小的议题需要大家磋商和讨论，尤其是 2008 年爆发国际金融危机以来，G20 历次峰会都有相当多的议题。例如，2009 年的 G20 美国匹兹堡峰会就设置了确保经济复苏、全球经济再平衡、刺激政策退出、抑制贸易保护主义、金融监管改革、限制金融高管薪酬、IMF 改革与增资、汇率和储备货币问题。2012 年的 G20 墨西哥洛斯卡沃斯峰会上也确定了五大议程，包括：以增长和就业为基础的经济稳定和结构重组；加强金融体系和促进金融包容性以推动经济增长；完善相互联系的国际金融体系；加强食品安全和应对商品价格波动；促进可持续发展、绿色增长和应对气候变化。而在具体的讨论议题中就欧元区保持完整、解决欧洲危机的措施、加强国际金融体系、遏制贸易保护主义上升势头及关注增长与就业等问题进行了讨论。可以说 G20 每次峰会的议题都相当多，涉及领域都相当广泛，但真正开会的日期只有 1～2 天，即使算上首脑会议之前的 G20 财长和央行行长会议的时间，也是远远不够的，各方之间的矛盾和冲突也随着议题的不断增多而日益加深，G20 各方对某一问题真正达成一致相当难。

三、G20 参与全球经济失衡调整的重点领域

（一）G20 应重点强调成员方间的平衡发展，并以此为基础参与失衡调整

国际金融危机的爆发为包括中国在内的发展中国家参与全球经济治理和提升自身发言权提供了新的机遇，给了发展中国家更多机会表达自身在经济发展中的困境、利益关切和政策愿望，并通过更具包容性的全球协调机制加以解决。但从目前 G20 全球经济治理合作的状况看，发达国家仍然和在其他国际经济组织中一样，主导着 G20 的主要议程的提出和解决。而且从后金融危机时期 G20 讨论的主要议题看，以欧洲债务危机、加强全球金融监管、国际金融危机的解决为主，其研究的重点仍是维护发达国家的根本经济利益，对发展中国家普遍关切的改变国际货币体系、减少全球贸易保护的落实较差，或者是“治标不治本”，调整力度十分有限。可以说当前的 G20 内部在权利和利益分配上并不均衡。后金融危机时期，世界经济的发展主题仍将是通过解决国际金融危机，推动世界各国的平衡发展，而为了保证世界经济的平衡发展，G20 内部也应该保证各国或地区平等和平衡地参与全球经济治理，并共同承担全球经济失衡的治理责任，而不应像现在的美国那样，在全球持续稳定增长的框架下，要求以中国为代表的顺差国开放国内市场、扩大国内需求、增加对外进口，从而减少对外贸易失衡，以承担更多的全球责任。

（二）G20 应重点强调如何调整成员方之间的贸易结构和相互投资问题

从 2005 年以来 G20 历次峰会的议题看，作为国际金融危机的应急机制，G20 主要关切的议题是国际金融领域的难题，同时，作为布雷顿森林体系框架下的国际对话平台，G20 峰会更多的是与 IMF 和世界银行发生联系，每次开会也主要是邀请 IMF 和世界银行的主席参加，但对同样作为三大世界性协调组织之一的 WTO，则联系偏少。这与发达国家及 G20 峰会对全球贸易保护的关注偏少有一定的关系。但未来全球经济的发展不仅是金融领域问题的解决，也要涉及国际贸易、投资等多个领域的共同发展，而全球经济失衡的实质是跨国公司全球直接投资带来的国际分工，导致各国间出现结构失衡，因此，后金融危机时期全球经济失衡的调整离不开全球贸易和投资领域的治理。基于这一考虑，如果 G20 要在平衡发展的框架下，调整现有的全球经济失衡，需要在议题设置上，从金融领域难题逐渐向贸易领域难题拓展，注重调整成员方之间的贸易和投资失衡问题，并加强与 WTO 间的合作和协调，最终成为涉及贸易、投资、金融等多个领域的全球治理机制。

（三）G20 应强化在失衡调整中的协调和监督机制的培养

当前 G20 各成员方在每次峰会结束时，都会发表明确的峰会公告，对所讨论的关键议题，如对欧洲债务危机、全球金融监管和贸易保护等问题，提出各方达成的共识，但是对其承诺的具体问题却缺乏必要协调和监督机制，监督成员方完成和实施。虽然美国启动了“各国相互协调和评价”机制，通过成员方和 IMF 共同监督其他成员方履行承诺的情况，但实际上这种机制赋予了部分成员方以 IMF 为借口来干预其他成员方履行承诺的情况，它实际上还是一国对另一国经济行为的干预。当前，应当建立起在 G20 整体框架和制度下的监督与承诺机制，而不能靠一国监督另一国对峰会的承诺，以避免各成员方对现有的“各国相互协调和评价”机制出现争议和矛盾。

（四）G20 应赋予以“金砖国家”为首的发展中国家在失衡治理中的话语权

2009 年以来，随着以“金砖五国”为代表的发展中国家实施各类救市计划以来，发展中国家对世界经济的影响日益加强，而后金融危机时期世界经济的复苏和发展，需要发展中国家国内市场需求的不断扩大为支撑。尤其是随着全球经济一体化和信息网络科技的快速发展，各国之间的相互联系不断加强，这种联系已经远远超出发达国家向发展中国家经济影响的单向联系，而是逐步形成了发达国家与发展中国家之间的双向影响关系，而随着全球金融危机和全球经济失衡的不断深入，必然需要发达国家和发展中国家共同在一个平台上应对当前的不利局面。但是当前在 G20 中，以美国为首的发达国家与发展中国家间的地位存在明显的不对等，很多由发展中国家提出的议题和利益关切点，都难以在 G20 中得到协调一致和重点重视。因此，当前 G20 应在整体框架下，制定一定的机制，如投票机制，平衡发达国家与发展中国家在 G20 中的地位和权利，并赋予以“金砖国家”为首的发展中国家在失衡治理及各项国际问题中的话语权，只有这样才能吸引发展中国家更积极地参与 G20 框架下的全球经济协调。

第三节　G20 框架下金融渠道调节失衡效用的门限检验

从 G20 对一国宏观经济失衡的“参考性指南”制定来看，失衡的范围涉及一国内外经济双方面的失衡，而对中国的经济失衡界定主要是对外经济失衡，尤其是贸易失衡的测度与治理。然而，前文对中国对外贸易及其失衡的评估分析结果显示，如果基于全球价值链视角，按照增加值贸易方式对中国对外贸易结构及其失衡进行重新统计，中国对外贸易大体保持平衡，虽然对美欧等发达国家和地区是贸易顺差，但对东亚地区的中间品贸易处于逆差，中国当前需要逐步改善这类贸易失衡结构的地区差异。由于中国对外整体贸易是平衡的，调整贸易失衡不应成为中国对外经济失衡调节的主要方式。现有研究表明，一国外部失衡受到的影响并不唯一集中于经常账户，资本和金融账户也会对其产生作用。如以美国为代表的金融业高度发达国家从金融和资本账户获得的收益，正在逐步抵消其贸易逆差扩大带来的负面影响，使美国的外部净资产头寸不断改善，产生“暗物质”收益效应（Hausmann and Sturzenegger，2006），使其对中国等的总体失衡并非如贸易逆差显示的那样严重。越来越多的学者也因此开始关注金融因素在一国外部经济失衡调整中的作用和影响。Gourinchas 和 Rey（2007）发现美国外部失衡波动中存在显著的正向估值效应（valuation effect），即汇率、利率和投资收益率的变化会引起美国外部净资产头寸正向变动，对失衡波动产生正影响。此后以估值效应影响失衡波动为核心的金融调整渠道理论日益受到关注。Lane 和 Milesi-Ferretti（2007）在建立包含 145 个国家和地区 1970～2007 年外部资产头寸的 EWN II 数据库基础上，测算了各国（地区）估值效应及影响，并发现美元实际汇率短期波动的估值效应，即美元贬值通过降低美国对外净负债和增加外币资产值，显著改善了美国外部失衡。此后以估值效应为基础的失衡调节研究开始日益增多。而随着金融渠道对失衡调节影响相关研究的深入，国外学者开始研究不同经济体金融发展的异质性对一国外部失衡波动的影响。Chinn 和 Ito（2007b）强调金融发展水平的深入或不足，可能是持续扩大的全球经常账户失衡的重要原因，如美国资本市场的深度和复杂吸引了资本从相对不发达的东亚金融市场流入，加剧全球经济失衡。Caballero 等（2008a）也发现新兴市场金融体系相对不发达，使本国投资者增加了对美国等金融市场发达的经济体投资，缓解美国等外部失衡。Gourinchas 等（2010）则强调了异质性国内金融系统在全球经济失衡调整中的重要性，认为基于风险的金融市场异质性会加剧失衡。Gruber 和 Kamin（2009）提出金融发展水平差异可通过两条途径影响失衡：一是先进的金融体系和更有吸引力的金融资产，驱使资本由发展中国家流向金融发展水平高的工业化国家；二是一国（如美国）金融市场在深度、广度和安全性上的表现远超其他国家，吸引更多资本净流入。Mendoza 等（2009）通过建立存在金融发展异质性的两国模型，发现提供“状态依存证券”的能力不同会使二者规避禀赋风险和投资风险的能力出现差异，进而扩大外部失衡。本节在 G20 的框架下，考虑到金融资产的实际特征和交易现状显示：金融渠道的调整几乎不受物理和地理条件限制，其对失衡波动的影响也趋于短期性，因此研究金融渠道对一国外部失衡短期波动调节的有效性相对有意义，而上述文献显示，金融渠道对失衡调节也受到各国金融发展差异的影响，因此本节将对金融渠道调节一国外部失衡效用进行研究。

一、金融渠道对一国外部失衡短期波动影响的理论分析

（一）理论假定

本节借鉴 Gourinchas 和 Rey（2007）提出的分析框架和方法，构建能够衡量包括国外净资产和进出口贸易波动的一国外部失衡评价指标，评估金融渠道和贸易渠道对一国外部失衡调整的影响差异。在失衡指标构建中，我们将变量的长期趋势项影响剔除，以更好地反映金融和贸易调整渠道对一国外部收支的周期性波动影响。基于这一点，本节前提假设是：被研究的目标经济体在长期情况下呈均衡变化趋势，短期情况下其会出现非均衡波动，即“失衡及其调整”是指一国外部失衡围绕其自身长期趋势的短期波动和恢复性调整。同时，根据 Gourinchas 和 Rey（2007）提出的分析框架，考虑到贸易渠道以进出口贸易影响为主，单方面转移项目的数额偏小可忽略不计，以及对一国外部失衡短期波动影响的金融渠道主要源于外部净资产价格的波动，而汇率渠道主要是对失衡长期波动趋势产生影响。本节做出以下概念界定：一国外部失衡的调整渠道包括贸易渠道和金融渠道，其中，贸易渠道的波动仅来自净出口调节，即出口减去进口的值，记为 ca；金融渠道的波动仅来自外部净资产收益率调节，即对外净资产减去对外负债的值，记为 f；将贸易渠道和金融渠道的波动效应之和界定为一国综合外部失衡的整体波动，记为 fca。

（二）理论模型的构建

基于上述假设，我们首先建立表示一国外部净资产的跨期预算约束方程式：$\mathrm{NFA}_{t+1}=R_{t+1}(\mathrm{NFA}_t+\mathrm{NX}_t)$，即

$$A_{t+1}-L_{t+1}=R_{t+1}(A_t-L_t+X_t-M_t) \tag{9-1}$$

在该方程中，NFA 表示一国的外部净资产值，R 表示某一特定时期的投资收益率，NX 表示一国的净出口，A、L、X 和 M 分别表示一国的对外资产值、负债值、出口值和进口值。针对该方程，考虑到不同经济体的绝对经济规模差别较大，而不同规模的经济体，其国外净资产绝对数额产生的失衡影响效应是不同的，即变量的绝对数额难以真实反映和比较各经济体的失衡程度，因此本节用财富（国内生产总值）对式（9-1）的各变量进行了标准化，使其具有可比性，得到式（9-2）：

$$a_{t+1}-l_{t+1}=\frac{R_{t+1}}{g_{t+1}}(a_t-l_t+x_t-m_t) \tag{9-2}$$

其中，a、l、x、m 分别为一国的资产值、负债值、出口值和进口值相比其国内生产总值的比值；g 为一国的财富收益增长率。同时，由于本节考察的是各变量的短期波动程度，认为各变量总是在长期均衡路径的附近上下波动，即各变量相对其长期趋势偏离程度很小，假设一国经济达到了均衡状态，我们可以将各变量的长期趋势项分离出来单列成式，得到式（9-3）：

$$\overline{a}_{t+1}-\overline{l}_{t+1}=\frac{\overline{R}_{t+1}}{\overline{g}_{t+1}}(\overline{a}_t-\overline{l}_t+\overline{x}_t-\overline{m}_t) \tag{9-3}$$

在式（9-3）中，各个变量的上划线表示该变量的时间趋势项。基于上述方程式，提出以下两个假定，并以其为基础构造从金融和贸易渠道影响一国外部失衡短期波动的理论模型。

假定 1：构造衡量一国经常项目和金融项目失衡的变量。在各个变量连续增长的情况下（即各个变量的增长周期无限小），可以假定：$\varepsilon_t^z=\ln\frac{z_t}{\overline{z}_t}$，$z_t\in\{a_t,l_t,x_t,m_t\}$，$\varepsilon_{t+1}^R=\ln\frac{R_{t+1}}{\overline{R}_{t+1}}$，$\varepsilon_{t+1}^g=\ln\frac{g_{t+1}}{\overline{g}_{t+1}}$。

上述四个指标均表示其对应变量对其长期趋势的偏离程度。由于本节考察的是各变量的短期波动程度，认为各变量总是在均衡路径的附近上下波动，偏离程度相对很小，即 ε_t^z、ε_{t+1}^g、ε_{t+1}^R 的值均远小于 1。在此假定基础上可以构造衡量贸易渠道波动的变量 ca_t 和衡量金融渠道波动的变量 f_t，如下：

$$\mathrm{ca}_t=\mu_t^x\varepsilon_t^x-\mu_t^m\varepsilon_t^m=\frac{\overline{x}_t}{\overline{x}_t-\overline{m}_t}\varepsilon_t^x-\frac{\overline{m}_t}{\overline{x}_t-\overline{m}_t}\varepsilon_t^m \tag{9-4}$$

$$f_t=\mu_t^a\varepsilon_t^a-\mu_t^l\varepsilon_t^l=\frac{\overline{a}_t}{\overline{a}_t-\overline{l}_t}\varepsilon_t^a-\frac{\overline{a}_t}{\overline{a}_t-\overline{l}_t}\varepsilon_t^l \tag{9-5}$$

在 ca_t 和 f_t 中，μ 为各变量在 t 时期对应的影响权重，变量 ca_t 衡量的是一国贸易渠道（主要为进出口额）的波动程度，f_t 衡量的是一国金融渠道（净资产收益）的波动程度。由于 $\mu_t^a=\frac{a_t}{a_t-l_t}$，$\mu_t^l=\mu_t^a-1$，$\mu_t^x=\frac{x_t}{x_t-m_t}$；$\mu_t^m=\mu_t^x-1$，为了保证 μ_t^a，μ_t^l，μ_t^x，μ_t^m 等比重均大于 0，我们首先对其取绝对值。同时，由前文的一国综合外部失衡波动源于 ca_t 和 f_t 的共同影响的假设，得到：

$$\mathrm{fca}_t=\left|\mu^a\right|\varepsilon_t^a-\left|\mu^l\right|\varepsilon_t^l+\left|\mu^x\right|\varepsilon_t^x-\left|\mu^m\right|\varepsilon_t^m \tag{9-6}$$

此外，将式（9-4）和式（9-5）重新代入跨期预算约束方程式（9-3），可得到式（9-7）：

$$f_{t+1}=\varepsilon_{t+1}^{R}+\frac{1}{\rho_t}f_t-\left(\frac{1}{\rho_t}-1\right)\mathrm{ca}_t-\varepsilon_{t+1}^{g} \tag{9-7}$$

其中，$\rho_t=\dfrac{\overline{a}_t-\overline{l}_t+\overline{x}_t-\overline{m}_t}{\overline{a}_t-\overline{l}_t}$。

假定 2：假定经济处于均衡增长路径，此时资产和负债、进口和出口的比重基本恒定，即上述两组变量的趋势项在同一时刻具有相同增长率，则 $\mu_t^z=\mu^z$。令 $\mu^a>0$，$\mu^x<0$，则 $\mu^l>0$，$\mu^m<0$。

在假定 1 和假定 2 同时成立的情况下，

$$\mathrm{fca}_{t+1}=f_{t+1}-\mathrm{ca}_{t+1}=\frac{1}{\rho_t}\mathrm{fca}_t+\varepsilon_{t+1}^{R}-\varepsilon_{t+1}^{g}+\mathrm{ca}_t-\mathrm{ca}_{t+1} \tag{9-8}$$

由于假定 2 中 $\mu^x<0$，$\mu^m<0$，$\Delta\mathrm{ca}_{t+1}=(-\mathrm{ca}_{t+1})-(-\mathrm{ca}_t)=\mathrm{ca}_t-\mathrm{ca}_{t+1}$ 可以在式（9-8）基础上归纳 $t+1$ 期的表示一国综合外部失衡的变量：

$$\mathrm{fca}_{t+1}=f_{t+1}-\mathrm{ca}_{t+1}=\frac{1}{\rho_t}\mathrm{fca}_t+r_{t+1}-\varepsilon_{t+1}^{g}+\Delta\mathrm{ca}_{t+1} \tag{9-9}$$

其中，$r_{t+1}=\dfrac{\mu^a}{|\mu^a|}\varepsilon_{t+1}^{R}$，$\rho_t=\dfrac{\overline{a}_t-\overline{l}_t+\overline{x}_t-\overline{m}_t}{\overline{a}_t-\overline{l}_t}$。

式（9-6）与式（9-9）是本节需要用到的理论方程式，二者的理论含义是一致的，即都是用来表示一国综合外部失衡的波动来自进出口波动（贸易渠道影响）和外部净资产收益率波动（金融渠道影响），只是式（9-9）表示各具体变量对综合外部失衡（fca）波动的理论影响机制，它揭示了一国综合外部失衡（fca）的波动与其经常项目失衡短期波动、资本项目失衡短期波动及其前一期综合外部失衡波动的理论关系。方程式左边的综合外部失衡波动变量（fca）值为正，表示该国外部收支向顺差方向波动，反之向逆差波动，其数值越大，代表其外部失衡的周期性波动幅度越大。该方程综合考察了以经常项目失衡波动为核心的贸易渠道和以外部净资产收益波动为核心的金融渠道对失衡短期波动的影响，因此它可以反映金融渠道和贸易渠道对一国外部失衡短期波动的理论影响及作用机制，式(9-9)也因此被作为失衡短期波动影响因素分析的理论基础。而式（9-6）仅被用来计算一国综合外部失衡短期波动变量（fca）的具体数值。

二、G20框架下金融渠道对一国外部失衡调整差异的门限分析

一般从理论上而言，一国外部净资产头寸变化受到本国金融市场发展水平、结构特点、金融深化和金融开放度等条件的制约，而这些因素无疑也会反过来作用于一国外部净资产头寸收益率，进而影响一国外部失衡的整体调节进程，即在

国家间金融发展差异的影响下，金融渠道对一国外部失衡的调节具有非线性影响，导致投资收益率对失衡的调节效用出现差异。如中美两国在上述金融发展要素上，就存在明显差异，使其金融渠道对失衡调节效用存在明显差异。本节以1981～2011年 G20 成员方的指标年度数据为样本①，通过引入一系列描述一国金融市场发展特性的变量作为门限变量，构建面板门限回归模型，以探究金融异质性对一国金融渠道调整失衡的门限影响机制。

首先，在模型的门限变量选取上，根据 Caballero 等（2008a）、雷达和赵勇（2009）在金融发展与一国外部失衡间关系及对国家间金融市场发展和金融深化水平差异界定的研究基础，我们将能够反映一国金融发展特点的各个指标进行归纳和筛选，得到了三个金融维度——金融市场结构、金融流动性和金融开放度，来衡量国家间金融发展的异质性，并以其为范围选择门限变量。本节用国内私营部门银行信贷额占国内生产总值比重（DCPS）、权益证券投资组合②净流入占国内生产总值比重（PNI）、一国央行总储备资产③占国内生产总值比重（TR）变量，分别代表一国金融市场结构变量，并将其作为衡量金融渠道对一国外部失衡波动影响差异的门限变量；用银行贷存比（CD）代表一国金融流动性变量，作为衡量金融渠道影响差异的门限变量；用 Kaopen 指数④代表一国金融开放度变量，作为衡量金融渠道影响差异的门限变量。然后分别用三类变量作为门限，设计面板门限回归模型，具体如下：

$$\mathrm{fca}_{i,t}=\beta_1\Delta \mathrm{ca}_{i,t}+\beta_2\varepsilon_{i,t}^{g}+\beta_3 e_{i,t}+\beta_4\mathrm{CPI}_{i,t}+\beta_5 r_{i,t}+u_{i,t} \tag{9-10}$$

在模型中，$\mathrm{fca}_{i,t}$ 为被解释变量，表示 i 国 t 时期的综合失衡程度；核心解释变量为净资产收益率 $r_{i,t}$，表示 i 国 t 时期的外部净资产收益率；控制变量包括贸易调整渠道 $\Delta\mathrm{ca}$、财富增长率波动 ε^{g}、取对数的名义汇率 e、物价指数 CPI。

其次，利用 Hansen（2000）的方法进行门限回归分析，研究金融渠道对一国外部失衡短期波动的调整是否有门限效应。Hansen（2000）提供了一个渐进分布理论以建立待估参数的置信区间，并运用 Bootstrap 方法检验门限值的显著性。本节利用这一方法分别从金融市场结构、金融流动性和金融开放度等三方面进行门限分析。

① 本节主要选取 G20 集团中除了欧盟与俄罗斯之外的 18 个国家的指标数据，包括一国对外净资产指标在内的主要指标数据来自 Lane 和 Milesi-Ferretti 构建的 EWN Ⅱ数据库，但需要指出的是：第一，由于 EWN Ⅱ数据库中俄罗斯的相关指标数据缺失，本节的样本国家不包括俄罗斯；第二，由于 EWN Ⅱ数据库中有关各国对外净资产的数据仅更新到 2011 年，本节选择 1981～2011 年的各指标数据进行门限分析。

② 权益证券投资组合包括除记录为直接投资以外的股权证券，即股权、股票、存款收据等。

③ 央行总储备资产为一国持有的货币黄金、SDR、IMF 持有的 IMF 成员国的储备及当局控制下的外汇储备资产。

④ Kaopen 指数是由 Chinn 和 Ito 编制的一种衡量一国资本项目开放程度的方法和指标。

(一)基于金融市场结构的失衡调整门限效应

不同的金融市场结构意味着不同经济体的金融市场能够吸引的资本种类和资本来源是有差异的，这使金融渠道能发挥的调整失衡效用不同。本节根据中国金融市场中的融资模式主要特点，选用国内私营部门银行信贷/国内生产总值、权益证券投资组合净流入/国内生产总值和总储备资产/国内生产总值等变量，作为评价金融体系中直接融资和间接融资的相对地位及货币当局的金融资源集中度指标。然后分别以这些指标作为门限变量，实证分析基于金融市场结构的收益率对失衡调整影响的门限效应，具体回归结果见表9-4。

表9-4　基于金融市场结构的失衡调整门限效应

国内私营部门银行信贷/国内生产总值（DCPS）门限值：0.25和0.52			权益证券投资组合净流入/国内生产总值（PNI）门限值：–0.0230和0.1410			总储备资产/国内生产总值（TR）门限值：0.034		
门限检验伴随概率p值								
0.0067、0.0400			0.0367、0.0733			0.0767、0.1967		
解释变量	系数	p值	解释变量	系数	p值	解释变量	系数	p值
Δca	0.4424***（0.0248）	0.0000	Δca	0.4406***（0.0249）	0.0000	Δca	0.4387***（0.1029）	0.0000
ε^g	1.7361***（0.5850）	0.0031	ε^g	1.6231**（0.6493）	0.0127	ε^g	1.4485**（0.5327）	0.0305
e	0.0157（0.0212）	0.4600	e	0.0049（0.0075）	0.5141	e	–0.0041（0.0115）	0.7201
CPI	0.0014（0.0082）	0.8648	CPI	0.0001（0.0018）	0.9635	CPI	–0.0010（0.0017）	0.5501
r（DCPS＜0.25）	0.8783***（0.2492）	0.0005	r（PNI＜–0.0230）	0.2081*（0.1181）	0.0786	r（TR＜0.034）	–0.2830（0.2019）	0.1615
r（0.25＜DCPS＜0.52）	0.3606**（0.1802）	0.0459	r（–0.0230＜PNI＜0.1410）	–0.0055（0.0116）	0.6370	r（0.034＜TR）	0.0129**（0.0070）	0.0667
r（DCPS＞0.52）	0.0058（0.0320）	0.8562	r（PNI＞0.1410）	0.2462（0.2539）	0.3326			

注：本表的被解释变量为一国综合失衡程度$fca_{i,t}$，在"门限检验伴随概率p值"一栏中，前者表示"H_0：不存在门限。H_1：存在一个门限"，后者表示"H_0：存在一个门限。H_1：存在两个门限"；Bootstrap自举次数设置为300

*、**、***分别表示在10%、5%、1%水平上显著

1. 国内私营部门银行信贷/国内生产总值对失衡调整的门限效应

首先，从表9-4中以国内私营部门银行信贷/国内生产总值变量为门限变量得

到的回归结果看，在 1%水平上，贸易调整渠道（Δca）与财富增长率波动（ε^g）对一国综合失衡程度（$\text{fca}_{i,t}$）产生显著正影响，这说明一国经常账户与经济增长率的波动均会导致其外部收支产生同向波动：若一国的经常账户偏离均衡水平 1%，其外部收支在短期内同向偏离 0.4424%；若其经济增长率偏离均衡水平 1%，其外部收支同向波动 1.7361%。相比而言，一国名义汇率（e）与物价指数（CPI）对其综合失衡程度（$\text{fca}_{i,t}$）的影响并不显著。而此后不同情况下的回归结果显示：上述四个控制变量对一国综合失衡程度（$\text{fca}_{i,t}$）的影响系数及性质基本一致。

其次，我们将重点讨论在金融异质性影响下，外部净资产收益率对一国综合失衡影响的门限效应。表 9-4 显示了作为核心解释变量的净资产收益率（r）对一国综合失衡程度（$\text{fca}_{i,t}$）的影响，存在两个显著性门限值（0.25 与 0.52）。根据这两个门限值，其影响过程可以分为三个阶段：第一阶段，DCPS＜0.25，此时净资产收益率 r 对一国综合失衡的偏回归影响系数为 0.8783，且显著；第二阶段，0.25＜DCPS＜0.52，此时净资产收益率 r 的偏回归系数为 0.3606，且显著；第三阶段，DCPS＞0.52，此时净资产收益率 r 对一国综合失衡的偏回归影响系数降为 0.0058，且不显著。这说明随着一国私营部门银行信贷的增加，金融渠道对外部收支调节的正向作用也显著降低。而 1981～2011 年中国的该项指标均值为 0.91，处于第三区间，美国的年均值仅为 0.51 处于第二区间，因此中国金融渠道的调节效力远小于处于第二区间的美国。需要说明的是，相比其他两类门限变量（权益证券投资组合净流入门限值为–0.0230和0.1410，总储备资产门限值为0.034），国内私营部门银行信贷/国内生产总值的门限值在第一阶段和第二阶段分别达到 0.25 和 0.52，跨度更大，这可能是因为各国经济长期以来对银行信贷融资更为依赖，企业发展习惯于银行信贷支持，这会使外部净资产收益率对一国外部失衡调整的作用发生改变相对更为持久，同时也由于这一原因，在不同门限水平下，私营信贷支持对外部失衡调整的影响程度相对更高。

2. 权益证券投资组合净流入/国内生产总值对失衡调整的门限效应

表 9-4 的门限显著性检验结果显示：权益证券投资组合净流入存在两个门限值。据此可以将其影响过程分为三阶段：第一阶段，PNI＜–0.0230，当权益证券投资组合净流入占比小于–2.3%时，净资产收益率 r 对一国综合失衡的偏回归影响系数为 0.2081，且显著；第二阶段，–0.0230＜PNI＜0.1410，此时 r 的偏回归影响系数下降为–0.0055，且显著性明显降低；第三阶段，PNI＞0.1410，r 的影响系数为 0.2462，但不显著。从这一结果可知，随着权益证券投资组合净流入的增加，金融渠道对外部失衡的调节方向可能发生逆转：当一国权益证券投资组合门限变量值处于第一区间时，如美国为–0.0232，净资产收益率的上升将导致一国外部收支向正的顺差方向调节；当一国权益证券投资组合门限变量值处于第二区间时，如中国为 0.0196，此时金融渠道的调节起到相反作用，导致外部收支向负的逆差

方向调整。这一门限变量存在的原因可能是：当国内股权类权益证券投资组合占国内生产总值比重为负值时（第一区间），代表资本净流出，对外投资收益率上升会导致资本收益回流，对外失衡改善；而随着国内股权类权益证券投资组合占比增加并转为正值（第二区间），此时国内投资规模相对偏小，国内收益率高于国外收益率，使外部投资大量流入本国导致收益净流出，失衡恶化；当国内股权类权益证券投资组合占比进一步扩大，流入国内资本增加，国内投资收益率下降，逐步小于对外投资收益率，这会导致回流的资本收益大于流出的资本收益，使失衡反转为改善。

3. 总储备资产/国内生产总值对失衡调整的门限效应

表9-4中的门限显著性检验结果显示，总储备资产/国内生产总值变量存在一个门限值0.034，影响金融渠道的调节作用：当央行总储备资产/国内生产总值小于0.034时，净资产收益率对失衡调整影响的偏回归系数为–0.2830，说明收益率增加会导致失衡向逆差方向发展，但这种影响不显著；当央行总储备资产/国内生产总值大于0.034时，偏回归系数为0.0129，且在5%水平上显著，说明储备占比越高，收益率越有利于失衡改善。以中国和美国两国为例，中国的央行总储备资产占国内生产总值比重平均高达14%，远高于美国的平均2%水平，即美国和中国两国该指标分别处于门限效应的第一和第二区间，据表9-4的结果，金融调整渠道对两国失衡的影响截然不同：对美国而言，净资产收益率的提高将导致其对外收支向逆差方向波动（–0.2830），对中国而言，则会使收支失衡向正顺差方向波动（0.0129）。

（二）金融市场流动性与金融开放度的门限效应

与金融市场结构的影响相似，不同国家金融市场流动性与金融开放度的差异，也会导致金融市场吸引的资本种类和来源不同，进而影响金融渠道的失衡调整效应。接下来本节将用银行存贷比替代金融市场流动性，用Kaopen指数替代金融开放度，作为门限变量，实证分析一国外部资产收益率对其失衡调整是否受到金融市场流动性和金融开放度变量的门限影响。

首先，由表9-5中银行存贷比门限效应分析的伴随概率可知，外部资产收益率对一国外部失衡调整的影响在1%水平上显著存在一个门限效应，该门限值为0.76，对应p值为0.0067：当一国的银行贷存比低于0.76时，外部资产收益率对失衡调整的偏回归影响系数为0.5072，且在1%水平上显著；当银行贷存比高于0.76，外部资产收益率对失衡调整的影响系数迅速减少为0.0092，且显著性降低。具体到中国和美国两国，中国的银行贷存比平均为2.74，远高于美国的0.7，二者分列门限值的两端，这也使金融渠道对中国外部失衡的调节效力难以真正发挥，影响程度远小于美国，且不显著。

表 9-5　金融市场流动性与金融开放度的门限效应

银行贷存比（CD）门限值：0.76			金融开放度（Kaopen 指数）		
门限检验伴随概率 p 值					
0.0067、0.3400			0.3533		
解释变量	系数	p 值	解释变量	系数	p 值
Δca	0.4411***（0.1008）	0.0000	Δca	0.4401***（0.1031）	0.0000
ε^g	1.6522***（0.6380）	0.0099	ε^g	1.4891**（0.6820）	0.0294
e	−0.0059（0.0093）	0.5261	e	0.0090（0.0084）	0.2819
CPI	−0.0001（0.0015）	0.9569	CPI	−0.0002（0.0016）	0.9089
r（CD＜0.76）	0.5072***（0.1722）	0.0034	r	0.0108（0.0072）	0.1322
r（CD＞0.76）	0.0092（0.0071）	0.1941			

注：括号内的数值为标准误；由于金融开放度变量对金融渠道对失衡调整的影响不存在门限效应，本表右侧给出的是固定效应面板回归结果

、*分别表示在 5%、1%水平上显著

其次，本节对金融开放度的影响因素是否存在门限值进行检验。该门限分析的原假设为不存在门限，备择假设为存在单一门限，而门限分析的结果显示其 F 统计量为 0.7287，伴随概率为 0.3533，这表明金融开放度对外部资产收益率的失衡调整影响没有显著门限效应，且其影响偏小（0.0108）和不显著。

三、主要结论与启示

（一）金融异质性对金融渠道调节失衡有显著门限效应，但不同领域异质性的影响有差异

从门限效应影响结果看，一国外部净资产收益率对其外部失衡的金融渠道调节效应会受到各国金融市场异质性的显著影响，但并非所有金融市场异质性均会差异化影响金融渠道调节效应，其主要表现为一国金融市场结构和流动性的门限效应十分显著，而金融开放度的门限影响效应则不存在。具体来说，金融市场结构和流动性的门限变量影响结果显示，融资结构的差异对金融渠道调整效力的影响显著，即在以间接融资为主体的国家金融体系中，金融渠道调节失衡的效力显著弱于在以直接融资为主体的国家金融体系的调节效力。因此，要改善一国外部失衡，需注重金融异质性的治理，尤其是调整其金融体系结构，完善直接融资市场，提高直接融资在金融体系中的比重，降低对银行融资的依赖程度，释放金融渠道在外部失衡调整中的积极作用。

（二）注重从金融渠道调整外部失衡，强调对外投资收益的提升

金融市场结构和发展水平差异是导致当前全球经济失衡的重要原因之一，全球经济失衡治理并不仅仅是贸易领域调整，更应涉及金融渠道的调节。而中美两国间的金融发展差异之一体现为：中国在权益证券投资组合上表现为净流入，美国则为净流出。在这一差异基础上，美国依托其国内高度发达的金融市场和世界货币，将借入的债务资本转为权益类投资资本流出，实现了对外投资的超额收益。对中国而言，目前国内的权益证券投资组合占比偏小，对外投融资能力也相对偏差，金融体系严重依赖银行系统的现象依然存在，“金融迂回”效应在中国还不十分显著[①]。因此，在必要的资本管制前提下，中国应稳步提升对外投资能力，优化对外投融资结构：一方面，通过建设更为成熟的货币和资本市场，同时配合人民币国际化进程，对外提供更多优质和多元化的金融产品，吸引更多直接融资资本流入支持国内经济发展；另一方面，应继续扩大对外投资，尤其是对国外直接投资的政策支持力度，致力于引导资本投向国外优质资产，增加投资收益，实现资本净流入的持续增加。

（三）保持中国官方储备持续充足，提高储备资产的管理效率

更多的总储备资产意味着一国货币当局能够利用的金融资产资源更多，利用政策手段调节外部失衡的能力更强。因此，保持充足的官方总储备有利于发挥和保证金融渠道在外部失衡调整中的效力。对中国而言，相比其分散在私人部门，外汇资产集中于政府储备更有利于平抑中国外部收支的波动，因为政府储备对外部收支波动的调整是逆周期的，私人储备则是顺周期调整，其更易加剧中国外部收支的波动。2016 年来中国初步出现人民币汇率贬值、资本外流和外汇储备减少，这对中国经济可能产生不利影响。中国应重视这一问题，积极实施必要的资本流出管制和兑汇限制，继续保持对外部投资流入的政策支持；推进金融体系结构改革，激活国内股市；继续保持自身官方储备充足。同时需重视中国近 3 万亿美元官方储备的管理和使用，提高官方储备管理能力，制定积极的动态外汇管理策略，尤其是重视官方储备的对外投资收益率提升，强调外流外汇投资的“正估值效应”实现，最终引导其“金融迂回”效应向有利于本国的方向逆转。

① 金融迂回是指本国官方储备形成对外债权，这些债权再以股权对外投资的形式回流中国，改善对外投资收益，实质是引入国外成熟的金融体系。

（四）金融开放度差异难以显著影响金融渠道调节失衡效力，中国应谨慎金融开放

金融渠道短期调整效力差异主要受各国金融市场结构特征和发展水平不同的影响。因此，对于实施资本自由流动与资本账户适度管制的国家而言，金融渠道调整失衡的效力并没有显著不同。基于这一结论，我们认为适当的金融市场管理并不会抑制金融渠道对失衡的调节效力，调节中国对外失衡并不必然要求对外高度金融开放。一国在选择外部失衡调整路径时，应同时改善与美国等发达经济体间的金融结构和发展水平差异，而这一改善应放弃以金融开放为主要内容和目标，即需选择时机有序实施国内资本项目开放和外汇储备流出入管制，外部均衡仅是实施金融开放的必要条件，而非政策目标；应选择以金融深化为核心的调整内容，提升证券类和债权类直接融资模式在发挥金融渠道治理失衡时的积极作用。

第四节　G20 参与全球经济再平衡的具体建议

一、G20 与其他国际经济协调组织的联系和区别

（一）G20 与布雷顿森林体系下的国际金融组织关系密切

在当前的国际经济领域，有多个层次的国际经济机构，包括三大国际经济组织、地区发展银行、OECD、金融稳定论坛、“金砖五国”、G8、发展中国家组成的七十七国集团，以及其他各个层次区域经济协调与合作组织，但这些组织要么成员众多、利益诉求差异性大，要么是同一阵营的国家，国内经济发展情况相似，缺乏互补性。而 G20 最突出的优势就在于将世界最主要的发达国家和发展最快的发展中国家（尤其是新兴市场经济体）拉到了一起，共同对话，为全球经济和金融治理增添了新的方式。而在这些国际经济治理机构中，G20 和布雷顿森林体系下建立的 IMF 和世界银行关系最为密切，IMF 的总干事及世界银行行长都是可以列席 G20 会议的正式成员。在 G20 峰会上，这些专业人士常常会对 G20 峰会的各项议题提出更多的意见和建议，为这些议题的解决提供相应的政策建议。与此同时，在 G20 峰会上达成的协议和建议，也符合这些布雷顿森林机构的利益要求，它们也将被这些机构采纳和使用。尤其是 G20 中拥有美国、英国、法国、德国、中国、日本、欧盟等极具国际影响力的国家或经济体，这使 G20 常常可以以“愿望、支持和鼓励”的方式，影响这些国际经济组织的制度安排和日常运行。

目前，在 G20 框架下进行全球经济再平衡，应主要借鉴 IMF 的作用，具体而言，截至目前，无论是 IMF 还是其他金融机构都没有采取有效措施来最小化全球经济失衡带来的无序调整风险，也没有任何应对可能发生的美元危机的措施。面对当前全球经济失衡的激进调整，包括利率突然上升、下滑的全球经济增长率，IMF 可能在哪些方面能做出重要探索？根据以往经验，上升的利率可以被视作信贷削减的前兆。因而在此背景下，IMF 最有可能推荐成员采取财政收支调整政策，但是这会增加全球货币紧缩的压力。那么 IMF 应该如何参与全球经济再平衡？首先，IMF 应该识别导致失衡的政策根源；其次，促进各国合作，并监督各国对合作方案的执行；再次，要采取措施减少短期的负面影响，而不是加剧负面影响；最后，IMF 应该站在一个积极的、超前的政策立场，而不是在危机发生之后才采取行动。IMF 可以采取以下措施参与全球经济再平衡。

1. 加强对全球经济失衡及再平衡的研究工作

IMF 对汇率调整、宏观经济调控、全球金融稳定等有着丰富的研究经验。IMF 应该加强对全球经济失衡及再平衡的研究工作，明晰导致当前全球经济失衡的根源，这将为政策讨论提供基础；同时，应识别和明确目前趋势所蕴藏的风险，积极探索解决问题的对策。

2. 鼓励采取合作路径来应对全球经济失衡，参与全球经济再平衡

美国财政部曾向 IMF 施加压力，要求采取更为积极的态度来解决盈余国家尤其是中国的汇率调整问题。汇率政策是一个集体行动的问题，如果邻国或竞争者调整汇率，那么该国的汇率政策效果将大打折扣。这和 IMF 第 4 条款的作用一致[①]，显然汇率调整本身并不能解决全球经济失衡。由于经常账户失衡反映了总需求和总供给之间的失衡，将美国的经常账户赤字削减到可持续性水平，并不能依靠汇率变动解决。一方面，为了维持人们对美元资产的信心，美国要采取措施增加美国国内储蓄、减少预算赤字；另一方面，盈余国家必须增加国内吸收。

当前的全球失衡需要 IMF 参与，发挥其在货币合作和多边监管方面的作用。维持国际金融稳定是 IMF 的最主要责任。在当前的情形下，全球经济失衡给世界经济带来的风险并未引起足够重视。目前，为了短期的利益，单个经济体有可能

---

① 为维护美元体制，1977 年 IMF 成员国达成协议，确立了“成员国外汇政策指导方针”：第一，成员国应避免操纵汇率或国际货币体系，获得不公正的竞争力；第二，成员国在必要时可以干预外汇市场，但仅限于应对短期汇率的大幅无序波动；第三，成员国在干预汇率时要考虑他国利益，避免“旨在获得不公正竞争力的市场干预”行为。这被称 IMF 监管三原则。2007 年 IMF 宣布，修订 1977 年版外汇政策监督原则，新增“避免引发外部不稳定”的第四条款，强化对成员国外汇政策监督。

各自为政，采取以邻为壑的政策，而不考虑其国际影响。由于缺乏 IMF 的有效监管和政策协调，无法保证这些政策符合国际金融稳定、世界经济持续增长的目标。全球经济失衡带来的风险与日俱增，有可能会导致经济危机和全球衰退。为了阻止无序调整和促进全球经济增长，IMF 应该在解决全球经济失衡方面起到核心作用，坚定立场、鼓励采取合作路径来解决全球经济失衡，促进需求从赤字国家向盈余国家转移。

3. 实施监管

工业化国家有能力执行反周期政策以减少危机的破坏性，从而促进经济增长。相反，伴随日益一体化的资本市场，大多数发展中国家无法执行类似的反周期政策。对许多发展中国家政府而言，实施反周期性波动的宏观经济政策空间有限，因为与其面临的外部冲击规模相比，其可动用的财政资源和外汇资源往往较少。被国际资本流动所证明的顺周期偏误，经常被 IMF 所设置的种种条件放大。发展中或低收入国家没有其他选择，只能采取紧缩政策以防止国际收支进一步恶化，以避免信心危机和大量资本外流。在这种背景下，面对资本账户的流动性，发展中国家对此的防御性反应是，维持竞争性汇率，追求经常账户盈余，累积国际储备以自保。

如上所述，从全球范围来看，发展中国家的这种策略会导致通货紧缩，不过这股收缩的力量被美国的巨额经常账户赤字所抵消。美国的巨额经常账户赤字也支撑了世界经济的高增长率，但是随着美国的生产效率相对降低，强势美元最终会下跌，利率会上升。事实上，建立在消费债务累积基础上的扩张是不可能无限持续的。最终，美国消费不得不让位于高储蓄或高投资，与此同时，全球需求不得不从美国、英国这样的赤字国家向中国及亚洲其他国家这样的盈余国家转移。问题是，该调整或者是渐进的、对世界经济增长的破坏性最小，或者是激进的、引起国际经济严重衰退，给大多数发展中国家带来损害。只要全球经济处于扩张阶段，上述风险是很小的。但是随着美国住房市场降温，资本利得减少或消失，消费者主动或被迫提高储蓄，消费需求下滑，如此一来，世界经济增长的驱动力消失，全球经济向下调整。而且在这种背景下，随着经济活动下滑，发达国家将会升起一股贸易保护主义风潮，进一步给全球经济稳定增长带来阴影。

全球经济稳定增长所面临的风险要求 IMF 实施有效监管。其要求 IMF 不仅根据主要股东的利益来实施监管，还要独立于主要持股者，代表所有成员利益，展现其在框架下的领导能力。全球经济失衡给全球金融稳定、经济增长带来严重威胁。在缺乏多边金融支持的条件下，全球经济收缩将对发展中国家产生负面影响，其后果将十分严重。IMF 的主要职责之一是维持全球金融稳定，在持续经济增长的背景下促进世界贸易的扩大。当IMF不能有效履行它的监管职责时，其有效性受到质疑。

4. 成立反周期机构，预防出现经常账户失衡激进调整

历史经验显示，大多数发展中国家无法实施反周期的宏观经济政策。这部分是由于对国际金融市场运行的反周期偏见，部分是由于有限的IMF融资额度和过高的门槛。目前IMF并不能给成员提供有效、及时的金融援助，仅仅在危机已经发生之后才提供一些援助。但这并不能阻止货币贬值、利率上升、私人银行破产、金融部门萧条、失业率上升等后果，也和IMF的宗旨背道而驰，即成员方在纠正宏观经济失衡的过程中不对国民经济、世界经济造成破坏性影响。换个角度，在不均衡调整演变成市场驱动的债务紧缩之前，实施多边预防性干预，及时提供足够的金融干预，这样便能与IMF宗旨保持一致。

激进调整对发展中国家的影响成为另一个令人关注的问题。一旦全球经济失衡以激进模式展开无序调整，在短期内美元汇率大幅度贬值、利率上升、资本流入美国骤然减少，美国经济增长率下降，进口需求大规模减少，这将会给高度依赖出口带动经济增长的东亚地区发展中国家带来负面影响，即国际收支迅速恶化。在当前的国际金融格局下，在发展中国家最需要资金时，几乎无法通过国际金融市场融资。由于缺乏足够、合适的金融援助，金融危机可能导致严重的衰退，甚至延长调整过程，重现拉丁美洲“失去的十年”。所以IMF应该提供合适的融资渠道，减少激进调整对发展中国家经济增长的负面影响。这也与IMF的宗旨一致，“给成员方提供纠正外部失衡的机会，而不采取有损国家、国际繁荣的破坏性措施”。

当面临国际金融失衡带来的无序调整时，我们建议成立一个反周期机构来帮助发展中国家维持总需求。在外部需求急剧下降，汇率突然调整，美国和世界经济放缓时，该机构可以弥补出口收入下降带来的损失、提升由利率上升带来的外债偿付能力。同时，预防性干预的缺乏削弱了IMF在处理全球经济失衡中的作用。如上所述，当前的宏观经济失衡要求事前干预。事实上，世界经济需要主要经济体之间保持一定程度的合作，以减少危机发生的概率。在发生危机时，发展中国家需要反周期机构的金融支持。

（二）G20对国际经济组织的影响力仍受到美国单方面的制约

从当前三大国际经济组织日常运行看，以美国为首的发达国家无疑具有绝对的控制力，尤其是在IMF和世界银行中，美国具有一票否决权。虽然，后金融危机时期在G20全球治理框架下，通过中国等新兴市场经济体的努力，美国

等发达国家同意进行 IMF 的改革，增加了中国等发展中国家的投票权，但是美国“一票否决”的权利依然没有丧失。这就使 G20 做出的任何决议和共识，都必须充分考虑美国的利益需求。否则美国将不会同意 G20 做出的任何违背其意愿的政策，在 IMF 和世界银行的框架下得以充分实施，这也就意味着 G20 全球治理过程中做出的任何治理决策都必须要受到美国的单方面制约。只要 G20 不成为一个独立的机构组织，就必然要像 IMF 和世界银行那样受到美国的控制和影响。

（三）G20 与 WTO 间的联系还相对较为薄弱

目前，虽然 G20 与世界三大经济组织都有一定的关系，但相对而言，G20 与 WTO 之间的联系更为疏远些，这主要还是与 G20 最初建立和受到各国重视的原因有关，尤其是在爆发了国际金融危机和欧洲债务危机之后，G20 与 WTO 的关系基本处于停滞发展状态。此外，以美国为首的发达国家不愿意在 G20 峰会中过多地涉及破除全球日益严重的贸易保护问题，也使 G20 与 WTO 之间难以密切关联。随着世界经济逐步从金融危机恢复，全球经济失衡治理日益接触到全球贸易结构失衡这一问题，G20 还是需要逐步加强与 WTO 之间的经济联系的。只有将贸易和投资的全球合作与治理纳入 G20 全球治理框架中来，才能真正使 G20 为更多的国家所接受，全球经济失衡才能真正得以解决。

二、强化 G20 机制化和全球治理协调能力的政策建议

以 1973 年、1985 年的史密斯协定和广场协议签署为例，纠正全球经济失衡的途径之一是 G20。2010 年 10 月，在韩国庆州 G20 财政部长和央行行长会议召开前夕，美国建议各主要顺差国和逆差国制定一个将经常项目差额控制在国内生产总值 4%以内的目标，即所谓量化全球经济平衡方案。2011 年 2 月，在巴黎召开的 G20 财长和央行行长会议已就衡量经济过度失衡的一揽子指标达成一致，这些指标包括财政赤字和政府债务、私人储蓄率和私人债务、贸易账户、净投资收益及转移账户，同时充分考虑汇率及财政和货币政策。一些经济学家（dos Reis，2005）认为，目前也需要类似于 1985 年广场协议的行动，虽然当前需要 G20 而不是 G5 的支持。在这个协议中，美国保证实施紧缩财政政策，中国、日本这样的盈余国家要重估其汇率，并且增加所有国家的私人需求以促进全球经济失衡的非衰退调整，实施汇率干预使美元有序贬值。以上方法包括全球需求从赤字国转向盈余国家。这是全球经济失衡可行性解决方案的重要组成部分。如果没有盈余

国家的需求上升，美国的财政纠正和美元贬值毫无疑问会导致世界经济衰退。该方案要取得成功，其他国家在国内要采取扩张政策，以弥补由美国外部调整带来的进出口下降而导致的全球需求下降。所以为了成功地把需求从赤字国转向盈余国，G20 国家或地区都要参与进来。很明显，仅仅依靠中国（仅占美国经济 20%）并不能抵消由美国经济下滑所带来的全球需求萎缩。相较于市场为主的解决方法，采取协调一致行动协议有以下几个好处：第一，该协议可以使经济衰退带来的损失最小化，如美国消费的突然下降，或者国际资金突然从美国撤离；第二，可以解决那些实行钉住美元汇率制发展中国家的集体行动问题，其会担心单独行动而失去竞争力；第三，提供了一个协调干预汇率市场的框架。最后，由于协议包括美国财政调整，集体行动协议向其他国家确保美国也会做出适当调整。针对上述研究结论，本节提出中国及 G20 参与全球经济再平衡的具体建议。

（一）强化 G20 制度化建设，分配好发达国家与新兴经济体的发言权

全球经济再平衡需要坚持对称性原则。目前，无论是在发达国家或地区内部（主要是在美国和欧洲国家及欧盟之间），还是在发达国家与发展中国家之间均存在一定的利益分歧，因此，当前在 G20 全球合作与发展框架内，应该协调好各主要成员方间的利益分配，建立相应的制度和机制，保证各方利益的共同增长和合理分配，尤其是在国际贸易领域，G20 应增加关注度和更多的承诺，以满足发展中国家的利益需求。同时，以美国为首的发达国家应更为关注 G20 内各成员方的平等权利，尤其是通过一定的制度建设，给予发展中国家更多的话语权，发展中国家也应该加强内部的双边协调，强化相互间的合作，消除彼此间的利益分配，以一个整体参与全球经济失衡的治理与协调，并争取在 G20 全球合作与发展框架内有更多的话语权，获得更多真实的利益。

（二）强化 G20 中 11 个新兴经济体内部间的合作和协调机制培养

田丰曾经对新兴经济体做了明确界定，并提出衡量新兴经济体的七大标准：第二次世界大战以来具有相对较高的经济增长率；具有相当的经济规模和人口总量；目前具有中上等或中下等的人均收入水平；不在公认的发达国家或最不发达国家之列；具有较高的经济开放度；具有较为广泛的代表性；具有较小争议性。而根据其研究，G20 中的 11 个发展中国家（阿根廷、巴西、中国、印度、印度尼西亚、韩国、墨西哥、俄罗斯、沙特阿拉伯、南非和土耳其，即 E11），均符合新兴经济体的标准。后金融危机时期，E11 的经济增长速度异常突出，其国内生产

总值总量占全球生产总值总量的比重已经超过 20%，在国际贸易和投资领域，这些新兴经济体都是重要的参与者，同时，在能源资源、贵金属等重要产品的生产和出口上，这些国家在世界经济格局中都占有举足轻重的地位。但这些国家间却由于经济发展水平不同、经济结构差异、意识形态区别和利益需求存在分歧等因素的影响，相互间的分歧较多，现有的政策合作数量较少，政策协调相对滞后，因而，其对后金融危机时期全球经济失衡的治理的贡献尚未充分发挥。但从另外一个角度，我们也可以看到，后金融危机时期由于国际货币体系改革、贸易保护主义的破除、国内外资源供给约束的解决和全球经济发展等共同的需求，相互间的合作发展空间巨大。基于这些因素的考虑，为了强化未来这些新兴经济体在 G20 框架下的国际合作，需要尽快建立起 G20 框架下的 E11 内部协调机制，最终形成合力，以应对发达国家对 G20 峰会的控制与影响。

（三）尽快建立各方同意的履行承诺的评价和监督机制

当前，要真正实现 G20 的制度化和组织化，还需要面临较长的道路和更多的障碍。因此，未来一段时间，G20 仍将会以发达国家和发展中国家间对话的平台存在，仍将是一个国际性的对话论坛。这对各成员方而言，意味着其约束力相对制度化的组织要差得多，不利于 G20 全球协调和对话平台的发展。因此，当前 G20 各方应该在首脑会议的平台上，确立 G20 框架下的更多、更明确、各方均认同的评价和监督成员方是否履行承诺及履行程度的相关机制，使 G20 会议的效率更高，作用更为明显。

（四）规范峰会的议程设置机制，使 G20 会议的议题更少、更具针对性

会议议程过多，时间过短，不利于 G20 峰会在解决全球性问题上的效率提升。当前应逐步将 G20 峰会从应急性质的全球性对话论坛向合作性质的对话论坛演变，要促使 G20 峰会设置“常态化”的议题，使 G20 各成员方能固定地针对具体议题进行磋商，以最终达成共识，解决世界经济中的长期难题。同时，适当地在每次 G20 峰会上设置 1～2 个特别的议题，专门针对应急性的问题进行讨论。但总的来说，不能设置过多的会议议题，要更有长期性、更有针对性地解决世界性的难题，为世界经济的可持续发展做出更有效率的贡献。

（五）强化 G20 与三大国际经济组织的合作机制建设，增加更多接触机会

当前，G20 仍然需要以三大国际经济组织为载体，加强相互间的合作，进

行全球经济协调。后金融危机时期，G20 尤其需要加强与 WTO 直接的沟通与协调，将 G20 的议题从国际金融领域更多地向国际贸易领域拓展，重点加强 G20 与 WTO 的接触和协调，使 G20 真正成为涉及世界经济各大领域的发达国家与发展中国家间的对话平台，并为未来在 G20 框架下，缓解世界各国间的结构性贸易失衡和金融失衡，恢复世界经济的平衡发展，提供更好的国际经济治理和协调机制平台。

第十章　中国在全球经济再平衡进程中的地位与作用

第一节　中国在全球经济再平衡进程中的地位

一、多边贸易体制化和区域贸易自由化的建设者

第二次世界大战后，在美国的主导下全球建立起了以《关税及贸易总协定》（general agreement on tariffs and trade，GATT）为基本框架的多边贸易规则，1995年后在 WTO 框架下得以继承与发展。这一规则对第二次世界大战后世界经济的恢复与发展起到了积极的作用。然而，随着国际贸易格局的持续分化与重组，这一规则体系随之弱化、转型。具体表现为：首先，自 20 世纪 60 年代开始，大批发展中国家和地区加入 GATT，其最终成员多达 125 个。1995 年 GATT 被 WTO 取代后，又有数 10 个成员加入，迄今为止，成员数已超过 160 个。由于社会经济发展水平的巨大差异及其他诸多复杂原因，各成员方的利益诉求相去甚远，如此众多且差异巨大的成员要通过谈判达成一致变得难上加难，国际贸易争端解决及协调机制由原来的谈判协商为主转变为以法律裁决为主。其次，自 20 世纪 70 年代以后，美国在全球货物贸易中的地位持续下降，出于自身利益的考虑，美国从自由贸易的积极倡导者逐步转化为诸多保护贸易措施的首创者，其单边主义行动对多边贸易规则构成严重冲击。同时，发达经济体与发展中经济体之间、发达经济体及发展中经济体内部的贸易摩擦也日益增多。基于多边贸易框架的协议越来越难以达成，基于多边贸易规则的诉讼却日益增加。众多个案的法律裁决与复杂的国际经贸博弈纠结在一起，使多边贸易规则日趋碎片化。再次，各类双边与区域贸易规则广泛兴起。双边与区域贸易安排提供的特惠待遇，往往要优于最惠国待遇，从而使 WTO 框架下的“最惠国待遇”转化成了事实上的“最差国待遇”，这给多边贸易规则带来了严峻挑战，导致多边贸易规则趋向于向诸边贸易规则转型。最后，国际服务贸易迅速发展，产生了大量与贸易有关的投资及知识产权问题。以 WTO 为基本框架的多边贸易规则不仅包含《货物贸易多边协定》，而且包含《服务贸易总协定》（general agreement on trade in services，GATS）、《与贸易有关的投资措施协议》（agreement on trade-related investment measures，TRIMs）及《与贸易有关的知识产权协定》（agreement on trade-related aspects of intellectual property rights，TRIPs），但相对于国际货物贸易而言，国际服务贸易的发展更加不平衡，情况也更为复杂。因此，国际服务贸易多边规则在运行中更显步履维艰。总之，国际贸易格局的多极化及其分化与重组，已经导致并逐渐加深以 WTO（GATT）为基本框架的多边贸易规则的弱化与转型。

1995 年成立的 WTO 未能有效解决 GATT 所面临的各种问题，在协调国际贸易关系中显得捉襟见肘，加上贸易区域化的不断推进，各类双边自由贸易协定与区域贸易协定如雨后春笋般一批批破土而出。目前，已向 WTO 通报的各类贸易安排就有近 500 项。如此众多而异常复杂的双边或区域贸易规则相互之间及与 WTO 多边贸易规则之间纵横交叉、重叠纠缠，形成美国经济学家巴格沃蒂所说的“意大利面碗”现象。尽管双边或区域贸易安排非常多，但真正成熟与成功的并不多见，尤其是以南南型为主体的贸易安排鲜有非常成功的案例。双边与区域贸易规则是对多边贸易规则的挑战，如一些排他性的优惠贸易安排就是对 WTO 非歧视性原则的破坏，但双边与区域贸易规则还不可能替代多边贸易规则，因为如此纷繁复杂的双边与区域贸易规则无法担负起协调整个国际贸易的重任。可以预见，在今后一个比较长的时期内，将会出现多边贸易规则与双边及区域贸易规则并行的状态。当某些双边与区域贸易规则为越来越多的成员所接受时，其“意大利面碗”的杂乱现象就会得到缓解，众多双边与区域贸易规则可能会“合并同类项”，即不同双边与区域贸易安排走向趋同与融合，从而使其“中国套娃”的层级大大减少。大量的双边与区域贸易安排也可能倒逼多边贸易规则的谈判，促成其做出更优惠的贸易安排，从而使双边与区域贸易规则下的特惠贸易安排失效。只要多边贸易规则与双边及区域贸易规则的作用方向是一致的，都指向促进自由贸易的发展，那么二者本质上就是兼容的，会不断趋向统一，只不过这个过程可能会比较漫长。

目前，中国已与包括东盟、智利、瑞士、新西兰、韩国等 22 个国家和地区达成 14 个自由贸易协定，还在与有关国家或地区共同推进《区域全面经济伙伴关系协定》（regional comprehensive economic partnership，RCEP）、中日韩自由贸易区（以下简称中日韩自贸区）、中国—东盟的自贸区升级等谈判，逐步打造覆盖全球的高水平自贸区网络。以 RCEP 为例，其谈成后，将成为世界上涵盖人口最多、成员构成最多元、经济发展水平差异最大、发展最具活力的自贸区。RCEP 谈判包括跨太平洋伙伴关系协定（trans-pacific partnership agreement，TPP）的 7 个成员，高度透明、开放和包容是其鲜明的特色。

二、G20 机制化的提倡者

2008 年国际金融危机期间，传统国际治理机制 G7 及其决策执行者 IMF 在危机处理方面显得力不从心，而一直处于边缘化地位的 G20 却迅速升级为首脑级峰会。匹兹堡峰会之后，G20 正式取代 G7 成为国际经济合作首要平台。

2014 年 11 月，亚洲太平洋经济合作组织领导人非正式会议在北京举行，峰会的主题是“共建面向未来的亚太伙伴关系”，这有力契合 G20 重塑全球经济重心的意愿。金融危机将 G20 推到全球治理前台，G20 已成为国际经济合作首要论坛，在经济议题上永久取代 G7。G20 中最令人瞩目的莫过于 E11（G20 中的 11 个新兴经济体），当发达国家普遍陷入经济衰退之时，新兴经济体对于世界经济的拉动作用功不可没。中国等金砖国家更通过金砖国家新开发银行、亚洲基础设施投资银行等机构，在国际金融体系改革议题上发挥着日益重要的作用。

纵观当代世界经济格局，G20 正日益成为全球经济治理核心机制和各方利益诉求的晴雨表。美国推行四度量化宽松的货币政策，以力保经济稳定和坚决捍卫美元的全球货币霸权地位；欧盟主张对全球金融体系加强管控，强调严格财政纪律及可持续发展；中国承担对内增强综合国力、对外革新金融秩序，同时恪守提升新兴经济体国际话语权的使命担当。

中国在国际金融体系中的角色定位，对于平衡区域经济落差，构建国际金融新秩序，推动世界经济进步不可或缺。具体到国际关系层面，中国正努力争取与自身实力相称的国际规则话语权，着眼国际经济统筹机制的议题制定权，提升国际经济合作的渗透力、影响力。改革开放以来，中国成功融入经济全球化，经过 40 多年来的快速发展，一举成长为世界第二大经济体、第一大贸易国、第一大外汇储备国，对全球贸易与投资、国际金融等诸多领域拥有系统性外溢影响，中国对 G20 机制化建设的推动作用有目共睹。随着经济实力与日俱增，中国的全球利益同步外延，参与全球治理体系成为捍卫国家权益的必然选择。G20 机制是中国构建和谐世界、实现和平发展战略目标的最佳选择，是中国由世界大国顺利跃升为世界强国的理想平台。

G20 机制的适时诞生，为中国提供了一个问鼎国际话语权的历史机遇。首先，全球金融危机客观上推动了国际金融体系改革，改革核心内容之一是提高新兴经济体在 IMF 等国际组织中的参与权、发言权和决策权，欠发达国家亦会获得实质性国际援助，南北差距有望逐步缩小。其次，人民币将在国际货币体系中扮演越来越重要的角色，清华大学中美关系研究中心高级研究员周世俭曾表示，人民币如能不失时机走出去，从周边化到区域化，再到国际化，这对于确立中国经济大国地位具有重要意义。经由 G20 机制平台，中国已与印度尼西亚、阿根廷等国签署了货币互换协议，验证了人民币国际地位的加速提升。最后，G20 机制化建设为中国国际影响力的跃升提供了广阔舞台。在 G20 平等对话平台上，新兴经济体正日益聚合为一股强大的国际话语力量，因此，发达国家难以将其拒之门外。

在当今世界多极化格局之下，建立多层次的国际合作体系无疑符合中国的长远战略规划。第一，中美战略对话机制有利于平衡世界经济结构及推进中国和平崛起；第二，G20 机制化建设有利于加强新兴经济体的平等国际话语权；第三，东盟“10+3”等区域一体化机制是中国全球性战略的有力支撑，加强跨境货币互换亦是推动人民币国际化的必由之路；第四，全方位、多层次金砖国家内部资源整合，如加强金砖国家开发银行等机制建设，有利于引领金砖国家崛起为与 G7 相对等的机制。金砖五国国土面积约占全球的 26%，人口约占全球的 42%，它们在未来 G20 机制化建设中所蕴藏的正能量值得乐观期待。

三、国际货币体系改革的推动者

每次金融危机之后，都会出现关于国际货币体系改革的大讨论。由美国次贷危机引发的全球性金融危机，在国际货币体系的中心国家美国首先爆发，对全球经济造成巨大冲击，其波及面之广前所未有。对国际货币体系改革的需求比以往任何时候都迫切。当前，各个层面都在讨论构建一个什么样的国际货币体系才是稳定的。2009 年 6 月 26 日，联合国 192 个成员国在“经济与金融危机及其对发展的影响”高级别会议上发表了一份声明，对全球金融危机进行了广泛的分析，并提出实质性建议，包括缓解危机的短期措施和国际货币金融的长期性结构改革等。IMF 建立了改革国际货币体系（reforming international monetary system）网站，内容包括全球失衡、资本流动、全球储备体系等。毋庸置疑，世界需要一个稳定的国际货币体系。稳定的国际货币体系既能满足国际交易的支付需求，又能避免和有效化解金融危机；既能保持全球化势头，又能实现全球平衡。为此，各国应加强合作，重点推进汇率制度、储备货币、金融安全和救助等方面的改革。纵观发展历史，国际货币体系有着明显变化，包括主要储备货币由英镑、黄金变为美元，汇率制度由固定汇率制转为有管理的浮动汇率制，监督协调机制由自发变为协定等，但其变化背后存在一些基本要求，这些基本要求仍是影响国际货币体系发展的根本力量。

为国际贸易和投资服务、保障国家间贸易和投资产生的支付需要是国际货币体系的根本目标。通过这一目标的实现，国际货币体系能促进各国在全球范围内有效配置资源，世界经济稳定、有序地发展。为此，各国政府通过自发或协议来建立适合国际支付需要的汇率机制和储备制度，协调各国经济政策，应对国际收支恶化、债务危机、货币危机等各类金融危机事件。在世界经济的不同发展阶段，国家间贸易和资本流动产生的国际支付需要是有所变化的。国际货币体系以往的调整可以视作是对这种变化的反应。19 世纪 80 年代至 20 世纪初金本位制下，各国汇率稳定平稳地促进了国际贸易和资本流动。黄金的跨国流动可以自发地调节国际收支平衡。当一国拥有大量顺差时，黄金流入大于流出，该国国内货币供给增加，物价水平提高，影响出口竞争力，出口下降，进口增多，最终国际收支恢复平衡。当时金本位可行的一个重要原因在于，国际贸易和投资的规模与现在相比十分有限，黄金的有限供给对国际交易的限制不明显。第一次世界大战的爆发中断了正常的国际经济往来，参战国倾向于将黄金控制在自己手里，以满足不断增加的军费支出需要。第二次世界大战后，世界各国恢复国际贸易的要求非常迫切。布雷顿森林体系所维护的固定汇率制，在一定程度上满足了这一迫切需要。那时各国也愿意限制资本流动，以换来汇率的稳定。随着各国经济的恢复，资本管制开始放松，金融自由化和全球化步伐加快，国际资本流动的规模迅速扩大。在这种情况下，继续维持固定汇率制显然是不明智的。虽然布雷顿森林体系的崩溃多归因于“特里芬难题”，但国际资本流动规模的扩大也大幅提高了维持固定汇率制的难度。在充斥着大量国际游资的今天，实行钉住汇率的国家更容易受到冲击是不争的事实。任何改革国际货币体系的举措，必须考虑国际贸易和投资的现实需求及发展趋势。

国际协作是国际货币体系健康运行的保证。虽然国际货币体系由中心国家主导，但广泛的国际协作必不可少。国际货币体系对国际协作的需求，源于各国在国际收支方面的相互依存。一国的贸易顺差，是他国的逆差；一国吸引的资本流入，是他国的资本流出。脱离国际协作讨论国际货币体系的稳定和健康是不切实际的。在金本位制下，虽然没有国际协定来约束各国的协作行为，但现实情况是，国际协作发挥了积极的作用。1890 年，英国巴林银行因阿根廷政府债务陷入无法清偿的困境，引发了英国的信用危机。有迹象表明，当时的英国可能不得不在银行体系和货币与黄金的可兑换性之间做出选择。法兰西银行和俄罗斯国家银行的援助，让英国克服了这种进退维谷的困境。艾肯格林指出，金本位的生存依赖于各国中央银行与政府之间的精诚合作，第二次世界大战以来的情况更是如此。在全球化背景下，国际交易规模越来越大，涉及的国家越来越多，这都需要国际货币体系在保障国际交易支付、维持金融稳定、防止金融危机等方面发挥更有效的作用。发挥好国际货币体系的作用，关系到所有国家的利益，需要各国共同努力。

经过深化改革，扩大开放，中国经济保持了 40 多年的高速增长，在全球经济中的表现非常抢眼。中国在国际货币体系中的地位也正在发生变化：一方面，中国的汇率制度、储备资产构成、人民币的可兑换性、资本项目开放、金融安全等日益成为国际货币体系的重要组成部分，中国的任何举措都会对国际货币体系产生不容忽视的影响；另一方面，中国对国际货币体系的依赖程度迅速提高，中国经济的平稳发展越来越依赖于国际货币体系的健康和稳定。这些变化虽不会挑战现有的国际货币体系，但势必会为国际货币体系的未来发展注入新的元素。

目前，中国正在由外围经济体向核心外围经济体转变。国际货币体系由中心国家、核心外围经济体和外围经济体三个层级组成。随着经济实力的提升，中国在国际货币体系中的层级正由外围经济体转变为核心外围经济体。这意味着中国正在摆脱单纯的国际支付规则接受者身份。中国的这种转变不会改变国际货币体系的现有架构，因为国际货币体系的主导权依然掌握在中心国家——美国手中。而且由于资本项目存在严格管制、人民币国际化逐步推进、国内金融市场尚不发达等因素，中国对国际货币体系的影响力仍很弱。但是，作为国际货币体系的一分子和最大的发展中国家，中国的这种转变本身就意味着一种进步。中国地位的提升为国际货币体系未来发展注入了新的活力。

第二节　中国在全球经济再平衡进程中的作用

一、推动多边贸易和区域贸易并行发展，推进全球贸易再平衡进程

半个多世纪以来，多边贸易体制和区域贸易自由化相生相伴、交替演进，共同推动了全球化进程。中国是多边贸易体制的积极参与者、维护者和贡献者，主张以 WTO 代表的多边贸易体制成为全球贸易规则的主渠道，区域贸易自由化是其有益补充，两者相互促进、共同发展。中方对相关国家在贸易投资相关领域规则制定方面的积极探索持开放态度。自 1995 年现行多边贸易体制确立以来，中国对全球贸易投资自由化和世界经济增长发挥了不可替代的作用。

（1）维护以 WTO 为基本框架的多边贸易秩序。21 世纪初，随着中国加入 WTO，中国对外贸易进入高速发展阶段，这既是中国经济自身发展的必然结果，也与中国加入 WTO 不无关系。应该说，中国是经济全球化及 WTO 多边贸易秩序的获益者。WTO 为中国参与国际贸易秩序的制定提供了舞台，也为中国应对贸易单边主义提供了平台。随着中国对外贸易的高速发展，针对中国的贸易摩擦与争端数量也在直线上升，这是国际贸易格局分化与国际贸易秩序演变的必然反映。经过近 20 年的磨砺，中国政府与企业已逐步熟悉 WTO 规则并不断学会运用其以维护自身利益。当前，WTO 多边贸易秩序正面临着严峻的挑战，中国作为贸易体量和影响力最大的发展中国家应维护以 WTO 为基本框架的多边贸易秩序，在推进 WTO 框架下的多边贸易谈判中做出自己的贡献。

（2）强化促进东亚区域贸易秩序建设的新举措。在 1997 年东南亚金融危机之后，东亚经贸合作的步伐加快，设计了“东亚自由贸易区”，即“10 + 3”框架，其后又在日本的倡导下提出了“东亚全面经济伙伴关系协定”的构想，即“10 + 6”框架（在“10 + 3”的基础上吸纳澳大利亚、新西兰与印度）。其宗旨是要推进东

亚的经济合作、贸易自由化与便利化，但这两个框架都不包括美国。目前，这两个框架都非常松散，内部本来就矛盾纵横交错，加上美国一度主导的 TPP 的影响，其前景也并不乐观。如此一来，东亚的“意大利面碗”或“中国套娃”现象就尤其突出。面对这种复杂局面，中国提出“一带一路”倡议以促进贸易投资便利化是具有重大意义的，我们不能只局限于基础设施的互联互通，关键是要以此为突破口推进“一带一路”沿线国家的贸易畅通、资金融通、民心相通和产能合作，为东亚乃至整个亚洲的区域贸易注入新的活力。

（3）有效运用自身经贸实力，协调双边贸易发展。从前面的数据分析中我们可以发现，中国贸易对美国市场存在高度依赖，如果考虑到中国内地对中国香港的贸易商品大多转口到了美国，则中国贸易对美国市场的依赖度还要高得多，而韩国贸易对中国市场的依赖也非常高，并且越来越高。此外，澳大利亚、新西兰、加拿大、泰国、越南等国的经贸对中国的依赖程度都很高。然而，中国经贸实力并未有效转化为对外关系方面的优势，反而出现一种“经贸实力上升与国际处境变差”的矛盾现象。国际贸易格局分化与国际贸易秩序重构中充满了基于国家利益的博弈。中国应在实现互利共赢与包容式发展的前提下，合理有效地运用自身经贸实力以协调双边贸易，尤其是要理顺中美、中日和中韩的经贸关系，形成良性互动机制。

（4）立足新常态，深化改革扩大开放以对接 TPP。中国已进入经济与贸易发展的新常态，货物贸易的高速增长难以再现，结构升级与方式转型成为对外贸易发展最重要的主题，中国已开始由商品资本输出向生产资本输出转型，对外投资迅猛发展，服务贸易正成为中国对外贸易的重要增长点。因此，中国对外贸易发展需要通过深化改革开放形成新动力。

二、提高新兴国家话语权，构建 G20 全球协调机制

纵观历届 G20 峰会的中国表态，不难看出中国总是以发展中国家利益为基础，积极推进国际金融体系改革以提高发展中国家的发言权、参与权和决策权。这一原则立场符合中国核心的经济、外交利益诉求。

（1）G20 机制是提高中国在国际金融体系地位的重要平台。2008 年全球金融危机爆发以来，G20 机制展现出强大的危机治理能力。近十年来，中国取得的经济成就足以奠定中国在世界金融体系的核心地位，但仍缺少对全球经济治理施加影响的平台，G20 则提供了一个近乎完美的经济治理对话机制，不仅高效整合新兴经济体、推动 IMF 份额改革，还通过议题设置提高自身影响力，有效规避汇率等双边议题列入多边谈判范畴。

（2）G20 机制符合中国对于国际新秩序的根本诉求。21 世纪以来，中国政府

一直对G采取谨慎态度，“不想加入一个排外的、由所谓观点相似的国家组成的俱乐部，以及承担自身实力不符的义务”。在经济议题上，G20比G更具代表性和有效性。在外交政策上，G20集各大洲、不同发展阶段经济体于一身的巨大包容性，更符合中国在多极化形势下的独立平等外交战略。

（3）中国在G20机制化建设中将起到重要作用。第一，坚持G20机制化建设三步走战略。当前，G20机制化建设正处于第一阶段，当软法机制建设基础奠定之后，中国应主动推进G20从形式建设往实质建设迈进，即由秘书处建设向议题设置建设延伸，为半机制化建设的充分实施铺平道路。在完善非正式化机制同时，应推动“软硬兼施”的机制化构建，以增强峰会运作的规范性及决议的权威性，其中涉及各成员方准入、塑造G20特色决策机制和争端解决机制、深化相互评估程序等几大领域。第二，着力提高G20协商机制的有效性。作为国际经济协商平台，G20本身不具有法律强制效力。全球经济治理的一个发展趋势是，G20引领，IMF和世界银行等正式国际组织执行落实，组建一个“非正式机制＋多边正式国际组织”的“机制复合体”决议执行模式。这种决策模式不仅保持了G20机制的灵活性等特点，更与IMF及世界银行构成良好互补关系。在未来机制化建设过程中，G20需加强与IMF等机构的紧密协作，强化决策—执行功能之间的传导机制，使G20峰会达成的协议和共识获得最大程度落实。第三，重视发展中国家在议题设置中的建设性作用。G20峰会实质性成果至少应具备两方面条件：一是国际社会取得共识的迫切需求；二是峰会议题设置应具有延续性、可操作并且重点突出。在G20由危机应对机制转型到国际经济治理平台过程中，议题重心将不可避免地转换到各方利益攸关议题之上。有鉴于此，G20机制对议题保持“有限度的开放”势在必行，全球经济增长、金融稳定、国际金融体系改革等无疑是现今核心议题。除此之外，G20还赋予主办国高度的议题选择权，这往往导致历届峰会议题缺乏延续性，诸多共识成果最终流于空谈。第四，妥善处理与G7及金砖国家等双多边关系。G20的非正式对话论坛性质决定其将与G7长期共存。作为新兴经济体利益代言者，中国需积极培育与金砖国家等新兴经济体的伙伴甚至盟友式协作，在G20平台上形成合力以充分维护发展中国家利益。

三、推动人民币国际化，建设国际货币体系多极结构

中国已经在稳定的国际货币体系建设中发挥了积极的作用。出于满足对外贸易和境外直接投资的未来发展需要目标，中国同世界其他国家一样，甚至拥有更强烈的愿望，希望能够建设稳定的国际货币体系。在国际事务上，中国向来秉承互利共赢理念，积极推动国际合作。而这正是国际货币体系改革所需要的。目前，

中国已经在构建新型国际货币体系中起到了如下作用：第一，深化国内经济改革，保持经济稳定发展。经济实力是推动中国在国际货币体系中角色转变的主要力量。中国经济保持稳定增长，是避免这种转变倒退的根本。第二，逐步提高人民币汇率弹性，不断改进人民币汇率形成机制。自 2005 年 7 月 21 日汇率制度改革以来，人民币对美元、欧元和日元等国际主要货币的汇率弹性加大。在此基础上，实现人民币可兑换将有助于人民币在更广泛的空间里发挥货币职能的作用，为国际储备货币多样化做出贡献。在 20 世纪末、21 世纪初，人民币已经在中国的边境贸易中作为计价结算货币，这大大活跃了中国与周边国家和地区的贸易往来。2009 年 7 月以来，中国开始在一般贸易中就人民币跨境贸易结算进行试点。这一举措顺应了国际货币体系要避免对某一主权货币过度依赖的发展方向。2015 年 8 月 11 日，中国央行公布人民币兑美元汇率中间价报 6.2298，较上一个交易日贬值 1136 点，创造单日人民币兑美元的单日跌幅纪录，进一步加大人民币汇率对主要货币的汇率弹性。第三，建立健全资本市场规范，逐步推进资本项目的开放。从结构来看，中国资本项目开放存在着“松直接紧间接”“松流入紧流出”“松投资紧债务”的特点。中国对外商直接投资外汇管理一直比较宽松，较少管制；对境内企业对外直接投资的外汇管理不断放宽；对证券投资的外汇管理则是有松有紧，对证券资金流入环节逐步放松管理，而对资金流出管理严格；对外债、对外担保实行计划管理。从资本项目外汇收支管理来看，中国对资本项目的管制依然比较严格，主要措施包括：除国务院另有规定外，资本项目外汇收入均需调回境内；境内机构（包括外商投资企业）的资本项目下外汇收入均应向注册所在地外汇局申请，在外汇指定银行开立外汇专用账户进行保留，外商投资项下外汇资本金结汇，可持相应材料直接到外汇局授权的外汇指定银行办理，其他资本项下外汇收入经外汇管理部门批准后才能卖给外汇指定银行；除外汇指定银行部分项目外，资本项目下的购汇和对外支付，均需经过外汇管理部门的核准，持核准件方可在银行办理售付汇。第四，发展国内金融市场，完善金融管理制度。国内金融市场的健康运行是中国在国际货币体系的稳定中发挥作用的重要基础。改革开放以来，尤其是 20 世纪 90 年代中期以来，中国金融业在市场化改革和对外开放过程中不断发展。在金融市场上，除了传统的金融工具外，资产证券化、住房抵押贷款证券化、担保债务凭证等金融衍生品不断涌现。金融市场参与主体日益多元化，建立了合格的境外机构投资者和合格的境内机构投资者制度。在管理制度方面，中国已形成了由中国人民银行、三家监管机构和财政部相互协调、密切配合的多层次分业监管模式，逐步提高外汇管理法制化程度，建立起“科学、合理、有效”的外汇管理法规体系。但是这些只是在金融业和资本项目当前开放水平上取得的成绩。在抵御风险尤其是投机性短期资本风险方面，中国的金融市场和监管机构仍需根据开放水平的不断提高，不断改进完善。

2015 年以来，随着人民币在国际贸易及外汇交易中支付结算使用占比的上升，人民币跨境支付体系建立，以及离岸人民币市场迅猛发展，人民币作为其他国家的储备货币的作用越来越显著。2015 年 11 月 30 日，IMF 宣布将人民币纳入 SDR 货币篮子，2016 年 10 月 1 日正式生效。人民币成为继美元、欧元、日元、英镑之后第五种加入 SDR 的货币，人民币以 10.92%的权重，成为 IMF SDR 货币篮子中的第三大货币。这些人民币国际化的成果将推动国际货币体系的改革，为建立国际货币体系多极化的格局起到重要的推动作用。

第十一章　中国参与全球经济再平衡的战略与路径

第一节　中国参与全球经济再平衡的背景

20 世纪 80 年代改革开放之初，中国的国民经济总体规模较小，参与世界经济的程度非常有限。随着改革开放进程的不断推进，中国经济规模不断扩大，尤其是 1992 年邓小平同志的南方谈话和 2001 年正式加入 WTO，以及中国 40 多年的对内改革和对外开放为中国经济快速发展奠定了良好的制度基础，创造了有利的国内外发展环境。2000 年，中国国内生产总值为 11 928.49 亿美元，2005 年达 23 026.44 亿美元，国内生产总值仅用了 5 年时间就翻了一番。2003～2007 年，中国国内生产总值的增长率始终保持在两位数以上，2007 年更是高达 14.2%。即使在美国金融危机向全球蔓延的 2008 年，中国国内生产总值增长仍维持在 9%[①]。与此同时，中国国内生产总值在全球排名不断上升，2006 年中国国内生产总值总量在美国、日本、德国之后，位列全球第四；2007 年超过德国排名第三；2010 年超过日本位居全球第二。截至 2016 年 4 月，中国已崛起成为世界第二经济大国和第一贸易大国，同时也是全球外商直接投资的主要流入国和主要流出国之一，国际影响力与日俱增。

当前中国经济正处于新常态时期，经济发展过程中的结构失衡问题日趋严重。对内表现为“高储蓄、高投资”，储蓄始终大于投资；对外表现为不断扩大的对外贸易顺差、外汇储备较高和国际收支失衡等方面。中华人民共和国成立 70 年来，中国对外贸易从小额逆差转变为巨额顺差，从外汇极度短缺发展转变为外汇储备全球第一。1950～1977 年，中国进出口总额不大，导致中国对外贸易差额也处于较低水平。在这 27 年间，中国对外贸易顺差最高年份是 1973 年，顺差额达 6.3 亿美元，中国对外贸易逆差最高的年份是 1974 年，逆差额达 6.7 亿美元。1978～1989 年，除 1982 年、1983 年外中国对外贸易几乎年年呈现逆差，贸易逆差最高的年份是 1985 年，逆差额达 149 亿美元。1990 年至今，除 1993 年贸易逆差为 122 亿美元外，中国对外贸易年年保持顺差，持续贸易顺差在中国解决外汇资金短缺问题、积累外汇储备中起了决定性的作用。

正是因为如此，中国在此轮全球经济再平衡进程中扮演了重要的角色，但其

---

① 资料来源：BVD 宏观经济数据库。

背后有着不可复制的内外部条件，即在全球产业大转移的浪潮中，中国凭借稳定的政治环境、优惠的税收政策、低廉的劳动力成本、宽松的资源约束等投资环境，吸引了大量的外商直接投资，构造了全球的低价供应平台，表现为出口贸易不断攀升，理所当然地成为这场全球经济失衡最大的顺差国和债权国。

第二节　中国参与全球经济再平衡的总体战略

经过 40 多年的改革开放，中国已成为世界第二经济大国和第一贸易大国，深度融入全球经济体系，对世界经济的影响力和辐射力不断增强。同时，作为主要顺差方之一，无论从本国经济发展还是从负责任大国形象考虑，中国都是全球经济再平衡的重要力量。在全球金融危机的冲击下，美国力量有所削弱，但其经济基本面尚好，美元的国际主导货币地位没有根本性动摇。美国作为全球经济再平衡的主导者必将在各方面给中国施加巨大压力，中美经贸关系将受到新的挑战与考验。

因此，中国在制定参与全球经济再平衡的战略时必须遵循以我为主、内外兼顾、积极参与、互利共赢的原则。中国作为发展中大国和失衡的主要顺差方，又是当前经济表现较好的国家之一，在参与全球经济再平衡进程中面临着国际社会的重重压力。然而，中国毕竟是发展中国家，还面临着自身经济发展中的诸多问题，而且全球经济失衡并非主要由中国造成，不可能仅通过中国的调整而得以解决。因此，我们必须坚持以我为主，把握再平衡的方向、速度和程度，承担力所能及的责任，维护国家经济安全和利益。

中国参与全球经济再平衡的战略目标不能仅停留在实现国际收支的相对平衡上，而应盯住其他意义更为深远的目标。其一，通过调整失衡的内外经济结构，变以往投资和出口拉动经济为消费拉动，变以往资源投入驱动经济为创新驱动，为中国经济的可持续增长提供新的动力。其二，通过积极参与 G20 等主导下的全球经济再平衡，发挥发展中大国的独特作用，维护本国和发展中国家的利益，增强中国在全球经济治理中的话语权和参与度，提高中国的国际地位。其三，通过创造消费需求，同时增加进口，逐步实现进出口平衡，实现经贸伙伴的互利共赢，为中国经济发展创造更为有利的外部环境。

所以，中国参与全球经济再平衡的总体战略是：第一，提高居民收入，着力扩大内需，刺激居民消费，弥补储蓄投资缺口；第二，通过供给侧改革，实施“一带一路”倡议，促进产业结构升级；第三，加强国际经济合作，积极推动双边和多边自贸协议谈判；第四，积极推动 G20 机制化，为发展中国家争取更多的国际话语权。

第三节 中国参与全球经济再平衡的路径选择

一、中国参与全球经济再平衡的内部路径选择

中国参与全球经济再平衡内部路径的选择主要基于调整中国内部经济失衡问题，重点在于调整中国经济发展的结构性问题。

（1）推进供给侧结构改革，促进产业结构升级。2015 年 11 月，习近平同志和李克强同志分别在中央财经领导小组会议及“十三五”规划纲要编制工作会议上强调了加强供给侧结构性改革[①]。供给侧结构改革有助于在一定程度上改善中国经济内外失衡的问题。中国粗放的发展模式在亟须转变经济发展方式和促进产业转型升级的新常态时期已越来越不适用，不仅造成中国经济内外失衡，还产生了环境污染、资源消耗、重复建设等问题。同时，科学技术的发展日新月异，在全球金融危机的冲击下，世界各国都希望将新兴产业发展作为新的经济增长点。而后金融危机时期，这些新兴产业的发展已逐渐成形。中国必须紧随世界经济结构变革的潮流，发展战略性新兴产业，推行供给侧结构改革，逐步建立和培育未来中国战略性新兴产业的竞争优势。

（2）提高居民收入，着力扩大内需。在提高居民收入方面，第一，通过完善医疗和养老保险制度、减少居民税收、放开户籍管理、完善廉租房制度等方式建立更为健全的社会保障体系，降低居民在住房、医疗、卫生、教育、养老等方面的预期支出压力，消除制约私人消费的后顾之忧，降低个人预防性储蓄，从而增加消费资金。第二，通过提高个税起征点、以家庭为单位计税和降低个税税率等措施，从税费减免角度提高私人部门的可支配收入，增加私人部门消费。第三，加强教育与培训，提高中国人力资源质量。重点是加强对教育和职业培训的投入，建立完善的教育培训体系，使中国从劳动力要素的数量优势转变为质量优势，培养高端人才和技术工人，从而提高中国整体劳动力的收入水平。第四，促进产业结构升级，带动私人部门收入增加。处于全球产业链分工中的低端位置，是中国整体企业收入偏低的主要原因，因此中国政府应推动传统产业转型升级促使中国企业向产业链两端转移，提高中国企业盈利能力，从而提高私人部门收入。扩大内需是中国转变经济发展方式的重要内容。通过扩大内需可以将中国依靠出口拉动经济增长的模式，逐渐转变为依靠消费拉动的经济增长模式，从根本上改变国际收支顺差不断积累的现状。扩大内需的前提条件是提高居民收入，在居民收入给定的情况下，可设法提高消费倾向，从而提高居民消费率。

---

① http://politics.people.com.cn/nl/2016/0114/c 1001-28054268.html。

（3）调整进出口比例，积极扩大商品进口。中国在经济发展初期外汇极度缺乏，因此换取外汇成为对外贸易的主要目的之一，也是导致中国巨额国际收支顺差的原因之一。当前扩大进口，不仅是中国经济再平衡的重要方式，也能促进中国企业通过进口高端产品和服务进行技术转型升级。具体来讲，扩大进口的措施包括：利用适当降低进口关税的方式吸引国内消费更多进口品，同时还可以减少贸易摩擦；实施进口贸易便利化措施，提高进口通关和审批效率，降低进口产品的交易成本；对进口信贷和进口保险提供优惠政策，特别是成套设备、高新技术产品和服务等进口品；提高市场准入程度，允许更多种类的进口品进入国内市场参与竞争。

二、中国参与全球经济再平衡的外部路径选择

在外部路径方面，重点在于抓住“一带一路”倡议有利契机，解决好国际产能合作问题，同时兼顾协调与其他国家之间的经贸关系，以期获得国际话语权。

（1）抓住“一带一路”倡议契机，以更好地发挥中国参与全球经济再平衡的作用。“一带一路”倡议为中国创造了一条不同于传统贸易投资的新路径，能够把中国的资本、技术、优质产能和积累多年的基础设施建设经验通过这条路径输送出去，尤其是基础设施建设方面的技术经验。目前，“一带一路”沿线很多国家发展水平并不高，且参差不齐，需要大规模的基础设施建设。在项目建设领域，积极推动“互联互通”的基础设施建设和产能合作；在金融领域，拓宽金融合作领域，创新金融服务方式，推动“一带一路”沿线国家的资金融通；在经贸领域，推进投资贸易便利化，消除投资和贸易壁垒，促进“一带一路”沿线国家的贸易畅通；在人文交流领域，积极开展文化旅游合作，促进中国同沿线国家教育、旅游、学术、艺术等人文交流。

（2）积极推进G20机制化建设。G20机制化的确立对中国有着十分重大的意义：第一，使中国在国际上有了一定的话语权。由于全球金融危机的冲击，国际货币体系改革刻不容缓，中国利用这一契机积极参与，在国际金融机构中有了一定的参与权、发言权及决策权。第二，在南北对话中，中国更能体会到欠发达国家的经济困难，愿意并能够提供一系列实质性帮助，以缩小国际经济发展的差距，并通过货币互换推进人民币国际化进程，为以后成为国际货币体系中的重要角色奠定坚实基础。清华大学中美关系研究中心高级研究员周世俭认为，中国如果能够利用国际货币体系改革的大好机遇，通过签订货币互换协议，将人民币推向国际交易中，那么中国在以后的世界经济发展中的地位将大幅度提升。第三，G20为中国的国际合作提供了宽广的发展前景，G20峰会为新兴经济体在国际上的话语权提供了后盾，使发达国家能够积极听取相关意见，这将有利于中国在国际上建立多层次的经济合作，对中国经济的长远发展有着明显的推动作用。

（3）大力加强国际经济合作，积极推动双边和多边自贸协议谈判。面对全球金融危机的冲击和东亚地区纷繁复杂的贸易格局，中国也开始加快已有谈判进程［如中日韩自由贸易协定（free trade agreement，FTA）］、促进新协议的建立（如 RCEP）以应对国际贸易格局和贸易规则的变化。随着 2015 年中澳、中韩自贸协定的生效，中国在 2003～2016 年完成了 14 份自由贸易协定的签署，涉及 22 个经济体。目前，对中国影响较大的自由贸易协定包括 FTA、TPP 和 RCEP 三种协议。推动双边和多边自贸协议谈判有利于实现贸易自由化，对中国及贸易伙伴国家居民总体福利提高有着极为重要的意义。

第四节　中国参与全球经济再平衡的对策建议

一、继续深化推进供给侧改革

（1）加快传统产业内企业的兼并重组，提高资源利用效率。改造传统产业较为有效和直接的方式是促进企业间的兼并重组，此举可以在淘汰落后产能的基础上，提高资源的利用效率和企业运营效率，提高企业在相关行业中的议价能力，形成规模效应，降低交易成本和运营成本，从而有更多的资金用来提升产品的技术含量和研发高新产品。

（2）通过多种方式加快技术引进。通过人才培养提高中国产业技术水平的方式更加着眼于长远，企业自主研发也是如此。为了在中短期内获得新的技术支持，企业更为直接的方式为通过市场购买技术许可证等方式，为传统企业提供技术改造、产品升级所需要的技术和配套技术服务。另外，还可以通过合作经营、技术入股等方式引进新技术。

（3）提高传统产业的市场开放度，吸引民营资本参与竞争。以市场化手段促进传统产业转型升级是重要的政策措施之一。民营资本的进入，必将提高传统产业的竞争程度，提高企业的创新动力和活力。这表现为两个方面：第一，市场竞争程度的加剧自然要求企业不断推陈出新、降低成本，从而促使企业技术升级；第二，民营资本进入传统行业必然存在一定优势，包括资金优势、技术优势、研发优势等，资金和技术优势对传统行业技术升级有直接作用，而研发优势将为传统行业注入新的研发活力，增加未来行业技术升级革新的潜力。

（4）利用财政资金扶持企业技术改造升级。财政刺激手段历来是有效的促进技术升级的方法之一。具体的方法包括提供专项资金补贴对传统企业进行技术改造，或者通过奖励的方法对实现技术改造的企业进行奖励，以及通过税收方式对技术改造升级企业进行税收减免。

（5）针对战略性新兴产业，促进人才培养、企业兼并和提供财政扶持资金的措施会产生显著作用，但是重点措施应该是市场机制与政策调控的方法相结合。具体来讲，利用市场就是要积极开放战略性新兴产业市场，为行业内的企业特别是发展初期的中小微企业提供相对宽松的市场环境，促进新兴行业市场的壮大和细分市场的形成。政策调控方面，政府除了维护市场基本秩序外，还应该积极扮演“做市商”角色，将财政资金作为市场开发资金促进新市场的形成，提供市场形成初期需要的公共产品和供求关系。

二、着力扩大内需

扩大内需是中国转变经济增长方式的重要内容。通过扩大内需可以将中国依靠出口拉动经济增长的模式，逐渐转变为依靠消费拉动的经济增长，从根本上改变国际收支顺差不断积累的现状。扩大内需的前提条件是提高居民收入，在居民收入给定的情况下，设法提高消费倾向，从而提高居民消费率。具体建议如下：第一，要调整企业产品供给结构，加大技术创新和技术改造力度。中国经济总量的提升导致中国居民的生活质量逐渐提高，居民消费水平进一步提升。但当前海外产品占据了中国居民的中高端消费需求中的主要部分，而这些海外产品中不乏很多“中国制造”的产品。推出更多符合中国国内消费者对品质、安全等需求的本土中高端产品是大势所趋，同时也能使中国本土企业在中高端消费市场的竞争中占据一席之地。第二，加大力度发展服务行业。近几年，中国居民服务消费占比迅速上升，但是本土服务业行业的竞争力却不高。今后可以通过在教、科、文、卫行业和金融、电信等高端服务业创造有效的竞争环境，创造高品质的服务业产品，从而促进本土服务行业消费的健康快速发展。第三，提高国内经济的市场化程度，打破传统行业垄断格局，支持并引导民营资本对公共产品、金融服务等领域的投资，提供更具市场导向特征的产品，以满足有效需求的增加。第四，增加基础设施投资及与企业创新和产业竞争力提升有关的投资，增强中国企业的竞争能力。第五，利用税收政策刺激国内消费，通过降低消费税等方式提高私人部门的消费倾向，增加有效需求。

三、促进贸易结构转型升级

贸易结构的失衡是引起中国国际收支失衡的重要组成部分，因此促进中国贸易结构的转型升级是改变中国国际收支失衡的直接方式。从贸易结构的内涵来说，一般包括贸易商品结构失衡、贸易地区结构失衡和贸易方式结构的失衡。中国政府可以从以下四个方面入手。

（1）着力提升贸易商品结构。贸易商品结构失衡是中国贸易结构失衡的最直观表现。改革开放以来，中国出口商品以劳动密集型产品为主，虽然经过几十年开放型经济的发展，中国出口品结构正在缓慢升级，但升级的空间很大，通过比较优势指数，中国最具比较优势的出口品依然是劳动密集型产品。因此，中国贸易结构升级的首要目标，就是要提升贸易商品结构。具体措施为：第一，要大力提升出口部门企业的技术水平、研发能力和经营管理水平，使其能够适应国际产品市场的变化不断推陈出新，从低端商品升级为高端商品；第二，通过自主品牌建设，拓展经营和市场渠道，从单纯的生产环节逐步转移到具有更高产品附加值的产业链两端，即逐渐掌握产品研发和销售环节；第三，政府在企业进行转型升级时期提供积极有效的扶持政策，通过贷款优惠、税收减免、贸易便利化或直接的资金奖励为转型企业分担部分转型和技术升级改造成本。

（2）大力调整贸易地区结构。贸易地区结构失衡是中国贸易结构失衡的另一表现，也是造成中国区域经济发展不平衡的重要原因。贸易地区结构失衡表现为出口目的地结构失衡和出口区域结构失衡，对中国来说前者表现为以欧美为主要出口目的地，后者表现为中国主要的出口生产区域集中于东部沿海。这两种结构失衡虽然在一定时期内符合经济发展规律，但从长期看对中国整体经济发展和国际收支平衡不利。

针对出口目的地结构失衡，第一，要丰富中国出口商品的种类和数量，使其满足不同地区市场消费者的需求；第二，在贸易的基础上展开深层次经济合作，积极发展与其他发展中经济体的经贸联系，充分利用发展相对落后地区的生产资料和市场资源；第三，对发展中经济体的贸易和投资往来提供政策便利与资金支持，以应对发展初期较大的交易成本。

针对中国出口区域结构失衡，第一，要在继续促进东部沿海地区出口发展、提升产品多样性和技术水平的基础上，推动东部沿海出口企业向内陆地区进行产业转移，充分利用内部地区的人口和资源优势；第二，内陆地区要继续扩大对外开放程度，在吸引国内东部沿海出口企业产业转移的同时，也要积极吸引外商直接投资进入内陆地区；第三，政府要对投资中西部地区的国内东部沿海出口企业和外商投资企业给予政策支持，实施减税或奖励等政策，同时完善内陆地区基础设施建设，减少由产业内迁带来的交易成本增加。

（3）逐步调整贸易方式结构。贸易方式结构失衡也是中国贸易结构失衡的重要表现之一。虽然目前中国一般贸易发展迅速，但加工贸易占比依然较大，贸易方式结构调整还有较大空间。因此，第一，在产品生产方面，要提高中国出口企业发展水平，提高其产品设计、研发和制定生产标准的能力，提高自主产品的生产和出口，而不仅仅依照加工贸易模式进行加工和装配。第二，在政策方面，一方面要完善贸易保险制度、贸易信贷制度，帮助和引导出口企业规避贸易风险，加快出口企业的转型升级，使其逐渐转变为以一般贸易方式为主的出口企业；另一方面，因为加工贸易方式是出口企业发展的必经阶段和出口贸易的必要组成部分，并不会完全消失，所以要通过政策扶持促进专业化、高端化的加工贸易企业形成，维护出口贸易方式结构转型的稳定性。

（4）积极扩大商品进口。中国在经济发展初期外汇极度缺乏，换取外汇成为对外贸易的主要目的之一，也是导致中国巨额国际收支顺差的原因之一。当前扩大进口，不仅是中国经济再平衡的重要方式，也能促进中国企业通过进口高端产品和服务进行技术转型升级。具体来讲，扩大进口的措施包括：第一，利用适当降低进口关税的方式吸引国内消费更多进口品，同时还可以减少贸易摩擦；第二，实施进口贸易便利化措施，提高进口通关和审批效率，降低进口产品的交易成本；第三，对进口信贷和进口保险提供优惠政策，特别是对于成套设备、高新技术产品和服务等进口品；第四，提高市场准入程度，允许更多种类的进口品进入国内市场参与竞争。

四、抓住“一带一路”倡议契机，加快企业“走出去”发展步伐

2013 年，习近平同志提出了“一带一路”的倡议，“一带一路”倡议为中国创造了一条不同于传统贸易投资的新路径，为中国全面参与全球经济再平衡和全球经济治理创造了千载难逢的良好机遇，这一倡议将有利于把中国的资本、产能和积累多年的基础设施建设技术经验输出去，尤其是基础设施建设的技术经验。“一带一路”沿线很多国家发展水平不高且参差不齐，需要大规模的基础设施建设。

推进“一带一路”建设，我们可以从以下几个方面着手。

（1）积极推动基础设施领域的“互联互通”。从长期经验来看，基础设施的投资回报相当稳健，会带来很多正外部性。中国已经积累了多年的基础设施设计及施工能力，还有很强的资金能力，这些都为中国对“一带一路”沿线国家基础设施投资提供了有力支撑。投资“一带一路”沿线国家基础设施建设，有助于推进国际骨干通道建设，逐步形成连接亚洲各次区域及亚欧非之间的基础设施网络。

（2）拓宽金融领域合作、创新金融服务方式，推动“一带一路”沿线国家的资金融通。商业银行应加快开发人民币跨境贸易与投融资产品、外汇交易产品与人民币跨境现金管理产品，并积极参与离岸人民币市场建设；可支持境外机构在中国金融市场发行人民币债券，推动建立亚洲债券发行、交易和流通平台；可探索与“一带一路”沿线国家主要金融中心推进金融合作协议，研究结算清算、信用担保、风险分担等方面的合作。

（3）推进投资贸易便利化，促进贸易畅通。要大力消除投资和贸易壁垒，构建区域内和各国良好的经贸环境。同时，积极同“一带一路”沿线国家和地区共同商建自由贸易区，在巩固传统市场优势的基础上，大力拓展新兴市场，激发和

释放合作潜力，做大做好合作“蛋糕”，推进与沿线国家及城市建立经贸合作伙伴关系。

（4）积极开展文化旅游合作，促进中国同沿线国家教育、旅游、学术、艺术等人文交流，促进民心相通。要进一步加强教育培育合作，可由政府、企业等设立更多的奖学金，吸引“一带一路”沿线国家的留学生来中国留学。大力发展旅游资源，利用丝绸之路上汇集的精华旅游资源的优势，吸引国人赴“一带一路”沿线国家旅游，同时加大宣传，吸引国际游客前往中国旅游，领略中国之美、丝路之美。

五、加大 G20 机制化建设力度，加强国际经济合作

G20 在全球金融危机时期起到重要作用，因而成为全球经济治理和国际经济合作的第一交流平台，成功代替 G7 在全球经济治理和全球经济发展议题上的地位。特别是 G20 中的 11 个新兴经济体（即 E11）又是 G20 中最引人关注的，新兴经济体在后金融危机时代，对于世界经济发展的推动作用是某些发达国家不能比拟的，而中国等金砖国家对国际金融体系改革的积极影响将日益显著。

以全球宏观经济视角，我们发现 G20 在当代的全球经济格局中正处于核心管理地位，G20 既是反映全球各层需求的晴雨表，同时也是其竞技平台。美国当局为了保持经济稳定，推出了量化宽松的货币政策，以此方式来稳固美元在全球货币中的主导地位。欧盟强调严格财政纪律及可持续发展的观念，希望通过加强对财政的监管来降低金融危机带来的风险。中国作为新兴经济体的中坚力量，在后金融危机时代应对内增强综合国力，对外坚持国际金融秩序革新的政策，促进世界经济平稳发展。

改革开放 40 多年来，中国经济逐步与世界经济接轨的过程中，中国迅速发展成世界第二大经济体、世界第一贸易大国、第一外汇储备大国。随着中国综合国力越来越强，参与国际对话也越来越频繁，这不仅是国际化的一种方式，更是维护中国自身权益的重要途径。

G20 成为国际交流的主要平台和 G20 领导地位的确立，对中国参与到构建和谐世界及实现世界和平的发展目标，提高中国在世界强国之间的地位有以下几点优势：第一，使得中国在国际金融机构中有一定的参与权、发言权及决策权。第二，在南北对话中，中国更能体会到欠发达国家的经济困难并能提供一系列实质性帮助，以缩小国际经济发展的差距，并能通过货币互换协议，推进人民币的国际化，为以后成为国际货币体系中的重要角色奠定坚实的基础。清华大学中美关系研究中心高级研究员周世俭认为，随着人民币国际化的不断推进，中国以后在世界经济发展中的地位将大幅度提升。第三，G20 为中国在国际交流合作上提供了宽广的发展前景。G20 峰会为新兴经济体在国际上的话语权提供了后盾，使发

达国家能够积极听取相关意见，这将有利于中国在国际上建立多层次的经济合作，对中国经济的长远发展有着明显的推动作用。

六、推动双边和多边自贸协议谈判，推进全球贸易自由化

面对全球经济复苏的不确定性、地区贸易保护主义抬头等不利因素，加快构建和完善更加公平开放的自由贸易体系势在必行。特别是当前阶段，在亚洲地区加快构建自身主导的双边和多边自由贸易协定，对于重塑全球经贸格局，强化亚洲在全球话语权体系中的地位，意义重大。

（1）中日韩自贸区。该自贸区的构想早在 2002 年便已出现，之后，在 2008 年国际金融危机的影响下，2009 年 10 月中日韩领导人会议决定推进并加快中日韩自贸区谈判进程。2010 年 5 月，三国宣布正式启动中日韩 FTA 官产学共同研究，该研究于 2011 年 12 月完成，形成了《中日韩 FTA 官产学共同研究报告书》，为未来更大范围内的贸易自由化做准备。虽然中日韩三方对此协议的签署抱以期望，也做出了积极努力，但制约中日韩 FTA 协议的根本问题尚没有根本解决。主要包括：第一，在政治方面，三国间存在一些问题。中日韩三国间因地理位置、经济发展的需求因素已形成紧密的经贸关系，但三个国家在历史及领土等方面存在一定的分歧，政治关系的不牢固必然影响中日韩 FTA 的谈判进程。第二，在经济方面，中日韩三国的经济发展水平不同，导致对自贸协议的利益诉求不同。中国根据自身经济结构和比较优势，需要协议能够改善纺织品和农产品等市场准入。日韩两国在汽车、电子、机械、钢铁、化学等资本、技术密集型产业存在比较优势，因此希望协议能降低中国在这些产业方面的市场准入限制。同时，日韩两国对农产品进口历来存在较高贸易壁垒，是谈判的难点。第三，从国际环境方面看，中日韩 FTA 容易受外部因素影响而存在变数。中日韩 FTA 本身作为后金融危机时期三国应对危机的措施之一，容易受其他自贸协议的影响。从协议内容上看，需要与其他自贸协议尽量保持一致以适应新的国际贸易规则。从与其他协议的关系看，中日韩三国除了中日韩 FTA 外，还分别参与了其他更多协议，如 TPP 和 RCEP 协议谈判等，因此可能出现多种协议交织重叠的情况，增加三国整合的难度。中日韩 FTA 在最终签订之前是三国追求对外经济合作的重要方式，需要对其进行协议效果的分析，并针对三国在农产品、重工业、轻工业等部门存在的阻碍，制定不同的情景进行经济效应估计。

（2）应对 TPP 协议。中国并不是 TPP 谈判的成员国，并且短时期内也难以加入 TPP 谈判。但 TPP 对中国的经济发展会产生重要影响。关于中国是否应该加入 TPP 已有众多学者进行讨论。一部分学者认为由于 TPP 形成后对中国产生的贸易转移效应要大于贸易创造效应，中国会遭受福利损失，认为中国应该加入 TPP。

而另一部分对加入 TPP 持谨慎态度的学者主要的论点在于：第一，中国农产品部门将受到冲击。中国暂时不宜参加 TPP 谈判，主要是防止中国农产品市场受到外部冲击。根据日本《经济学人》2010 年的研究，中国玉米和大豆的产出价格逐年提高，早在 2001 年就超过美国，并且价差还在扩大。由此造成中国大豆、食用植物油等农产品和加工食品进口额越来越大。第二，中国现阶段难以达到 TPP 的要求。TPP 是高度自由化、高规格的贸易模式，它在劳工规范、市场准入、人员流动、政府采购、国有企业等问题上都设置了较以往自贸协议更加严格的标准。这些贸易标准，从政治、经济制度层面上看尚存在较大阻碍，并且对中国传统劳动密集型产品的出口会造成冲击，这都使中国在一段时间内不得不游离于 TPP 之外。第三，从政治角度看，中国与东亚地区国家间的关系大多数处于经济来往密切而政治关系相对疏远的局面，并且从长期来看中国的经济优势转化为政治影响力的效率较低，因此中国在推动达成跨区域自由贸易协议这一政治意味浓厚的议题时话语权有限。即使中国加入 TPP，以中国作为重要参与者的“10 + 1”、“10 + 3”、中日韩对话等机制的相对地位也会削弱，不利于中国在东亚地区贸易自由化、经济一体化进程中占据主导地位。虽然各方学者意见不同，但当前中国政府对加入 TPP 总体上持观望态度。

（3）推进日本建议、东盟主导且中韩积极响应的 RCEP 谈判。RCEP 是东亚地区又一重要的处于谈判进程中的自由贸易协议。总体上看，中国是积极支持 RCEP 谈判的，因此，在 TPP 等其他高标准自贸协议的影响下，RCEP 为相对落后的东亚地区国家或者相对劣势出口部门，在贸易自由化的过程提供了缓冲，不仅符合各国及相关部门的现实利益，也为谈判的顺利进行打下坚实基础。

总体而言，自由贸易协定的签订对协议方经济及福利的增长起到了重要的推动作用，作为全球最大的贸易国的中国应积极推进双边和多边自贸协议的谈判，着力推动全球贸易自由化，为全球贸易的发展提供更健康有序的贸易环境。

参 考 文 献

白晓燕. 2008. 复活的布雷顿森林体系：国际争论与现实冲击[J]. 世界经济研究，（5）：44-50，88.

北京大学中国经济研究中心宏观组，梁东擎. 2008. 流动性的度量及其与资产价格的关系[J]. 金融研究，（9）：44-55.

蔡昉. 2013. 中国经济增长如何转向全要素生产率驱动型[J]. 中国社会科学，（1）：56-71，206.

陈炳才. 2008. 国际流动性过剩的原因及对我国的影响和对策[J]. 武汉金融，（1）：4-8.

陈继勇，胡艺. 2007. 知识经济时代与世界经济失衡问题的再认识[J]. 世界经济，（7）：20-27.

陈继勇，胡渊. 2009. 中国实施互利共赢的对外贸易战略[J]. 武汉大学学报（哲学社会科学版），（5）：634-638.

陈继勇，刘威. 2006. 美中贸易的“外资引致逆差”问题研究[J]. 世界经济，（9）：42-48.

陈继勇，吴宏. 2008. 全球经济失衡的可持续性问题研究——基于美中贸易失衡的角度[J]. 武汉大学学报（哲学社会科学版），（4）：454-458.

陈继勇，余罡，葛明. 2016a. 基于增加值贸易视角的中国对外贸易统计研究——兼与海关统计方式比较分析[J]. 世界经济研究，（5）：42-51，135.

陈继勇，余罡，葛明. 2016b. 全球价值链视角的中国对外贸易不平衡及其结构研究[J]. 经济管理，（4）：1-11.

陈继勇，袁威，肖卫国. 2013. 流动性、资产价格波动的隐含信息和货币政策选择——基于中国股票市场与房地产市场的实证分析[J]. 经济研究，（11）：43-55.

陈建奇. 2011. 中国是否接受外部失衡上限对称性约束[J]. 国际贸易，（4）：25-29.

陈卫东. 2016. 国际货币体系的再平衡[J]. 中国金融，（14）：15-16.

丁斗. 2010. 全球货币流动性泛滥与国际金融危机的防范[J]. 国际政治研究，（2）：141-155，194.

范从来，盛天翔，王宇伟. 2012. 信贷量经济效应的期限结构研究[J]. 经济研究，（1）：80-91.

范从来，邢军峰. 2013. 全球失衡的新解释：“资产短缺”假说[J]. 学术月刊，（2）：82-89.

方雅茜，袁天龙，马至夏. 2017. 去全球化与金融市场走势[J]. 中国金融，（4）：49-51.

高海红. 2012. 全球流动性风险和对策[J]. 国际经济评论，（2）：28-41，4-5.

高凌云，苏庆义. 2015. 中国参与构建合理有效全球经济治理机制的战略举措[J]. 国际贸易，（6）：11-15.

顾国达，张正荣，张钱江. 2007. 汇率波动、出口结构与贸易福利——基于要素流动与世界经济失衡的分析[J]. 世界经济研究，（2）：3-8，87.

韩剑，李林艳. 2012. 金融发展不平衡与全球贸易失衡——基于跨时贸易模型的研究[J]. 世界经济研究，（2）：33-38，88.

胡晖. 2007. 全球经济失衡的原因与影响[D]. 中央财经大学博士学位论文.

胡渊. 2014. 全球经济失衡研究[M]. 北京：社会科学文献出版社.

胡渊，刘应元. 2008. 试论我国对外出口贸易政策导向的转变[J]. 对外经贸实务，（9）：27-30.
胡宗义，宁光荣. 2004. 资本市场对我国经济增长贡献的研究[J]. 湖南大学学报（社会科学版），（2）：35-38.
华民. 2006. 全球经济失衡的触发机制及中国的选择[J]. 国际经济评论，（2）：45-49.
华民. 2007. 世界经济失衡：概念、成因与中国的选择[J]. 吉林大学社会科学学报，（1）：5-16.
黄晓龙. 2007. 全球失衡、流动性过剩与货币危机——基于非均衡国际货币体系的分析视角[J]. 金融研究，（8）：31-46.
黄益平，王勋，华秀萍. 2010. 中国通货膨胀的决定因素[J]. 金融研究，（6）：46-59.
黄志刚. 2011. 货币政策与贸易不平衡的调整[J]. 经济研究，（3）：32-47.
姜凌，王晓辉. 2011. 全球失衡原因：基于“恒久收入-生命周期假说”与国际分工的视角[J]. 国际金融研究，（2）：42-51.
焦武. 2009. 中国国际收支失衡问题研究[D]. 复旦大学博士学位论文.
金洪飞，周继忠. 2007. 人民币升值能解决美国对华贸易赤字吗?——基于 1994～2005 年间月度数据的贸易弹性分析[J]. 财经研究，（4）：4-17.
金玲. 2015. 中东欧国家对外经济合作中的欧盟因素分析[J]. 欧洲研究，33（2）：6，29-41.
金中夏. 2011. 全球流动性管理与中央银行的作用[J]. 国际经济评论，（6）：4，38-48.
孔庆峰，董虹蔚. 2015. “一带一路”国家的贸易便利化水平测算与贸易潜力研究[J]. 国际贸易问题，（12）：158-168.
雷达. 2010. 金融危机下的全球经济：从失衡到平衡[J]. 世界经济研究，（3）：32-35.
雷达，赵勇. 2009. 中美经济失衡的性质及调整：基于金融发展的视角[J]. 世界经济，（1）：62-71.
黎友焕，王凯. 2011. 热钱流入对中国经济的影响及其对策[J]. 财经科学，（3）：34-40.
李建国，湛柏明. 2013. 全球经济失衡与美国服务生产的贸易效应[J]. 国际贸易问题，（2）：38-48.
李健. 2007. 结构变化：“中国货币之谜”的一种新解[J]. 金融研究，（1）：41-52.
李杰豪，张心雨. 2011. 论金融危机背景下全球经济治理机制的完善与发展——从八国集团到二十国集团[J]. 湖南科技大学学报（社会科学版），14（3）：47-50.
李俊久，姜默竹. 2011. 美元本位制下的货币-金融依附[J]. 世界经济研究，（6）：10-15，87.
李俊青. 2008. 不完全资本市场与国际贸易赤字[J]. 数量经济技术经济研究，25（3）：66-78.
李俊青，韩其恒. 2010. 不完全资本市场、国际贸易失衡与个体福利[J]. 世界经济，（9）：46-66.
李连发，辛晓岱. 2012. 银行信贷、经济周期与货币政策调控：1984——2011[J]. 经济研究，（3）：102-114.
李向阳. 2006. 全球经济失衡及其对中国经济的影响[J]. 国际经济评论，（2）：19-21.
李向阳. 2015. 构建“一带一路”需要优先处理的关系[J]. 国际经济评论，（1）：5，54-63.
李晓，李俊久. 2015. “一带一路”与中国地缘政治经济战略的重构[J]. 世界经济与政治，（10）：30-59，156-157.
李晓峰，朱九锦. 2010. 我国经常项目失衡与收入变动的关系——基于跨期消费平滑模型和我国的数据[J]. 国际贸易问题，（6）：16-23.
李昕，徐滇庆. 2013. 中国外贸依存度和失衡度的重新估算——全球生产链中的增加值贸易[J]. 中国社会科学，（1）：29-55，205.
李扬，卢瑾. 2010. 全球经济失衡形成机制研究新进展[J]. 经济学动态，（3）：87-92.
李治国. 2007. 流动性过剩：基于货币流动速度异常下降的解析[J]. 经济评论，（5）：94-99.

刘洪铎，李文宇，陈和. 2016. 文化交融如何影响中国与“一带一路”沿线国家的双边贸易往来——基于1995——2013年微观贸易数据的实证检验[J]. 国际贸易问题，(2)：3-13.
刘洁. 2008. 繁荣或危机：透视流动性过剩[M]. 北京：中国金融出版社.
刘林奇. 2007. 人民币对美元实际汇率与中美贸易净出口关系的实证研究[J]. 国际贸易问题，(11)：116-122.
刘涛. 2005. 中国经济波动的信贷解释：增长与调控[J]. 世界经济，(12)：24-31，80.
刘威. 2008. 全球经济失衡的调整重心及中国的参与策略[J]. 武汉大学学报（哲学社会科学版），(4)：459-463.
刘伟丽. 2011. 全球经济失衡与再平衡问题研究[J]. 经济学动态，(4)：84-87.
刘尧成，徐晓萍. 2010a. 供求冲击与我国经济外部失衡——基于DSGE两国模型的模拟分析[J]. 财经研究，(3)：102-112.
刘尧成，徐晓萍. 2010b. 我国经常账户失衡的内外冲击因素——基于BQ分解的实证研究[J]. 财经科学，(1)：107-113.
刘钻石. 2007. 从历史角度看世界经济失衡：文献综述[J]. 亚太经济，(6)：2-6.
陆建明，杨珍增. 2011. 创新和生产的垂直分工与全球失衡：金融发展与金融开放的影响[J]. 世界经济文汇，(4)：1-16.
罗长远. 2007. FDI与国内资本：挤出还是挤入[J]. 经济学（季刊），(2)：381-400.
马先仙. 2010. 美国经常账户逆差研究——基于美元国际货币地位视角[M]. 成都：西南财经大学出版社.
麦金农 R I. 2005. 美元本位下的汇率：东亚高储蓄两难[M]. 王信译. 北京：中国金融出版社.
茅锐，徐建炜，姚洋. 2012. 经常账户失衡的根源——基于比较优势的国际分工[J]. 金融研究，(12)：23-37.
潘国陵. 2000. 国际金融理论与数量分析方法[M]. 上海：上海人民出版社.
潘敏，缪海斌. 2010. 银行信贷、经济增长与通货膨胀压力[J]. 经济评论，(2)：62-70.
潘沁，徐康宁. 2008. 全球流动性过剩传导的典型化事实研究[J]. 世界经济研究，(8)：25-29，43，87-88.
庞中英. 2011. 1945年以来的全球经济治理及其教训[J]. 国际观察，（2）：1-8.
裴长洪. 2015. 经济新常态下中国扩大开放的绩效评价[J]. 经济研究，50（4）：4-20.
彭兴韵. 2007. 流动性、流动性过剩与货币政策[J]. 经济研究，(11)：58-70.
曲博. 2010. 金融危机背景下的中国与全球经济治理[J]. 外交评论，27（6）：57-65.
权衡. 2016. 世界经济的结构性困境与发展新周期及中国的新贡献[J]. 世界经济研究，(12)：3-11，24，132.
任琳，程然然. 2015. 欧盟东南亚政策论析[J]. 欧洲研究，33（3）：5-6，27-42.
盛垒. 2017. 疲弱复苏的世界经济：新变量、新趋势与新周期——2017年世界经济分析报告[J]. 世界经济研究，(1)：3-17，135.
盛松成，吴培新. 2008. 中国货币政策的二元传导机制——“两中介目标、两调控对象”模式研究[J]. 经济研究，（10）：37-51.
施建淮. 2006. 全球经济失衡的调整及其对中国经济的影响[J]. 国际经济评论，（2）：23-31.
施建淮，傅雄广. 2010. 汇率传递理论文献综述[J]. 世界经济，(5)：3-26.
宋玉华，叶绮娜. 2010. 后危机时代世界经济再平衡及其挑战[J]. 经济理论与经济管理，(5)：

73-80.
孙丽丽. 2010. 从应急机制到合作平台 G20 正在成为全球经济治理的首要机制[J]. 亚非纵横，（5）：32-36.
孙浦阳，胡学文. 2010. 金融发展对国际收支的影响：基于政府治理的视角[J]. 世界经济研究，（5）：33-38，88.
孙雪芬，马红霞. 2011. 全球流动性对中国通货膨胀的国际传导[J]. 武汉大学学报（哲学社会科学版），（2）：102-107.
孙伊然. 2011. 全球经济治理的观念变迁：重建内嵌的自由主义?[J]. 外交评论，28（3）：16-32.
谭人友，葛顺奇，刘晨. 2015. 全球价值链分工与世界经济失衡——兼论经济失衡的持续性与世界经济再平衡路径选择[J]. 世界经济研究，（2）：32-42，127.
谭之博，赵岳. 2012. 银行集中度、企业储蓄与经常账户失衡[J]. 经济研究，（12）：55-68.
田丰，徐建炜，杨盼盼，等. 2012. 全球失衡的内在根源：一个文献综述[J]. 世界经济，（10）：143-160.
田巍，姚洋，余淼杰，等. 2013. 人口结构与国际贸易[J]. 经济研究，（11）：87-99.
汪进，尹兴中. 2010. 流动性过剩、全球经济再平衡——后危机时代国际经济金融新格局分析[J]. 经济学动态，（6）：14-19.
王道平. 2012. 基于国际货币体系不对称的中国经济内外失衡研究[D]. 南开大学博士学位论文.
王栋贵. 2013. 全球经济失衡原因论争综述——被忽视的基于美国视角的解释[J]. 经济评论，（1）：152-160.
王国刚. 2010. 走出“全球经济再平衡”的误区[J]. 财贸经济，（10）：5-12，18，135.
王国兴，成靖. 2010. G20 机制化与全球经济治理改革[J]. 国际展望，（3）：8-18.
王宏淼. 2012. 全球失衡下的中国双顺差之谜——基于FDI-贸易-金融关联的一种经济学解释[M]. 北京：中国社会科学出版社.
王俊杰. 2014. 全球流动性过剩发生的内在机制研究[J]. 当代经济，（5）：76-78.
王美昌，徐康宁. 2016. “一带一路”国家双边贸易与中国经济增长的动态关系——基于空间交互作用视角[J]. 世界经济研究，（2）：101-110，137.
王韧，吴健. 2007. 外部影响与“迷失”货币的成因——基于中国的经验研究[J]. 金融研究，（2）：12-25.
王胜，陈继勇，吴宏. 2007. 中美贸易顺差与人民币汇率关系的实证分析[J]. 国际贸易问题，（5）：34-40.
王叙果. 2008. 国际流动性变化的传导机制分析[J]. 学术界，（6）：69-77.
吴军，董志伟，涂竞. 2011. 有效需求不足背景下的潜在通货膨胀压力——基于货币结构分析视角[J]. 金融研究，（7）：32-42.
伍茨 N. 2008. 全球经济治理：强化多边制度[J]. 曲博译. 外交评论，（6）：82-95.
夏立平. 2015. 地缘政治与地缘经济双重视角下的美国“印太战略”[J]. 美国研究，29（2）：5-6，32-51.
夏先良. 2010. 中美贸易不平衡、人民币汇率与全球经济再平衡[J]. 国际贸易，（7）：11-21.
项俊波. 2008. 中国经济结构失衡的测度与分析[J]. 管理世界，（9）：1-11.
肖立晟，王博. 2011. 全球失衡与中国对外净资产：金融发展视角的分析[J]. 世界经济，（2）：57-86.

肖卫国，刘杰，赵圣伟. 2013. 中国货币结构与经济产出——基于1952～2010年宏观数据的实证检验[J]. 金融研究，(2)：101-113.
谢朝阳，李洪梅. 2008. 国际收支理论源流与展望[J]. 北方工业大学学报，(4)：20-25.
谢建国，杨海燕. 2015. 互补还是替代——中美贸易竞争关系的测度与分析[J]. 国际贸易问题，(11)：62-72.
谢孟军. 2016. 文化能否引致出口："一带一路"的经验数据[J]. 国际贸易问题，(1)：3-13.
邢天才. 2011. 流动性冲击与金融稳定研究[M]. 北京：科学出版社.
熊性美，戴金平，等. 2004. 当代国际经济与国际经济学主流[M]. 大连：东北财经大学出版社.
徐建炜，姚洋. 2010. 国际分工新形态、金融市场发展与全球失衡[J]. 世界经济，(3)：3-30.
徐强. 2007. 全球失衡格局中的国际经济分工与中国分工角色转换[J]. 国际贸易，(4)：35-39.
徐震宇. 2010. 全球流动性输入对中国经济的影响——基于SVAR模型的实证研究[J]. 审计与经济研究，25（5）：90-95.
许和连，孙天阳，成丽红. 2015."一带一路"高端制造业贸易格局及影响因素研究——基于复杂网络的指数随机图分析[J]. 财贸经济，(12)：74-88.
许伟，陈斌开. 2009. 银行信贷与中国经济波动：1993——2005[J]. 经济学（季刊），(3)：969-994.
薛敬孝，佟家栋，李坤望. 2000. 国际经济学[M]. 北京：高等教育出版社.
杨宝臣，张世英. 2006. 机理变化型协整变结构检验[J]. 系统管理学报，15（1）：61-64.
杨玲. 2016. 生产性服务进口复杂度及其对制造业增加值率影响研究——基于"一带一路"18省份区域异质性比较分析[J]. 数量经济技术经济研究，33（2)：3-20.
杨盼盼，徐建炜. 2014. "全球失衡"的百年变迁——基于经验数据与事实比较的分析[J]. 经济学（季刊），(2)：625-646.
杨珍增，陆建明. 2011. 金融发展、国际分工与全球失衡[J]. 世界经济研究，(3)：21-27，87.
杨政，曾勇，原子霞. 2011. 几类非线性协整模型研究综述[J]. 数量经济技术经济研究，(10)：148-161.
姚枝仲，齐俊妍. 2006. 全球国际收支失衡及变化趋势[J]. 世界经济，(3)：42-47.
殷德生. 2011. 权力、相互依赖与国际货币合作——基于国际货币体系史的考察[J]. 世界经济与政治，(8)：30-46，155-156.
余永定. 2007. 理解流动性过剩[J]. 国际经济评论，(4)：5-7.
余永定. 2010. 见证失衡——双顺差、人民币汇率和美元陷阱[J]. 国际经济评论，(3)：3，7-44.
余永定，Fukao M，Snower D. 2006. 全球国际收支失衡：中国视角[J]. 国际经济评论，(5)：54-58.
禹钟华，祁洞之. 2012. 国际货币体系演化的内在逻辑与历史背景——兼论国际货币体系与资本全球化[J]. 国际金融研究，(9)：4-10.
张会清，王剑. 2011. 全球流动性冲击对中国经济影响的实证研究[J]. 金融研究，(3)：27-41.
张建清，李洁，张天顶. 2007. 全球经常项目失衡的实证研究[J]. 国际贸易问题，(3)：3-8.
张建清，张天顶. 2008. 经常账户失衡的调整：国际经验及其对中国的启示[J]. 世界经济，(10)：12-21.
张军. 2006. 中国的信贷增长为什么对经济增长影响不显著[J]. 学术月刊，(7)：69-75.
张礼卿. 2008. 中国的外部失衡及其调整[J]. 国际金融研究，(9)：4-10，21.
张明. 2007. 全球国际收支失衡的调整及对中国经济的影响[J]. 世界经济与政治，(7)：75-80，5.
张明. 2010. 全球经济再平衡：美国和中国的角色[J]. 世界经济与政治，(9)：132-148，159-160.

张茉楠，苏庆义. 2017. 推进G20框架下全球价值链合作与保障计划研究[J]. 区域经济评论，(1)：37-42.

张茉楠. 2008. 后危机时代、分工失衡条件下的中国经济增长[J]. 改革，(12)：42-46.

张茉楠. 2009. 全球失衡根源与再平衡下的中国强国之路[J]. 发展研究，(7)：52-56.

张天顶，李洁. 2011. 全球流动性扩张的通货膨胀效应研究[J]. 国际金融研究，(3)：18-28.

张天桂，盛垒，薛安伟，等. 2016. 分化复苏的世界经济：新引擎、新风险、新常态——2016年世界经济分析与展望[J]. 世界经济研究，(1)：3-27，135.

张燕生. 2006. 全球经济失衡条件下的政策选择[J]. 国际经济评论，(2)：40-42.

张永升，杨伟坤，桑毅博. 2012. 改革开放三十年我国货币供给与经济增长之间关系研究[J]. 财政研究，(2)：50-53.

张幼文. 2006. 要素流动与全球经济失衡的历史影响[J]. 国际经济评论，(2)：43-45.

张嫄. 2011. 论美元本位与全球经济失衡的形成、特征及可持续性[D]. 吉林大学博士学位论文.

张振江. 2006. 从英镑到美元：国际经济霸权的转移（1933——1945）[M]. 北京：人民出版社.

张灼华，陈芃. 2015. 中国香港：成为“一带一路”版图中的持续亮点[J]. 国际经济评论，(2)：80-89，6.

赵爱清，杨五洲. 2009. 关于全球流动性过剩问题的文献综述[J]. 经济纵横，(11)：123-125.

赵金龙，赵明哲. 2015. CAFTA 对中国和东盟六国双边贸易的影响研究[J]. 财贸经济，(12)：89-102.

赵瑾. 2010. G20：新机制、新议题与中国的主张和行动[J]. 国际经济评论，（5）：7-22.

赵进文，丁林涛. 2012. 通货膨胀的宏观经济影响因素分析[J]. 统计研究，(12)：69-76.

中国经济增长与宏观稳定课题组，张平，刘霞辉，等. 2008. 外部冲击与中国的通货膨胀[J]. 经济研究，（5）：4-18.

中国经济增长与宏观稳定课题组，张晓晶，汤铎铎，等. 2009. 全球失衡、金融危机与中国经济的复苏[J]. 经济研究，(5)：4-20.

周建民. 2016. 基于翻译“目的论”的食品包装英语翻译策略研究[J]. 中国包装工业，(2)：141-142.

朱超，张林杰. 2012. 人口结构能解释经常账户平衡吗[J]. 金融研究，(5)：30-44.

朱舜，王锋，蒋涛，等. 2015. “一带一路”建设与空间经济学在中国的理论和实践——中国空间经济学国际研讨会(2015)暨上合组织开放合作论坛综述[J]. 经济研究，50(12)：178-182.

祝丹涛. 2008. 金融体系效率的国别差异和全球经济失衡[J]. 金融研究，(8)：29-38.

Lee J，Milesi-Ferretti G M，Ostry J，et al. 2009. CGER 汇率评估方法[M]. 郑红，谭海鸣，刘琨，译. 北京：中国金融出版社.

Abbas S M，Bouhga-Hagbe J，Fatás A J，et al. 2010. Fiscal policy and the current account[R]. IMF Working Paper No.WP/10/121.

Ahearne A. 2007. Global imbalances：the risks for the world economy[J]. Field Day Review，3：108-123.

Ahearne A，Cline W R，Lee K T，et al. 2007. Global imbalances：time for action，policy brief[R]. Peterson Institute for International Economics，No. PB07-4.

Alan G. 2004. Evolving U.S. payments imbalance and its impact on Europe and the rest of the world[J]. Cato Journal，24（Spring-Summer)：1-11.

Alexander S. 1952. Effect of a devaluation on a trade balance[R]. IMF Staff Paper：263-278.

Algieri B，Bracke T. 2009. Patterns of current account adjustment—insights from past experience[J]. Open Economic Review，22：401-425.

Allegret J P，Couharde C，Coulibaly D，et al. 2014. Current accounts and oil price fluctuations in oil-exporting countries：the role of financial development[J]. Journal of International Money and Finance，47（3）：185-201.

Amaya-Castro J M. 2014. International Refugees and Irregular Migrants：Caught in the Mundane Shadow of Crisis[M]. Den Haag：T.M.C. Asser Press.

Antras P，Caballero R J. 2009. Trade and capital flows：a financial frictions perspective[J]. Journal of Political Economy，117（4）：701-744.

Arezki R，Hasanov F. 2013. Global imbalances and petroldollars[J]. The World Economy，36（2）：213-232.

Atish G D，Jonathan O D. 1995. The current account in developing countries：a perspective from the consumption-smoothing approach[J]. The World Bank Economic Review，9（2）：305-333.

Award T A，Fatah S M A. 2015. The impact of social media branding on developing brand advocates for start-ups[J]. International Journal of Online Marketing（IJOM），5（4）：1-23.

Bagnai A. 2008. The role of China in global external imbalances：some further evidence[J]. China Economic Review，20：508-526.

Bakker B，Zeng L. 2013. Dismal employment growth in EU countries：the role of corporate balance sheet repair and dual labor markets[R]. IMF Working Paper 13/179.

Baks K，Kramer C F. 1999. Global liquidity and asset prices：measurement，implications，and spillovers[R]. Working paper，International Monetary Fund.

Bank of International Settlement. 2012. Global liquidity：concept，measurement and policy implications[R]. Committee on the Global Financial System，CGFS Papers No. 45.

Bannaga A A. 2004. Adjustment policies and the current account balance：empirical evidence from Sudan[R]. IDPM Working Paper NO. 8.

Beck T. 2002. Financial development and international trade：is there a link?[J]. Journal of International Economics，57：107-131.

Beck T，Demirguc-Kunt A，Levine R. 2010. Financial institutions and markets across countries and over time：the updated financial development and structure database[J]. World Bank，Economic Review，24（1）：77-92.

Becker S，Dallmeyer J，Hoffmann R，et al. 2009. Is the next global liquidity glut on its way[R]. Current Issues，No. 30.

Beckmann J，Belke A，Czudaj R. 2014. Does global liquidity drive commodity Prices?[J]. Journal of Banking and Finance，11（2）：101-124.

Belke A，Bordon I G，Hendricks T W. 2010a. Monetary policy，global liquidity and commodity price dynamics[R]. ROME Discussion Paper Series.

Belke A，Orth W，Setzer R. 2008a. Global liquidity and house prices：a VAR analysis for OECD countries[R]. ROME Discussion Paper Series.

Belke A，Orth W，Setzer R. 2008b. Sowing the seeds for the subprime crisis：does global liquidity matter for housing and other asset prices?[J]. International Economics and Economic Policy，5（4）：403-424.

Belke A，Orth W，Setzer R. 2010b. Liquidity and the dynamic pattern of asset price adjustment：a global view[J]. Journal of Banking and Finance，34（8）：1933-1945.

Bems R，Dedola L，Smets F. 2007. US imbalances：the role of technology and policy[J]. Journal of International Money and Finance，26（4）：523-545.

Benhima K. 2012. Financial integration，capital misallocation and global imbalances[J]. Journal of International Money and Finance，32：323-340.

Benhima K，Havrylchyk O. 2006. Current account reversals and long term imbalances：application to the central and eastern European countries[R]. CEPII Working Paper No. 2006-27.

Berger H，Harjes T. 2009. Does global liquidity matter for monetary policy in the euro area?[J]. International Finance，12（1）：33-55.

Bernanke B S. 2005. The global saving glut and the US current account deficit[R]. Board of Governors of the Federal Reserve System（US）Speech.

Bierut B K. 2013. Global liquidity as an early warning indicator of asset price booms：G5 versus broader measures[R]. De Nederlandsche Bank Working Paper No. 377.

Blanchard O，Giavazzi F，Sa F. 2005. The U.S. current account and the dollar[R]. NBER Working Paper No. 11137.

Bloomfield A. 1959. Monetary policy under the international gold standard，1880-1914[R]. New York：Federal Reserve Bank of New York.

Bollino C A. 2007. Oil prices and the US trade deficit[J]. Journal of Policy Modeling，29：729-738.

Bordo M D，Cavallo A F，Meissnet C M. 2010. Sudden stops：determinants and output effects in the first era of globalization，1880-1913[J]. Journal of Development Economics，91：227-241.

Borio C E V，Kennedy N，Prowse S D. 1994. Exploring aggregate asset price fluctuations across countries：measurement，determinants and monetary policy implications[R]. BIS Economics Paper.

Boyce P. 2014. Desirable rights：same-sex sexual subjectivities，socio-economic transformations，global flows and boundaries – in India and beyond[J]. Culture Health & Sexuality，16（10）：1201.

Bracke T，Bussiere M，Fidora M，et al. 2012. A framework for assessing global imbalances[J]. The World Economy，33（9）：1140-1174.

Bracke T，Fidora M. 2012. The macro-financial factors behind the crisis：global liquidity glut or global savings glut?[J]. The North American Journal of Economics and Finance，23（2）：185-202.

Brana S，Djigbenou M L，Prat S. 2012. Global excess liquidity and asset prices in emerging countries：a PVAR approach[J]. Emerging Markets Review，13（3）：256-267.

Brooks R. 2003. Population aging and global capital flows in a parallel universe[R]. IMF Staff Papers，50（2）：200-221.

Bruggeman A. 2007. Can excess liquidity signal an asset price boom?[R]. NBER Working Paper No. 117.

Burger J，Warnock F，Veronica W. 2011. Emerging local currency bond markets[J]. Financial Analysts Journal，8（4）：73-93.

Caballero R J. 2010. The “other” imbalance and the financial crisis[R]. NBER Working Paper No. 15636.

Caballero R J，Emmanuel F，Gourinchas P O. 2008a. An equilibrium model of global imbalances and low interest rates[J]. American Economic Review，98（1）：358-393.

Caballero R J，Farhi E，Gourinchas P O. 2008b. Financial crash，commodity prices and global imbalances[R]. NBER Working Paper No. 14521.

Caballero R J，Krishnamurthy A. 2009. Global imbalances and financial fragility[J]. American Economic Review，99（2）：584-588.

Calvo G A，Izquierdo A，Mejia L F. 2004. On the empirics of sudden stops：the relevance of balance-sheet effects[R]. NBER Working Paper No. 10520.

Calvo G，Talvi E. 2006. the resolution of global imbalances：soft landing in the north，sudden stop in emerging markets?[J]. Journal of Policy Modeling，28（6）：605-613.

Campbell C J. 2015. Oil Age：Energy in Transition[M]. Amsterdam：Elsevier Inc.

Carneiro P，Lee S. 2004. Comparative advantage and schooling[R]. Working Paper.

Carroll C，Jenne O. 2009. A tractable model of precautionary reserves，net foreign assets or sovereign wealth funds[R]. NBER Working Paper No.15228.

Catto L，Milesi-Ferretti G. 2013. External liabilities and crisis[R]. IMF Working Paper No.13/113.

Cave P，Pisani M，Batini N，et al. 2008. Productivity and global imbalances：the role of non-tradable total factor productivity in advanced economies[R]. IMF Staff Papers，55（2）：312-325.

Chamon M D，Prasad E S. 2010. Why are saving rates of urban households in China rising?[J]. American Economic Journal Macroeconomics，2（1）：93-130.

Chen K，Imrohoroglu A，Imrohoroglu S. 2007. The Japanese saving rate between 1960 and 2000：productivity，policy changes and demographics[J]. Economic Theory，32（1）：87-104.

Chenery H B，Strout A M. 1967. Foreign assistance and economic development[J]. American Economic Association，58（4）：912-916.

Chernow R. 1990. The House of Morgan：An American Banking Dynasty and the Risk of Modern Finance[M]. New York：Atlantic Monthly Press.

Cheung C，Furceri D，Rusticelli E. 2010. Structural and cyclical factors behind current account balances[R]. OECD Economics Department Working Papers，No.775.

Chinn M D. 2011. Evidence on financial globalization and crises：global imbalances[R]. La Follette School Working Paper Series No. 2011-002.

Chinn M D，Ito H. 2005. Current account balances，financial development and institutions：assaying the world “savings glut” [R]. La Follette School of Public Affairs Working Papers No. 2005-2023.

Chinn M D，Ito H. 2006. What matters for financial development? Capital controls，institutions，and interactions[J]. Journal of Development Economics，81（1）：163-192.

Chinn M D，Ito H. 2007a. Current account balances，financial development and institutions：assaying the world “saving glut” [J]. Journal of International Money and Finance，26：546-569.

Chinn M D，Ito H. 2007b. East Asia and global imbalances：saving，investment an financial development[R]. 18th Annual NBER-East Asian Seminar on Economics，“Financial Sector Development in the Pacific Rim”.

Chinn M D，Ito H. 2008. Global current account imbalances：American fiscal policy versus East Asian savings[J]. Review of International Economics，16（3）：479-498.

Chinn M D，Prasad E S. 2003. Medium-term determinants of current accounts in industrial and developing countries：an empirical exploration[J]. Journal of International Economics，59（1）：47-76.

Chinn M D，Prasad E S. 2005. Medium-term determinants of current accounts in industrial and developing countries：an empirical exploration[J]. Journal of International Economics，59：47-76.

Ciarlone A，Trebeschi G. 2005. Designing an early warning system for debt crises[J]. Emerging Markets Review，6（4）：376-395.

Clarida R H. 2006. G7 current account imbalances：sustainability and adjustment[R]. NBER Working Paper No. 12194.

Cochran J A. 2014. Limitations of Middle Eastern Educational System in Democratic Governance[M]. Berlin：Springer International Publishing.

Constant A F，Zimmermann K F. 2016. Diaspora economics：new perspectives[J]. International Journal of Manpower，37（7）：1-28.

Cooper R N. 2001. Is the U.S. current account sustainable? Will it be sustained?[R]. BPEA：1，217-226.

Cooper R N. 2007. Living with global imbalances[J]. Brookings Papers on Economic Activity，38（2）：91-107.

Corsetti G，Dedola L，Leduc S. 2006. Productivity，external balance，and exchange rates：evidence on the transmission mechanism among G7 countries[C]//Reichlin L，West K. NBER International Seminar on Macroeconomics. Cambridge：National Bureau of Economic Research：117-194.

Croke H，Kamin S B，Leduc S. 2005. Financial market developments and economic activity during current account adjustments in industrial economies[R]. International Finance Discussion Papers 827，Board of Governors of the Federal Reserve System.

Cruber J W，Kamin S B. 2007. Explain the global pattern of current account Imbalances[J]. Journal of International Money and Finance，26（4）：500-522.

Cruber J W，Kamin S B. 2008. Do differences in financial development explain the global pattern of current account imbalances?[R]. Board of Governors of the Federal Reserve System，Discussion Papers，No. 923.

D'Agostino A，Surico P. 2009. Does global liquidity help to forecast U.S. inflation?[J]. Journal of Money Credit & Banking，41（2/3）：479-489.

Darius R. 2010. Can global liquidity forecast asset prices?[R]. Working Paper，International Monetary Fund.

Davidson P. 2006. The declining dollar，global economic growth and macro stability[J]. Journal of Post Keynesian Economics，28（3）：473-493.

de Rato R. 2006. Shared responsibilities：solving the problem of global imbalances[R]. Speech Presented by the Haas School of Business at UC Berkeley.

Debelle G，Galati G. 2007. Current account adjustment and capital flows[J]. Review of International Economics，15（5）：989-1013.

Di Virgilio F ，Camillo A A，Camillo I C. 2017. The impact of social network on Italian users' behavioural intention for the choice of a medical tourist destination[J]. International Journal of Tourism and Hospitality Management in the Digital Age（IJTHMDA），1（1）：1-19.

Dooley M P，Folkerts-Landau D，Garber P M. 2004. The revised bretton woods system[J]. International Journal of Finance and Economics，9（4）：307-313.

dos Reis L. 2005. Measuring vulnerability：capital flows volatility in the quota formula[C]//Buira A. Reforming the Governance of the IMF and the World Bank. London：Anthem Press：195-212.

Du Q Y，Wei S J. 2010. A sexually unbalanced model of current account imbalances[R]. NBER Working Papers No. 16000.

Edwards S. 2002. Does the current account matter?[C]//Edwards S，Frankel J A. Preventing Currency Crises in Emerging Markets. Chicago：University of Chicago Press：21-69.

Edwards S. 2004. Thirty years of current account imbalances，current account reversals and sudden stops[R]. IMF Staff Papers，51（Special Issue）：1-49.

Edwards S. 2005a. Is the U.S. current account deficit sustainable? And if not，how costly is adjustment likely to be?[J]. Brookings Papers on Economic Activity，（1）：211-271.

Edwards S. 2005b. The end of large current account deficits，1970-2002：are there lessons for the United States?[R]. NBER Working Papers No. 11669.

Edwards S. 2006. The U.S. current account deficit：gradual correction or abrupt adjustment?[J]. Journal of Policy Modeling，28（6）：629-643.

Edwards S. 2007. On current account surplus and the correction of global imbalances[R]. NBER Working Paper No. 12904.

Edwards S，Ostry J D. 1990. Anticipated protectionist policies，real exchange rates，and the current account：the case of rigid wages[J]. Journal of International Money & Finance，9（2）：206-219.

Eichengreen B. 1995. The endogeneity of exchange rate regimes[R]. NBER Working Paper No. 4361

Eichengreen B. 2006. Global imbalances：the new economy，the dark matter，the savvy investor，and the standard analysis[J]. Journal of Policy Modeling，28（6）：645-652.

Eichengreen B. 2008. The European Economy since 1945：Coordinated Capitalism and Beyond[M]. Princeton：Princeton University Press.

Eichengreen B，Adalet M. 2005. Current account reversal：always a problem? [R]. NBER Working Paper No. w11634.

Eickmeier S. 2014. Understanding global liquidity[J]. European Economic Review，68（3）：1-18.

Endegnanew Y，Amo-Yartey C，Turner-Jones T. 2012. Fiscal policy and the current account：are mircostates different?[R]. IMF Working Paper No.WP/12/51.

Engel C，Rogers J H. 2006. The U.S. current account deficit and the expected share of world output[R]. NBER Working Paper No. 11921.

Erceg C J，Guerrieri L，Gust C. 2005. Expansionary fiscal shocks and the US trade deficits[J].

International Finance，8（3）：363-397.

Ert E，Fleischer A，Magen N. 2016. Trust and reputation in the sharing economy：the role of personal photos in Airbnb[J]. Tourism Management，55：62-73.

Faruqee H，Laxton D，Muir D，et al. 2005. Smooth landing or crash? Model-based scenarios of global current account rebalancing[R]. NBER Working Paper No. 11583.

Feldstein M S. 2008. Resolving the global imbalance：the dollar and the U.S. saving rate[R]. NBER Working Paper No.13952.

Ferguson R W. 2005. Asset prices and monetary liquidity[R]. Berlin：The 7th Deutsche Bundesbank Spring Conference.

Ferrero A. 2010. A structural decomposition of the US trade balance：productivity，demographics and fiscal policy[J]. Journal of Monetary Economics，57（4）：478-490.

Frankel J A，Cavallo E A. 2004. Does openness to trade make countries more vulnerable to sudden stops，or less? Using gravity to establish causality[R]. NBER Working Paper No. 10957.

Freund C. 2000. Current account adjustment in industrialized countries[R]. International Finance Discussion Papers Number 692.

Freund C，Warnock F. 2005. Current account deficits in industrial countries：the bigger they are，the harder they fall?[R]. NBER Working Paper No. 11823.

Gagnon J E. 2011. Current account imbalances coming bank[R]. PIIE Working Papers No.11-1.

Gagnon J E. 2012. Global imbalances and foreign asset expansion by developing-economy[R]. PIIE Working Papers No. 12-5.

Ganley P. 2006. The Internet，creativity and copyright incentives[J]. Social Science Electronic Publishing，（3）：188-197.

Ghosh A，Gulde A，Ostry J，et al. 1997. Does the national exchange rate regime matter?[R]. NBER Working Paper No. 5874

Giese J V，Tuxen C K. 2007. Global liquidity and asset prices：cross-country linkages in a GVAR model[R]. Nuffield College，University of Oxford，and Department of Economics，University of Copenhagen：8，1-33.

Goldberg L S，Tille C. 2008. Vehicle currency use in international trade[J]. Journal of International Economics，76（2）：177-192.

Goldfajn I，Valdés R O. 1999. The aftermath of appreciations[J]. Quarterly Journal of Economics，114（1）：229-262.

Gourinchas P O，Rey H. 2007. From world banker to world venture capitalist：US external adjustment and the exorbitant privilege[R]. CEPR Discussion Papers，24（4）：303-307.

Gourinchas P O，Rey H，Govillot N. 2010. Exorbitant privilege and exorbitant duty[R]. Discussion Paper Series，Institute for Monetary and Economic Studies，Bank of Japan.

Gouteron S，Szpiro D. 2005. Excess monetary liquidity and asset prices[R]. SSRN Working Paper：131-153.

Gouteron S，Szpiro D. 2010. Excess monetary liquidity and asset prices（Exces de Liquidite Monetaire et Prix des Actifs）（French）[R]. Banque de France Working Paper No. NER-E 131.

Greenwald B，Stiglitz J E. 2008. A modest proposal for international monetary reform[R].

International Economic Association Meeting.

Gruber J W，Kamin S B. 2007. Explaining the global pattern of current account imbalances[J]. Journal of International Money and Finance，26（4）：500-522.

Gruber J W，Kamin S B. 2009. Do differences in financial development explain the global pattern of current account imbalances?[J]. Review of International Economics，17（4）：667-688.

Guerrieri L，Henderson D，Jinill K. 2005. Investment-specific and multifactor productivity in multi-sector open economies：data and analysis[R]. International Finance Discussion Papers，No.828.

Gust C，Leduc S，Sheets N. 2009. The adjustment of global external balances：does partial exchange-rate pass-through to trade prices matter?[J]. Journal of International Economics，79（2）：173-185.

Hansen B E. 1996. Inference when a nuisance parameter is not identified under the null hypothesis[J]. Econometrica，64（2）：413-430.

Hansen B E. 2000. Sample splitting and threshold estimation[J]. Econometrica，68（3）：575-603.

Hausmann R，Sturzenegger F. 2006. Global imbalances or bad accounting? The missing dark matter in the wealth of nations[R]. Working Paper Series，22（51）：469-518.

Hearn J. 2015. Demos before democracy：ideas of nation and society in Adam Smith[J]. Journal of Classical Sociology，15（4）：396-414.

Heckman J J，Stixrud J，Urzua S. 2006. The effects of cognitive and noncognitive abilities on labor market outcomes and social behavior[J]. Journal of Labor Economics，24（3）：411-482.

Heckman J J，Vytlacil E J. 1999. Local instrumental variables and latent variable models for identifying and bounding treatment effects[J]. Proceedings of the National Academy of Sciences of the United States of America，96（8）：4730.

Heckman J J，Vytlacil E J. 2000. Instrumental variables，selection models，and tight bounds on the average treatment effect[J]. Social Science Electronic Publishing，13（35）：1-15.

Horstmann A. 2014. Stretching the border：confinement，mobility and the refugee public among Karen refugees in Thailand and Burma[J]. Journal of Borderlands Studies，29（1）：47-61.

Huang X，Zhu W Z. 2017. Chinese corporations' conception of sustainable development：an innovative view of corpus analysis[J]. Chinese Management Studies，11（1）：180-190.

Hunt B，Rebucci A. 2005. The US dollar and the trade deficit：what accounts for the late 1990s?[J]. International Finance，8（3）：339-434.

IMF. 2013. Imbalances and growth，update of staff sustainability assessments for G-20 mutual assessment process[R]. Washington D C：International Monetary Fund.

Ju J，Wei S J. 2006. A solution to two paradoxes of international capital flows[R]. NBER Working Papers No. 12668.

Ju J，Wei S J. 2007. Current account adjustment：some new theory and evidence[R]. NBER Working Paper No. 13388.

Khan Z，Ferguson D，Pérez A. 2015. Customer responses to CSR in the Pakistani banking industry[J]. International Journal of Bank Marketing，33（4）：471-433.

Killian L，Rebucci A，Spatefora N. 2009. Oil shocks and external balances[J]. Journal of International Economy，77（2）：181-194.

Koopman R，Powers W，Wang Z，et al. 2010. Give credit where credit is due：tracing value added in global production chains[R]. National Bureau of Economic Research.

Korhonen L，Ledyaeva S. 2010. Trade linkages and macroeconomic effects of the price of oil[J]. Energy Economics，32（4）：848-856.

Kraay A，Ventura J. 2000. Current account in debtor and creditor countries[J]. The Quarterly Journal of Economics，115（4）：1137-1166.

Kraay A，Ventura J. 2002. Trade integration and risk sharing[J]. European Economic Review，46（6）：1023-1048.

Krueger D，Ludwig A. 2007. On the consequence of demographic change for rates of returns to capital，and the distribution of wealth and welfare[J]. Journal of Monetary Economics，54（1）：49-87.

Kuijs L. 2009. China through 2020-a macroeconomic scenario[R]. World Bank China Research Working Paper，No.9.

Kumar A，Srirastara A，Tiwari R K，et al. 2017. Measurement of scientific productivity in R&D sector：changing paradigm[J]. Recent Patents on Biotechnology，11（1）：20-31.

Kumhof M，Laxton D. 2009. Fiscal policy and current account deficits[R]. IMF Working Paper No.WP/09/237.

Lane P R. 2010. Asymmetric shocks and monetary policy in a currency union[J]. Scandinavian Journal of Economics，102（4）：585-604.

Lane P R，Milesi-Ferretti G M. 2001. The external wealth of nations measures of foreign assets and liabilities for industrial and developing countries[J]. Journal of International Economics，55：263-294.

Lane P R，Milesi-Ferretti G M. 2002. Long term capital movements[R]. Chicago：NBER Macroeconomics Annual 2001.

Lane P R，Milesi-Ferretti G M. 2003. International financial integration[J]. IMF Staff Papers，50（1）：82-113.

Lane P R，Milesi-Ferretti G M. 2007. The external wealth of nations mark II：revised and extended estimates of foreign assets and liabilities，1970-2004[J]. Journal of International Economics，73：223-250.

Lane P R，Milesi-Ferretti G M. 2011. The cross-country incidence of the global crisis[J]. IMF Economic Review，59（1）：77-110.

Le T H，Chang Y. 2013. Oil price shocks and trade imbalances[J]. Energy Economics，36（3）：78-96.

Lee J，Chinn M D. 2006. Current account and real exchange rate dynamics in the G7 countries[J]. Journal of International Money & Finance，25（2）：257-274.

Lee J，Milesi-Ferretti G M，Ostry J，et al. 2008. Exchange rate assessments：CGER methodologies[J]. IMF Occasional Papers，（261）：1-22.

Lee J，Rabanal P，Sandri D. 2010. U.S. consumption after the 2008 crisis[R]. IMF Working Paper.

Legun K，Bell M M. 2016. The second middle：conducers and the agrifood economy[J]. Journal of Rural Studies，48：104-114.

Levy-Yeyati E，Sturzenegger F. 2003. To float or to fix：evidence on the impact of exchange rate regimes on growth[J]. American Economic Review，93（4）：1173-1193.

Levy-Yeyati E，Sturzenegger F. 2005. Classifying exchange rate regimes：deeds vs. words[J]. European Economic Review，49（6）：1603-1635.

Li J P，Duan H M，Qiu M. 2014. Study on urban sustainable development based on system dynamics[J]. Applied Mechanics and Materials，3308（587）：171-175.

Love I，Zicchino L. 2007. Financial development and dynamic investment behavior：evidence from panel VAR[J]. Quarterly Review of Economics & Finance，46（2）：190-210.

Lowe P W，Borio C E V. 2005. Asset prices，financial and monetary stability：exploring the nexus[R]. BIS Working Papers.

Macdougall C. 1960. Amortization of premiums on bonds acquired by trusts and estates[J]. Accounting Review，35（1）：137-138.

Maki D. 2012. Tests for cointegration allowing for an unknown number of breaks[J]. Economic Modeling，29（5）：2011-2015.

Mann C L. 2004. The US current account，new economy service，and implications for sustainability[J]. Review of International Economics，12（2）：262-276.

Mann L C，Pluck K. 2005. The US trade deficit：a disaggregative perspective[R]. Institute for International Economics，Working Paper 05-11.

Maurer A，Degain C. 2012. Globalization and trade flows：what you see is not what you get![J]. Journal of International Commerce Economics & Policy，3（3）：1250019-1-1250019-27.

Maurer A，Degain C，Maurer A，et al. 2012. World Trade Organization economic research and statistics division globalization and trade flows：what you see is not what you get![J] Journal of International Commerce Economics & Policy，3（3）：1-27.

McKinnon R I. 1964. Foreign exchange constraints in economic development and efficient aid allocation[J]. Economic Journal，74（294）：388-409.

McKinnon R I. 2001. The international dollar standard and the sustainability of the U.S. current account deficit[J]. Brooking Papers on Economy Activity，（1）：227-239.

McKinnon R I. 2005. Trapped by the international dollar standard[J]. Journal of Policy Modeling，27（4）：477-485.

McKinnon R I. 2012. Carry trades，interest differentials，and international monetary reform[J]. Journal of Policy Modeling，34（4）：549-567.

McKinnon R I，Schnabl G. 2004. Current account surplus and conflicted virtue in east asia：China and Japan under the dollar standard[J]. International Finance，116（512）：328-331.

Meghna V，Nikhilesh V，Dhaval F，et al. 2016. Integrating “experience economy” into orthodontic practice management：a current perspective on internal marketing[J]. Seminars in Orthodontics，22（4）：301-309.

Mendoza E，Quadrini V，Rios-Rull J. 2009. Financial integration，financial deepness and global imbalances[J]. Journal of Political Economy，（117）：371-416.

Michele C. 2006. Current account adjustment with high financial integration：a scenario analysis[R]. FRBSF Economic Review.

Milesi-Ferretti G M，Razin A. 1996. Sustainability of persistent current account deficits[R]. NBER

Working Paper No. 5467.

Milesi-Ferretti G M，Razin A. 1998. Sharp reduction in current account deficits：an empirical analysis[J]. European Economic Review，42：897-908.

Milesi-Ferretti G M，Razin A. 2000. Current account reversals and currency crises：empirical regularities [C]// Krugman P. Currency Crises. Chicago：University of Chicago Press：285-323.

Mody A，Ohnsorge F. 2010. After the crises：lower consumption growth but narrower global imbalance?[R]. IMF Working Paper.

Mussa M. 2005. Sustaining global growth while reducing external imbalances[C]//Bergsten C F. The United States and the World Economy：Foreign and Economic Policy for the Next Decade. Washington：Institute for International Economics：261-287.

Nason J M，Rogers J H. 2002. The present value model of the current account has been rejected：round up the usual suspects[R]. International Finance Discussion Paper 760，Board of Governors of the Federal Reserve System.

Nason J M，Rogers J H. 2006. The present-value model of the current account has been rejected：round up the usual suspects[J]. Journal of International Economics，68（1）：159-187.

Ned G. 2004. Budget and trade deficits：linked，both worrisome in the long run，but not twins[R]. Amherst：Remarks at the Isenberg School on Management Seminar Series.

Obstfeld M，Rogoff K. 1995. Exchange rate dynamics redux[J]. Journal of Political Economy，103（3）：624-660.

Obstfeld M，Rogoff K. 1996. Foundations of International Macroeconomics[M]. Cambridge，London：The MIT Press.

Obstfeld M，Rogoff K. 2000. Perspectives on OECD capital market integration：implications for U.S. current account adjustment，global economic integration：opportunities and challenges[R]. Kansas City：Federal Reserve Bank of Kansas City：169-208.

Obstfeld M，Rogoff K. 2004. The unsustainable US current account position revisited[R]. NBER Working Paper No. 10869.

Obstfeld M，Rogoff K. 2005. Global current account imbalances and exchange rate adjustments[J]. Brookings Papers on Economic Activity，36（1）：67-123.

Obstfeld M，Rogoff K. 2007. The Unsustainable U.S. current account position revisited[C]//Clarida R H. G7 Current Account Imbalances Sustainability and Adjustment. Chicago：Chicago University Press：339-376.

Obstfeld M，Rogoff K. 2009. Global imbalances and the financial crisis：products of common causes[R]. Cepr Discussion Papers：131-172.

Ogaki M，Ostry J D，Reinhart C M. 1995. Saving behavior in low and middle income developing countries：a comparison[R]. IMF Working Paper No. 95/3.

Ozkan G. 2011. The global governance reform and the role of the G-20 in recovery from the global crisis[J]. Procedia-Social and Behavioral Sciences，24：159-166.

Pesenti P. 2008. The global economy model：theoretical framework[J]. IMF Economic Review，55（2）：243-284.

Petronela T. 2016. The importance of the intangible cultural heritage in the Economy[J]. Procedia

Economics and Finance，39：731-736.

Philippe B，Kenza B. 2010. The demand for liquid assets，corporate saving，and global imbalances[R]. Université de Lausanne，Faculté des HEC，DEEP.

Phillips S，Catão L，Ricci L A，et al. 2013. The external balance assessments（EBA）methodology[R]. IMF Working Paper：1-68.

Polleit T，Gerdesmeier D. 2005. Measures of excess liquidity[R]. Frankfurt School - Working Paper Series.

Portes R. 2009. Global imbalances[R]. Working Paper in London Business School and CEPR.

Psalida L E. 2011. Does G-4 liquidity spill over?[R]. International Monetary Fund.

Razin A. 1993. The dynamic-optimizing approach to the current account：theory and evidence[R]. NBER Working Paper No. 4334.

Razin A，Milesi-Ferretti G M. 1996. Current account sustainability：selected East Asian and Latin American experiences[R]. Working Paper No. 96/110.

Reinhardt D，Luca A R，Tressel T. 2010. International capital flows and development：financial openness matters[R]. IMF Working Paper No.10/235.

Rezai G，Teng P K，Shamsudin M N，et al. 2017. Effect of perceptual differences on consumer purchase intention of natural functional food[J]. Journal of Agribusiness in Developing and Emerging Economies，7（2）：153-173.

Ricci L A，Ostry J D，Lee J，et al. 2008. Exchange rate assessments：CGER methodologies[R]. IMF Occasional Paper No. 261.

Roffia B，Zaghini A. 2007. Excess money growth and inflation dynamics[J]. International Finance，10（3）：241-280.

Rose A K，Spiegel M M. 2009. The Olympic effect[R]. Federal Reserve Bank of San Francisco.

Roubini N，Setser B. 2004. The U.S. as a net debtor：the sustainability of U.S. external imbalances[R]. Photocopy，New York University.

Roubini N，Wachtel P. 1998. Current account sustainability in transition economics[R]. NBER Working Paper No. 6468.

Rüffer R，Stracca L. 2006. What is global excess liquidity，and does it matter?[R]. Working Paper，European Central Bank.

Sachs J D. 1981. The current account and macroeconomic adjustment in the 1970s[J]. Brookings Papers on Economic Activity，12（1）：201-282.

Sachs J，Warner A. 1995. Economic reform and the progress of global integration[J]. Harvard Institute of Economic Research Working Papers，35（1）：1-118.

Sandri D. 2010. Growth and capital flows with risky entrepreneurship[R]. IMF Working Paper WP/10/37.

Semrad K J，Rivera M. 2016. Advancing the 5E's in festival experience for the Gen Y framework in the context of eWOM[J]. Journal of Destination Marketing and Management，（7）：58-67.

Serven L，Nguyen H. 2013. Global imbalances：origins and prospects[J]. The World Bank Research Observe，28（2）：191-219.

Sløk T，Kennedy M. 2004. Factors driving risk premia[R]. OECD Working Paper No. 385.

Song Z，Storesletten K，Zilibotti F. 2011. Growing like China[J]. American Economic Review，101（1）：196-223.

Sousa J，Zaghini A. 2008. Monetary policy shocks in the euro area and global liquidity spillovers[J]. International Journal of Finance and Economics，13（3）：205-218.

Srholec M. 2007. High-tech exports from developing countries：a symptom of technology spurts or statistical illusion?[J]. Review of World Economics，143（2）：227-255.

Stephanie C E，Charles T P. 2008. Current account sustainability and relative reliability[R]. NBER Working Paper No. 14295.

Summers L H. 2004. The US current account deficit and global economy[R]. Washington D C：Per Jacobsson Lecture Lecture.

Triffin R. 1968. Our International Monetary System：Yesterday，Today and Tomorrow[M]. New York：Random House.

UNCTAD. 2011. Global imbalances and external sustainability[R]. UTCTAD Contribution to the G20 Mutual Assessment Process（MAP）.

Ventura J. 2001. A portfolio view of the U.S. current account deficit[R]. BPEA，1：241-258.

Ventura J. 2002. Towards a theory of current accounts[J]. Social Science Electronic Publishing，26（26）：483-512.

Ventura J. 2003. Towards a theory of current accounts[J]. The World Economy，4（26）：483-512.

Vermeulen R，Haan J. 2014. Net foreign asset position：does financial development matter?[J]. Journal of International Money and Finance，43：88-106.

Vrchota J，Petr R. 2016. Project management and the importance of crises in the sectors of the national economy[J]. Procedia Computer Science，100：362-368.

Wacziarg R，Welch K. 2003. Trade liberalization and growth：new evidence[J]. World Bank Economic Review，22（2）：187-231.

Wagner-Lawlor J. 2015. Susan Sontag's "particular economy"：creative accounting and the labors of subjectivity in the journals and notebooks[J]. Contemporary Women's Writing，9（3）：330-347.

Wei S，Zhang X. 2011. The competitive saving motive：evidence from rising sex ratios and savings rates in China[J]. Journal of Political Economy，119（3）：511-564.

Weise C. 1999. The asymmetric effects of monetary policy：a nonlinear vector autoregression approach[J]. Journal of Money Credit and Banking，31：85-108.

Wen Y. 2011. Technology，employment，and the business cycle：do technology shocks explain aggregate fluctuations?[R]. Working Papers，89（1）：249-265.

Willen P. 2004. Incomplete markets and trade[R]. Federal Reserve Bank of Boston Working Paper.

Woollams A M. 2015. Lexical is as lexical does：computational approaches to lexical representation[J]. Language，Cognition and Neuroscience，30（4）：395.

Wurgler J. 2010. Financial markets and the allocation of capital[J]. Journal of Financial Economics，58：187-214.

Xafa M. 2007. Global imbalances：do they matter[J]. Cato Journal：27（1）：59-68.

Xu Z J，Song Y K. 2014. Analysis of sustainable technology innovation benefits based on symbiosis theory[J]. Advanced Materials Research，2915（869）：898-902.

Yang L，Hamori S. 2014. Spillover effect of US monetary policy to ASEAN stock markets：evidence from Indonesia，Singapore，and Thailand[J]. Pacific-Basin Finance Journal，26（2）：145-155.

Yu Y D. 2007. Global imbalances：China's perspective[R]. Paper prepared for International Conference on Global Imbalances.

Zhao Y，Ercan T，Tatari O. 2016. Life cycle based multi-criteria optimization for optimal allocation of commercial delivery truck fleet in the United States[J]. Sustainable Production and Consumption，8：18-31.